LADY KILLERS PROFILE

CONDESSA BÁTHORY

KIMBERLY L. CRAFT

CONDESSA BÁTHORY

LADYKILLERS

PROFILE

CRIME SCENE®

DARKSIDE

Diretor Editorial
Christiano Menezes

Diretor Comercial
Chico de Assis

Diretor de Novos Negócios
Marcel Souto Maior

Gerente de Marca
Arthur Moraes

Editora e Diretora de Estratégia Editorial
Raquel Moritz

Editora Assistente
Jéssica Reinaldo

Capa e Projeto Gráfico
Retina 78

Coordenador de Diagramação
Sergio Chaves

Designer Assistente
Jefferson Cortinove

Preparação
Rebeca Benjamin

Revisão
Isadora Torres
Verena Cavalcante
Retina Conteúdo

Finalização
Sandro Tagliamento

Marketing Estratégico
Ag. Mandíbula

Impressão e Acabamento
Braspor

DADOS INTERNACIONAIS DE CATALOGAÇÃO NA PUBLICAÇÃO (CIP)
Jéssica de Oliveira Molinari - CRB-8/9852

Craft, Kimberly L.
Lady killers profile : Condessa Báthory / Kimberly L. Craft; tradução de Monique D'Orazio. — Rio de Janeiro : DarkSide Books, 2025.
352 p. : il., color.

ISBN: 978-65-5598-568-9
Título original: Infamous Lady: The True Story of Countess Erzsébet Báthory

1. Mulheres homicidas 2. Mulheres homicidas em série - Biografia 3. Crime 4. Báthory, Erzsébet, 1560-1614.
I. Título II. D'Orazio, Monique

24-0338 CDD 364.15232

Índice para catálogo sistemático:
1. Mulheres homicidas

[2025]
Todos os direitos desta edição reservados à
DarkSide® *Entretenimento LTDA.*
Rua General Roca, 935/504 — Tijuca
20521-071 — Rio de Janeiro — RJ — Brasil
www.darksidebooks.com

KIMBERLY L. CRAFT

CONDESSA BÁTHORY

LADY KILLERS PROFILE

TRADUÇÃO | MONIQUE D'ORAZIO

DARKSIDE

SUMÁRIO

Bathory

Nos salões de Csejthe, a Condessa a tecer,
Erzsébet Báthory, em sombras a viver.
Banhou-se em rubores, sedenta de poder,
Um canto obscuro, seu nome a renascer.
No castelo de horrores, seu segredo se esconde,
Entre sombras e gritos, onde o mal responde.
Mas sua história sangrenta, o tempo não desvanece,
Erzsébet Báthory, a condessa que permanece.

— ANÔNIMO

KIMBERLY L. CRAFT

MITO OU FATO

PREFÁCIO DA PRIMEIRA EDIÇÃO • 2009

A Pior Assassina em Série do Mundo. Mais de 650 servas assassinadas. A vampira bebe e se banha no sangue de suas vítimas. Bruxa, lésbica e sádica. Emparedada viva na torre do castelo.

Se vivesse atualmente, a mídia — incluindo os tabloides — certamente ofereceria manchetes como estas a respeito de uma incomum condessa húngara que viveu há quatrocentos anos. Certa vez, ouvi uma conversa por acaso. Uma moça fez um comentário de passagem para sua amiga sobre essa mulher a quem nos referimos, a condessa Erzsébet (Elizabeth/Isabel) Báthory, da Hungria. A amiga nunca tinha ouvido o nome antes, e isso fez com que a primeira jovem explicasse: "Ela é a pior assassina em série do mundo".

A pior assassina em série do mundo? Nomes como Bundy, Dahmer, Manson e Gacy vêm imediatamente à mente, mas Báthory?

"Ela matou mais de seiscentas pessoas", continuou a primeira moça. "Ela se banhava no sangue de suas vítimas, até que foi presa e emparedada dentro de seu castelo."

A amiga agora se lembrava da história, talvez de um antigo filme de terror.

"Tá, mas era verdade?", ela perguntou.

"Era, ela era uma pessoa real e entrou para o *Guinness*."

Intrigada, eu mesma me perguntei por que alguém que havia matado mais de seiscentas pessoas — alguém listada, dentre todas as coisas, no *Guinness Book* (embora como a pior assassina em série do sexo *feminino* do mundo) — não era um nome conhecido, especialmente devido ao fascínio do público por histórias de "crimes reais".

Algumas pesquisas preliminares logo demonstraram que não seria fácil separar os fatos da fantasia. Ao contrário de outros relatos documentados de personalidades criminosas, os elaborados contos e lendas tecidos em torno dessa figura a transformaram em uma espécie de caricatura. Por um lado, ela era membro da elite governante da Hungria, esposa de um herói de guerra nacional e descendia de uma antiga e ilustre família nobre. Por outro, era uma bruxa-vampira-lésbica que se banhara no sangue de seiscentas vítimas que torturara até a morte antes de escrever sobre cada uma delas em seu diário. Ela tentava preservar sua juventude e beleza por meio de feitiçaria e assassinato, e a história de sua punição final — ser emparedada viva dentro de uma torre — motivou livros e filmes de terror, todos recontando a pavorosa história. Diz-se que a condessa Báthory inspirou tanto os irmãos Grimm quanto Bram Stoker; e até mesmo uma banda de metal. No entanto, não fazia sentido. As histórias de vampiros poderiam ser descartadas como superstição; mas, do ponto de vista logístico, como um membro da aristocracia, alguém que administrava vastas propriedades, teria tempo para matar tantas pessoas? Como alguém que frequentava a corte do imperador poderia manter sua posição na sociedade educada se tanta matança estava acontecendo? Onde ela esconderia tantos corpos? E por que tantas de suas vítimas eram meninas?

Quanto mais eu pesquisava, mais descobria o quanto essa história era, de fato, estranha. A condessa Báthory era realmente um enigma: descobrir — ou recuperar — sua história tornou-se uma espécie de obsessão. Eu estava particularmente interessada no aspecto jurídico. Seus cúmplices foram julgados e condenados, enquanto ela mesma nunca o foi— embora tenha sido condenada mesmo assim. Mais de trezentas pessoas deram testemunho, porém apenas um pequeno grupo afirmou ter realmente visto a condessa fazer algo errado. Quanto à contagem de corpos, aqueles com conhecimento viram cerca de cinquenta pessoas mortas durante um período de décadas; um ou dois achavam que a contagem chegava a duzentas. Na verdade, a alegação de 650 vítimas veio apenas de uma única fonte — uma serva desconhecida, ainda criança, que baseou toda a sua alegação em rumores.

De fato, aparentemente havia muito mais nessa história, tudo enterrado sob os escombros da História: política implacável, incansáveis guerras religiosas, rixas sangrentas com turcos otomanos e o desmoronar da sociedade feudal, que lutava para reter seu poder. No final, descobri, como sempre, que a verdade era mesmo mais interessante do que a ficção.

Dito isso, muitas decisões tiveram que ser tomadas durante a preparação deste trabalho. Nomes próprios, por exemplo, apresentavam um problema em particular: deveriam ser escritos na língua original ou ser adaptados? Eu deveria apresentar as grafias variantes? Há quatrocentos anos, poucas pessoas eram alfabetizadas, e manter registros não era uma ciência exata. Em documentos e cartas oficiais da corte, o nome da mesma pessoa pode aparecer redigido pelo escriba de duas ou três maneiras diferentes e, em alguns casos, até mesmo foneticamente. Na medida do possível, decidi usar grafias formais para nomes próprios, nas línguas originais; no entanto, para conveniência do leitor, também incluí todas as variantes ortográficas sempre que possível.

Quanto às fontes primárias, surgiu a questão de usar traduções-padrão ou apresentar o material usando novas traduções literais. Para esse fim, decidi utilizar traduções literais. São mais precisas e, em muitos aspectos, mais reveladoras do que algumas das primeiras versões romantizadas.

A pesquisa realizada para este projeto representou um desafio particular. De todo o material escrito sobre a condessa, grande parte é fictício, especulativo ou impreciso. Meu desafio era encontrar o máximo de material original possível. Dito isso, o material teria então que ser traduzido a partir do húngaro, latim ou alemão e, finalmente, reconstruído em um (espero) retrato mais preciso dessa mulher e dos eventos que cercam sua vida. Hoje, infelizmente, poucas informações estão disponíveis. Enquanto outras famílias nobres da época mantiveram e, até hoje, ainda mantêm arquivos históricos sob seus nomes, nenhum existe para a condessa Báthory. Quanto às reais transcrições do julgamento, várias versões já existiam na época em que foram originalmente escritas, algumas até com diferenças marcantes.

Sabemos, sem dúvida, que Erzsébet existiu, mas não podemos localizar o seu túmulo hoje em dia — as criptas que, supostamente, abrigavam seus restos mortais foram encontradas vazias. Assim, a pesquisa para este trabalho se tornou uma verdadeira caça ao tesouro. O mistério da condessa foi ficando cada vez mais profundo, e encontrar o fragmento indescritível de uma carta, documento, ou alguma outra fonte original se assemelhava muito a encontrar ouro. No que diz respeito ao leitor interessado e fã deste assunto, entretanto, tenho plena certeza de que este sentirá a mesma empolgação que experimentei ao descobrir (prometo) um material novo e original sobre a condessa. Em muitos casos, as informações apresentadas aqui estão sendo publicadas pela primeira vez em nosso idioma: passamos bem mais de um ano em pesquisa e tradução do material original.

Por fim, em um esforço para manter o conteúdo interessante e confiável, escrevi parte do material na forma de vinhetas literárias — fragmentos de detalhes que podem ser lidos na forma de história — usando o máximo de diálogo original possível. O diálogo e as cenas foram recriados a partir de transcrições do julgamento e depoimentos de testemunhas. Tomei alguma liberdade artística, uma vez que não conhecemos todos os detalhes, mas o leitor pode ter certeza de haver, aqui, mais fato do que ficção.

No fim, tentei reunir a melhor obra documental possível sobre a condessa. Peço desculpas antecipadamente ao leitor, no entanto, uma vez que ela não é, e nunca será, perfeita. Além disso, o trabalho nunca estará realmente concluído, pois continuará evoluindo ao longo dos anos à medida que mais informações vierem à tona. É, apesar disso, um esforço honesto para apresentar novas informações sobre o enigma de Erzsébet Báthory, suas supostas atividades e as várias conspirações que cercam a sua pessoa. De certa forma, ela própria foi uma vítima, e essa, mais do que qualquer outra coisa, pode ser a faceta mais interessante da chamada Condessa Sangrenta.

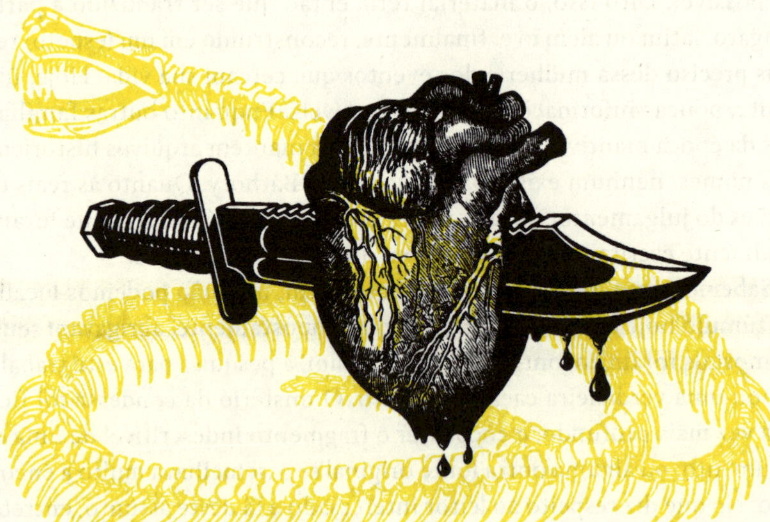

KIMBERLY L. CRAFT

VISÃO AMPLIADA

PREFÁCIO DA SEGUNDA EDIÇÃO • 2014

Desde o lançamento deste livro, em 2009, eu tive o prazer de conhecer pessoas de todo o mundo que dividiram comigo seu fascínio, suas dúvidas, suas pesquisas, suas crenças e até sua confusão e raiva a respeito desta figura histórica muitíssimo enigmática. Durante esse tempo, essas pessoas me contaram o que as agradou e o que não as agradou na primeira edição, e o que mais gostariam de ver.

Embora sempre tenha sido meu desejo que a pesquisa e a apresentação deste livro fossem acessíveis ao maior número possível de pessoas, a maioria dos leitores expressou certa demanda por uma “abordagem ainda mais acadêmica”. Revisitei o material e espero que o conteúdo aqui atenda a esse pedido. Os leitores encontrarão comentários adicionais sobre a política, economia e história da época; algumas edições bem-merecidas; algumas revisões feitas às traduções dos documentos a partir de fontes primárias; fotos; e, claro, mais cartas. No entanto, não incluí notas de rodapé e notas finais. Embora isso possa incomodar os leitores mais acadêmicos, este livro sempre foi destinado ao público geral, tanto de entusiastas leigos quanto de especialistas. Não é um livro didático e nem uma tese de doutorado, e espero que os especialistas no tema entendam. Apesar disso, todas as minhas fontes estão listadas na Bibliografia, incluindo os números de referência de arquivo, caso os leitores desejem conduzir suas próprias pesquisas independentes.

O lançamento da edição revisada também coincide com o 400° aniversário da morte da condessa, em 1614. Na Eslováquia atual, os moradores trabalharam arduamente, durante anos, para restaurar partes do Castelo de Csejthe (Čacthice), local da prisão derradeira de Erzsébet Báthory, em memória — de forma bastante macabra — desse acontecimento. O turismo no local tem florescido, assim como a gratidão do prefeito da cidade, em virtude do impulso financeiro trazido para essa área rural.

Nesse meio-tempo, estudiosos e entusiastas de Báthory espalharam, ao redor do mundo, a pesquisa colhida de *Lady Killers Profile: Condessa Báthory*, principalmente por meio da internet, em seus trabalhos de conclusão de curso e até mesmo teses de doutorado. Por meio desses estudos, os piores mitos sobre a condessa estão finalmente sendo contestados ou, em alguns casos, totalmente dissipados. *Lady Killers Profile: Condessa Báthory*, e o conteúdo especial no Apêndice — uma coleção de cartas originais usadas como fontes, transcrições de julgamentos, depoimentos e documentos, incluindo uma bibliografia — apresentaram ao mundo uma nova imagem da condessa, talvez mais humana. Foi-se a vampira que se banhava em sangue das crenças populares. Em seu lugar, encontramos uma mulher que lutou para criar seus filhos durante a viuvez, preservar as posses de sua família e repelir ameaças dos turcos, da Igreja, e até de seus gananciosos parentes. Ainda assim, mesmo comparecendo à coroação do rei, frequentando a corte de Sua Majestade, o parlamento e os eventos da alta sociedade, alegações bizarras e sérias continuaram a rodopiar ao redor de Báthory, sempre cercando-a e conectando-a à tortura hedionda e ao assassinato de suas jovens servas.

Apesar de minha reiterada postura, preferindo apresentar apenas os fatos para que os leitores possam tomar suas próprias decisões em relação à culpa ou inocência de Báthory, alguns, no entanto, insistem que eu assuma um lado — ou, no mínimo, realize uma análise forense da personalidade de Erzsébet para tomar um partido. Mesmo que eu tivesse formação em Psiquiatria (o que não tenho), temos apenas fragmentos de evidências, trechos de cartas que sobrevivem até hoje, para basearmos tal análise. A condessa nunca teve permissão de depor em um julgamento. Ela não manteve um diário de seus pensamentos. (Os arquivistas na Europa são constantemente atormentados por esta questão. Já me asseguraram inúmeras vezes que tal diário não existe.) Na verdade, a psicanálise freudiana ou junguiana moderna, a que temos o luxo de nos entregarmos hoje em dia, perguntando-nos os "porquês" e "comos" de cada ação, não fazia parte da vida da condessa Báthory. A visão de mundo calvinista, luterana e católica de seu tempo não dava margem a interpretações além do bem e do mal, do pecado e da salvação, do Céu e do Inferno. Em sua época, a Igreja, bem como os líderes cívicos, era quem oficiava os julgamentos; depoimentos eram extraídos por meio de tortura; e, no caso da condessa, a pessoa acusada podia nem mesmo ser autorizada a dar testemunho em seu próprio nome.

Apesar disso tudo, ainda é possível construir uma história a partir do que resta das evidências disponíveis, seja a favor ou contra ela. Com a exceção de algum comentário especulativo meu, deixo essa decisão novamente a cargo do leitor.

Também gostaria de tirar um momento para discutir a tarefa bastante desafiadora de traduzir e recuperar as cartas e os documentos de quatrocentos anos de idade que compõem o conteúdo deste livro. Apresento tudo o que foi escrito pela condessa em sua época e que, atualmente, temos à nossa disposição. As cartas foram todas traduzidas minuciosamente aqui, muitas pela primeira vez em nosso idioma. É irônico e revelador que, embora muitas famílias nobres tenham mantido arquivos particulares ou nacionais nos quais cartas, documentos e heranças permanecem armazenados, não existe nenhum acervo desse tipo sobre os Báthory. Isso é particularmente estranho, pois a família Báthory incluía um rei, um cardeal, príncipes, condes, condessas e uma dinastia extremamente rica que perdurou por mais de quatrocentos anos na Europa Central e Oriental. Talvez simplesmente ainda não tenhamos encontrado o arquivo, ou ele tenha se perdido — vítima de guerras, de roubo ou de destruição deliberada por aqueles que odiavam e temiam o que o nome Báthory mais tarde veio a significar.

É igualmente irônico que o arquivo dos Nádasdy exista, mas seja chocantemente pequeno em seu acervo, dado o enorme tamanho da riqueza da família. Ferenc Nádasdy e sua esposa possuíam dezenas de propriedades espalhadas por vários países e, como todos os grandes proprietários de terras, comunicavam-se frequentemente sobre questões administrativas, pessoais e políticas. No entanto, apenas algumas dezenas de correspondências permanecem. Esses escassos itens conservados encontram-se nos Arquivos Nádasdy, na seção do Magyar Országos Levéltár [Arquivo Nacional Húngaro]. Desses, apenas alguns são de natureza privada — o restante é formado, principalmente, por memorandos administrativos, de natureza rotineira, escritos por e para criados.

Essa escassez de recursos deixou os pesquisadores perplexos. Gábor Várkonyi, por exemplo, se perguntou sobre a existência, talvez, de um arquivo separado em algum outro local que abrigue mais exemplares da correspondência particular. Mas se existe, onde está?

A terceira ironia é que a maioria das cartas privadas, pelo menos as atualmente conhecidas, escritas pela condessa Báthory, não são encontradas nem nos arquivos dos Báthory e nem nos dos Nádasdy, mas nos arquivos da família Batthyány! Ferenc Batthyány era amigo da família e irmão de armas de Ferenc Nádasdy. Após a morte do conde Nádasdy, a senhora Báthory escreveu frequentemente à família pedindo conselhos. Felizmente para nós, a família Batthyány preservou várias das cartas dos Báthory, que são tema deste livro. Infelizmente, uma vez que as missivas iniciais e as respostas do conde Batthyány não estão disponíveis, por vezes nos resta apenas especular sobre a natureza da conversa. As cartas do conde Batthyány foram recebidas pela condessa Báthory e teriam sido mantidas entre seus próprios papéis particulares, muitos dos quais, conforme discutido, estão desaparecidos.

Sabemos, no entanto, que, em vida, a senhora Báthory guardava toda a correspondência de sua família em uma caixa de cartas pessoais que manteve ao seu alcance, mesmo em cativeiro. Documentos importantes, incluindo uma cópia de seu testamento, foram localizados ali. Após sua morte, por exemplo, Pál, seu filho, recuperou o testamento e escreveu nele (sem data): "Entrego este documento ao sr. Megyery, da arca de correspondências que pertencia à minha mãe". Está assinado: *Comes Paulus de Nadasd, manu propria* (conde Pál Nádasdy, escrito de próprio punho). Portanto, não é culpa da condessa Báthory que hoje reste tão pouco de sua correspondência. Temos a sorte, porém, de possuirmos ao menos alguns de seus escritos preservados. Como mencionado, a maioria de suas cartas privadas está atualmente localizada nos Arquivos Batthyány, do Arquivo Nacional Húngaro, em Budapeste. Outros exemplares podem ser encontrados nos Arquivos Nádasdy, dentro do Arquivo Nacional Húngaro, bem como nos Arquivos Thurzó, em Bytča.

No que diz respeito aos documentos em si, traduzir cartas de quatrocentos anos atrás é uma tarefa intimidadora. Traduzir cartas de quatrocentos anos atrás, escritas em húngaro, é ainda mais intimidador, mesmo para um falante nativo. Em primeiro lugar, o idioma mudou suas regras de grafia várias vezes desde os dias da condessa Báthory. Em segundo lugar, devido à caligrafia ruim presente em algumas cartas, as palavras são bem pouco legíveis e mesmo os exemplos mais claros de caligrafia, às vezes, são difíceis de ler. O tempo também deteriorou as cartas, o que vemos na tinta desbotada; em outras delas, encontram-se lacunas e buracos onde o selo, talvez por ter sido muito esticado ou arrancado rápido demais, rasgou o papel. Manchas de tinta, borrões e erros ortográficos estragam alguns dos documentos. Muitas cartas usam abreviaturas, especialmente para expressões e datas latinas que não são mais conhecidas, e outras citam feriados e dias festivos há muito esquecidos.

Até mesmo o estilo das letras do alfabeto mudou ao longo do tempo: o que parece um "b" para o leitor moderno, por exemplo, era, na verdade, a letra "s" na época da condessa Báthory.

Pior ainda, mesmo depois que as frases passam por uma tradução adequada, muitas ainda contêm palavras, frases e expressões que não são mais compreensíveis para o leitor moderno. Por isso, sou profundamente grata ao trabalho de T. Attila Szábo et al., *Erdélyi Magyar Szótörténeti Tár*, que é uma espécie de Pedra de Roseta, um dicionário de palavras arcaicas, complementado com grafias e significados modernos. Também estou em dívida com o trabalho de Gábor Várkonyi, cujas traduções da caligrafia confirmaram as minhas e que compartilhou da minha frustração com as impressões ilegíveis, "palavras misteriosas", e passagens ausentes.

No fim, fiz todo o possível para fornecer as melhores traduções — embora não sejam perfeitas — ao leitor. Quando vários significados são possíveis, por exemplo, forneço as alternativas, normalmente separadas por uma barra (/). Quando explicações históricas de eventos, expressões e palavras são necessárias, forneço um material entre parênteses ou resumido. Para evitar confusão, palavras ausentes, mas óbvias, incluindo os próprios parênteses ocasionais da condessa Báthory, são indicadas por colchetes ([]). O que não é conhecido e nem acordado pelos acadêmicos é indicado como "especulação" ou simplesmente com um ponto de interrogação (?).

Enquanto isso, o que permanece como sendo algo da maior importância é preservar a "voz" ou o "tom" característico do escritor original, tornando, ao mesmo tempo, o texto acessível ao leitor moderno. Fiz o meu melhor aqui para preservar o estilo único da condessa Báthory, que permeia toda a sua correspondência.

A língua húngara é, por natureza (tanto naquela época como agora), muito eficiente. Diferente do inglês, não usa palavras e frases preposicionais, e os casos nominativo, acusativo, possessivo e dativo são expressos simplesmente anexando desinências a substantivos e verbos. Os verbos podem modificar os sujeitos diretamente, como em inglês, ou serem adicionados ao final de uma frase, como em alemão: o falante ou escritor húngaro tem, literalmente, a possibilidade de escolher onde posicionar o substantivo e o verbo na ordem das palavras, dependendo do que quiser destacar. Além disso, não há necessidade, a menos que seja uma questão de ênfase, de indicar o gênero de uma parte referenciada. Se o gênero for determinado, a referência ainda pode ser ambígua, porque a mesma palavra húngara, "ö", é usada para homens e mulheres. Isso força o tradutor, às vezes, a fazer inferências com base apenas no contexto.

Além disso, na época da condessa Báthory, geralmente não se usavam parágrafos para separar ideias. Pode-se dizer que uma carta daquela época era "um parágrafo gigante". Por esse motivo, são traduzidas aqui usando o mesmo formato. Também é possível afirmar que, embora os nomes próprios e as primeiras palavras das frases fossem geralmente maiúsculos, não havia uma regra definitiva a esse respeito. Algumas pessoas optavam por usar as maiúsculas, enquanto outras, não. As frases geralmente terminavam com uma vírgula em vez de um ponto, isso quando a pontuação era usada, e palavras hifenizadas eram delineadas a critério de quem escrevia. Assim, muitas vezes, a tradução se torna um verdadeiro desafio no que tange a determinar onde as ideias, e até mesmo as frases, começam e terminam.

Por fim, uma tradução húngara perfeita, mas literal, soaria "entrecortada" ou "truncada" para um leitor do nosso idioma, já que estamos acostumados a usar palavras individuais para cada parte do discurso. Assim, o desafio tem sido encontrar uma maneira de expressar a brevidade original e o caráter sucinto da língua nativa, mantendo, ao mesmo tempo, um fluxo natural e lógico em nosso idioma. Nas palavras de Martinho Lutero, um homem obviamente bem conhecido da condessa Báthory, deixo vocês com: "Não posso agir de outra forma, aqui estou eu".

Por fim, tenho uma dívida de gratidão com muitas pessoas pelo sucesso de *Lady Killers Profile: Condessa Báthory*. Ofereço meus agradecimentos, primeiramente, aos pesquisadores, que tanto nos proporcionaram a respeito do polêmico e complexo tema de Erzsébet Báthory, e aos quais sou imensamente grata: na Hungria, László Nagy, Katalin Péter, Irma Szádeczky-Kardoss e Gábor Várkonyi; no Reino Unido, Tony Thorne; na Alemanha, Michael Farin; e nos Estados Unidos, Dennis Báthory-Kitsz e o falecido Raymond T. McNally.

Também tenho profunda gratidão por toda assistência prestada pelas arquivistas Zsófia Komlósi-Gera e Éva Horváth, bem como ao diretor, János Kalmár, do Arquivo Nacional Húngaro (MOL), em Budapeste. Também gostaria de agradecer a Vicky Janik, Vivianne St. Claire e Angela Kafcsak pela ajuda com as traduções, bem como por seu apoio contínuo e compreensão da história e cultura húngaras. Desejo agradecer, em especial, a Vivianne St. Claire por gentilmente me permitir usar seu guia de pronúncia de nomes em húngaro, encontrado no Apêndice deste trabalho.

No que diz respeito à Comunidade de Acadêmicos & Entusiastas de Báthory (www.InfamousLady.com), eu não poderia ter concluído este projeto sem o constante incentivo e entusiasmo de nossos administradores, Liz Carrington e Rebecca Elizabeth Craft, e amigos de todo o mundo, incluindo: Laresa Tapia, Charles Everett, Suzann Bain, Michael Workman, Brian Rapp, François Floc'h, Dennis Báthory-Kitsz, Euriel O'Connell, Ravin Tija Maurice Bec Wurzbacher, Paul Bogusz, Jason O'Keefe, Laurie Feyerer Hinderman, Rebecca Johns Trissler, Jim Haggard, James Jeffrey Paul, Peter Sproch, Steven Schier, Tereza Viera-Reed e Elaine Lamkin. Agradeço também a todos os nossos membros e a todos aqueles que apoiaram a primeira edição de *Lady Killers Profile: Condessa Báthory*.

Eu realmente espero que você goste do conteúdo que preparei nesta edição. Acredito que contenha as informações mais atuais e completas disponíveis sobre a condessa em nosso idioma. Agradeço suas ideias, comentários e pensamentos em InfamousLady.com e na página "Community of Bathory Scholars and Enthusiasts", no Facebook.

Um enigma em vestes de nobreza
Entre a verdade e a natureza

KIMBERLY L. CRAFT
CONDESSA
BÁTHORY
LADY KILLERS PROFILE

01
CAPITULUM

INFAMOUS LADY

SARAIVADA DE ABERTURA

Na noite de 29 de dezembro de 1610, um grupo de homens armados chegou à mansão senhorial localizada no vilarejo aos arredores do Castelo de Csejthe, no então Reino da Hungria. O homem responsável era o palatino (primeiro-ministro) da Hungria, György Thurzó. Três outros nobres o seguiram: os condes Miklós Zrínyi e György Drugeth de Homonnay, e o terceiro, o escudeiro Imre Megyeri. Um esquadrão de guardas armados os acompanhou. Enquanto isso, a notícia se espalhou, e moradores com tochas estavam se reunindo às pressas do lado de fora da mansão. Os homens, que já haviam estado naquele lugar antes, locomoviam-se rapidamente. Conforme narrado nas crônicas de um servo, eles encontraram a condessa Erzsébet Báthory em uma ceia. Enquanto alguns dos guardas a detinham, outros começavam a vasculhar a residência em busca de provas de um crime.

De acordo com György Thurzó, da primeira vez que haviam entrado no casarão, eles encontraram o cadáver de uma jovem que havia sido espancada até a morte. Pegos de surpresa pela condição mutilada do corpo da menina, eles se detiveram por um instante e então continuaram. Logo encontrariam mais duas moças que também haviam sido esfaqueadas e espancadas — uma morreria mais tarde; a outra ficaria mutilada para o resto da vida. Então, seguindo os sons de gritos e abrindo uma porta, eles se depararam com três velhas e um rapaz, todos servos da condessa Erzsébet Báthory, torturando uma dessas meninas, enquanto outra criança, aos prantos, esperava ser a próxima. Ainda mais vítimas foram descobertas logo depois, pois tinham sido escondidas para aguardar sua vez.

Os espancamentos pararam repentinamente quando os soldados avançaram para prender os quatro servos. Após deter os suspeitos, os homens foram na direção da condessa Erzsébet Báthory, então com 50 anos, também conhecida por eles como Senhora Viúva Nádasdy. Ao se voltarem para ela, esta gritou: "O que é esta intrusão? Agora todos vocês deverão pagar!".

E então, devagar, à luz das velas, ela começou a reconhecer exatamente quem eram aqueles homens: o primeiro-ministro da Hungria, a quem ela, carinhosamente, chamava de "primo"; seus dois genros, os condes Zrínyi e Drugeth de Homonnay; e o tutor de seu filho, Imre Megyeri.

"Senhora Viúva Nádasdy", declarou o palatino, "em Nome do Rei, a senhora está presa."

"Isso é ridículo!", ela riu. Mas sua expressão logo mudou quando os homens vieram atrás dela também.

Lançando insultos, o próprio palatino a puxou pelos cabelos e a empurrou pela mansão. Ele exigiu que ela desse uma boa olhada na carnificina bestial e em seus quatro cúmplices, agora sendo colocados em grilhões. Desordenada, mas desafiadora, a condessa nada disse. Furioso, Thurzó voltou-se para seus homens.

"Prendam todos eles; e então sigam para o castelo e o vasculhem de cima a baixo!" Indicando a condessa, ele ordenou, ríspido: "Levem-na para o castelo também".

Do lado de fora, reuniam-se agora quase trinta homens do vilarejo de Csejthe. A sombria procissão então passou a seguir caminho em direção ao castelo, determinada a descobrir a verdade por trás dos rumores horrendos. O que eles logo encontrariam lá os transformaria para sempre e daria origem a uma história que assombraria a sociedade educada húngara por centenas de anos.

No dia seguinte à prisão, 30 de dezembro de 1610, o palatino György Thurzó escreveu para sua esposa:

Minhas saudações e atualizações, Coração Amado!

Cheguei aqui em Újhely ontem à noite com boa saúde, graças a Deus. Prendi a mulher Nádasdy. A essa altura, ela já foi levada ao castelo acima. Agora, aqueles que torturaram e assassinaram as inocentes — aquelas mulheres perversas mancomunadas com aquele rapaz que, em silenciosa crueldade, ajudaram em suas atrocidades — foram enviados para Bytča. Estão sob guarda e serão mantidos em cativeiro até que, se Deus quiser, eu chegue em casa para trazer a justiça firme que eles merecem. As mulheres podem permanecer presas no vilarejo, mas o rapaz deve ser confinado ao castelo.

Quanto ao nosso povo e os servos que trouxe comigo, quando meus homens entraram na Mansão Csejthe, encontraram uma garota morta na casa; outra morreu como resultado de muitos ferimentos e agonias. Além disso, havia também uma mulher ferida e torturada; as outras vítimas eram mantidas escondidas onde aquela maldita mulher preparava as futuras mártires.

Estou apenas aguardando até que essa mulher amaldiçoada seja trazida ao castelo, e que o destino dos outros seja determinado, e então eu me afasto e espero, se o caminho permitir, que eu chegue em casa amanhã. Que Deus provenha! Escrevi isto com muita pressa: 30 de dezembro de 1610, em Vág-Újhely.

Seu amoroso Senhor e esposo,
Conde György Thurzó

De todas as muitas lendas contadas sobre a condessa Erzsébet Báthory ao longo dos anos, nos voltaremos agora para as fontes materiais originais, escritas há mais de quatrocentos anos em húngaro, latim e alemão. É aqui que tentamos recriar a vida da condessa Erzsébet e os eventos que levaram à sua prisão e julgamento. Em vez de nos entregarmos a mitos, exploraremos o que ela realmente disse e o que foi dito sobre ela pelas pessoas da sua época: seus cúmplices, certamente, mas também o depoimento de seus servos e outras testemunhas oculares — administradores de propriedade, administradores de castelo, contadores, funcionários da cozinha, caçadores, clérigos, médicos, nobres e aldeões —, na verdade, as 306 pessoas que foram convocadas a testemunhar contra ela. Como seu nome acabaria sendo, posteriormente, banido da sociedade educada húngara, muitas dessas palavras permaneceram inauditas ao longo dos séculos. No entanto, seus manuscritos fragmentados e deteriorados foram finalmente exumados, revelando um ser humano genuíno em vez de uma mera lenda: uma figura complexa, de fato, cujos atos reais são ainda mais desconcertantes do que qualquer fábula ou conto já contado sobre ela.

02

CAPITULUM

INFAMOUS LADY

FAMÍLIA BÁTHORY

Durante a Baixa Idade Média e o Renascimento, a família de Erzsébet Báthory ganhou destaque e exerceu grande influência sobre a Europa Central. Seus membros, incluindo vários príncipes, um cardeal, e até mesmo o rei da Polônia, ocupavam cargos de alto comando no Reino da Hungria e nas regiões vizinhas. A família Báthory (Bathori, em latim) pertencia a um clã de nobres húngaros chamado *Gutkeled* que, segundo a história, foi formado quando dois irmãos germânicos, Gut e Keled, se mudaram para a Hungria. O início propriamente dito da família, no entanto, remonta a András de Rakoméz, patrono do mosteiro de Sárvár, no condado de Szatmár. Em 1279, o rei László recompensou o irmão de András, Hados, bem como seus filhos György (m. 1307), Benedek (m. 1321) e Briccius (m. 1322) pelo serviço militar, concedendo-lhes a propriedade localizada em Bátor, no condado de Szabolcs. Em 1310, Briccius tomou posse de Bátor. Logo depois, ele e seus descendentes se autodenominaram *de Bátor* ou Báthory.

Mais tarde, a família Báthory se dividiu em dois ramos principais, ambos descendentes dos filhos de Briccius. O ramo mais antigo da família, o Báthory de Somlyó, descendia de János, conde de Szatmár, primogênito de Briccius, por meio de seu filho mais velho, László (m. 1373). László, conde de Szabolcs e neto de Briccius, casou-se com Anna Meggyesi e recebeu a propriedade Somlyó como parte do dote dela. O ramo mais jovem da família, o Báthory de Ecséd, descendia de Lukacs, o filho mais novo de Briccius. Lukács possuía grandes propriedades em Szatmár, e o rei lhe concedeu o senhorio de Ecséd. Lá, ele construiu um castelo chamado *Hrséy* (lealdade). Como retinham a posse de Bátor, os membros deste ramo eram chamados *de Bátor* (isto é, Báthory) ou, como o ramo mais jovem, *Nyírbátor* (Novos Báthory).

Durante a Baixa Idade Média e o Renascimento, a família de Erzsébet Báthory ganhou destaque e exerceu grande influência sobre a Europa Central.

A família Báthory contava sua própria lenda, situando a origem da família no ano 900, muito antes de os irmãos Gut e Keled virem para a Hungria. Nessa versão mais romantizada, um guerreiro chamado Vitus, da primeira geração do clã Gutkeled, foi lutar contra um terrível dragão que vivia nos pântanos de Ecséd. Vitus matou o dragão com três estocadas de lança e, como recompensa, recebeu as terras e o castelo localizados ali. Ele também foi homenageado com o nome Báthory, que significa "bom herói". (A palavra para "corajoso", em húngaro, também é *bátor*.) Em referência a essa lenda, o brasão dos Báthory, concedido, em 1325, aos filhos de Briccius, apresentava três dentes horizontais rodeados por um dragão mordendo a própria cauda.

O ramo Ecséd ganhou destaque quando o bisneto de Lukács, István III (m. 1444), foi nomeado palatino da Hungria. Os filhos de István também ocuparam cargos importantes: László V (m. 1474) foi o senhor-tenente dos condados de Szatmár e Szarand; András III (m. 1495) manteve a propriedade em Buják; István V (m. 1493) foi voivoda (príncipe) da Transilvânia, o primeiro de uma longa linhagem de governantes Báthory dessa região; e o filho mais novo, Miklós III (m. 1506), era bispo de Syrmia e Vác e serviu também como conselheiro do rei Matthias Corvinus.

No século XVI, a Hungria estava dividida entre duas linhagens que concorriam pelo trono: o ramo Ecséd, da família Báthory, estava do lado dos Habsburgo, que organizaram a eleição do arquiduque Fernando I da Áustria como rei da Hungria. No entanto, o ramo de Somlyó apoiava János Szapolyai, que havia sido eleito rei pela maioria dos nobres húngaros. Os dois ramos da família Báthory acabaram se unindo politicamente por meio dos próprios pais de Erzsébet Báthory, György e Anna, quando György Báthory, do ramo Ecséd, transferiu sua lealdade dos Habsburgo para Szapolyai.

Diz-se que György renunciou à aliança com os Habsburgo para se casar com sua "prima da Transilvânia", Anna, do ramo Somlyó, mas sua intenção era provavelmente mais política do que romântica. De qualquer modo, quando o rei dos Habsburgo confiscou seu castelo em Buják como punição, György estava ansioso para fortalecer sua aliança com o irmão de Anna, István, que havia sido nomeado voivoda da Transilvânia sob Szapolyai. Ele conseguiu isso casando-se com Anna e, ao fazê-lo, também uniu os dois ramos do clã Báthory.

Anna Báthory era a viúva do último descendente da família Dragffy, e György assumiu os castelos dos Dragffy quando se casaram. Infelizmente, os Habsburgo também o forçaram a ceder tais construções a eles. György e Anna retiraram-se para Csitsva, no condado de Zemplén, e mais tarde, para a propriedade da família Báthory, em Ecséd. A tensão entre os Habsburgo e os Báthory, no entanto, continuaria por gerações, à medida que as famílias rivais disputavam o poder na Europa Central. No meio deste conflito nasceu uma filha que tinha o sangue dos dois lados da árvore genealógica: a condessa Erzsébet Báthory.

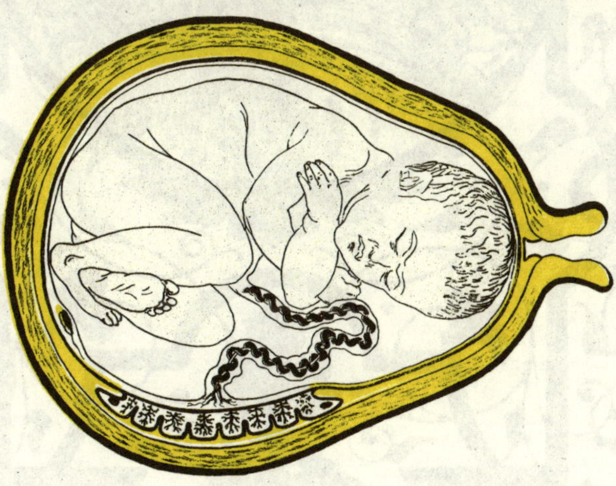

03
CAPITULUM

INFAMOUS LADY

INFÂNCIA DE ERZSÉBET

(1560-1575)

Erzsébet Báthory nasceu em 7 de agosto de 1560, na propriedade da família em Ecséd, localizada no que hoje é conhecido como Nagyecsed (naquela época, apenas Ecséd), não muito longe de Nyírbátor, Hungria. Na época de Erzsébet, a enorme propriedade se elevava acima das terras alagadas, o que lhe dava o aspecto de uma cidade fortificada construída sobre planícies pantanosas.

A família imediata de Erzsébet teria dividido seu tempo entre a propriedade de Ecséd e a mansão senhorial em Nyírbátor. Localizada hoje na Planície da Panônia na região oriental da Hungria, no condado de Szabolcs-Szatmár-Bereg, Nyírbátor serviu como residência dos Báthory, um centro administrativo e o local de sepultamento da família. Na verdade, a família Báthory foi proprietária da cidade, incluindo a magnífica igreja e o mausoléu, desde a época de seus ancestrais Gutkeled, no final dos anos 1200, até a morte de Gábor Báthory, voivoda da Transilvânia, em 1613.

Conforme mencionamos, os pais de Erzsébet vieram de dois ramos separados do clã Báthory — György (c. 1522-1570), do ramo Ecséd, e Anna (casada em 1539-c. 1574), do lado Somlyó mais antigo da família. Com os clãs Báthory, antes separados, agora fundidos por essa união poderosa, a pequena condessa nasceu em uma das famílias mais ilustres da Europa Central. Seus tios de ambos os lados da família eram voivodas da Transilvânia, assim como o avô materno. O tio, István (1533-1586), era também o rei da Polônia. Os primos de Erzsébet, András, Gábor e Zsigmond, um dia também se tornariam príncipes da Transilvânia, e, em 1595, o príncipe Zsigmond contrairia um grande casamento com a arquiduquesa dos Habsburgo, Maria Christina, o que ajudaria a resolver as tensões entre as famílias Habsburgo e Báthory, pelo menos por um tempo.

A jovem condessa passou a infância nas terras da família Báthory, na zona rural de Ecséd e de Nyírbátor, perto da fronteira com a Romênia. Erzsébet tinha um irmão mais velho, István (1555-1605), um irmão chamado Gábor (infelizmente, não temos datas de nascimento ou morte para ele, nem sabemos se era casado ou não — sabemos apenas seu nome, de acordo com o genealogista do século XIX, Alexandre v. Simolin) e duas irmãs mais novas, Zsofiá e Klara. Apesar da agitação política e social que girava em torno das crianças Báthory, a sede da família estava bem protegida e o campo era pacífico. Cercada por pastagens, florestas enevoadas, pântanos, brejos e charnecas nebulosas, a terra produziu sua cota de lendas nos dias da magia, da heráldica e dos dragões. Em sua maior parte, ainda repousava na Idade Média, e a família Báthory continuou a governar suas terras e os servos que nela trabalhavam como vinha fazendo por centenas de anos.

Enquanto isso, invasores turcos estavam se espalhando por toda a Europa. Durante esse tempo, a Hungria foi dividida em três porções: o Sudeste da Hungria, e uma grande parte da Transdanúbia, ficaram sob o controle dos sátrapas turcos; a Hungria Ocidental caiu sob o controle dos Habsburgo; e a Transilvânia permaneceu amplamente independente — seus governantes ora se alinhavam com os turcos, ora com os Habsburgo, a depender da conveniência da situação. Além da tensão entre os três poderes reinantes que governavam a Hungria, a nação, assim como a maior parte da Europa, foi pega no meio da Reforma Protestante. Não apenas os turcos islâmicos entraram em confronto com os cristãos europeus, como também os europeus católicos e protestantes travaram batalhas ideológicas sangrentas entre si.

O protestantismo era particularmente popular na Transilvânia, bem como entre plebeus e alguns membros da nobreza húngara, enquanto os reis e outros grandes senhores da região mantinham fidelidade à Igreja Católica e ao imperador romano-germânico. Os pais de Erzsébet escolheram o protestantismo.

Com certeza ainda abrigavam em seu seio a hostilidade contra os Habsburgo católicos que haviam confiscado suas terras anos antes. Como muitos nobres, eles provavelmente apoiaram a Reforma, uma vez que ela também impunha limites ao poder do rei e da Igreja Católica Romana. A própria Erzsébet foi criada como calvinista por sua mãe. Anna Báthory pertencia ao primeiro grupo de alta nobreza que apoiava a Reforma na Hungria e foi uma generosa benfeitora, chegando a fundar uma escola protestante em Erdöd.

No entanto, o tio de Erzsébet, István, rei da Polônia, era católico romano praticante, e seu outro tio, András, era um cardeal católico que, em várias ocasiões, serviu como emissário do papa. O fato de uma família ser dividida dessa forma não era incomum para a época, quando a Europa lutava para resolver sua identidade religiosa. Sem dúvida, Erzsébet estava bastante familiarizada com os ensinamentos do catolicismo e do luteranismo, bem como do calvinismo. Isso era típico da nobreza. Sabemos que sua futura sogra citou Calvino longamente em uma de suas cartas, mas criou seu filho na fé luterana, enquanto o futuro sogro, embora tecnicamente católico, encheu a corte de eruditos luteranos. Todos, incluindo o povo plebeu, tinham interesse nas novas doutrinas pregadas naquela época; a lealdade mudava com frequência em tempos turbulentos.

Em 1566, quando Erzsébet tinha 6 anos, o sultão Suleyman, o Magnífico (1520-1566), morreu. Seu filho, Selim ("o Ébrio"), desviou temporariamente sua atenção da Hungria, o que criou uma calmaria nos conflitos pelos doze anos que se seguiram. Durante esse tempo, turcos e húngaros coexistiram de forma bastante pacífica, até estabelecendo algum comércio. As incursões ainda ocorriam, principalmente perto das tensas regiões de fronteira, mas, no geral, as viagens e o comércio podiam ser conduzidos novamente. Embora não tivesse sido ideal, a infância de Erzsébet Báthory e seus primeiros anos de casada transcorreram durante esse período relativamente tranquilo da história húngara. A calmaria era muito necessária: conflitos anteriores haviam devastado a terra e seu povo. A escassez de alimentos e a fome eram comuns, e uma grande parte da população masculina morreu durante os combates.

No entanto, esse mesmo período viu o amadurecimento da Era Moderna ou Renascentista em toda a Europa: as artes e as ciências floresciam junto a novas invenções. O mundo estava a apenas um século da Revolução Industrial e do Iluminismo. Os exploradores agora estavam conquistando os oceanos e alcançando o Novo Mundo, e as prensas móveis estavam operando em toda a Europa. Telescópios perscrutavam o céu, canhões e espingardas mudavam a natureza da guerra e algumas das maiores artes e exemplares arquitetônicos do mundo estavam surgindo. Esse era o mundo de Galileu, da rainha Elizabeth I, de Da Vinci, de Lutero e de Michelangelo. Esse também era o mundo — complexo, dinâmico, revolucionário, artístico, sangrento e brilhante — no qual Erzsébet Báthory cresceu. Como membro da alta nobreza, ela experimentaria tudo isso.

Alguns analistas especularam que, mais tarde na vida, Erzsébet passou a sofrer de insanidade e a exibir sadismo sexual como resultado de seus anos de formação passados na propriedade da família Báthory. Alguns, inclusive, descreveram o lugar como se fosse um sanatório cheio de lunáticos disfuncionais consanguíneos. Eles afirmam que seu irmão, István, por exemplo, era um lascivo com transtorno sexual sádico e que podia ser encontrado correndo nu em mercados após uma farra; seu tio, Gábor, vestia uma armadura e lutava contra agressores invisíveis enquanto gritava em línguas desconhecidas e espumava pela boca; sua tia, Klara, uma mulher bissexual que praticava bruxaria, tinha matado seus maridos e ensinado Erzsébet a torturar servas e a fazer amor com mulheres; seu pai, por sua vez, recusava-se a deixar sua cadeira favorita, fosse para dormir, comer ou tomar banho; e, quando criança, a própria Erzsébet teria testemunhado a bizarra execução de um camponês que, quando acusado de vender seu filho aos turcos, foi costurado vivo no corpo de um cavalo.

A veracidade absoluta de tais histórias é questionável. Sabemos com certeza que essa família alcançou poder e prestígio, tanto na corte quanto no campo de batalha, não apenas por meio de patronato ou sorte, mas por causa de inteligência, astúcia e coragem superiores. Embora o irmão de Erzsébet, István, possa ter sido um ninfomaníaco, isso aparentemente não resultou em muita coisa em matéria de prole: ele não gerou filhos com a esposa, Fruzsina Drugeth, e, de acordo com os comentaristas históricos, teve apenas um filho ilegítimo. E embora possa sim ter sido um bêbado quando adulto, isso provavelmente teve pouco impacto em Erzsébet. István era apenas cinco anos mais velho que a irmã, e, aos onze anos, ela já havia se mudado da propriedade da família.

Em relação às histórias de um tio chamado Gábor, uma revisão dos ramos de Somlyó e de Ecséd, da genealogia da família Báthory, indica que Erzsébet sequer teve um tio com este nome. Ela teria, no entanto, pelo lado materno, um primo chamado Gábor, que morreu em 1586. Seu filho, de mesmo nome, viria a governar a Transilvânia.

Erzsébet, contudo, tinha uma tia Klara por parte de pai. Klara casou-se primeiro com um homem chamado István Drugeth de Homonnay (m. entre 1538-40) e, depois, com Antal Losonci (m. 1551). No entanto, parece questionável que ela tivesse assassinado qualquer um de seus maridos, fosse dos clãs Drugeth ou Losonci. Era mais provável que simplesmente tivesse vivido mais que ambos. Na verdade, o clã Báthory tinha laços estreitos com as famílias Drugeth de Homonnay e Losonci: a mãe de Erzsébet havia se casado três vezes, a segunda das quais com Antal Drugeth de Homonnay; o irmão de Erzsébet, István, casou-se com Fruzsina Drugeth de Homonnay; e a filha de Erzsébet, Katalin, mais tarde se casaria com György Drugeth de Homonnay (também grafado Homonna, Hommonay e Homanna). O próprio irmão de Klara, Miklós, casou-se com Anna Fruzsina Losonci. O assassinato de membros importantes da família certamente não teria sido tolerado, e o casamento entre os clãs não continuaria, se algo parecido com homicídio realmente tivesse acontecido. Além disso, é improvável que a tia Klara de Erzsébet tivesse muito tempo para dar aulas à sobrinha, fosse no âmbito da tortura, da bruxaria ou do lesbianismo. Embora o ano exato de seu nascimento seja incerto, sabe-se que Klara estava viva por volta de 1521, o que a colocava, pelo menos, na casa dos 50 anos quando Erzsébet tinha apenas 10.

Esse era o mundo de Galileu, da rainha Elizabeth I, de Da Vinci, de Lutero e de Michelangelo. Esse também era o mundo — complexo, dinâmico, revolucionário, artístico, sangrento e brilhante — no qual Erzsébet Báthory cresceu.

No entanto, transtornos mentais podem, de fato, ter ocorrido na família, em particular devido à consanguinidade; mas algumas das alegadas insanidades — acessos de raiva, luta de esgrima dentro de casa ou uma aliança incomum com uma cadeira favorita — também eram típicas excentricidades aristocráticas.

Contudo, sabe-se que Erzsébet sofreu convulsões e acessos de raiva quando criança, e diz-se que seu pai também. Nos últimos anos, suas cartas descreviam dores nos olhos e na cabeça que lhe causavam problemas; provavelmente, enxaquecas e epilepsia.

É verdade que os servos eram maltratados na época de Erzsébet, e ela provavelmente testemunhou muitas execuções públicas brutais. A vida na Europa, no final do século XVI e início do século XVII, era extremamente difícil. Guerras, fome, revoltas religiosas, doenças e uma inflação terrível afetavam tanto as pessoas de baixa renda quanto as classes abastadas, mas o campesinato húngaro enfrentou alguns dos maiores desafios. Pressionados ao limite, esses plebeus finalmente se revoltaram contra seus opressores senhores de terra em 1514. György Dózsa liderou a revolta. Descrito de várias maneiras como um homem de armas ou, por alguns relatos, um nobre, Dózsa e seus homens invadiram vilas e cidades, saquearam igrejas e saíram em uma matança desenfreada, empalando padres da região e membros da baixa nobreza. Dózsa e seus rebeldes foram finalmente recebidos no campo de batalha pela alta nobreza e seus cavaleiros. As forças combinadas de János Szapolyai e do tio-avô de Erzsébet, István Báthory, derrotaram e capturaram os rebeldes em Temesvár.

Qualquer esperança de revolução durava pouco e era desastrosa para aqueles que tomavam parte dela. A execução de György Dózsa foi ser assado vivo. Uma ilustração de um almanaque húngaro do século XVI mostra seus captores se deliciando ao colocar uma coroa de metal incandescente na cabeça de Dózsa preso. Amarrado seminu a um trono de ferro, brasas quentes foram colocadas sob seu assento, sendo então acesas. Os cúmplices que ainda não haviam sido empalados foram alimentados à força com a carne de seu comandante antes de serem quebrados na roda e enforcados. (Em uma alternativa bastante improvável, também foi dito que, enquanto Dózsa agonizava, ele foi, na verdade, atacado e devorado por seis de seus seguidores rebeldes que antes tinham sido deixados à beira da inanição.) Essas execuções espetaculosas, no entanto, eram geralmente reservadas apenas para crimes especiais e situações únicas.

Depois que os nobres húngaros prenderam e executaram brutalmente Dózsa, o meirinho-mor, István Werböczy, impôs um decreto terrível sobre o povo da Hungria: o *Opus Tripartitum Juris Consuetudinarii Hungariae*, impresso em 1517. Para parafrasear este documento, como punição por se levantar contra seus nobres senhores, o campesinato estaria para sempre acorrentado à terra em situação de escravidão por toda a vida. Todos os seus descendentes também seriam escravizados, para que soubessem para sempre o terrível pecado que haviam cometido contra seus senhores. Daquele dia em diante, eles também seriam forçados a pagar o dízimo. Os camponeses eram proibidos de portar armas de fogo e agora era esperado que prestassem cinquenta dias de trabalho não remunerado por ano (geralmente um dia por semana, exceto durante as férias da Páscoa e do Natal). Além disso, não poderiam viajar sem que lhes fosse concedida permissão e poderiam ser julgados — até mesmo condenados à morte — por seus senhores.

O povo mal sabia naquela época que esse sistema de servidão feudal permaneceria em vigor na Hungria por quase 350 anos. Durante o início da Era Moderna e no Iluminismo, enquanto grande parte da Europa se afastava gradualmente de tais leis severas, a Hungria se recusou a abolir essas práticas até 1848.

Nascida quase cinquenta anos após a promulgação do *Opus Tripartitum*, a condessa Erzsébet Báthory nunca conheceu uma época em que as pessoas que lavravam o solo de sua família ou cultivavam suas plantações eram livres para ir e vir como quisessem ou para escolher seu próprio empregador. Mesmo que o povo fosse livre, este tinha poucas opções: um pequeno número de poderosas dinastias familiares controlava todas as terras e todas as oportunidades de trabalhar e viver. A vida fora dessas terras era ainda mais assustadora: as tropas turcas fervilhavam pela Europa durante as Guerras Habsburgo-Otomanas, enfrentando as tropas imperiais em meio a aldeias saqueadas e tempestades de fogo. A ameaça de serem feitos reféns, de estupro, roubo ou morte era muito real, mesmo para a nobreza. As viagens eram limitadas, e qualquer pessoa que tivesse meios para tanto mantinha escoltas de segurança armadas. Mesmo que um nobre esclarecido desejasse mudar o sistema feudal rígido da época, isso provavelmente seria impossível. O rei e o imperador extraíam pesados impostos da aristocracia, a inflação disparou durante esse período e uma série de invernos excepcionalmente longos e difíceis, agravados por enchentes na primavera, danificou as colheitas. O afastamento da guerra e a escassez de mão de obra resultaram em ondas de fome por toda a Europa. Os nobres se sentiam obrigados a manter os plebeus à rédea curta: um esforço para garantir um suprimento estável de alimentos e apoiar as necessidades de um exército sitiado.

Como a população masculina estava seriamente reduzida nessa época, várias famílias nobres exigiram que o povo aumentasse a corveia de um para dois, ou até mesmo três, dias por semana de trabalho não remunerado nas terras senhoriais, em uma tentativa de contrabalançar a situação. O campesinato resmungou, e alguns integrantes da pequena aristocracia de terras chegaram a apresentar queixas ao rei, mas ninguém ousou outra revolução.

Dito isso, na época do nascimento de Erzsébet Báthory, a força de trabalho local havia sido reduzida ao status de "propriedade". A nobreza, como a família Báthory, tinha o direito legal de resolver disputas entre seus camponeses e servir como juiz e júri local, dispensando sentenças que incluíam até pena de morte. Na ausência da maioria dos direitos legais, às vezes, um plebeu acusado podia receber punições incomuns.

Quanto à história de Erzsébet ter testemunhado um romani sendo costurado vivo na barriga de um cavalo por vender uma criança aos turcos, o conto é provavelmente apócrifo. Para os plebeus, principalmente os romanis, a punição usual era o enforcamento, o corte da mão ou de alguns dedos. O povo romani, em particular, era visto como subumano e ímpio pelas classes dominantes da época. A acusação de que um romani vendera um de seus próprios filhos aos turcos provavelmente não despertaria a atenção da nobreza, pois as classes altas consideravam esse comportamento típico. Já no caso de sequestro e venda de um bebê europeu, entretanto, uma sentença de morte ao ser costurado em um cavalo vivo era muito improvável, a menos que o animal já estivesse morto ou moribundo. Em uma época em que os cavalos eram considerados mais valiosos do que a maioria dos camponeses, um cavalo nunca seria morto para acomodar a sentença de um plebeu romani. Por outro lado, os nobres húngaros também eram conhecidos por seu senso de justiça um tanto "incomum": se o romani tivesse sido acusado de roubar o cavalo, um certo grau de humor ácido poderia, de fato, ter sido usado para criar uma punição que fizesse jus ao crime.

A nobreza, como a família Báthory, tinha o direito legal de resolver disputas entre seus camponeses e servir como juiz e júri local, dispensando sentenças que incluíam até pena de morte.

Em todo caso, a história continua dizendo que a jovem condessa Báthory testemunhou esse acontecimento incomum. Ela não ficou traumatizada por isso, no entanto. Ao ver o romani empalhado e costurado dentro da barriga do cavalo, com a cabeça saindo do corpo do animal, Erzsébet se viu rindo do espetáculo bizarro. O escritor francês Maurice Périsset conta este evento em seu livro, *La Comtesse de Sang* [A Condessa de Sangue].

Histórias à parte, sabemos que Erzsébet recebeu uma educação excepcional na casa de seus pais, e que sua família, por mais excêntrica que pudesse ter sido, acreditava (de forma bastante progressista para a época) que era permitido a uma menina receber a mesma boa educação de um menino. Na verdade, ela foi treinada nos clássicos, em matemática, e sabia ler e escrever em húngaro, grego, latim, alemão e até em eslovaco, a língua de muitos de seus servos. Ela também parece ter se interessado por religião e ocultismo, bem como por ciências, incluindo astronomia, botânica, biologia e anatomia. Ao longo de sua vida, ela encomendou vários livros de comerciantes, solicitou cópias de obras de outros nobres e parece ter sido o que hoje chamaríamos de uma eterna aprendiz. Afirma-se até mesmo que, nos seus últimos anos, transcorridos em prisão domiciliar, Erzsébet passava o tempo escrevendo nas paredes quando o pergaminho acabava. Vários documentos, escritos por ela mesma, provam sua fluência na escrita.

Na verdade, seu estilo era curto e direto, quase lacônico. Ela desperdiçava poucas palavras, em geral, e escrevia no estilo controlado de alguém treinado nos clássicos, incluindo lógica, latim e grego. A caligrafia e tom, bem como o desempenho acadêmico, indicam que ela cresceu em um ambiente muito controlado e disciplinado, em vez de uma casa de caos ou perversão.

Essa educação era excepcional, especialmente em uma época em que poucos aristocratas, homens ou mulheres, sabiam ler ou escrever. A maior parte da nobreza simplesmente ditava sua correspondência a escriturários e a funcionários administrativos. Além disso, as cartas existentes do período sugerem que escrever consumia muito tempo, era trabalhoso e podia até mesmo causar desgaste físico. Isso provavelmente é verdadeiro até certo ponto: o processo de riscar tinta em pergaminho (geralmente pele de carneiro) com pena, sem manchar ou borrar, ao mesmo tempo em que se mantinha a caligrafia e a postura adequadas, certamente teria levado mais tempo e esforço do que hoje.

A jovem Erzsébet era o que hoje chamaríamos de "moleca": ela exigia ser tratada tão bem quanto seus parentes e empregados do sexo masculino. Gostava de se vestir como um menino, estudar como um menino, e praticar esgrima e cavalaria. Báthory também tinha ataques nervosos quando não conseguia o que queria. Porém, era extremamente estudiosa e madura, e, sem dúvida, era uma pessoa brilhante. Dada sua excelente educação e casamento precoce em uma das famílias mais preeminentes da Hungria, ela provavelmente já chamava atenção por onde passava quando ainda era uma criança. Era ainda uma perfeccionista que também gostava de se vestir como uma moça, adornar-se com joias, brincar com animais e se envolver em discussões filosóficas.

Sabemos que, muitos anos depois, quando seu irmão István morreu, Erzsébet voltou para a casa da família em Ecséd, e, antes disso, já fazia viagens periódicas para visitá-la. É provável que tivesse negócios lá e mantivesse um relacionamento pelo menos cordial com o irmão. Infelizmente, não sabemos muito sobre suas irmãs mais novas ou sua convivência com elas, exceto que Klara e Zsofiá se casaram com o que podemos chamar de nobres de "classe média". Klara casou-se com Mihály Várdai (Michaelis de Kisvardi ou Michael de Kiswárda). Zsofiá casou-se com András Figedy (também conhecido como Figedyi ou Fygedy) e teve pelo menos dois filhos, István e Borbála Figedy. (Apesar de uma história romantizada ao contrário, as irmãs de Erzsébet não foram assassinadas quando crianças em uma revolta de camponeses.)

Era típico que uma jovem da nobreza ficasse noiva durante a infância e depois passasse a adolescência na propriedade de seus futuros sogros. Lá, ela aprenderia como administrar a casa e sua equipe de criados e terminaria seu treinamento social antes da data do casamento. Assim foi com a jovem

Erzsébet Báthory. No ano de 1571, a menina de 11 anos ficou noiva do conde Ferenc Nádasdy de Nádasd et Fogarasföld, de 16 anos, no que foi essencialmente um negócio entre as duas famílias. Algum tempo antes da celebração do contrato de casamento, em dezembro de 1572, ela deixou a casa de sua família em Ecséd a fim de viajar para Sárvár, a residência principal e sede da família Nádasdy. Lá, ela foi confiada aos cuidados de sua futura sogra, a condessa Orsolya Kanizsai Nádasdy.

Nem o pai e nem a mãe de Erzsébet compareceriam ao seu casamento — muito menos os do noivo. O pai de Erzsébet, György, faleceu em 1570, quando a condessa tinha apenas 10 anos, e sabemos que a mãe, Anna, também havia falecido na época do casamento, em 1575. György Báthory tinha aproximadamente 50 anos quando morreu. Embora sua data de nascimento seja incerta, seus irmãos parecem ter nascido na década de 1520, e ele próprio foi nomeado Senhor do Castelo Buják em 1522, provavelmente o ano de seu nascimento. Embora saibamos que Anna Báthory se casou em 1539, suas datas reais de nascimento e morte também são incertas. No entanto, ela também havia morrido na época do casamento de Erzsébet, em 1575, provavelmente tendo falecido no final da casa dos 40 ou início dos 50 anos.

Assim, na data do casamento, Erzsébet herdou uma enorme quantidade de propriedades de ambos os pais. Entretanto, a propriedade da família, em Ecséd, foi cedida a seu irmão mais velho, István, que residiria lá pelo restante de sua vida.

04
CAPITULUM

INFAMOUS LADY

FAMÍLIA NÁDASDY

Embora não fosse tão antiga ou ilustre quanto a sua, a jovem condessa se casaria com uma família incrivelmente rica e poderosa. Sua futura sogra, Orsolya Kanizsai, era filha de László von Kanizsai e Anna Dragffy. Nascida em 1523, Orsolya era a última herdeira da enorme fortuna dos Kanizsai e casou-se aos 12 anos com Tamás Nádasdy.

O vilarejo de Sárvár, onde Orsolya e Tamás Nádasdy estabeleceriam sua residência principal e sede familiar, está localizado no condado de Vás, Hungria, cerca de 130 quilômetros a Sudeste de Viena. Ainda hoje, um grande castelo e uma mansão dominam a cidade. Ambos foram originalmente doados por Sigsmund de Luxemburgo ao ancestral de Orsolya, János Kanizsai. A família Kanizsai foi dona da propriedade até 1535, quando o castelo e a mansão foram transferidos para o novo marido de Orsolya, Tamás Nádasdy, por meio do casamento. Tamás, anos depois, reconstruiria o palácio em um novo e grandioso estilo renascentista.

O barão Tamás Nádasdy de Nádasd et Fogarasföld (1498-1562), futuro sogro de Erzsébet, era bem mais velho do que sua noiva Orsolya, ainda adolescente; ele já tinha 37 anos quando se casaram. Entretanto, foi um verdadeiro renascentista, tendo sido educado em Graz, Bolonha e Roma. Foi um estudioso, estadista e guerreiro, determinado a tirar a Hungria da Idade Média e levá-la à Era Moderna.

Suas ambições sempre foram altas: aos 23 anos, Tamás acompanhou o cardeal Caetano (que o papa havia enviado à Hungria para pregar uma cruzada contra os turcos) à cidade de Buda para atuar como seu intérprete. Quatro anos depois, em 1525, tornou-se membro do Conselho de Estado e, dois anos depois, foi nomeado comandante de Buda, tendo tomado o partido dos Habsburgo e de Fernando I. Em 1528, com a ajuda do barão György Cseszneky, comandante de Tata, Nádasdy ocupou Győr para o arquiduque Fernando, irmão do sacro imperador romano-germânico, Carlos V, e, como mencionado, o escolhido dos Habsburgo para ser o rei da Hungria.

Embora não fosse tão antiga ou ilustre quanto a sua, a jovem condessa se casaria com uma família incrivelmente rica e poderosa.

Infelizmente, Tamás Nádasdy logo enfrentaria a difícil decisão da maioria dos nobres húngaros da época: permanecer leal à família Habsburgo e sua escolha de Fernando para o trono, ou ficar do lado de János Szapolyai, a escolha da baixa nobreza da Hungria. Enquanto isso, Szapolyai vinha tramando nos bastidores com o sultão turco, Suleyman, o Magnífico. Tanto Szapolyai quanto os turcos queriam acabar com o controle dos Habsburgo sobre a Europa. Em troca de jurar lealdade a Suleyman, Szapolyai recebeu um enorme exército otomano. Em 1528, ele partiu para Viena com suas forças turcas a reboque. Apesar disso, Szapolyai teve que passar pelo território de Buda que estava sob o controle de Nádasdy, e é aqui que Nádasdy teve que fazer sua escolha: tomar o partido de Fernando e lutar contra Szapolyai e os turcos, ou capitular. Nádasdy escolheu o último. Depois de se esconder por um tempo, ele enfim emergiu, transferindo silenciosamente sua lealdade de Fernando para Szapolyai.

Quer fosse por medo, negociação inteligente ou um simples desejo de salvar a cidade e seu povo do perigo, Nádasdy praticamente entregou Buda para Szapolyai. Suas forças turcas marcharam, assumiram o controle da cidade, e então se dirigiram para o alvo principal, Viena. Em 1529 eles sitiaram a cidade — para o horror da Europa. Viena conseguiu resistir aos turcos, mas o dano à reputação de Tamás Nádasdy estava feito.

Embora "aprisionado" pelos turcos, Tamás Nádasdy, entretanto, encantou seus captores, que sabiam que ele lhes dera Buda. No ano seguinte, Szapolyai, agora um poderoso senhor do sultão, homenageou Nádasdy ao torná-lo Mestre do Tesouro. Isso sugere que Nádasdy fez sua parte na negociação antes de entregar Buda a Szapolyai. A homenagem acabou sendo uma vergonha, no entanto, pois muitos dos seguidores de Szapolyai ainda pensavam em Nádasdy como um vira-casaca desonroso que traíra Fernando. Tamás Nádasdy teve que fazer algo para salvar sua reputação; em outras palavras, ele agora teria que lutar gloriosamente por Szapolyai e pelos turcos. Dito isso, liderou um exército de mais de 10 mil soldados e atacou uma das propriedades de Fernando, o castelo de Szigetvár. O cerco foi um sucesso, e Szapolyai deu a Nádasdy, de 32 anos, a região de Făgăraş, na Transilvânia, de presente.

Então, Tamás Nádasdy usou suas conexões em ambos os lados para forçar Fernando e Szapolyai a uma trégua temporária pelo bem do país. Foi durante esse breve período de relativa calma que ele também voltou sua atenção para arranjar uma esposa. Nádasdy agora tinha status e algumas propriedades, porém queria mais: a segunda filha de László Kanizsai, uma criança de 7 anos chamada Orsolya, era a única herdeira remanescente da vultuosa fortuna dos Kanizsai. Começaram as negociações de casamento e, nesse mesmo ano, em 1530, o casal ficou noivo. Tamás teria que esperar mais cinco anos para Orsolya atingir a maioridade, entretanto, e planejava se casar com ela em 1535.

A essa altura, apenas uma coisa impedia Tamás de assegurar as enormes posses dos Kanizsai para si: a família Kanizsai ainda era leal a Fernando. Se Nádasdy quisesse se apossar das vastas extensões de terra, aldeias e castelos de Orsolya, ele teria que mudar sua lealdade mais uma vez, de volta a Fernando e aos Habsburgo. As negociações começaram: Tamás prometeu lealdade ao seu senhor original, Fernando, em troca das propriedades da esposa. Feliz por tê-lo de volta, Fernando concordou e prometeu a Nádasdy doações adicionais de terras do imperador como presente de casamento.

Irritados com a traição de Nádasdy, no entanto, Szapolyai e os turcos juraram vingança. Em 1532, as forças turcas atacaram os vilarejos de Sárvár e Levka (Léka, Lockenhaus) de Nádasdy, adquiridas da família de Orsolya. Em cada caso, as pequenas guarnições de ambas as cidades conseguiram repelir os turcos, o que foi considerado um milagre pela população local. Felizmente para Tamás Nádasdy, os Habsburgo e os turcos otomanos começaram as negociações de paz logo depois e chegaram a outro acordo de cessar-fogo em junho de 1533.

Fernando reconheceu o sultão Suleyman como "pai e suserano", concordou em pagar um tributo anual e desistiu de todas as propriedades húngaras adquiridas após a conquista otomana original. Seu rival, Szapolyai, também foi coroado rei da Hungria Central e passou a servir ao sultão.

Restaurada a paz, as coisas se acalmaram para Tamás Nádasdy. Contanto que pagasse o tributo devido, ele seria deixado em paz. Voltando agora para suas vastas propriedades, ele se casou com Orsolya em 1535, e imediatamente começou a transformar Sárvár em uma verdadeira cidade renascentista. Construiu um novo castelo magnífico nos pântanos e estabeleceu um centro cultural na cidade, que estava em ruínas, devastada pela guerra. Em 1534, fundou uma escola e, em 1537, uma gráfica em Újsziget. Nádasdy colocou János Sylvester como encarregado de ambos, nomeando-o também professor da escola. Sylvester prontamente traduziu o *Novo Testamento* para o húngaro e o imprimiu em 1541, criando assim o primeiro livro impresso na Hungria. Embora fosse católico quando precisava ser (principalmente perto de Fernando e dos Habsburgo), Tamás Nádasdy também defendeu o novo movimento protestante, frequentemente convidando eruditos luteranos para vir a Sárvár. Ele encheu seu palácio de obras de arte e cercou-se de cientistas, médicos, humanistas, teólogos, músicos e pintores na sua ascensão incessante na hierarquia política.

A paz entre Fernando e os turcos não duraria, infelizmente, e até mesmo Szapolyai começou a temer a desenfreada expansão turca. Os confrontos renovaram-se, e as tentativas de diplomacia, bem como a guerra aberta, tiraram Tamás Nádasdy de casa com frequência. De 1537 em diante, ele se tornou um dos conselheiros mais influentes de Fernando, passando grande parte de cada ano na corte de Viena e em Praga. Posteriormente, defendeu as províncias fronteiriças contra os turcos. Em 1540, mesmo ano em que János Szapolyai morreu, Tamás Nádasdy foi nomeado *iudex curie regie* (juiz da corte real); em 1547, ele presidiu a Dieta de Nagyszombat (agora Trnava, Eslováquia) e, finalmente, em 1559, foi eleito palatino da Hungria pela Dieta de Pozsony (hoje Bratislava, Eslováquia).

05

CAPITULUM

INFAMOUS LADY

CARTAS DOS NÁDASDY

Como resultado de sua instrução em Ecséd, Erzsébet Báthory aprendeu a escrever no estilo clássico controlado do latim e do grego, normalmente evitando qualquer tipo de linguagem floreada ou poética. Em cartas posteriores ao marido, aliás, ela evitava qualquer linguagem do tipo "reveladora" e usava apenas formas simples e respeitosas de tratamento, além de despedidas como: "sua esposa amorosa" ou "a seu serviço". Na verdade, seu tom era muitas vezes formal, com expressões como: "Parabéns pela boa sorte" ou: "Recebi suas numerosas cartas. Que Deus o mantenha em boa saúde".

Isso representa um total contraste com as cartas frequentemente líricas, e até poéticas, trocadas entre Tamás e Orsolya Nádasdy. Essas cartas também fornecem algumas ideias sobre a época e seu povo. Tamás, por exemplo, costumava brincar sobre a própria idade, chamando-se nas correspondências de "seu velho urubu cinzento" ou "seu velho pedaço de bacalhau", e escrevia em frases completas, como "Sua carta me causou muito prazer". Embora alguns comentaristas históricos afirmem que Orsolya Nádasdy não sabia ler nem escrever, isso não é verdade. As cartas entre Tamás e Orsolya Nádasdy são alguns dos melhores exemplos da escrita da nobreza em meados do século XVI, e grande parte da correspondência, escrita de próprio punho, foi preservada até hoje. Orsolya não sabia ler nem escrever logo que o casal se uniu em matrimônio; Tamás providenciou, no entanto, para que ela recebesse aulas particulares. Em poucos anos, ela era fluente, embora ainda achasse fisicamente difícil escrever, demorando-se muito para fazê-lo.

As cartas entre Tamás e Orsolya Nádasdy são alguns dos melhores exemplos da escrita da nobreza em meados do século XVI, e grande parte da correspondência, escrita de próprio punho, foi preservada até hoje.

Por suas cartas, também aprendemos muito sobre seu relacionamento, como os problemas de saúde que Orsolya frequentemente sofria. Pensava-se, inclusive, que o ato de escrever contribuía para piorar sua condição debilitada. "Minha amada Orsolya", alertou Tamás, em 1552, "você fez bem em não escrever com sua própria mão. Você também não deve continuar a fazê-lo de agora em diante, pois é de conhecimento comum que, enquanto três dedos escrevem, todo o corpo trabalha."

Um mês depois, ela ditou o seguinte: "Perdoe-me por não poder escrever eu mesma, Vossa Excelência, pois não me atrevo a me esforçar na cama, nem mesmo escrevendo".

Apesar do tempo e do esforço (físico) necessários, parece que os dois preferiam a privacidade de escrever diretamente um para o outro, em vez de ditar seu conteúdo aos escribas. Reservavam o ditado apenas para quando estavam apressados ou doentes. Em 1553, por exemplo, Orsolya desculpou-se: "[...] Vossa Excelência deve me perdoar por esta carta ser escrita em outra caligrafia, já que não pude redigi-la eu mesma, devido à urgente partida do mensageiro".

O próprio palatino também se desculpou por ter estado muito ocupado para escrever: "Perdoe-me, portanto, minha cara parente, por não ter escrito esta carta com minhas próprias mãos, devido às muitas atividades que conduzo".

Em outra ocasião, Tamás exortou: "Escreva-me todos os dias, eu lhe imploro, contando sobre sua condição, mas não se canse; o que quer que seja, confie ao administrador da propriedade ou ao castelão [para escrever por você], mas tudo o que não for apropriado para ser escrito por eles (como males femininos), você deve pedir à minha irmã mulher para redigir quando ela não tiver dores de cabeça". (Essa "irmã mulher" era parente de Tamás Nádasdy, a viúva de István Majláth.) Orsolya foi tratada pelo famoso médico e herborista Gáspár Körös. Aparentemente, os tratamentos ajudaram. Por volta de 1560, ela era capaz de escrever sozinha novamente e usou sua carta para tranquilizar o marido de sua melhora. "Minha caligrafia é prova suficiente", ela ponderou, "já que uma pessoa doente não pode escrever tanto assim."

No dia seguinte, Tamás respondeu: "Envie-me uma resposta à minha carta, rogo-lhe. Quando escreve que está com boa saúde e eu posso comprovar vendo cartas de próprio punho, então eu acredito em você, e me alegro por seu estado de saúde [...] Eu também lhe escrevi mais com minhas próprias mãos nesses dias".

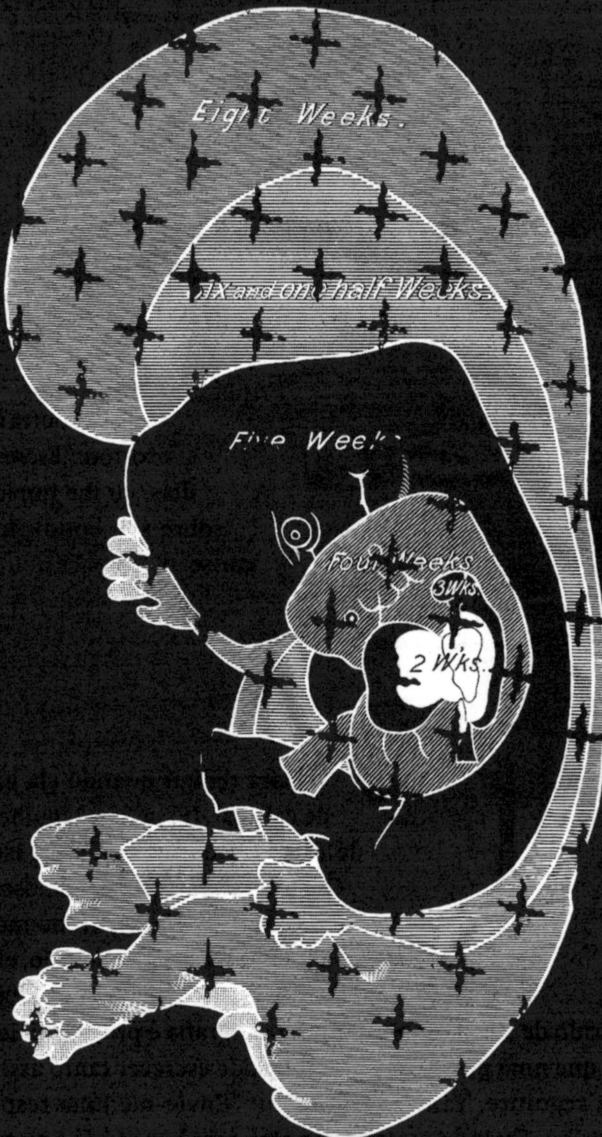

Eight Weeks.
Six and one half Weeks.
Four Weeks
3Wks.
2 Wks.

06
CAPITULUM

INFAMOUS LADY

O NOIVADO

Embora com frequência separados por negócios, assuntos de Estado ou de guerra, Tamás e Orsolya Nádasdy tentaram repetidamente ter filhos: tiveram dois, László e Márton, porém ambos morreram jovens. Em meados de 1550, Tamás tinha quase 60 anos e, de acordo com a correspondência trocada entre eles, Orsolya, ao que parecia, ainda apresentava problemas de saúde intermitentes. O tempo estava se esgotando para o casal.

Desesperados por um herdeiro homem, os Nádasdy firmaram um contrato com o nobre Gábor Majláth para adotar de sua família, de modo a consolidar a fortuna do clã. No entanto, assim que o acordo foi concluído, veio o anúncio de que Orsolya estava grávida. Embora a notícia, sem dúvida, tivesse frustrado as esperanças da família Majláth de garantir a sua parte de uma fortuna dinástica, o nascimento do herdeiro tão esperado dos Nádasdy, Ferenc, foi obviamente uma fonte de grande alegria para eles. Ferenc nasceu em 6 de outubro de 1555. Tamás estava na corte e viu seu novo filho pela primeira vez ao retornar à casa para o Natal, alguns meses depois.

Não há dúvida de que Orsolya e Tamás adoravam o menino que um dia se tornaria o herói nacional de guerra da Hungria e o marido de Erzsébet Báthory. Orsolya mantinha diários meticulosos sobre seu progresso acadêmico e enchia páginas de cartas com comentários sobre cada movimento seu. Tamás escrevia com frequência para o filho, referindo-se frequentemente a si mesmo como "Seu velho pai" ou "Seu velho tenente". Eles deram ao filho o apelido de Ferkó.

Como qualquer criança, era frequente que Ferkó pedisse ao pai que o presenteasse com brinquedos e comida. Quando o menino atingiu a idade de 5 anos, foi determinado que ele não deveria mais esperar receber algo em troca de nada. Ao escrever para Orsolya, Tamás disse que, daquela vez, comprara o presente pedido pelo filho, mas: "A menos que ele mesmo escreva da próxima vez, não lhe enviarei e nem lhe darei nada".

Dito isso, o jovem Ferkó escreveu a seguinte carta a seu pai:

Grande e respeitado, Reverendo Senhor, meu Pai Amoroso,

A seu serviço e misericórdia, escrevo-lhe com amor, meu Pai. Peço que não me despreze e me envie trompete e bateria. Gostaria de lhe pedir também misericórdia e amor, e que, como meu pai, me mande romãs, pequenas lulas... e que me escreva logo. Eu o amo.

Seu filho,
Ferenc Nádasdy

No entanto, Tamás e Orsolya se preocupavam com a situação política instável e o futuro do menino em um mundo cada vez mais perigoso. Conta-se que, quando Ferkó tinha menos de 1 ano de idade, seu pai ordenou que o menino fosse criado de forma que nunca tivesse "olhos suaves". Tamás também achava que o menino era terrivelmente mimado pela mãe. Em outra carta a Orsolya, ele lhe disse para confiar Ferkó a alguém que "o espancasse quando necessário". É provável que o jovem Ferenc tenha começado o treinamento militar muito novo. A julgar pelas cartas do menino, no entanto, brincar de soldado já era uma de suas atividades favoritas.

Em 1560, quando Ferenc tinha 5 anos, a família Nádasdy herdou um companheiro de brincadeiras para ele — um menino chamado Györkó Öry. Em seu testamento, o pai da criança deixara o menino para os Nádasdy como um servo permanente. Tamás enviou Györkó a Sárvár com a mensagem de que "Ferenc deveria recebê-lo em sua corte". O fato de Ferenc ter sua própria corte aos 5 anos era excepcional; ser filho único, no entanto, também era excepcional.

Mas o casal não viveria para ver o único filho crescer, nem teria o prazer de conhecer os netos. Tamás Nádasdy faleceu primeiro, em 1562, quando Ferenc tinha apenas 7 anos. Após um longo período de luto, incluindo a construção de um enorme memorial para seu marido, Orsolya começou a considerar o futuro de seu filho com mais seriedade, bem como o seu próprio. Seu jovem Ferkó já estava estudando com algumas das melhores mentes da época em Sárvár, incluindo o famoso pregador e botânico István Beythe (1532-1612). Ferenc estudou com Beythe até os 10 anos, quando este deixou Sárvár, em 1565. A partir de então, Demeter Sibolti (Tholnensis) assumiu o papel de tutor primário, de 1565 a 1568. Aos 12 anos (1567), Ferenc partiu para Viena a fim de continuar seus estudos, acompanhado por Demeter Sibolti e outros tutores luteranos. Ele permaneceria lá por dois anos, até 1569. Ferenc deve ter gostado de seu trabalho com Sibolti, pois, em julho de 1568, ele escreveu que era um "aluno grato". Ferenc também começou o treinamento militar formal como cadete designado para quartéis montados ao longo da fronteira austro-húngara. Enquanto estava na corte do rei, ele conheceu dois meninos que também teriam carreiras notáveis na história da Hungria: István Bocskai (1557-1606), líder da revolução na Transilvânia (e um homem que mais tarde traria grande dano e destruição ao povo e às propriedades da condessa Báthory); e o famoso poeta húngaro Bálint Balassi (1554-1594).

No entanto, como sua mãe contava, o filho estava crescendo para se tornar um atleta e guerreiro habilidoso, popular entre os outros meninos, mas "não um estudioso". Ela se preocupou mais de uma vez sobre o que aconteceria com ele quando suas forças falhassem. Por enquanto, porém, uma carreira militar parecia quase certa: na época em que Ferenc chegou à adolescência, os conflitos de fronteira e os ataques-relâmpagos dos turcos haviam sido retomados.

Enquanto isso, o jovem Ferenc ia e vinha livremente, divertindo-se com seus amigos da escola e suas atividades, enquanto a mãe continuava obcecada pelo futuro dele e pelo próprio. Os problemas de saúde de Orsolya continuaram, e ela precisaria encontrar uma esposa para o filho em breve. Logo, a responsabilidade de administrar as vastas propriedades dos Kanizsai-Nádasdy recairia sobre ele, e estava claro que precisaria de uma ajudante forte — e inteligente. Além disso, para preservar a vasta fortuna da família, o rapaz também exigiria uma jovem de riqueza e status social semelhantes ou superiores aos seus.

A escolha parecia óbvia: a jovem Erzsébet Báthory já era conhecida por sua inteligência superior desde criança e, mais importante, seu ilustre nome de família tinha maior prestígio e status do que o dos Kanizsai-Nádasdy. Além disso, a mãe de Erzsébet, Anna, e Orsolya Nádasdy eram parentes por casamento no ramo Dragffy da família. Assim, as famílias começaram as conversas com o objetivo de estabelecer um contrato de casamento.

Embora algumas propostas de casamento entre a nobreza tenham sido espontâneas, a maioria foi negociada intensamente com grande ênfase no cumprimento de regras estritas e longos períodos de cortejo. Os termos de propriedade também eram cuidadosamente elaborados, considerando que vastas extensões de terra, posses e dinheiro seriam transferidas de mãos ou permaneceriam dentro de uma família, à medida que os clãs se uniam tanto política quanto economicamente. Os beneficiários tinham de ser considerados, assim como a preservação e o aumento do poder em ambos os lados. Em alguns casos, as famílias até negociavam o impensável: o assassinato ou "morte misteriosa" de uma das partes do contrato de casamento poderia resultar em confisco ou reversão de bens.

Em 21 de dezembro de 1572, com o contrato de casamento concluído, Erzsébet Báthory, agora com 12 anos, foi formalmente prometida ao conde Ferenc Nádasdy de Nádasd et Fogarasföld, no Castelo de Csicsva. Nessa época, ela deixou a casa de sua família no campo para viajar à residência da família Nádasdy em Sárvár. Não temos como afirmar se Erzsébet já visitara Sárvár antes disso, mas podemos dizer, com relativa certeza, que ela deve ter ficado um tanto maravilhada — se não chocada — com a diferença cultural ao chegar. Ao contrário da família Báthory, imersa em sua longa história de ênfase no treinamento clássico e nas tradições da Idade Média, o palácio da família Nádasdy em Sárvár estava repleto de tudo o que era novo — música, arte, livros, invenções e religião —, claramente com um olhar voltado para o futuro.

Na época de Erzsébet, o castelo de Sárvár era cercado por uma longa muralha e rodeado por um fosso do tamanho de um rio. A cidade e o castelo ficavam em meio a pântanos, e as casas de alguns integrantes da criadagem estavam localizadas em ilhas pantanosas. No verão, nuvens de mutucas e mosquitos e o terrível cheiro da água do pântano uniam-se para proporcionar as mais desagradáveis experiências. Não é de se admirar que, no futuro, Erzsébet normalmente viesse a passar os verões em suas outras residências, preferindo habitar a corte de Sárvár apenas nos meses mais frios. Entretanto, a jovem condessa provavelmente estava acostumada a tais condições; a propriedade de sua própria família em Ecséd também era situada em meio a uma turfeira e um brejo.

Embora muito tenha sido dito sobre o relacionamento terrível entre a jovem Erzsébet e sua sogra, a condessa Orsolya Nádasdy, que elas se odiavam e que Erzsébet aprendera vários métodos de crueldade observando sua futura sogra disciplinar servos em Sárvár, tal animosidade — ou lições de crueldade — não poderia ter durado muito. Orsolya Nádasdy morreu na primavera de 1571 — possivelmente antes que a jovem Erzsébet chegasse a Sárvár. Se a criança a conhecia bem ou não antes do noivado é tema de debate, mas elas certamente não passaram um tempo significativo juntas.

Sem o olhar atento de Orsolya, e com seu noivo distante, na escola ou em aventuras com amigos, Erzsébet provavelmente gozava de um considerável tempo livre. A corte de Nádasdy ostentava seu dinheiro em festas e patrocinando as artes: ali floresciam artistas, filósofos, escolas e bibliotecas. É provável que a jovem Erzsébet tenha se entregado a pelo menos algumas de suas paixões intelectuais por lá, estudando com alguns dos grandes tutores europeus entre os empregados de Sárvár. Se nada mais, então certamente foi exposta às ideias mais contemporâneas de seu tempo.

Ao contrário da família Báthory, [...] o palácio da família Nádasdy em Sárvár estava repleto de tudo o que era novo — música, arte, livros, invenções e religião —, claramente com um olhar voltado para o futuro.

Por outro lado, também pode ter se sentido muito infeliz lá. A cultura em Sárvár era bem diferente da criação em Ecséd. A família Báthory parece ter mimado ou simplesmente ignorado a jovem Erzsébet; de um jeito ou de outro, permitiram que ela se envolvesse em atividades masculinas e cometesse frequentes acessos de birra. Em Sárvár, porém, a questão era diferente. Agora ela estava sendo preparada para ser uma esposa e nobre de alta posição, o que incluía comer, caminhar, falar e se vestir como uma dama. Os confrontos entre a garota do campo, com seu temperamento forte, e os tutores da corte devem ter sido formidáveis, para dizer o mínimo.

Sárvár também era uma propriedade grande e bem administrada, e é possível que tivesse havido longos períodos em que Erzsébet ficou sem supervisão e com pouco a fazer. Provavelmente, ela se meteu em confusão. Isso pode explicar uma história que persiste até hoje: em 1573, dois anos antes de seu casamento, a jovem de 13 anos se envolveu em um caso ilícito com um rapaz enquanto estava na mansão Nádasdy em Trnava. A fofoca da história nos diz que seu nome era Ladislav Bende. A propriedade em Trnava existe de fato, e um certo László (ou Ladislav) Bende vivia lá.

Localizada no Danúbio, nas muralhas fortificadas de Trnava, a futura noiva teria ocupado uma pequena mansão senhorial durante aquele verão. Lá, ela se sentiu atraída por um jovem chamado László Bende. Ele supostamente tinha uma personalidade magnética e modos heroicos. Alguns comentaristas históricos afirmam que ele era um criado e um garçom; outros afirmam que era um jovem nobre.

Em 1894, Ferdinand von Strobl Ravelsberg escreveu uma biografia da condessa intitulada *Die Blutgräfin (Erzsébet Báthory): Ein Sitten und Charakterbild* [A Condessa de Sangue (Erzsébet Báthory): Um Estudo e Retrato de Personalidade]. Escrevendo sob o pseudônimo, R.A. von Elsberg, relatou que a virgindade dela teria sido roubada (*virginitatem suam*) e que fora levada à infâmia perpétua (*in perpetuam infamiam*). Segundo a história, Erzsébet teria engravidado de Bende e dado à luz uma filha. O bebê teria desaparecido imediatamente, levado para algum lugar em Sedmohrad (Transilvânia), provavelmente a Valáquia (hoje, parte da Romênia). Consequentemente, a família Báthory teria feito todo o possível para encobrir o escândalo, inclusive enviado dinheiro escondido para criar a criança em segredo. Conforme a etiqueta ditava, o casamento com Ferenc Nádasdy teria prosseguido apesar da transgressão da noiva. Reza a lenda que o furioso noivo teria mandado castrar László Bende e jogado as partes íntimas decepadas aos cães.

Sárvár também era uma propriedade grande e bem administrada, e é possível que tivesse havido longos períodos em que Erzsébet ficou sem supervisão e com pouco a fazer.

Von Elsberg forneceu os detalhes adicionais de que uma Erzsébet Báthory grávida teria realmente aparecido perante os padres na capela da Catedral de Esztergom, na véspera da Festa de São Martinho (11 de novembro), para apresentar uma reclamação formal e admitir que, sete meses antes, durante a Semana Santa, ela havia sido sequestrada por Ladislav Bende e depois estuprada. O sedutor também a teria drogado com um extrato de sementes de cânhamo. Von Elsberg especulou que, quando a gravidez foi descoberta, tentaram um aborto, mas este teria fracassado. Além disso, para apaziguar a família do noivo e permitir que o casamento prosseguisse, teriam exigido da igreja tanto a queixa contra Bende quanto a documentação do estupro. Com sua reputação agora limpa, a futura noiva teria sido "em um instante feita condessa e, como tal, imposta como a esposa de Ferenc Nádasdy". Von Elsberg

afirma que dois documentos, ambos com a mesma data, foram preparados por autoridades eclesiásticas: *Protestaria Elisabethae Bathory*, sub fol. 210 Liber II e *Civitate libera regia Tyrnavense feria II, proxima ante festum S. Martini episcope et confessoris 1609*.

Se isso for verdade, então só podemos nos perguntar sobre a estranha data de ambos os registros da igreja: 1609. Isso porque, em novembro de 1609, quando a condessa adolescente supostamente teria feito a acusação contra o estuprador, Erzsébet Báthory já tinha *49 anos de idade* — dificilmente sendo uma donzela virgem. (Von Elsberg, infelizmente, não parece notar a bizarra discrepância.)

Enquanto isso, em 1932, o autor eslovaco, Jožo Nižňanský, escreveu sua própria biografia da condessa, *Cachtická Pani* [A Dama de Csejthe]. Com todas as características de um grande romance gótico, ele trouxe lendas serializadas da chamada Dama Sangrenta de volta à vida, emocionando uma nova geração que nunca tinha ouvido falar da condessa Báthory. Quer seus detalhes sejam verdadeiros ou não, Nižňanský também reacendeu o interesse nas histórias do tórrido caso de amor de Erzsébet com László Bende e o bebê perdido.

07

CAPITULUM

INFAMOUS LADY

O CASAMENTO

(1575)

Tendo existido caso pré-matrimonial ou não, o casamento ocorreu de acordo com o planejado. Em 8 de maio de 1575, meses antes do aniversário de ambos, Erzsébet, de 14 anos, e Ferenc, de 19, casaram-se no Castelo de Varannó, em Vranov (atual Eslováquia), em uma celebração que durou vários dias. A essa altura, tanto os pais da noiva quanto os do noivo já haviam falecido. No entanto, a aliança dessas duas famílias poderosas era essencialmente um assunto de Estado conduzido por legiões de cortesãos e por tias, tios e primos remanescentes. A família Báthory era proprietária do vilarejo que, na época, era um importante centro de moagem e comércio. O irmão mais velho de Erzsébet, István, que acabava de completar 20 anos, já havia sido nomeado juiz da região e provavelmente foi quem coordenou a celebração em nome de sua irmã.

Segundo todos os relatos, o luxo da celebração rivalizou com o do casamento de um rei, com 4.500 convidados, incluindo um convite ao próprio imperador romano-germânico, Maximiliano II, filho do protetor intermitente de Tamás

Nádasdy, Fernando I. Nada sugere que Maximiliano tivesse desejado evitar o evento; porém, provavelmente temeroso em deixar a sua corte em Praga e viajar pelas terras ocupadas pelos turcos, o imperador enviou suas desculpas junto de uma delegação oficial e um presente generoso.

Duas semanas antes do casamento, em uma carta imperial escrita à mão dirigida à Câmara da Corte Húngara em Viena, o imperador escreveu:

> *Pedimos respeitosamente a Ferenc Nádasdy, depois que ele propôs casamento à filha do falecido Conde György Báthory, Erzsébet Báthory — a ser comemorado com alegria no domingo, dia 8, no próximo mês de maio, em Varannó —, que reconheça nosso prazer e desejo de enviar nossa delegação de emissários ao casamento. E, graciosamente, concedemos, de acordo com seu pedido obediente, uma ordem para um mestre artesão construir uma* credenza *decorativa. Louvamos sua misericórdia por receberem um cálice revestido de prata ou um jarro e bacia no valor de 200 táleres a lhes serem trazidos em vez de nossa presença em seu casamento, cuja entrega deve ser ordenada. Além disso, graciosamente fazemos saber que a Imperatriz Romano-Germânica, nossa afável e amada esposa, considerou que Nádasdy também deveria receber um cálice no valor de 100 táleres, e desejamos destinar o dinheiro para esse fim. Portanto, também concedemos gentilmente que nossos afáveis e amados filhos, Rodolfo, Rei da Hungria, e o Arquiduque Ernesto da Áustria, também forneçam cálices no valor de 150 táleres, bem como a* credenza *supracitada, e emitam esta graciosa ordem: sua escolha certamente será honrada, quer tragam os canecos de servir e assim os encomendem, ou os senhores peçam ao artesão que os façam em um estilo semelhante ao da nossa Corte Espanhola (caso contrário, não será pago). Isso indica nossa graciosa vontade e opinião. Praga, 26 de abril de 1575.*

Em meio ao rugido de trombetas, tambores e tiros cerimoniais de canhões e mosquetes, as festividades do casamento começaram com uma justa e um torneio. Entoando cânticos ao longo de estandartes e flâmulas de campo, o jovem noivo cavalgou sob os aplausos dos visitantes, incluindo sua noiva. Aqui, ele tentou provar não apenas sua habilidade atlética, mas também a lealdade, garantindo a grinalda ou a liga que seria usada por sua futura noiva. É certo que venceu o torneio, entregando à dama o prêmio no final do evento.

Mais tarde, seu séquito se reuniria com a comitiva nupcial, onde os jovens trocaram piadas, flertes e presentes. Foi também aqui que Ferenc apresentou formalmente o presente de casamento à noiva: o Castelo de Csejthe (húngaro: Csejte; eslovaco: Čacthice) e as dezessete aldeias que o acompanhavam. Tendo sido originalmente adquirido pela mãe de Ferenc, em 1569, esta lhe dera a propriedade como um presente. Ele então o transferiu para Erzsébet. Não temos certeza da reação dela; talvez a garota de 14 anos preferisse algo mais excêntrico ou pessoal do que uma propriedade que provavelmente nunca tinha visto. De uma forma ou de outra, ela aceitou.

Enquanto os convidados seguiam para os salões e pavilhões para desfrutar da primeira rodada de festim e música, o ritual final ocorreu antes da cerimônia de casamento: Ferenc teria que provar sua lealdade e amor pela nova noiva. Ela e as integrantes da comitiva nupcial cobriram o rosto com véus, e cada moça desfilou diante de Ferenc fingindo ser a noiva. Em uma encenação cômica, as jovens imitavam a noiva com gestos e movimentos dramáticos, e cabia a ele escolher a verdadeira noiva em vez de suas imitadoras. Quando ele selecionou a jovem correta, Erzsébet levantou o véu e revelou assim seu rosto para uma salva de palmas e um beijo do noivo.

A essa altura, tanto os pais da noiva quanto os do noivo já haviam falecido. No entanto, a aliança dessas duas famílias poderosas era essencialmente um assunto de Estado.

Então, a cerimônia religiosa poderia acontecer. Naquela época, a noiva não usava vestido branco. Moças de famílias comuns usavam vestidos tradicionais de cores vivas. Uma jovem nobre, como Erzsébet, trajaria um vestido elaborado enfeitado com sedas, bordados e joias. (Ela guardaria esse vestido por toda a vida e até o menciona em seu testamento de 1610.) O casal provavelmente se casou na catedral gótica da cidade, que remontava ao século XIV. Originalmente uma igreja católica, as cerimônias protestantes tinham sido ali impostas após a Reforma chegar à região, três anos depois, em 1578. Também naquela época, o mosteiro franciscano nas proximidades foi totalmente queimado e a catedral, danificada. Uma vez restaurado, tornou-se uma fortaleza protestante. Mais tarde, a cidade passaria para a filha de Erzsébet, Katalin. No turbulento período da Reforma, entretanto, não era surpreendente encontrar um noivo luterano e uma noiva calvinista celebrando seu casamento em uma igreja católica; entre os convidados também haveria praticantes de todas as três denominações. Ainda assim, a cerimônia teria provavelmente se parecido com uma missa de casamento católica, e uma fita azul teria atado as mãos do casal tão logo a união tenha sido abençoada.

Após o matrimônio, o jovem casal foi acompanhado até o salão do banquete, onde sentaram-se, junto a seu séquito, em uma longa mesa em um estrado elevado. Os convidados mais importantes estavam sentados no salão em longas mesas; outros convidados banqueteavam em pavilhões auxiliares do lado de fora. A refeição, as bebidas e a música duraram horas, incluindo danças tradicionais húngaras, espanholas, italianas e polonesas. O clero convidado, que não tinha permissão de tocar a noiva, mas ainda assim desejava uma dança com ela, circulava ao redor da moça ou tocava a fita azul em sua mão. No final do dia, a comitiva do noivo escoltou o casal de noivos à luz de tochas até a câmara nupcial. Do lado de fora do aposento, eles fariam vigília para garantir que o casal consumasse o casamento antes que se recolhessem ou continuassem com as festividades.

No final do dia, a comitiva do noivo escoltou o casal de noivos à luz de tochas até a câmara nupcial. Do lado de fora do aposento, eles fariam vigília para garantir que o casal consumasse o casamento.

Embora os detalhes tenham se perdido nos dias de hoje, temos alguma ideia de como o casamento deve ter sido sofisticado e o que era típico para a alta nobreza da época. Por exemplo, quando a filha de György Thurzó, Zsuzsanna, se casou em 1603, os registros detalham a enorme quantidade de comida necessária para as festividades. Especiarias e frutas eram compradas em Viena, enquanto animais, vegetais e cereais eram obtidos de propriedades vizinhas. Thurzó comprou 90 quilos de pimentão, 22 quilos de gengibre, 11 quilos de cabeças de alho, 2 quilos de avelã, 1.000 limões, 500 laranjas e 115 quilos de mel. De seus barões, Thurzó exigiu um tributo de: 36 touros, 118 bezerros, 103 ovelhas, 58 cordeiros, 119 porcos, 185 coelhos, 526 gansos, 381 capões, 785 galinhas, 420 patos, 5.333 ovos, 1.600 trutas, lagostins, e 35 carroças de aveia. E o casamento de Ferenc e Erzsébet foi provavelmente semelhante — talvez até maior.

Os comentaristas mencionam que Erzsébet escolheu manter seu nome de solteira em vez de usar o do marido, citando o fato de que o dela era mais antigo e prestigioso. Eles acrescentam que Ferenc até acrescentou o nome dela ao seu, tornando-se assim Ferenc Báthory-Nádasdy. Documentos da época

indicam que a condessa Báthory de fato assinou correspondência, bem como seu Último Desejo e Testamento, em seu próprio nome. Seus contemporâneos, no entanto, nem sempre demonstraram reconhecer o sobrenome Báthory — nem seu marido. Em discursos públicos e documentos judiciais, referiam-se a ela normalmente como "Senhora Nádasdy" ou, nos anos posteriores, como "Senhora Viúva Nádasdy". Cartas, bem como um retrato de Ferenc, listam seu nome não como Báthory-Nádasdy, mas como Ferenc Nádasdy ou Ferenc Nádasdy de Nádasd et Fogarasföld.

Tanto Ferenc quanto Erzsébet herdaram as vastas propriedades de seus pais, o que somou enorme riqueza para o novo casal. Eles viriam a ser donos de hectares de terras em vários condados, junto a dezenas de vilarejos e mais de vinte castelos situados nos territórios da atual Hungria, Eslováquia, Áustria, Romênia e República Tcheca, incluindo: Lánzser, Levka (ou Lockenaus, onde foram enterrados Tamás e Orsolya Nádasdy) e Sopronkeresztúr, na atual Áustria; Beckó (Beckov), Csejthe (incluindo o castelo e dezessete vilarejos), Csicsva, Dévény, Nagybicse, Rozgony e Varannó na Eslováquia e na República Tcheca; Fogaras, Somlyó e Szátmar na atual Romênia; e Buják, Egervár, Füzér, Kapuvár, Nagyecsed, Nagykanizsa, Onod e Sárvár, na atual Hungria. Em pouco tempo, de fato, eles teriam uma fortuna maior do que a do rei da Hungria.

08
CAPITULUM

INFAMOUS LADY

INÍCIO DO CASAMENTO

É difícil saber exatamente como funcionava o relacionamento de Ferenc e Erzsébet, exceto pelo que aprendemos por meio de depoimentos de testemunhas e da própria correspondência do casal. Segundo todos os relatos, Erzsébet era boa esposa e boa mãe, pelo menos publicamente. Com exceção de sua alegada indiscrição pré-marital, ela não fez nada para chamar a atenção nos primeiros anos de seu casamento. Comparecia a eventos oficiais com o marido, praticava publicamente a religião, dava dinheiro aos pobres e até ajudava a administrar o atendimento de saúde para sua criadagem e aldeões. Mesmo nos últimos anos, com base em suas próprias cartas, sabemos de várias situações em que ela interveio em nome de mulheres desesperadas ou destituídas, incluindo uma cujo marido havia sido capturado pelos turcos e outra cuja propriedade tinha sido roubada. Na verdade, György Thurzó, mais tarde palatino da Hungria e o homem que um dia prenderia a "Condessa Sangrenta", comentou com uma de suas próprias filhas que ela "deveria ser mais parecida" com Erzsébet.

Em 1578, três anos após o casamento de Erzsébet com Ferenc, os turcos otomanos estavam novamente conduzindo ataques abertos pelo interior. Ciente de que o seu pai, Tamás, havia traído Szapolyai e os turcos, o jovem Nádasdy começou a refortificar as propriedades da família e a reunir um exército, em planejamento para enfrentar o inimigo. Ele havia se preparado para aquele momento durante toda a sua vida, e a emoção de finalmente cavalgar para a batalha deve ter sido estimulante. Ferenc e seus irmãos de armas Zrínyi, Erdödy, Batthyány e Pálffy viriam a ser conhecidos como o "quinteto profano", entrando repetidamente em confronto com os turcos ao longo dos anos. Ferenc, em 1587, ganharia, de seus inimigos, os títulos de "Alto Mestre de Estábulo", "O Bei Negro" (sendo "bei" ou "beg" um título nobiliárquico turco, que significa "chefe" ou "senhor") e "O Cavaleiro Negro da Hungria". Em seu papel como capitão do exército húngaro, ele acabaria por passar toda a sua vida na guerra contra os turcos otomanos.

Para a sua esposa de 18 anos, no entanto, a partida de Ferenc significava ficar sozinha por longos períodos na enorme residência da família em Sárvár. O casal ainda não tinha filhos, e Sárvár, segundo todos os relatos, era bem administrada e continuava com uma boa equipe de criados. Até que se estabelecesse totalmente como dona da casa e administradora-chefe das vastas propriedades na ausência do marido, Erzsébet provavelmente tinha pouco a fazer.

Os comentaristas históricos sugerem que, durante esse tempo, Erzsébet fez viagens frequentes para visitar sua tia bissexual, Klara, com quem aprendeu bruxaria, tortura e como fazer amor com mulheres. Dada a estimativa de que Klara nascera em algum momento por volta do início dos anos 1520, ela teria quase 60 anos então, em uma era em que poucas pessoas sobreviviam além dos 50. Não temos certeza se ela ainda estava viva nesse momento, mas devia ao menos estar em seus últimos anos de vida. O quanto teria sido instrutiva para sua jovem sobrinha é algo questionável, se é que as histórias são verdadeiras.

Embora a tia de Erzsébet tivesse a reputação de praticar feitiçaria, também sabemos que muitas mulheres acusadas disso durante o período eram, na verdade, adeptas de artes folclóricas e herboristas. Essas práticas não se limitavam ao campesinato ou às chamadas "bruxas da floresta", mas também eram difundidos entre a nobreza. Ironicamente, o herbalismo e a medicina popular eram bastante tolerados durante a época de Erzsébet; alguns anos depois, durante a caça às bruxas que se alastrou por toda a Europa, tais práticas seriam submetidas a um intenso escrutínio.

Os historiadores também sugerem que uma entediada Erzsébet passava seu tempo livre se envolvendo em brincadeiras sexuais com os criados, especialmente um homem chamado István Jezorlay. No entanto, nas legiões de documentos do julgamento e depoimentos de aproximadamente trezentos empregados e outras testemunhas, nenhuma ênfase foi colocada em qualquer tipo de má conduta sexual repetida ou flagrante por parte de Erzsébet. De fato, apenas uma testemunha — János Felon — acusou-a de ter tido um caso uma vez com um jovem soldado e criado, Vitus Trombitás, antes de este ser morto em batalha por Ferenc Nádasdy. Isso não quer dizer que Erzsébet nunca tenha se envolvido em atividades ilícitas; contudo, se o fez, ela e a criadagem foram excepcionalmente discretas. Mesmo anos depois, quando a condessa estava finalmente trancafiada, era provável que seus servos do passado e do presente ainda a temessem. No entanto, muitos deles não estavam mais em seu emprego direto e, durante a última rodada de depoimentos, sabiam que ela nutria poucas esperanças de ser libertada. Assim, além do medo ou do respeito saudável, eles tinham pouco a perder ao revelar seus erros passados. O fato de terem falado tão pouco sobre o assunto é bastante significativo, especialmente em uma época em que as mulheres, em geral, eram rotineiramente acusadas de má conduta sexual ou alguma forma de bruxaria, a despeito da acusação principal.

Também é significativo que os quatro cúmplices que participaram dos atos mais hediondos, já perto do fim da vida de Erzsébet — todos os quais tiveram seus testemunhos extraídos sob tortura —, também não tenham feito menção à má conduta sexual da parte dela. Testemunhas, particularmente entre a criadagem de Sárvár, mencionam, de fato, que certas partes do Castelo de Sárvár estavam sob guarda e que o acesso era proibido. No entanto, as testemunhas acreditavam que tais câmaras secretas eram usadas para torturar empregados, não para praticar jogos sexuais ilícitos.

Da mesma forma, há sinais que apontam para a possibilidade de Erzsébet ter sido, pelo menos às vezes, uma parceira passiva no casamento: Ferenc claramente fazia o que queria, em geral sem contar à esposa sobre suas atividades ou negociações. Em 1596, por exemplo, ela descobriu por meio de um terceiro que ele tinha viajado para a Transilvânia sem um propósito claro. Ela o repreendeu com raiva, mal disfarçando a mágoa:

> *Descobri por uma carta de Sua Majestade que o Senhor foi de Vas* (o condado em que o Castelo de Sárvár estava localizado) *para a Transilvânia, e acho isso muito surpreendente, já que nada de bom pode vir da Transilvânia. A mesma terra onde fazemos a colheita é também aquela da qual recebemos más notícias. Todos estão surpresos, porque o Senhor não tomou posse de nenhuma propriedade na Transilvânia; vive dos rendimentos e da gordura deste país, então por que deixá-lo? Não compreendemos isso que tomamos*

conhecimento pela primeira carta do nosso amigo, sobre a qual escrevi, o que me suscita diversos questionamentos. Isso me afetou demasiado e, quando ouvi, fiquei muito amargurada. Deus mantenha sua saúde.

Ferenc Nádasdy, por outro lado, nunca parecia falar mal de sua esposa em público e, em mais de uma ocasião, defendeu sua honra contra o que logo se tornaria um clero cada vez mais crítico. Em correspondência com outras pessoas, ele falava dela com amor ou simplesmente referia-se ao seu estado de saúde. Em 1585, por exemplo, o casal estava passando o feriado de Natal em Csejthe quando Erzsébet adoeceu. Miklós Pálffy, um amigo da família e um dos camaradas militares de Ferenc, havia enviado um convite para o banquete de Natal. Embora Ferenc decididamente desejasse falar com Pálffy sobre certos assuntos militares e diplomáticos, bem como comparecer à festa em questão, ele enviou suas desculpas em uma carta datada de 21 de dezembro de 1585:

Já cheguei esta noite. Como Deus guarda minha saúde, ainda preciso lhe falar sobre o que tenho feito/conduzido com o Senhor (Ferenc) *Dobo. Imediatamente, fui procurar Vossa Graça, mas minha esposa encontrava-se adoentada. Creio, no entanto, que pelo Senhor Deus não haverá feriado para mim, e não posso ir aos festejos. Em vez disso, Deus proverá minha saúde neste Natal e intervirá, Vossa Graça. Esse também será o dia em que poderei escrever a Vossa Graça, apenas para solicitar a seu dispor que nos encontremos por perto. Continuo a pedir desculpas por isso, mas asseguro os meus bons votos a Vossa Graça e garanto que estou a seu serviço. Que o Senhor Deus conceda a Vossa Graça longa vida e boa saúde, e a todos os vossos. De Csejthe, 21 de dezembro de 1585.*

09
CAPITULUM

INFAMOUS LADY

CHEGADA À MAIORIDADE

(1585-1600)

Por volta dos vinte e poucos anos, a condessa Báthory finalmente havia estabelecido uma rotina. Agora Ferenc estava frequentemente fora lutando contra os turcos, e parecia bastante claro para a criadagem que a senhora Nádasdy estava lá para ficar: era quase sempre a pessoa a quem se reportavam. Durante esses anos, ela passou grande parte de seu tempo nos castelos de Sárvár e Keresztúr, peças centrais das propriedades da família Nádasdy. No entanto, visitava a maioria das outras propriedades pelo menos uma vez ao ano. Ela também residia periodicamente na mansão da família em Viena, que ela e o marido dividiam com a família Batthyány. Porém, quando obras substanciais de reconstrução começaram no Castelo de Sárvár, em 1588, a condessa decidiu deixar o barulho e a sujeira para trás e passar mais tempo em suas outras residências.

Podemos dizer que seu estilo de vida era típico das mulheres nobres de sua época. Ao se levantar pela manhã, ela começava um longo processo de vestir-se com a ajuda de suas damas de companhia. Se fosse a um evento formal ou recebesse visitantes, teria de se levantar muito cedo, mesmo antes do nascer do sol, para começar um processo mais elaborado que envolvia um extenso trabalho de cabelo e maquiagem. Em um dia normal, o processo podia levar de duas a três horas; para assuntos de Estado, possivelmente de quatro a seis. O desjejum podia ser tomado durante ou após o procedimento, a depender das limitações de tempo.

Em um dia normal, ela despendia tempo cuidando da propriedade, administrando a criadagem, consultando seus funcionários e supervisores da corte, ditando ou escrevendo cartas, pagando contas, revisando documentos, fazendo rondas dentro e fora da mansão e recebendo visitantes. O almoço acontecia por volta das 11h. Anos mais tarde, após o nascimento dos filhos, Erzsébet passaria a observá-los e se reunir com as babás e tutores. Ela também passava tempo na capela e em serviços religiosos.

Dependendo de quantos compromissos agendasse, poderia haver algum tempo livre. Os momentos de lazer incluíam andar a cavalo, fazer piqueniques, caçadas, passeios de carruagem pela cidade e leitura. Sabemos que a condessa gostava de ir ao balneário de Piešťany, bem como de fazer compras e assistir a concertos em Viena. Algumas nobres tocavam instrumentos musicais e criavam elaborados artesanatos, embora não tenhamos registro de que a condessa Báthory se envolvesse em qualquer uma dessas atividades. Além dos assuntos de Estado e das aparições na corte, festas eram comuns; a nobreza se entretinha com frequência. Além disso, músicos, artistas, trupes de atores e poetas itinerantes frequentemente iam à cidade para se apresentar.

O jantar era servido por volta das 18h. A condessa Báthory tinha a opção de comer na sala de jantar formal ou que a refeição fosse levada até ela pelos criados. Se não houvesse visitas ou festas marcadas para a noite, a condessa se retirava para seu quarto ao anoitecer. De acordo com testemunhas, seus "entretenimentos noturnos" podiam durar horas depois disso.

No tempo de Erzsébet, a criadagem era dividida principalmente em homens que respondiam ao senhor (por exemplo, o castelão, o mordomo, o administrador da casa, estribeiro etc.) e em mulheres que respondiam principalmente à senhora (criadas da cozinha, lavadeiras, costureiras, e assim por diante). O senhor e a senhora também tinham criados pessoais que os atendiam, ajudavam a se vestir e lhes faziam companhia. Quando o senhor estava ausente, a direção administrativa de toda a criadagem vinha da senhora da casa.

No caso das vastas propriedades da família Nádasdy, que incluíam dezenas de castelos, mansões senhoriais, aldeias, milhares de hectares de terra e centenas de criados, Erzsébet era a responsável por administrar tudo quando Ferenc estava fora. Ela também era encarregada de arbitrar disputas para empregados e moradores locais, manter as defesas contra os turcos ao longo da fronteira, fazer compras e até mesmo conduzir assuntos diplomáticos delicados.

Apesar dos abundantes espólios de guerra e vastas propriedades em seu crédito, a situação política para Ferenc e Erzsébet, com frequência, era tênue. O rei da Hungria, a quem esses nobres pagavam impostos enormes, era um homem muito impopular. Anos antes do nascimento da condessa Báthory, os turcos invasores conquistaram a capital da Hungria, a cidade de Buda. Sem capital ou corte oficial, o país estava vulnerável, de modo que várias facções do poder imediatamente entraram em confronto para disputar o controle. Uma das famílias mais poderosas da época — os Habsburgo da Alemanha e da Áustria — preencheram oportunamente o vácuo de poder. Em 1536, os estrangeiros Habsburgo tomaram o controle da Hungria, o que ofereceu um certo grau de proteção imperial contra os turcos. Embora tenham permitido ao povo húngaro estabelecer uma capital temporária e uma corte real cerimonial na cidade de Pozsony (Bratislava), não muito longe de seu próprio centro de poder em Viena, os Habsburgo não ofereceram muito mais em termos de assistência, enquanto esperavam demasiado em troca.

Em 1572, o escolhido dos Habsburgo, Rodolfo, foi coroado rei da Hungria e da Croácia e, em 1576, também imperador do Sacro Império Romano-Germânico. (Este era o mesmo Rodolfo que enviara um cálice como presente de casamento para Erzsébet e Ferenc.) Nobres como os das famílias Nádasdy e Báthory deviam lealdade tanto à Coroa Húngara quanto ao Sacro Império Romano-Germânico e, portanto, pessoalmente a Rodolfo, um estrangeiro austríaco que presidia sua corte em Viena e, mais tarde, em Praga. Em outros países europeus, o rei geralmente fornecia aos seus nobres total proteção e apoio militar, bem como instituições reais para o benefício do povo, como hospitais, universidades, bibliotecas e igrejas — mas não na Hungria. Nobres como Ferenc Nádasdy e Erzsébet Báthory teriam que fornecer tudo isso ao povo que vivia em suas propriedades às suas próprias custas. Além disso, eles tiveram que fortificar suas próprias cidades e castelos, reunir exércitos e pagar do próprio bolso por artilharia e cavaleiros armados, com pouca ou nenhuma ajuda daquele rei estrangeiro.

Enquanto isso, a Hungria estava dividida em vários condados. Cada condado tinha um governador, ou *comes*, nomeado entre os integrantes da alta nobreza. Cada um deles realizava uma assembleia geral, composta por membros da pequena nobreza. O povo frequentemente fazia seus apelos diretamente ao governador, e não ao rei, e como um *comes* de seu condado natal, Ferenc Nádasdy frequentemente sentia a pressão de apaziguar tanto seu povo quanto seu rei — enquanto mantinha a paz e a estabilidade em meio à constante realidade da guerra.

Os europeus também enfrentavam outro problema sério nesta época: um período de enorme inflação. Durante o século XVI, na região do mundo onde a condessa Báthory vivia, os preços dos grãos aumentaram 170%, enquanto o custo da carne subiu 110%. Essa inflação foi provavelmente desencadeada pelo aumento das transações de crédito, pela expansão da classe média e pelo comércio global com o Novo Mundo. Além disso, o custo das guerras otomanas não podia mais ser pago por meios comuns (isto é, aumento de impostos) e, com o aumento da demanda por financiamento, a inflação e a dívida pública aumentaram.

Ferenc Nádasdy frequentemente sentia a pressão de apaziguar tanto seu povo quanto seu rei — enquanto mantinha a paz e a estabilidade em meio à constante realidade da guerra.

As cartas de Ferenc e Erzsébet expressam uma preocupação constante com dinheiro; especificamente, a falta de liquidez. Típico da nobreza de sua época, eles eram ricos em bens como terras, castelos, feudos e até cidades, mas pobres em moedas fortes, como ouro e prata. Na realidade, era uma condição semelhante à da maioria dos nobres. Ferenc, muitas vezes, compensava o déficit saqueando os cofres turcos ou mantendo paxás turcos como reféns em troca de resgate, uma prática comum durante as Guerras Habsburgo-Otomanas. Como ficamos sabendo, no entanto, a condessa Báthory e seu marido tinham, constantemente, bastante dificuldade em encontrar compradores que pagassem em dinheiro por suas posses. Como resultado, as propriedades dos Nádasdy transbordavam de tesouros turcos capturados, a maioria dos quais tendo permanecido sem uso e acumulando poeira em depósitos e porões.

Era neste cenário desafiador que o jovem casal administrava suas propriedades; durante grande parte desse tempo, era a condessa Báthory que supervisionava tudo isso durante as ausências frequentes de seu marido. Em algumas de suas primeiras cartas conhecidas, datadas do período de 1582 a 1589, escritas quando ainda estava na faixa dos 20 anos, nós a encontramos lançando um olhar perspicaz até mesmo nas menores transações e, mais de uma vez, expressando uma preocupação genuína com as finanças. Também temos uma ideia de como era sua vida naquela época. A primeira batalha registrada de Ferenc ocorreu em 1578; depois disso, ele saiu para guerrear quase todos os anos. Essas cartas particulares demonstram que Erzsébet Báthory se envolvia nos menores detalhes da administração e dos cuidados da propriedade.

Muitas de suas cartas eram escritas a um funcionário de alto escalão, Imre Vasváry, que ocupava o cargo de provedor de suas propriedades. Na época da condessa Báthory, um provisor imobiliário como Vasváry exercia várias funções, como contador, atuário e economista e, no caso específico do sr. Vasváry, este também supervisionava a despensa, sendo responsável por garantir não apenas as provisões comestíveis, mas também todos os aspectos da produção de alimentos. Ele era responsável por comprar gado, plantar e colher safras, estocar a despensa do senhor e da senhora, entregar alimentos especiais para festas e celebrações e supervisionar as vendas de grãos dos engenhos dos Nádasdy para a população local. A condessa Báthory endereçava suas cartas a ele como: "Oficial da Corte e Juiz de Kapu, nosso bom servidor e administrador de propriedades".

O sr. Vasváry exercia seu ofício na corte da condessa Báthory no Castelo Kapu (Kapu significa "portão" em húngaro). Hoje, essa propriedade está localizada na cidade de Kapuvár — que, por si só, significa "castelo de Kapu" ou "castelo do portão" —, no condado de Győr-Moson-Sopron, no Noroeste da Hungria. Essa propriedade foi herdada da mãe de Ferenc Nádasdy, e a senhora Báthory a visitava periodicamente. Em 1560, Kapuvár era uma cidade comercial estabelecida e um centro do comércio agrícola. Na ausência da condessa, empregados como Vasváry conduziam negócios para ela enquanto Erzsébet dirigia as atividades por meio de correspondência a partir de suas residências principais em Sárvár ou Keresztúr. É provável que o sr. Vasváry também viajasse para as propriedades maiores com o séquito da família, pelo menos de vez em quando, e também fosse responsável por fazer as entregas na despensa da residência. Em uma de suas primeiras cartas conhecidas, escrita aos 22 anos e endereçada a Imre Vasváry, o tom da condessa Báthory é respeitoso e até mesmo solidário com ele. Ela educadamente se refere a esse criado como "Senhor" ou "Vossa Graça", provavelmente porque era consideravelmente mais velho do que ela e, sem dúvida, um membro de longa data da corte de seu marido. Ela também parece tê-lo defendido em uma correspondência anterior:

> *Nossos agradecimentos, Senhor, e apreço pela carta que Vossa Graça nos apresentou. Escrevi em minha carta que ele decerto não pode culpar Vossa Graça. Envie nossa carta para cá e obtenha nosso preço ou os números dos bezerros gêmeos que estão disponíveis hoje [...]. Pode usar dinheiro para isso ou não. Que o Deus misericordioso o proteja. Datado de 30 de agosto de 1582.*
>
> *Sua Senhoria, Erzsébet Báthory*

Como superintendente dos moinhos dos Nádasdy, Vasváry também recebia uma série de faturas ou ordens de venda que o instruíam a cumprir os acordos anteriores entre a senhora Báthory e seus súditos locais para a venda e recebimento de grãos colhidos nos campos de trigo da região. Naquela época, a antiga prática romana e, posteriormente, medieval, de medir produtos de grãos em "pedras" ainda era usada. A maior parte da Europa, de fato, continuaria a usar esse sistema de medição até meados do século XVIII. Para o leitor moderno, um saco de trigo equivalente a uma pedra pesava, aproximadamente, entre 5,5 e 6,5 quilos; um "acre de trigo" significava o equivalente em grão do que poderia ser cultivado por um camponês com um boi em um dia. Na Europa medieval, essa quantidade era, em média, de aproximadamente sete a dez alqueires por acre em uma lavoura de trigo, produzindo cerca de 160 quilos de trigo por acre — uma quantidade considerada suficiente para alimentar uma família por um ano.

Nas duas cartas a seguir, ambas ordens de venda de grãos, vislumbramos um pouco da personalidade da condessa, que se mostra muito exigente:

Nossos agradecimentos, após o que gostaríamos de lhe informar que desejamos que esta carta seja cumprida sem demora. Dê uma pedra de trigo para Benedek Balas no moinho. Não concordamos com mais nada. Deus o guarde. Escrito em Sárvár, em 7 de abril de 1587.

Sua Senhoria, Erzsébet Báthory

Nossos agradecimentos, após o que gostaríamos de lhe informar que desejamos que esta carta seja cumprida sem demora. Dê um acre de trigo ao Senhor Imre Parnas no moinho e nada mais. Deus o guarde, Vossa Graça. Escrito em Keresztúr, Dia de São Francisco (4 de outubro), *1587.*

Sua Senhoria, Erzsébet Báthory

Na carta seguinte, é um tanto intrigante saber que a condessa Báthory se preocupava até mesmo com as menores transações, como esta sobre a compra de réstias de cebola:

Nossos agradecimentos, após o que gostaríamos de lhe informar que desejamos que esta carta seja cumprida sem demora. Envie, Sua Graça, três réstias com muitas cebolas. Se não houver nenhuma em Kapu, então faça o que preferir com o dinheiro. Deus guarde Sua Graça. Escrito em Sárvár, 9 de março de 1588.

Senhora Erzsébet Báthory

Já com vinte e tantos anos, Erzsébet Báthory se preocupava não só em administrar a casa, mas também com questões diplomáticas delicadas. Em 1587, por exemplo, seu parente, o cardeal András Báthory, enviou uma mensagem particular a Erzsébet que, aparentemente, estava gerenciando a propriedade sozinha na época:

> *Que esta carta seja entregue em mãos à minha querida irmã... Desejo que tudo corra bem para minha querida irmã. Tive de partir para Roma e informá-los da triste notícia da morte do Rei István* (István Báthory, rei da Polônia e da Silésia). *Rezo para que o homem que lhe entregou esta carta permaneça hospedado em sua corte, incógnito, pois sua missão exige que ele a cumpra na primeira oportunidade. Meu homem escoltou o nobre senhor de Veneza. Ele é um grande apoiador de nossa família e, portanto, peço, encarecidamente, que você cuide dele. Espero que sua corte tenha o suficiente de tudo o que ele demandar.*

(O leitor notará que *irmã* era usado naquela época como um termo carinhoso.)

Com mais de dez anos de casamento, ainda não haviam sinais óbvios de que Erzsébet estivesse em rota de colisão para se tornar uma das piores assassinas em série de todos os tempos. Em 12 de maio de 1588, por exemplo, ela escreveu outra carta breve em seu estilo tipicamente sucinto. No entanto, foi cortês e completamente normal sob todos os pontos de vista, demonstrando que tinha uma relação pelo menos cordial com uma certa sra. Ponticzka. Também demonstra que estava cuidando das necessidades imediatas de saúde de si mesma ou de outra pessoa na época, solicitando com urgência um livro sobre problemas nas costas:

> *Então, como vai, cara Sra. Ponticzka, nossa boa irmã. Saudações. Gostaria de dizer que, se assim o desejar, envie-me imediatamente um livro sobre enfermidades nas costas, me escreva contando como está o Senhor Ghuczi, e sobre si, se está feliz ou não.*

Nesse mesmo dia, ela escreveu outra breve carta, desta vez para *Egerváry Potencia*, solicitando a ajuda dos irmãos religiosos que mantinham vários registros de bens e impostos para o senhor e senhora Nádasdy. Ela havia feito uma viagem ao mosteiro Egervár, esperando receber vários documentos do clero de lá.

Egervár, Hungria, fazia parte das vastas propriedades dos Nádasdy, incluindo sua igreja franciscana, mosteiro e castelo. O último estava na família desde 1535, e sua reconstrução fora concluída em 1569. Apresentava o brasão da família Nádasdy, inscrito nesse mesmo ano.

O mosteiro franciscano esteve em operação constante até 1554. Quando a Reforma finalmente atingiu a região, no final do século XVI, no entanto, ele foi destruído, alguns anos depois de a condessa enviar essa carta. A igreja permaneceu, e até hoje exibe uma inscrição dos Nádasdy, de 1592, na torre Leste. Durante o século XVII, porém, a antiga igreja católica assumiu influências distintamente calvinistas e luteranas, um resultado provável da posse da família Nádasdy.

Dada a caligrafia, a condessa Báthory enviara a nota às pressas à autoridade religiosa de Egervár. Ela também estava claramente irritada por eles não terem lhe enviado uma lista ou uma carta importante solicitada anteriormente. Do contexto da nota, parece que ela fez uma viagem em pessoa ao mosteiro Egervár, na esperança de receber vários documentos ali. Alguns desses itens estavam alojados diretamente no mosteiro; aqueles armazenados fora das instalações foram encomendados ao escritório da *Potencia*. Embora não possamos dizer com base na carta exatamente o que eram esses materiais solicitados, sabemos que, naquela época, o clero lidava com registros e documentos relacionados a propriedades, incluindo o pagamento de impostos, livros contábeis e a manutenção e registro de escrituras e títulos.

Com mais de dez anos de casamento, ainda não haviam sinais óbvios de que Erzsébet estivesse em rota de colisão para se tornar uma das piores assassinas em série de todos os tempos.

De qualquer forma, a *Potencia* não havia entregado todas as cartas ou listas requisitadas por Erzsébet, prováveis detalhamentos de bens registrados. Assim, ela ordenou que sua nota fosse levada imediatamente aos funcionários da *Potencia*. É provável, então, que tenha ficado esperando no mosteiro enquanto a carta era entregue e os irmãos tentavam atender seu pedido anterior — portanto, sua diretiva de que enviassem o conteúdo restante imediatamente. Ela também estava irritada porque os materiais exigidos tinham sido alojados em locais separados. Sua sugestão aos irmãos de que considerassem a vantagem de armazenar todos esses documentos em um único local centralizado provavelmente tinha sido uma ordem tácita.

Esta carta em particular sofreu alguns danos, obscurecendo ao menos parte de uma palavra, mas ainda é legível:

Carta à Potencia de Egerváry

Com os nossos agradecimentos, bom irmão e mestre do Potentado. Em verdade, Excelência, dei à Irmandade Pastoral a ordem de enviá-lo aqui imediatamente, já que nem tudo foi encaminhado. Portanto, certifique-se de fornecer tais bens/propriedades conforme registrado, e escreva se houver benefício em organizar o material em um local centralizado. A carta/lista (é) *esperada imediatamente.*

Datada do mosteiro (Clastrum), *12 de maio de 1588.*
A Ilustre Senhora Erzsébet Báthory

Apesar de sua irritação com os clérigos negligentes, o senhor e a senhora Nádasdy também trabalhavam com afinco para manter relações pacíficas com seus súditos, conforme indicado por uma carta de agosto de 1589. Gergel (Gregory) Kalman, que comprara trigo do casal alguns meses antes, em abril, estava aparentemente irritado com uma disputa a respeito de animais, desta vez pela compra de cordeiros. Embora a condessa Báthory normalmente assinasse essas cartas sozinha, descobrimos, neste caso particular, que Ferenc Nádasdy também foi um signatário, indicando a importância do assunto ou talvez o fato de que ele estava em casa, de licença na época, e disponível para assinar:

Carta para Imre Vasváry, 10 de agosto de 1589

Nossos agradecimentos, após o que gostaríamos de informar que Gergel Kalman não aceita bem a situação e está reclamando. Portanto, permita que Kalman veja nossa carta imediatamente, porque decerto, no final, ele se atreverá a me deixar em paz e não ficar zangado. Envie isso. Certamente não causa sofrimento para mim, e desejo proteger outras pessoas envolvidas. Que Deus ainda o guarde. De Keresztúr, 10 de agosto de 1589.

P.S. Veja em nossa carta que 13 cordeiros que pertencem a mim foram aprovados para serem passados a ele.

Senhor Ferenc Nádasdy
Senhora Erzsébet Báthory

A condessa Báthory também cuidava pessoalmente da compra de animais, incluindo cordeiros, bezerros e, como indicado na carta a seguir, até minibovinos. Nessa nota a Vasváry, quando a condessa Báthory fez referência a itens "acolhidos devido a seu bom nome", ela provavelmente se referia a uma compra feita a crédito ou instrumento negociável:

> *Nossos agradecimentos e apreço, após o que, caro Senhor Imre, desejamos informar Vossa Graça que os minibovinos foram trazidos em meu bom nome. Não sei o sexo dos seis animais; apenas a idade. Assim, que esta carta seja cumprida. Seria melhor se Vossa Graça tivesse os carrinhos largos entregues ao remetente pelos quais Vossa Graça receberá a entrega. Deus guarde Vossa Graça. Escrito em Keresztúr, em 14 de dezembro de 1589.*
>
> *Senhora Erzsébet Báthory*

Com o passar dos anos, e estando plenamente estabelecida em seu papel como a dona da casa, a condessa Báthory tornou-se menos conciliadora no tom que dedicava a Imre Vasváry — e provavelmente, também, a seus outros criados. De fato, em suas cartas posteriores, ela se tornou abertamente crítica com Vasváry. Por exemplo, no início de 1589, Erzsébet Báthory, então com 28 anos, escreveu uma carta altamente irritada para ele em razão de um roubo de *cannabis*.

Naquela época, a condessa Báthory plantava cânhamo. Nesse período, a planta era cultivada para alimentação, enquanto as fibras eram usadas na fabricação de roupas, cordas, redes, colares, pulseiras e até papel. A *cannabis* (maconha) também foi desenvolvida a partir de plantações de cânhamo, e as pessoas então, como agora, fumavam-na ou comiam-na para fins recreativos e medicinais. Na carta da condessa Báthory não está claro se Imre Vasváry pegou pessoalmente o suprimento de *cannabis* dela sem autorização ou se apenas tinha conhecimento de que estava desaparecido. De ambas as formas, ele aparentemente evitou a questão o máximo possível até que, por sua segunda (ou terceira) carta, a condessa lhe direcionou uma invectiva, bem como uma ordem para que ele devolvesse o suprimento. Embora seja interessante especular se a condessa Báthory pessoalmente usava *cannabis* tanto para fins recreativos quanto para fins medicinais, sua carta realmente prova que ela mantinha a substância em casa.

> *Nossos agradecimentos, após o que gostaríamos de informá-lo para enviar um sortimento de peixes. O Senhor está bem ciente de que, se a paz de Deus trouxer meu marido de volta, o Senhor terá que responder e explicar o que está fazendo* (a ele).

Vá buscar mais daquelas que você gosta e envie para nós. Senhor, bem sabe que esta é a segunda ou terceira carta que envio a respeito da cannabis, e não há resposta. O Senhor não prestou contas do que foi levado. Estou profundamente zangada e não desejo entrar em desentendimento. Portanto, vá. Pegue-a e envie-a aqui para Sárvár. Deus o guarde. Escrito em Sárvár, em 23 de janeiro de 1589.

Senhora Erzsébet Báthory

Em julho daquele mesmo ano, entretanto, as safras de cânhamo estavam aparentemente se tornando caras demais para serem mantidas. Na carta a seguir, ela e o senhor Nádasdy aconselham Vasváry a adicionar uma mistura mais barata de sementes nas plantações de linho e cânhamo. E, mais uma vez, Vasváry é repreendido por não ter respondido às cartas anteriores. Como as moedas de ouro e prata eram escassas, ele também parecia estar em apuros com seu senhor e senhora por não fazer mais compras a crédito (ou seja, "em seu bom nome"). Por fim, o casal Nádasdy demonstrou seu aborrecimento com a quantidade de dinheiro que Vasváry havia alocado aos campos de maconha que, obviamente, não eram uma safra comercial significativa:

Nossos agradecimentos e apreço, após o que desejamos informar Vossa Graça que, já este ano, escrevi duas cartas das quais, até agora, nada resultou, nem foi utilizado/levado em consideração o meu bom nome, Senhor. Com relação ao linho e ao cânhamo, se semearmos cascas de grãos em ambos, isso aumentará nosso rendimento e produzirá trigo, porque, Senhor, tenho de suportar sua alocação esbanjadora de recursos para o cânhamo, em termos de lucratividade. Semeie mais algodão, Vossa Graça, e na colheita de cânhamo aqui, algum trigo. Deus o guarde. Escrito em Keresztúr, em 27 de julho de 1589.

Senhor Ferenc Nádasdy
Senhora Erzsébet Báthory

No final do ano, a condessa Báthory atacou Imre Vasváry novamente. Desta vez, Vasváry demorou a enviar um carregamento de alimentos. Embora ele argumentasse que estivera ocupado cuidando das necessidades dos pobres, provavelmente uma tarefa administrativa de rotina, a condessa Báthory não ficou nem um pouco impressionada. Com a chegada de visitas, junto ao retorno do conde Nádasdy, ela temia que não houvesse comida suficiente à mão ou que os criados não tivessem tempo o bastante para prepará-la. É possível sentir sua exasperação crescente para com Vasváry:

Recebemos sua carta junto da comida. Nossos agradecimentos pela abetarda (uma ave de caça). *Vamos mantê-la na espera por meu marido, mas saiba, Vossa Graça, que essas provisões deveriam ter sido enviadas para nós na semana passada. Portanto, para o próximo sábado, mande-nos tudo o que está acostumado a mandar, e até as provisões para a semana que vem ou eis que verá nossa raiva, pois aguardamos hóspedes e também o regresso do meu marido. Para amanhã à noite, envie peixes e lagostins. O Senhor se explica/se desculpa por estar distribuindo comida aos pobres, mas nós o colocamos em seu cargo para administrar nossas propriedades, para que possamos ter tudo o que precisamos para nossa cozinha. Que Deus o guarde. De nossa Keresztúr, 5 de novembro de 1589.*

Embora Erzsébet Báthory costumasse escrever em um estilo formal, e Vasváry provavelmente merecesse sua raiva, pode-se agora encontrar um certo tom de impaciência imperiosa ou elevada em seus escritos. Esse mesmo tipo de aborrecimento cortante também pode ser observado em uma carta ao cortesão-mor, Benedek (Benedikt) Deseö, a quem ela repreendeu, e em certas cartas aos amigos da família, György Thurzó e Ferenc Batthyány. No final da década de 1580, Erzsébet Báthory era claramente a senhora da casa e dirigia tudo com mão de ferro. Por sua carta, também tomamos conhecimento da tensão que ela sentia em se certificar de que tudo estivesse em perfeitas condições para a chegada de Ferenc ao lar e que a propriedade estivesse bem abastecida com provisões.

Por um lado, devia ser um grande alívio para a condessa Báthory quando o marido finalmente regressava. Ela poderia então ceder o controle a ele ou, pelo menos, dividir os encargos da administração doméstica e das propriedades. Os esforços de guerra costumavam cessar durante os feriados de Natal e Páscoa e novamente durante a época da colheita. O senhor Nádasdy também voltava para casa por questões de Estado, como aparições parlamentares ou quando ditado por emergências familiares.

Por outro lado, seus regressos ao lar também eram motivo de grande pompa e circunstância, o que exercia uma enorme pressão na senhora e em seus criados. Acompanhado por seus tenentes e séquito, o capitão-chefe do Exército da Hungria chegava em meio a uma enxurrada de trombetas, tambores, estandartes e flâmulas de batalha. Em alguns casos, centenas de suas tropas também vinham, armando barracas e montando acampamento fora do castelo, no terreno da propriedade.

Ferenc trazia consigo os despojos de guerra, incluindo cavalos e gado capturados, e vagões carregados com qualquer coisa que ele e seus homens pudessem trazer: tapeçarias, carpetes, móveis, armas, instrumentos musicais, utensílios de cozinha, sedas, joias e ouro. As salas internas de seus castelos eram um cruzamento entre um museu e um depósito. Quando os espólios de batalha começavam a sobrar, eram transportados para porões e túneis subterrâneos.

Dezenas de porcos, galinhas, ovelhas e animais de caça tinham de ser abatidos para o banquete que se seguia. Frequentemente, a nobreza vizinha e membros da família eram convidados para uma visita, sendo que muitos permaneciam por dias. O festim durava a noite toda. Após a apresentação de vários discursos, brindes e entretenimentos, o senhor e seus convidados mais próximos sentavam-se para beber e rir em frente ao fogo muito tempo depois de a senhora e seu séquito se recolherem. Para a criadagem, era uma maratona cansativa manter copos abastecidos, pratos cheios, camas feitas, estábulos limpos, roupas lavadas e corredores desobstruídos. Os empregados do senhor e da senhora permaneciam em alerta máximo até que o último convidado finalmente partisse. Depois disso, começava o longo processo de limpeza.

Antes de partir, Ferenc sentava-se com Erzsébet ou com seus administradores para discutir assuntos domésticos: impostos que precisavam ser pagos, papelada que exigia assinaturas e selos, decisões sobre salários e estipêndios, manutenção do patrimônio e recursos necessários para administrar as propriedades. O senhor Nádasdy emitia diretrizes, e então ele e seus homens começavam a carregar suas carroças com provisões, afivelar espadas e selar cavalos. A frente de batalha nunca estava longe das propriedades de Ferenc Nádasdy, e seus serviços militares estavam em constante demanda do rei e do imperador. Provavelmente, ele não se importava; antes e durante o curso da chamada Longa Guerra Turca (1593-1606), Ferenc esteve presente em quase todas as batalhas, lutando continuamente mesmo quando estava doente, até sua morte no início de 1604.

10
CAPITULUM

INFAMOUS LADY

OS FILHOS DOS NÁDASDY

Um assunto ainda permanecia aberto, no entanto: a questão dos filhos e herdeiros da fortuna da família. Não há registro de descendentes até o nascimento de Anna, por volta de 1585, dez anos após o matrimônio do casal. Não está totalmente claro por que Erzsébet e Ferenc esperaram tanto para ter filhos: os historiadores especularam o óbvio, que Ferenc estava em guerra com tanta frequência que era uma impossibilidade física.

Outros acreditam que, por muitos anos após o casamento, Ferenc teria se ressentido de sua noiva deflorada. Também pode ser que os dois se odiassem em segredo, com até mesmo a possibilidade de que ambos preferissem a companhia do mesmo gênero. De toda forma, entretanto, qualquer ódio entre eles ou era mantido em sigilo ou, ao menos, seus criados permaneceram discretos quanto ao tema. Testemunhas oculares não se detém em nenhuma hostilidade óbvia ou aberta entre o casal.

Contudo, isso seria típico da época. Haja vista que os casamentos entre os nobres eram arranjados quando eles ainda eram crianças e estabelecidos, principalmente, por motivos comerciais ou políticos, os casais raramente se uniam em matrimônio por amor. Muitos mantinham amantes. Legalmente, o arranjo matrimonial exigia que o casal comparecesse a eventos públicos juntos, tivesse filhos e demonstrasse cortesia educada um para com o outro. Atrás de portas fechadas, no entanto, a história era bem diferente. O amor expresso entre Tamás e Orsolya Nádasdy foi uma rara exceção; o casal aristocrático comum dormia em quartos separados, mantinha criados pessoais separados e, com poucas exceções, tinha pouco a ver um com o outro.

Também pode ser, entretanto, que Erzsébet enfrentasse problemas de fertilidade. Na época, grande parte da nobreza húngara sofria de problemas de esterilidade e infertilidade, incluindo os relacionados a IST, de modo que a taxa de natalidade, em geral, era baixa. Alguns casais aristocráticos recorriam a fontes religiosas ou mágicas para obter ajuda: alguém poderia comprar uma tradução do *Livro da Magia* de um livreiro em Veneza, ou talvez tentar uma poção persa ou turca disseminada pela tradição oral da Transilvânia. Os remédios populares incluíam lamber os órgãos genitais à maneira de um gato; alternativas caras incluíam a compra de uma relíquia sagrada ou uma pedra mágica, como uma esmeralda verde ou um talismã de água-marinha, para melhorar o casamento, proteger da infidelidade e garantir fertilidade.

Sabemos que, nessa época, Erzsébet procurou a ajuda da condessa Eva Poppel Lobkovitz, esposa do amigo da família Ferenc Batthyány. A condessa Eva era considerada uma excelente herborista e praticante da medicina popular. Em geral, a condessa Báthory sempre preferiu tratamentos com ervas e frequentar spas ao longo de sua vida, em vez dos tratamentos médicos tradicionais da época. De qualquer forma, os métodos ortodoxos de sangria, sanguessugas e cirurgiões-barbeiros provavelmente teriam feito pouco bem a ela.

A despeito disso, as crianças nasceram. Em meados de 1596, sabemos que o casal tinha três filhos vivos: as filhas Anna, Orsolya (Orsika) e Katalin (Kata). Além disso, nessa época, Erzsébet estaria grávida do filho András. Anna nasceu aproximadamente no ano de 1585. Não temos certeza quanto ao ano de nascimento de Orsika, embora provavelmente tenha sido por volta de 1590, e Katalin a seguiu, por volta de 1594. É provável que Anna e Orsolya tenham sido nomeadas em homenagem às mães de Erzsébet e Ferenc, respectivamente, e Katalin, talvez, à tia materna de Erzsébet.

Descobrimos em suas cartas que Erzsébet Báthory era boa esposa e boa mãe. Em maio de 1596, por exemplo, ela enviou uma carta a Ferenc para relatar a saúde de suas três filhas:

A seu serviço, escrevo-lhe, meu amado marido. Em relação às crianças, posso relatar que Anna e Orsika estão saudáveis. Em relação a Kata, no entanto, há um problema na boca: a saber, a podridão se espalhou por lá, de modo que até o osso da mandíbula está infectado. O Barbeiro lancetou o meio do dente com um ferro — ele diz que foi um golpe de sorte que nenhum dente tivesse caído. Não sei como o Senhor Deus resolverá o assunto, mas agora, de qualquer forma, o momento é muito ruim para ela. Sobre mim, posso escrever que as coisas estão agora muito melhores do que nos últimos dias...

Escrito em Sárvár, na sexta-feira após a
Ascensão do Senhor (24 de maio) *de 1596.*
Sua Serva,
Erzsébet Báthory (de próprio punho)

Dois meses depois, ela também escreveu:

A seu serviço, escrevo-lhe, meu amado Senhor,

Em relação às crianças, posso relatar que Anna, graças a Deus, está com saúde, Kata tem dores nos olhos e Orsika está com o apodrecimento na boca. Estou com saúde, graças a Deus; apenas os olhos me machucam. Deus o guarde.

Escrito em Sárvár, no dia 8 do mês de São Tiago (julho) *de 1596.*

Sua Serva,
Erzsébet Báthory (de próprio punho)

Na segunda metade do mesmo ano, 1596, nasceu András. Pouco depois, chegou Pál, em 1597 ou 1598. András viveu brevemente até os 7 anos de idade, vindo a falecer em 1603, e Orsika também veio a falecer em 1610. Na data de seu testamento, em 1610, a condessa Báthory identificaria apenas três filhos para os quais deixaria todos os seus bens em partes iguais: as filhas, Anna e Kata, e o filho, Pál. Como o único beneficiário do sexo masculino nomeado, a propriedade principal em Sárvár acabaria sendo passada a ele.

Após a morte de seu pai, Pál seria nomeado senhor-tenente herdeiro de Sopron (ou seja, governador do condado de Sopron), em 1605, por volta dos 8 anos de idade, posição que assumiria plenamente quando atingisse a maioridade; em 1610, se tornaria senhor-tenente herdeiro de Vás (ou seja, governador do condado de Vás). Em vida, sua mãe certificou-se de que fosse devidamente investido dos títulos e que os negócios fossem administrados de maneira adequada. Após a morte da condessa, Pál sabiamente jurou lealdade aos Habsburgo e compareceu à coroação de Fernando II como rei da Hungria, em 1618. Sua fidelidade acabou sendo recompensada: em 1622, ele foi nomeado chefe nacional da região do Danúbio, próxima a suas propriedades. Em 1623, foi nomeado conselheiro real e marechal-chefe real e, em 1625, camareiro-mor real.

Como veremos, a condessa Báthory passaria a vida inteira preservando diligentemente os bens de seu enorme patrimônio em nome dos filhos. Entretanto, por mais impressionantes que fossem seus títulos, infelizmente, Pál nasceu sem a mente e o coração para a administração de propriedades ou a preservação do patrimônio. De acordo com historiadores, ele gastou a herança em exibições vistosas, incluindo obras de arte luxuosas, reformas elaboradas de castelos, prensas móveis, doações de caridade e atividades vãs como a caça. Ele também doaria posses consideráveis a seu cunhado poucos dias antes da morte de sua mãe, apesar dos desejos inflexíveis dela do contrário. Diferentemente de seus experientes predecessores, Pál se recusava a lidar com as finanças, confiando essas questões várias vezes ao primo de seu pai, Tamás Nádasdy II, até a morte deste em 1620; depois a seu mordomo, János Witnyédi; e, por fim, a sua esposa, Judit Révay. Em 24 de março de 1631, cerca de dois anos antes de sua própria morte, ele declarou que todos os assuntos relativos às propriedades dos Nádasdy deveriam ser dirigidos exclusivamente a seu assistente, György Rátky.

Em relação aos outros descendentes de Ferenc e Erzsébet, algumas crônicas também indicam que o casal teve outro filho, ainda que menos conhecido, chamado Miklós. Os registros indicam que um certo Miklós Nádasdy de Nádasd et Fogarasföld casou-se com a condessa Zsuzsanna Zrínyi. Sua data de nascimento está listada como 1580, indicando que Miklós era mais velho, mas aproximadamente da mesma geração de Pál e dos outros filhos dos Nádasdy. Contudo, não temos certeza de sua linhagem exata, dados os registros genealógicos um tanto escassos que nos restam hoje. Ele poderia ser um primo. É interessante notar, no entanto, que quando Pál completou as restaurações no Castelo de Sárvár, em 1615, erigiu um monumento no qual declarou ser o "herdeiro legítimo": "Estas fortificações do castelo, outrora feitas de madeira e pedra, cuja construção começou em maio de 1588 pelo nobre Ferenc Nádasdy, são concluídas por seu filho e são um patrimônio do herdeiro legítimo, Pál Nádasdy, 30 de outubro de 1615".

Na época do nascimento de Pál, Erzsébet já tinha cerca de 38 anos e seus dias de maternidade estavam chegando ao fim. Miklós tinha o sobrenome e o título Nádasdy de Nádasd et Fogarasföld como os outros filhos dela; no entanto, ele não parecia ter crescido na residência da família em Sárvár. Parece também que não foi colocado sob a tutela de Imre Megyeri, como o irmão Pál. A babá e ama de leite Ilona Jó deu testemunho de ter criado as meninas Nádasdy e Pál, mas não mencionou Miklós (embora talvez ele já estivesse grande demais para ser cuidado por ela). Finalmente, em seu testamento de 1610, a condessa faz referência e concede propriedade a apenas três filhos — Anna, Kata e Pál —, sem fazer menção a Miklós. Isso sugeriria então que, como mencionado, ele fosse primo das crianças Nádasdy ou, embora formalmente reconhecido por Ferenc Nádasdy para evitar escândalos, a criança não fosse dele e, portanto, tivesse sido criada discretamente em uma das propriedades de menor importância, com sobrenome e renda, mas sem herança substancial.

Embora viesse a ajudar na administração das câmaras de tortura no castelo da condessa em Csejthe, não há registro de que [Ilona] tenha de alguma forma maltratado os filhos de seu senhor e de sua senhora.

Típico da época, as mães da nobreza não amamentavam ou, na maioria das vezes, nem mesmo criavam os próprios filhos. As crianças dos Nádasdy foram confiadas aos cuidados de uma ama, ou *dajka*. Nesse caso, seu nome era Ilona Jó, esposa do cocheiro István Nagy. Alguns dizem que ela também foi ama de Erzsébet. Embora viesse a ajudar na administração das câmaras de tortura no castelo da condessa em Csejthe, não há registro de que tenha de alguma forma maltratado os filhos de seu senhor e de sua senhora.

E a condessa Erzsébet, ao que tudo indicava, gostava dos filhos e cuidava bem deles. Tanto, que viria a dividir seu enorme patrimônio igualmente entre eles. Além disso, ela garantiu que as filhas recebessem luxuosas celebrações de casamento, associando-as a jovens ilustres das famílias Drugeth de Homonnay e Zrínyi, duas das poucas dinastias restantes de importância comparável à sua. Por fim, garantiu que seu filho Pál recebesse uma boa educação e todos os títulos administrativos adequados.

Antes da morte de Ferenc, a condessa Erzsébet já vinha transitando entre os vários castelos e mansões sob seu controle para resolver questões administrativas, conduzir inspeções e sediar eventos sociais. Parece que, quando não

estava em guerra, Ferenc preferia voltar à sua casa de infância em Sárvár, enquanto Erzsébet passava cada vez mais tempo no campo, em outros castelos e mansões, particularmente em Csejthe. Localizado no que hoje é a Eslováquia Ocidental, o Castelo de Csejthe era uma fortificação do século XIII situada em uma colina, parte de um feudo de dezessete aldeias. A família Nádasdy adquiriu a propriedade em 1569 e, como já mencionado, Ferenc a recebeu de sua mãe antes de dá-la, por sua vez, a Erzsébet como presente de casamento. Mais tarde, em 1602, ele resgatou a propriedade do imperador por 5 mil florins húngaros, garantindo assim o título permanente dela para a condessa. Com o tempo, este se tornaria o local dos horríveis assassinatos da senhora Erzsébet e, por fim, sua prisão derradeira.

É provável que Erzsébet Báthory nunca tenha sido totalmente bem recebida em Sárvár. Seu filho Pál foi confiado a um tutor e governador lá, um escudeiro chamado Imre Megyeri (ou Megyery), apelidado de "O Vermelho" ou "O Peito Vermelho" (provavelmente em referência à cor de seu cabelo, dada a grafia húngara). Megyeri seria nomeado guardião de Pál após a morte de Ferenc e durante o processo judicial da condessa, até posteriormente ser substituído por Tamás Nádasdy II, um primo de Ferenc Nádasdy. Megyeri claramente não gostava da condessa e, no fim das contas, apresentou acusações formais contra ela junto ao rei pela suposta tortura e assassinato de servos. Ela certamente não tinha grande afeição por ele (de acordo com testemunhas, ele figurava como destinatário de seus "feitiços malignos" e havia até mesmo uma trama para envenená-lo). Além disso, Erzsébet começou a entrar em conflito com o clero local. É evidente que, por volta de 1590, algo muito incomum estava acontecendo não apenas em Sárvár, mas também em outras propriedades dos Nádasdy que a condessa visitava periodicamente, incluindo Beckov (Beckó), Keresztúr, Csejthe, Kosztolány e a mansão em Viena.

11
CAPITULUM

INFAMOUS LADY

EVENTOS ESTRANHOS

(1585-1604)

A princípio, ninguém pareceu notar nada incomum. Uma jovem criada havia morrido repentinamente durante a noite na ala feminina do Castelo de Sárvár. Seu corpo foi colocado em um caixão e convocaram o pastor local, István Magyari. Ao chegar, este ficou um pouco surpreso ao descobrir que a garota já havia sido depositada no ataúde com a tampa lacrada. Normalmente, ele teria esperado encontrá-la deitada em uma cama. A condessa puxou-o de lado discretamente.

“Receio que tenhamos um caso de cólera em nossas mãos”, ela confidenciou. “Não quero alarmar os outros criados ou gerar pânico na cidade.”

O pastor assentiu rapidamente. Essas coisas aconteciam, mesmo em um lar abastado.

O caixão foi retirado e colocado em uma carroça nos portões, onde foi recebido pelo pastor e um grupo de seminaristas. Alguns servos próximos ergueram os olhos de seu trabalho quando os seminaristas abriram seus hinários e começaram a entoar hinos fúnebres. A pequena procissão deixou a propriedade e seguiu em direção ao cemitério.

Dentro do Castelo de Sárvár, entretanto, as criadas estavam estranhamente caladas naquele dia. Elas olhavam em volta com nervosismo e, quando a condessa passava, logo abaixavam a cabeça ou saiam às pressas de seu caminho. Quando ninguém estava à vista, sussurravam sem parar.

Em sua função de Castelão (Governador) *de Sárvár, Benedek Bicsérdy era responsável pelo gerenciamento e segurança da propriedade, por ser um assistente na solução de controvérsias e supervisão da criadagem. Bicsérdy era aparentemente próximo de Ferenc e Erzsébet Nádasdy: ele até mesmo batizou seus próprios filhos em homenagem ao Senhor e à Senhora.*

Mas algo a respeito de um pedido específico parecia bastante incomum.

A Condessa o puxou de lado e apontou para uma porta que dava para uma série de salas internas.

"Coloque um guarda armado aqui", ela ordenou. "Informe a criadagem. Não quero que ninguém entre aí sem minha permissão expressa."

"Sim, Senhora Condessa."

Ela apertou com brusquidão o pulso de Bicsérdy. Surpreso, ele olhou nos olhos dela, repentinamente pretos de intensidade.

"Você me entende, Benedek?".

"Sim, Senhora Condessa", ele repetiu.

Ela relaxou a mão.

"Que bom", disse ao se afastar. "Não me decepcione."

O clero de Sárvár foi novamente convocado. O pastor Magyari não pôde comparecer naquele dia, de modo que o pastor assistente, Mihály Varga Zvonaric (Michael Zvonaric), atendeu ao chamado. Os criados já haviam levado o caixão, que era um pouco maior do que o normal, à igreja quando ele chegou. Zvonaric pediu aos homens que esperassem um momento. Já corriam boatos de que três garotas haviam sido presas lá dentro. Pedindo aos criados que esperassem, ele foi ao castelo para encontrar a senhora.

"Senhora, posso perguntar por que há três corpos em um único caixão?"

A Condessa Erzsébet pareceu um pouco irritada com a pergunta do Rev. Zvonaric.

"Há apenas dois", ela corrigiu, sem emoção na voz. "Você pode enterrá-los juntos em um único túmulo."

Ele insistiu:

"Mas o que aconteceu com elas? Por que todas as três morreram juntas tão rapidamente — uma após a outra?".

A isso, ela repetiu: "Existem apenas duas. Uma já havia morrido e a outra estava perto da morte, então esperamos para colocá-las juntas em um único caixão. Se dois caixões tivessem sido trazidos um após o outro, teria causado ainda mais fofoca".

Mais tarde, o mestre do campanário, que estava ouvindo, chamou o jovem ministro à parte.

"Padre", disse ele em voz baixa, "é melhor não dizer nada nem questionar a Condessa sobre essas coisas."

Quando Zvonaric foi protestar, o mestre do campanário avisou: "Vai ser ruim para os criados se o Senhor o fizer".

O que começou como um incidente isolado lentamente se transformou em um fluxo cada vez maior de cadáveres, que começaram a seguir a condessa Báthory onde quer que fosse. Na investigação preliminar contra ela, ocorrida anos depois, em outubro de 1610, a primeira testemunha a depor foi o castelão de Sárvár, Benedek Bicsérdy. Na época do inquérito, ele afirmou que tinha conhecimento de pelo menos 175 meninas e mulheres mortas. Contudo, não sabia nada sobre como tinham morrido, porque "a menos que ela [o] chamasse, [ele] não tinha permissão para entrar na casa da Senhora". Uma vez, no entanto, ele viu uma mancha de sangue em uma das paredes e disse que, quando andava pelo lado de fora do castelo, podia ouvir "ruídos de chicotadas vindo de dentro [...] através das paredes". Ele sabia de espancamentos que, às vezes, duravam seis ou mais horas. A senhora mantinha uma série de cômodos internos sob guarda, onde "as pessoas torturadas eram mantidas escondidas".

Se a estimativa de Bicsérdy sobre o número de mortos parecia alta, mais uma pessoa o confirmava: Baltazar Poby (também grafado Balthasar Poky), outro homem que serviu como castelão em Sárvár, declarou que tinha ouvido que o número de vítimas mortas devido às consequências posteriores de tortura, na verdade, totalizava mais de duzentas, "se não já totalizando quase trezentas".

Outros servos, nobres, clérigos e habitantes da cidade de Sárvár e das áreas circundantes apareceram. Todos disseram a mesma coisa: enterros e funerais ocorriam em um ritmo alarmante ali; os mortos eram quase sempre criadas jovens; era proibido o acesso a uma certa parte da propriedade, mantida sob forte guarda; e, embora ninguém realmente tivesse visto nada, todos ouviram histórias de que essas meninas haviam morrido por consequência de tortura.

Outra testemunha, Gergely Balás (Gregor Balasz), também afirmou que os corpos das meninas eram retirados em carroças, acompanhados por membros do clero que entoavam canções fúnebres, mas não sabia como elas haviam morrido.

O reverendo Mihály Zvonaric afirmou que, quando a senhora estava na casa, não era possível ver nada incomum, uma vez que os criados haviam sido estritamente advertidos a não entrar em determinados cômodos. Uma porta em particular era sempre altamente vigiada por um homem chamado Drabont e ninguém podia cruzá-la sem permissão. Em algum lugar atrás da entrada havia uma sala secreta interna, e ele ouvira dos criados rumores de que meninas estavam sendo torturadas ali dentro. Apesar disso, admitiu que nunca tinha visto nada com os próprios olhos.

Evidentemente, a condessa era meticulosa em cobrir seus rastros. Benedek Bicsérdy relatou que sempre que era chamado e entrava em áreas secretas, tudo já estava limpo. Mihály Zvonaric concordou que se ele ou outra pessoa entrasse na casa da senhora, "tudo estaria limpo e não haveria nada para ver. Ela exigia muito cuidado de seus subordinados".

O falecimento de algumas criadas por si só não era incomum em uma época em que doenças e falta de higiene faziam vítimas diariamente, mesmo em uma casa de família abastada. No início, ninguém pareceu notar algumas garotas mortas. A resposta de praxe era que essas pobres almas tinham sucumbido à cólera — bastante comum na época — e que o enterro apressado, com o caixão fechado, era feito para não criar pânico entre os criados ou os habitantes da cidade. O clero local aceitou a explicação de bom grado. Os seminaristas caminhavam ao largo das carroças-fúnebres com caixões, entoando canções fúnebres ao lado do túmulo. O pastor local realizava os ritos e breves eulogias eram feitas. A própria condessa Báthory até compareceu a algumas das cerimônias.

Mas então os números começaram a se multiplicar. Novas histórias de morte e até rumores de tortura e comportamento bizarro começaram a vir à tona. Mais ou menos na mesma época, um cavaleiro, Paul Boëd, que trabalhava como assistente do administrador (vice-castelão) no Castelo de Sárvár, também afirmou ter visto, nos portões, os corpos de meninas sendo enterrados em meio a cânticos fúnebres. Embora ele não tivesse testemunhado as mortes pessoalmente, também ouvira de outros criados que as meninas haviam morrido por tortura. Em 1602, Boëd se encontrou com o capitão János Mogyórssy e Gergely Jánossy, ambos professores titulares em Sárvár, bem como com o pastor István Magyari.

Magyari era um distinto membro do clero luterano e teólogo notável que trabalhara como capelão sob Tamás Nádasdy e continuara a exercer o cargo, após a morte de Tamás, para Ferenc e Erzsébet. Apesar de sua idade avançada,

Magyari permaneceu franco e íntegro. Ele se envolveu em guerras literárias, por exemplo, com o arcebispo católico Péter Pázmány, tendo publicado uma obra intitulada *Az Országokban Valo Sok Romlásnak Okairol* [As causas da ruína da Hungria] em 1602, que declarava o catolicismo como a causa principal. Pázmány rebateu com seu próprio trabalho, *Felelet Magyary Istvannak* [Resposta a István Magyari]. Os dois trocariam chumbo durante anos com suas respectivas réplicas e tréplicas. (Pázmány também trabalhou incansavelmente, durante décadas, para tentar converter, ou reconverter, a nobreza protestante da Hungria ao catolicismo.)

Ele sabia de espancamentos que, às vezes, duravam seis ou mais horas. A senhora mantinha uma série de cômodos internos sob guarda, onde "as pessoas torturadas eram mantidas escondidas".

Portanto, não foi nenhuma surpresa quando os homens locais colocaram, coletivamente, sobre esse ministro o fardo de relatar tais atividades estranhas, dizendo-lhe: "Teme-se que o Senhor Deus nos castigará junto ao senhor. Deixe-nos ir embora daqui, ou o senhor, bom sr. István — já que é um homem da igreja, e, de outra forma, seria culpado —, deve alertá-la. Se ela não parar, então o senhor deve anunciar os atos dela no púlpito, porque ofende o Senhor Deus, e Ele não tolerará".

O nobre Ferenc Bornemisszy (Bornemissza) contou como Magyari aceitou o desafio, confrontando publicamente a condessa Báthory quando sua consciência não podia mais tolerar os acontecimentos perturbadores ocorridos em Sárvár.

O culto daquela manhã foi incomum. O pastor Magyari parecia chateado, até lúgubre, e seus dedos continuaram a se mover inquietamente sobre o missal. Quando chegou a hora de fazer o sermão, ele agarrou-se com firmeza às grades enquanto falava. Pigarreou várias vezes, aparentemente distraído.

"Meus irmãos e irmãs", disse, enfim, na conclusão, "para que eu permaneça no púlpito, devo revelar algo que lhes será de extrema importância."

A congregação em Sárvár, composta de nobres, servos e habitantes da cidade, já tinha ouvido os boatos. A fofoca que se espalhara era que mais uma garota havia morrido sob tortura. Alguns olharam para o banco reservado ao Senhor e à Senhora Nádasdy. O Senhor estava em Viena naquela manhã em particular, mas a Senhora estava presente. Seus olhos se fixaram então em Magyari. Ninguém fez som algum.

"É nosso dever como pregadores", Magyari começou, "tomarmos conhecimento de que as pessoas fazem reclamações" — ele se virou para encarar a Senhora diretamente —, "mas que Vossa Graça não é censurada. Portanto, não posso encobrir. Deve ser ainda mais alardeado que, em relação à menina, Vossa Graça não deveria ter assim agido porque ofende ao Senhor, e", sua voz começou a se elevar, "seremos punidos se não reclamarmos e criticarmos Vossa Graça."

Suas narinas dilataram-se ligeiramente, mas a Condessa permaneceu em silêncio e em postura ereta.

"Para confirmar que minhas palavras são verdadeiras", desafiou Magyari, "precisamos apenas exumar o corpo."

Ele trouxe a mão para baixo sobre o púlpito, talvez um pouco forte demais. O barulho ecoou por toda a igreja, e alguns estremeceram.

"Vocês descobrirão que as marcas identificam a forma como a morte ocorreu!"

Nesse momento, a Condessa Nádasdy se virou para encará-lo totalmente.

"Pois olhe aqui, Sacerdote István", ela disse com firmeza, "logo verá que eu o farei pagar por isso. Meu marido e eu temos parentes que não vão tolerar que me envergonhe e me denuncie. O Senhor me apresentou a uma situação ultrajante em que sou submetida ao púlpito, incluindo até mesmo a acusação de meu marido!"

Ela se levantou, e suas aias se levantaram junto.

"Vou escrever para o meu marido!"

"Se Vossa Graça tem parentes", Magyari gritou, "então eu também tenho um parente: o Senhor Deus! Mas para uma melhor prova do que eu digo, vamos desenterrar o corpo, e então veremos o que Vossa Graça fez!".

Imediatamente após essa altercação, a condessa voltou ao palácio e escreveu uma carta furiosa para o marido em Viena. Exigiu que ele punisse o pastor por seus insultos e comportamento. Sua invectiva foi tão severa, na verdade, que Ferenc Nádasdy voltou para casa imediatamente.

Os pastores Magyari e Zvonaric, nesse meio-tempo, de fato reportaram os estranhos rumores, para grande raiva e constrangimento do conde Ferenc Nádasdy quando retornou. Em 27 de março de 1602, uma carta em busca de orientação foi enviada ao reverendo Gregor Phythiaräus (Gergely Piterius), o pastor em Keresztúr. Zvonaric informou ao reverendo Phythiaräus que ele e seu colega em Sárvár haviam chegado à conclusão de que "deveriam advertir Sua Majestade (Conde Ferenc Nádasdy) e sua esposa sobre as atrocidades por eles cometidas. E isso também se aplica a uma mulher perversa, Anna Darvolya, que todos conhecem", pois "ajudou Erzsébet Báthory com atrocidades desumanas". A carta de resposta do pastor Phythiaräus a Zvonaric continuava:

> *Minha carta tem o objetivo de encorajá-lo e também ao Sr. Magyari. Incentive-o e exorte-o a não se afastar de sua intenção, mas a proceder sem temor em nome de Deus. Somos, pela graça de Deus, Seus fiéis engajados na batalha, que se ajudam com orações e conselhos. Essa carrasca* (Anna Darvolya) *deve, se ela comparecer* [à comunhão], *ser submetida a um exame especial, que requer a obrigação dos pastores fiéis e seu método de acordo com o Apóstolo Paulo, em relação a tal pessoa que não mostra nenhum remorso e, portanto, deve ser excluída do culto.*

Anna Darvolya (também Darvolia ou Darvulia) é uma figura interessante. Foi uma mulher croata que morava na cidade de Sárvár. Ela serviu à condessa, sem dúvida, entre os anos de 1601 e 1609, mas, com base nas cartas do clero e no depoimento de testemunhas, provavelmente até mesmo antes disso. Ela começou a fazer aparições mais frequentes na corte e, por fim, fixou residência permanente com a condessa. Descrita pelos habitantes locais como uma "besta selvagem em forma de mulher", ela supostamente teria ensinado a Erzsébet e a outros criados métodos elaborados — e letais — de tortura. O método favorito de Anna incluía bater em alguém repetidamente — em alguns casos chegando a quinhentas vezes — até a morte. Ela serviu como "guarda-portão" e conselheira pessoal para a condessa. Anna Darvolya, na verdade, foi supostamente aquela que teria aconselhado a condessa a selecionar apenas garotas camponesas "que ainda não tivessem experimentado os prazeres do amor". Isso parece estar de acordo com o *modus operandi* de Erzsébet: o desaparecimento de algumas camponesas não teria sido um incômodo político nem mereceria a atenção das autoridades civis.

Rumores sobre a crueldade de Anna — incluindo alegações de que ela dirigia uma câmara de tortura e um matadouro dentro do palácio de Sárvár — começaram a circular por volta de 1601. Além disso, logo seguiram rumores de que o senhor e a senhora Nádasdy sabiam exatamente o que ela estava fazendo, e, inclusive, davam sua aprovação tácita e tangível. Os servos concordaram que tanto o senhor quanto a senhora haviam, mais de uma vez, participado das sessões de tortura. É provável que Ferenc também compartilhasse suas próprias técnicas descobertas no campo de batalha, pois Anna Darvolya logo aprendeu a estrangular servos no estilo "turco" de execução.

Em março de 1602, com a aproximação do Domingo de Páscoa, o clero de Sárvár estava particularmente preocupado com um ponto teológico; a saber, se, no próximo culto, deveria ou não negar a eucaristia a Anna Darvolya por suas ações, e, possivelmente, até mesmo excomungá-la. Em cartas aos seus colegas e superiores, o clero de Sárvár enfurecia-se com a ideia de que Anna Darvolya ousasse se aproximar descaradamente do gradil da comunhão durante a Semana Santa e no Domingo de Páscoa. Apesar dos rumores contínuos de meninas morrendo por tortura, ela e a condessa compareciam rotineiramente aos serviços religiosos como se nada estivesse acontecendo. Denunciar tal criada, a quem chamavam de "carrasca", era arriscado para os sacerdotes, pois ela obviamente gozava da proteção do senhor e da senhora.

Rumores sobre a crueldade de Anna — incluindo alegações de que ela dirigia uma câmara de tortura e um matadouro dentro do palácio de Sárvár — começaram a circular por volta de 1601.

Durante esse tempo, a excomunhão também foi assunto de debate entre luteranos e calvinistas. Representava não só um problema político, como também teológico, pois Ferenc Nádasdy fora criado como luterano e Erzsébet Báthory, como calvinista. Por fim, tendo estabelecido um acordo por um conselho de anciãos luteranos, os pastores de Sárvár foram orientados a deixar claro para o senhor e para a senhora Nádasdy a gravidade de seus pecados, bem como as consequências, e que quaisquer ações punitivas por parte do clero de Sárvár receberiam total apoio.

Como acontecia com frequência, ao retornar às pressas para casa, Ferenc Nádasdy enfim conseguiu apaziguar o presbitério, provavelmente por meio de uma doação substancial. Na verdade, as consideráveis doações de Ferenc para a Igreja Luterana, bem como recursos na forma de bolsas de estudo na Universidade de Wittenberg, continuaram até mesmo depois de sua morte. Pelo que sabemos, a questão da excomunhão nunca foi realmente levantada ou debatida em maior profundidade, e testemunhas relataram que o senhor Nádasdy e o pastor Magyari se reconciliaram pouco depois. (Aliás, quando o cardeal católico Péter Pázmány sugeriu, logo após o funeral do senhor Nádasdy, que o herói de guerra da Hungria não iria para o céu por causa da vida violenta que levara, o próprio reverendo Magyari novamente se envolveu em um acalorado debate literário com Pázmány, defendendo o futuro da alma do conde.)

As alegações de tortura e assassinato diminuíram um pouco, por ora. No entanto, tais crueldades já haviam sido ligados a um local secreto na propriedade do conde Nádasdy, e corriam rumores entre seus pares e súditos de que ele, sua esposa e a criada estavam claramente envolvidos. Embora fosse provável que Ferenc Nádasdy estivesse furioso com a esposa por ter criado um escândalo público, ele próprio não era inocente das acusações. Já haviam circulado rumores entre os habitantes locais de que ele também gostava de torturar servos e ensinara à esposa maneiras de discipliná-los.

Ferenc Nádasdy já era conhecido por ser implacável no campo de batalha e por ter buscado vinganças atrozes contra seus inimigos. Pelo menos uma vez, havia ordenado a execução de prisioneiros capturados "da maneira mais hedionda possível". Ainda foi dito que ele dançava com os cadáveres de seus inimigos, jogava suas cabeças decepadas para o ar ou jogava bola com elas. Ferenc Nádasdy também podia ser implacável com seus próprios homens. Em 1600, por exemplo, mercenários franceses e flamengos, trabalhando para os Habsburgo sob o comando de Nádasdy e Adolf Schwarzenberg, estavam guarnecidos na cidade mercantil de Pápa, não muito longe de Sárvár. O estado-maior devia a esses homens mais de 60 mil ducados em retribuição. Depois de, sem sorte, fazer inúmeras demandas ao alto comando, as tropas pediram dinheiro a seus senhores húngaros. Quando receberam recusa, os homens enviaram um emissário secreto aos turcos, prometendo entregar a cidade a eles se o paxá turco pudesse fornecer o dinheiro que lhes era devido. O paxá enviou 10 mil ducados, momento então que as tropas pegaram o dinheiro e começaram a saquear a cidade para obter o restante.

Schwarzenberg e Nádasdy aproximaram-se a cavalo para fazer cessar a rebelião; quando Schwarzenberg foi morto em combate, Ferenc Nádasdy assumiu o comando. Garantindo uma rendição quase imediata, ele então reuniu as tropas rebeldes e ordenou que fossem "enforcadas com crueldade desumana" para torná-las um exemplo. Por esse feito, ele recebeu honrarias especiais em Viena.

Um presente específico que Ferenc supostamente teria trazido para sua esposa foi um dispositivo que se assemelhava a uma luva de garras afiadas que poderia ser colocada sobre os dedos para cortar, golpear e apunhalar uma vítima. Além disso, Ferenc supostamente teria ordenado que as criadas ficassem nuas diante dele. Foi relatado que, certa vez, ele cobriu com mel a irmã mais nova da ama Ilona Jó e a fez ficar de pé sob o sol de verão para ser atacada por enxames de insetos. Quando as criadas desmaiavam sob tal tratamento ou eram consideradas preguiçosas, Ferenc ensinava Erzsébet a inserir pedaços de papel oleado entre os dedos dos pés delas e depois atear fogo aos papéis.

Parecia, entretanto, que Ferenc costumava parar pouco antes de assassinar a sua própria criadagem. János Újváry testemunhou que, embora o senhor Nádasdy soubesse do que se passava com a morte de criadas, ele desaprovava o assassinato e, na verdade, proibia a prática. Para Ferenc Nádasdy, a imagem era tudo. A esposa seguia suas ordens até certo ponto; o número de meninas mortas crescia de forma relativamente lenta enquanto ele era vivo, mas depois de sua morte, em 1604, aumentou de forma dramática.

Porém, perguntamo-nos: o que levou exatamente a condessa a torturar e matar suas servas adolescentes? Sabemos que, naquele momento específico da história húngara, a série de guerras e conflitos sangrentos que vinham devastando a terra deixara um excesso de mulheres jovens e solteiras e uma escassez de homens. Historicamente, aliás, as mulheres já eram vistas como menos importantes do que os homens. Sendo assim, é possível se perguntar, inclusive, se, estranhamente, a condessa, na verdade, talvez sentisse estar prestando um serviço a suas terras, mantendo uma espécie de "controle populacional".

Também é possível que a patologia tenha começado nos anos iniciais e intermediários de seu casamento. Quando adolescente, é possível que Erzsébet tenha sido brutalizada em Sárvár com o objetivo de forçá-la a cumprir o papel de uma adequada — e submissa — jovem dama e esposa. Ferenc provavelmente a violentava a portas fechadas, como era costume na época. Os maridos tinham permissão para torturar suas esposas até a submissão, punir qualquer ato de desobediência e manter a condição de senhor e dono da casa. Não seria difícil pensar que os efeitos da guerra em alguém tão jovem possam ter traumatizado o próprio Ferenc. O estresse do combate provavelmente o levara a beber muito quando estava de licença em casa e a expressar sua agressão contra a família e os empregados.

As torturas cometidas por Erzsébet parecem ter começado lenta e progressivamente; primeiro, com beliscões, mordidas e chutes, para depois aumentar em intensidade e quantidade. Mais tarde, ela avançou para espetar ou enfiar alfinetes e agulhas nos lábios e embaixo das unhas das criadas. Depois disso, passou a infligir queimaduras em suas vítimas ou cortá-las com facas. De certa forma, todos esses atos de mesquinhez e crueldade pareciam quase juvenis em muitos aspectos, embora ainda não fossem fatais.

O que parece, no entanto, é que, quando Erzsébet agia em conjunto com outros, encontrava a coragem de extrapolar os limites. Ela acabou aprendendo a torturar de forma séria com seu marido e com Anna Darvolya. O perfil das vítimas de Erzsébet era quase sempre o mesmo. As centenas de testemunhas a depor concordaram que os homens não eram alvo dos ataques da condessa e, na maioria das vezes, as mulheres maduras em geral também não eram. A vítima quase sempre era uma adolescente solteira.

Isso não queria dizer, entretanto, que as mulheres mais velhas estivessem completamente isentas da pena de morte por desobediência. Um exemplo específico se destaca: a testemunha Ferenc Török, um sargenteante (escudeiro) e jurado em Sárvár, na companhia de vários outros, jurou perante o tribunal que a condessa também assassinara uma mulher casada que havia se recusado a seguir suas ordens. Naquela época, era costume usar moças virgens solteiras para trabalhar como aias durante um certo festival. Na falta de meninas suficientes, a condessa ordenou que uma mulher mais velha fingisse ser uma das virgens e se vestisse como uma garota. Parece que ordenou que a mulher se vestisse de forma jovial também em outras ocasiões. O nome da senhora era Modl (ou Modli). Essa mulher viera de Viena, Bratislava ou Sacro Império Romano-Germânico (os relatos das testemunhas variavam) e fora descrita como corpulenta ou matronal. Até aquele momento, era a favorita da condessa e trabalhava para ela como chapeleira.

De acordo com testemunhas, no entanto, a mulher não quis mais atender a esses pedidos de fazer o papel de criança e se desculpou: "Mas decerto, minha cara e graciosa Senhora, não posso ser uma menina, pois já tenho um marido e um filho, o meu pequeno Ferenc".

A condessa ficou furiosa. Em sua raiva, trouxe um pequeno tronco e ordenou que a criada o vestisse com fraldas e que o carregasse consigo ao redor do castelo, dizendo: "Amamente seu filho, sua meretriz. Não o deixe chorar!". A senhora até a acordava à noite, forçando violentamente o pedaço de madeira contra o seio da criada como se fosse um bebê. Mais tarde, as testemunhas disseram que a condessa acabou por torturá-la de várias maneiras até que finalmente morresse.

Embora o pastor de Sárvár, István Magyari, sentisse um remorso moral em não a denunciar, assim como certos cavalheiros locais, não havia implicações legais concretas para o que Erzsébet e seu marido estavam fazendo ou permitindo que acontecesse com suas criadas. A essa altura, Ferenc Nádasdy havia se destacado na batalha, chegando ao nível de Alto Mestre dos Estábulos, e emprestando enormes somas de dinheiro à Coroa Húngara. Quando ele morreu, existia uma dívida de quase 18 mil *gulden*, quantia que o rei Mátyás II (1557-1619) afirmou que nem ele poderia pagar. Enquanto Ferenc Nádasdy financiou a Coroa Húngara e a Monarquia de Habsburgo, ninguém ousou tocar nele ou em sua esposa.

Além disso, o extermínio da população local era bastante comum naquela época. Conforme discutido, os camponeses que viviam e trabalhavam em terras pertencentes à nobreza, como os Báthory ou Nádasdy, segundo a lei de 1517, eram considerados propriedade. A morte de servas, por tortura ou de outra forma, podia despertar a atenção ou a ira do púlpito, mas não causaria nenhum dano significativo para o "Cavaleiro Negro da Hungria" — o homem que mantinha o continente a salvo de legiões de invasores turcos. Legalmente, o promotor de justiça nem mesmo intentaria uma ação contra um nobre em nome de uma pessoa de origem humilde; a "parte interessada" tinha de entrar com sua própria ação — algo altamente improvável, dados os riscos óbvios.

Em 1588, por exemplo, mais ou menos na mesma época, um nobre da vizinhança, Mihály Cseszeky, estava sequestrando em troca de resgate não apenas prisioneiros turcos, mas também seu próprio campesinato, em uma tentativa de arrecadar dinheiro para o cuidado e a manutenção de seu castelo em Várpalota. Cseszeky, um nobre inferior sob a jurisdição de Ferenc Nádasdy, era ele próprio um herói real, tendo lutado contra milhares de turcos com algumas centenas de soldados húngaros. Ele recebeu o Castelo de Várpalota como presente do rei, mas a Coroa não forneceu recursos suficientes para sua manutenção. Algum tempo depois, para garantir o financiamento necessário, Cseszeky decidiu resolver a questão por conta própria.

Embora oprimidos, os habitantes locais não conseguiram obter qualquer tipo de ajuda das autoridades governamentais. Conforme discutido, o único meio era mover uma ação contra o próprio nobre. Por fim, peticionaram a Ferenc Nádasdy, o suserano de Cseszeky, em busca de alívio para os constantes ataques e desaparecimentos de entes queridos. Para Nádasdy, a questão era complicada: os parentes de Mihály Cseszeky haviam lutado contra os turcos na companhia de seu pai, Tamás, e o próprio Ferenc, em mais de uma ocasião, fizera prisioneiros em troca de resgate, em um esforço para arrecadar dinheiro. Desta forma, a história não registrou a aplicação de nenhuma punição significativa a Cseszeky; novamente, ao campesinato, restava pouca possibilidade de reclamar contra a nobreza, não importava o que lhe fosse feito.

KIMBERLY L. CRAFT
CONDESSA
BÁTHORY
LADY KILLERS PROFILE

12
CAPITULUM

INFAMOUS LADY

MORTE DE FERENC

Em março de 1601, quando o conde Nádasdy estava em Bratislava, ele foi acometido por uma doença que lhe causou uma dor tão forte nas pernas que o impossibilitava ficar de pé. Depois de algumas semanas, o conde se recuperou e foi capaz de retornar ao serviço público. Por suas cartas, porém, a condição parecia irreversível.

Enquanto isso, Ferenc continuou a emprestar recursos à Coroa e aos Habsburgo sem caixa, apesar da incapacidade da família em reembolsá-lo. Sua lealdade para com eles também nunca diminuiu. Em agosto de 1602, embora doente, juntou forças com o conde György Thurzó para liderar uma nova campanha contra os turcos e reforçar guarnições húngaras nas cidades ao longo do Danúbio. Os dois homens, que já se conheciam, aprofundaram o contato especialmente nessa época — algo um tanto irônico, já que, mais tarde, György Thurzó prenderia Erzsébet e administraria seus julgamentos.

No ano de 1603, Ferenc adoeceu gravemente mais uma vez, o que o deixou incapacitado em caráter permanente. Assim, ele começou a preparar os familiares e amigos para a possibilidade de sua morte. A pessoa mais próxima de Ferenc Nádasdy era seu companheiro militar Ferenc Batthyány. Como mencionado, as famílias Nádasdy e Batthyány eram coproprietárias de uma casa palaciana em Viena e, de acordo com as correspondências, sabemos que Erzsébet continuou mantendo contato com os Batthyány bem depois da morte de seu marido.

Ferenc Nádasdy não era ingênuo: ele sabia o que era provável de ser feito da vida de sua esposa quando ela ficasse viúva. Naquela época, o destino de uma viúva dependia de seus protetores. No caso de Erzsébet, por causa de sua família influente, ela tinha o direito de viver com todo conforto nas propriedades, servida por seus criados. No entanto, era quase certo que ela se tornaria alvo de ataques dirigidos à sua enorme fortuna, fosse de nobres predadores, de funcionários desleais, da Coroa, da Igreja ou dos turcos otomanos.

O enfermo Nádasdy confiou duas cartas a mensageiros. A primeira era destinada a Ferenc Batthyány, pedindo-lhe que protegesse sua esposa e filhos. As propriedades dos Nádasdy já se encontravam sob constante ameaça dos turcos, a Coroa parecia não ter intenção de pagar suas enormes dívidas, e ele temia o pior para sua família. Sabemos, pelas correspondências, que Erzsébet mais tarde escreveu a Batthyány e que ele de fato a aconselhou e ajudou — tanto em questões econômicas quanto militares.

A segunda carta era destinada a György Thurzó.

Em 3 de janeiro de 1604, um dia antes de morrer, Ferenc escreveu a Thurzó: "Deus me enviou esta doença", e, "se o impensável acontecer", e não sobrevivesse, "confio formalmente meus herdeiros e viúva à sua generosa proteção". A carta pode ter sido uma convenção aristocrática entre amigos e um sinal da relação confidencial que eles compartilharam quando lutaram juntos contra os turcos. Por outro lado, também poderia ter sido uma manobra tática para garantir que Thurzó, já na época um dos homens mais poderosos do reino, se sentisse culpado caso, de alguma forma, planejasse desacreditar a família ou confiscar seus bens.

Ferenc Nádasdy, no entanto, já estava doente demais para assinar o documento. Morreu em seu quarto, em Sárvár, em 4 de janeiro, logo após o envio da missiva. O funeral foi típico de um herói de guerra nacional: luxuoso, de estilo militar e cheio de pompa. Seu caixão aberto foi cercado por quatro grandes velas que queimaram durante a vigília noturna antes do enterro. Às sete horas da manhã seguinte, teve início o serviço fúnebre, o desfile e a procissão dos enlutados. O pastor István Magyari, que apenas dois anos antes castigara o conde e sua esposa no púlpito por crueldade e opressão contra seus súditos, agora lembrava, em uma eulogia emocionante, como o senhor Nádasdy distribuía comida aos pobres, fornecia bolsas de estudo aos alunos, sempre comia e bebia com moderação, e mantinha todas as indulgências sob controle. Na verdade, quanto mais fosse exaltada sua posição, declarou o pastor, mais modesto o senhor Nádasdy se tornava, pois o orgulho nunca havia feito parte de sua natureza.

Ferenc havia claramente se reconciliado com o pastor István Magyari antes de sua morte. Se o pastor idoso tivesse alguma dúvida sobre a própria moralidade do conde Nádasdy, ninguém saberia pelas palavras que proferiu na cerimônia:

> *Sua Graça travou o bom combate contra Satanás, contra o mundo, contra as tentações da carne e contra o pecado. Levou adiante a palavra de Deus com prudência e amor. Felizmente, agora ele foi compartilhar a mesa com o Senhor. Ele não passava suas horas de lazer em ociosidade, mas se dedicava à leitura da Bíblia. Era como um bom pai para seus súditos. Distribuía alimento e roupas aos pobres e apoiava os jovens em seus estudos. Comia e bebia com moderação e nunca sobrecarregava seu coração com excessos. Comia apenas uma vez aos sábados e todas as vésperas de feriados e, mesmo assim, apenas com moderação. Quanto mais reconhecido e grandioso ele se tornava, erguendo-se aos olhos de seu rei e seus compatriotas, mais humildemente ele se conduzia, porque tais pretensões estavam distantes de seu caráter interior.*

Aparentemente, a lealdade de Magyari — e o ódio pelo arcebispo jesuíta Péter Pázmány — continuou mesmo após a morte do senhor Nádasdy. Como mencionado, quando Pázmány começava a levantar argumentos teológicos sobre por que o falecido herói de guerra não iria para o céu, Magyari rapidamente respondia com uma série de refutações ideológicas.

Duas semanas após a morte de Ferenc, sua prima Orsolya Nádasdy Pethö enviou uma carta a Erzsébet Báthory. Ciente da morte do conde Nádasdy, bem como do recente noivado da filha de Erzsébet, Anna, com Miklós Zrínyi, Orsolya escreveu o seguinte:

> *Minha amada, graciosa Senhora, doce irmã...*
>
> *Minha querida e doce Senhora, Vossa Graça esqueceu-se completamente de mim; talvez esteja com raiva de mim, minha querida doce Senhora, por eu não ter podido comparecer ao funeral de meu amado Senhor* (Ferenc), *que, agindo no lugar de um pai, era meu protetor! Se ao menos Deus não tivesse me permitido viver até hoje!*

Quero lhe pedir desculpas, minha amada Senhora, porque, quando recebi a carta de Vossa Graça e vi que o selo era preto, deixei-a cair, minha amada Senhora. Fiquei doente por duas semanas, não conseguia comer nada. Quando perguntei quando ele seria enterrado e disse que queria mandar alguém porque eu estava muito fraca, disseram-me que estava tudo acabado. A carta foi enviada tarde demais.

Minha amada Senhora, desde então tenho sofrido muito, porque parentes hostis da família Pethö me irritam constantemente. Eles reclamam: minha estrela tombou! Antes, eles jogaram meu filho diante daqueles Senhores sem um tostão. Oh, minha querida, doce Senhora, para mim ele morreu, eu sou uma órfã, não tenho apoio, não tenho esperança nesta terra! Nenhum dia se passa sem que eu sofra a perda dele. Na verdade, minha amada Senhora, todos os meus filhos e toda a minha família estão mortos! Agora que sei que não os encontrarei mais, não quero mais morar lá.

Ouvi dizer que meu Deus Gracioso trouxe grande felicidade para minha querida sobrinha (Anna). *Graças a Deus, que ela seja abençoada com uma vida longa e muita sorte. Minha amada Senhora, a quem escrevo isto, entre lágrimas, agradeço a Deus pela Senhora. Com Deus como minha testemunha, embora tenha ferido minha Maria, não tive maior alegria em saber da felicidade que minha sobrinha agora desfruta. Deus conceda que meu querido cunhado* (Miklós Zrínyi) *seja um protetor semelhante a mim e minha sobrinha, como seu pai era...*

Minha amada Senhora, agora trago-lhe os meus serviços: rogo-lhe, dê-me comandos e dê-me ordens. Não me trate como uma estranha ou como os outros parentes, apenas como uma convidada, mas deixe-me servi-la e ajudá-la. Irei de bom grado um mês antes, porque estou obrigada, até a minha morte, a servir a seus filhos, por causa de seu pai, que, para mim, na alegria e na tristeza, era como meu próprio pai. Acredite em mim, Vossa Graça, que não desejo tanto bem para meus próprios filhos quanto desejo para os seus queridos filhos. Considere-me uma parente, não se esqueça de mim, sua parente órfã, comande-me e deixe-me servi-la.

Sobre minha condição, posso escrever que meus parentes me causam todos os tipos de problemas. No castelo, eu não pude viver com eles, meus servos foram espancados; eles ocuparam minha casa. Só Deus conhece meu estado miserável, não sobrou ninguém a quem eu pudesse contar isso que tivesse pena de mim ou que me desse bons conselhos e em que eu pudesse confiar. Meu Deus, minha amada Senhora, não tenho mais nada que me console, Deus tirou meu apoio e minha forte confiança neste mundo. Meu desejo é vê-la, minha amada e linda Senhora, enquanto eu ainda estiver viva. Afinal... Escrito em Sztropko, de acordo com o novo [calendário] *no dia de Santa Margarida da Hungria* (18 de janeiro), *1604.*

Sua graciosa serva,
Orsolya Nádasdy

P.S. Não posso assegurar-lhe de nenhuma outra notícia a relatar, exceto que o predicado Cristão (Protestante) *foi perseguido. Em Košice, não há mais. Sua Majestade já enviou o mesmo artigo* (lei) *aos condados, dizendo que quem não for Católico perderá todos os seus bens. Eles nos enviam mais, no entanto, conforme tenho ouvido, e informam Sua Majestade, que se ele não nos deixar à nossa crença/fé, o Guardião da Assembleia* (o Parlamento, provavelmente) *não irá mais visitar, e eles nem pagarão mais os impostos. O que Deus nos envia a seguir, não sei.*

A carta de Orsolya Nádasdy Pethö descrevia não apenas sua própria situação como viúva, mas também a tensão iminente sentida pelos nobres protestantes cujas práticas religiosas e propriedades eram cada vez mais objetos de interesses hostis católicos. Sua correspondência é, curiosamente, o prenúncio de uma luta semelhante que a recém-viúva — e protestante — condessa Báthory enfrentaria não muito tempo depois.

Na verdade, em uma carta ao conde Batthyány, escrita pouco mais de um mês após a morte de Ferenc Nádasdy, encontramos uma faceta muito diferente e mais pessoal de Erzsébet Báthory. Sozinha agora, e obviamente sobrecarregada por uma série de atribuições administrativas após o funeral, ela começou a revelar sua evidente frustração.

Naquela época, era costume que uma viúva se afastasse da sociedade e da vida formal por pelo menos um ano para viver o luto. Se temos alguma indicação do que Erzsébet realmente sentia por Ferenc àquela altura — ou talvez a urgência que ela sentia em manter certos compromissos e garantir que a Coroa a reembolsasse dos valores devidos —, esta podia ser resumida no fato de que, apenas quatro semanas após a morte dele, ela já se dedicava aos negócios em Viena. Também compareceu pessoalmente à corte, o que, ao que tudo indica, chocou até mesmo o imperador. Além disso, os falecidos da nobreza normalmente não eram enterrados até dois ou três meses após a morte, o que permitia que parentes e amigos fizessem a viagem, muitas vezes árdua, para comparecer ao funeral; assim, a velocidade com que as exéquias e o sepultamento ocorreram, incluindo o fato de que a notícia do evento não chegara nem mesmo a parentes próximos como Orsolya Nádasdy Pethö, levanta dúvidas.

De qualquer modo, após seu retorno a Sárvár em meados de fevereiro, a condessa Báthory soube que Ferenc Batthyány pedira ao administrador de Sárvár, Imre Megyeri, cartas que estavam entre os papéis do falecido senhor Nádasdy. Evidentemente, Megyeri não foi capaz de atender ao pedido com a rapidez necessária para o conde Batthyány, de modo que este então enviou mais correspondências diretamente à própria senhora, solicitando tais cartas. Ao que parece, ele presumiu que ela já sabia dos documentos e provavelmente acreditava que Megyeri a informara do assunto.

No entanto, aprendemos nesta carta de resposta que ela não tinha ideia de qual correspondência ele desejava. Também se pode detectar sarcasmo e frustração em sua réplica. A condessa defendeu Megyeri por não ter cuidado do assunto, explicando que ele estava ausente representando a família na reunião da assembleia nacional. Além disso, também disparou uma saraivada de ironia, brincando que, a menos que Deus milagrosamente a tocasse na cabeça, não haveria como ela saber quais cartas ele queria.

Carta a Ferenc Batthyány, 15 de fevereiro de 1604

Que Deus o abençoe em todos os seus empreendimentos. Recebi a missiva na qual Vossa Graça pede algumas cartas do meu pobre marido que ainda estão disponíveis. Escrevo-lhe dizendo que o Senhor Megyeri está aqui agora determinando quais cartas de meu pobre marido acredita-se que Vossa Graça já viu e comparando-as com a correspondência que pretendia lhe enviar. Fornecerei informações sobre este assunto para Vossa Graça. É verdade que tenho Senhor Megyeri aqui, mas há pouca alegria neste lugar. Cheguei anteontem, no final da noite de sexta-feira, após a hora do jantar. Já era tão tarde naquela hora que isso não poderia ser usado contra mim. Em lugar disso, falei com ele ontem na hora do almoço, Vossa Graça. Depois do almoço, o Senhor Megyeri saiu. O Senhor Pál foi jantar e se deitar. Tão pouca alegria aqui. Meu Senhor Megyeri ainda não havia considerado uma única carta e, finalmente, ele nem mesmo foi chamado a mim, Vossa Graça. Em vez disso, os deveres da corte precisavam ser cumpridos e a assembleia nacional, representada, porque, Vossa Graça, nós o enviamos para lá com nosso selo e ele me representou lá, Vossa Graça. Todos os senhores viriam para cá, e esse foi o motivo do descuido. Em relação às cartas de meu pobre marido, neste momento, ainda não revi nenhuma, nem sequer abri a arca de correspondências. Ao que parece, não havia urgência tão grande a ponto de exigir que eu assim agisse. No entanto, em relação aos objetos pessoais ou cartas que ainda não revi desde a minha chegada, não posso especificar uma hora e um dia, Vossa Graça. Sem muitos problemas, tivesse Deus dado coragem e (até) um toque na minha cabeça, algo que não foi instituído de maneira alguma; até a chegada de sua mensagem, eu não saberia dizer quantas ou quais cartas eu revi. Hoje, se puder, vou ainda olhar as missivas que Vossa Graça pediu, apesar de que eu não sei e nem sequer entendo que tais cartas existem, e não posso escrever até que Vossa Graça ainda me envie algo que as designe. Consequentemente, eu decerto não posso lhe escrever com uma resposta. Com isto, as boas bênçãos de Deus sobre Sua Graça. Datada de nossa Sárvár, 15 de fevereiro de 1604.

Sp(ectabi)lis ac Mag(nifi)ca D(omi)nis V(est)ra S(erv)t(o)ris dedittiss(ima). Elizabeta Comitissa (sic) de Bathory. (Admirável e Magnífico Senhor, Sua Dedicada Serva, Condessa Erzsebét Bathory)

Oito meses depois, em setembro de 1604, a senhora viúva Nádasdy fez compras extravagantes: adquiriu para si e para seus assistentes pessoais uma exorbitante variedade de roupas por uma quantia total de 2.942 *gulden* (moedas de ouro) e 11 dinares. Tanto sua assinatura como a do comerciante vienense, Georg Pech (György ou Juraj Pechy), estão presentes no documento de venda. A quantia é absolutamente descomunal: naquela época, a renda anual de um oficial superior de alto escalão, ou de qualquer médico de boa reputação, era de aproximadamente 150 moedas de prata. A quantia hoje estaria na casa dos milhões. Como todas as suas muitas transações, a condessa sempre pagava adiantado ou no mesmo mês, e muitas vezes em dinheiro.

Erzsébet pagou todas as obrigações restantes devidas por seu marido e continuou a apoiar seus empreendimentos beneficentes, como fornecer bolsas de estudo para estudantes e dinheiro para apoiar os esforços luteranos em Wittenberg. Ela também continuou o litígio com os devedores, nomeadamente o Tesouro Real. Erzsébet assumira o controle de toda a gestão de bens, conforme ilustrado por uma variedade de cartas de próprio punho, datadas de 1604, incluindo sua assinatura na conta anual de impostos referente a suas várias propriedades. Apesar do assédio anterior, ela também protegia o clero local. Uma das consequências infelizes da Reforma foi que os imóveis e os salários dos clérigos protestantes, agora excluídos da Igreja Católica, eram frequentemente submetidos às práticas predatórias da nobreza local. No entanto, em 31 de janeiro de 1605, a condessa Báthory emitiu uma carta ordenando a proteção dos salários e bens do clero, a serem mantidos sob custódia pelo bailio e disponibilizados em registro público para os juízes e habitantes da cidade, de modo a responder a todos os questionamentos e manter a integridade. Se ela fez esse gesto porque quis ou porque foi obrigada, não se sabe.

Pela correspondência, também ficamos sabendo que Erzsébet negociava joias onerosas e raras com alguns parceiros de negócios, incluindo o mesmo comerciante germânico, Pech (também escrito Pitsch), e que ela ocasionalmente emprestava dinheiro ou bens, tanto para criados quanto para a nobreza. A lista dos servos de Sárvár que lhe deviam, quer em moeda, quer em

matérias-primas, incluía: o tesoureiro de Sárvár, Benedek Zalay; tesoureiro e escudeiro János Zambothny (Zamabory); cortesão-mor Benedikt Deseö; e castelão Benedek Bicsérdy, todos os quais, mais tarde, seriam chamados para testemunhar contra ela.

No entanto, ao mesmo tempo, é dito que os monges, que viviam do outro lado da rua de sua mansão vienense, ficavam tão perturbados com os gritos de meninas torturadas vindos da residência dos Nádasdy que, angustiados, atiravam seus penicos nas janelas. A condessa, que passava seu tempo livre torturando criadas em particular, era um paradoxo completo: em público, fornecia bolsas de estudo, apoiava o clero, fazia empréstimos úteis para empregados necessitados, pagava todas as suas contas prontamente e aparecia em eventos da alta sociedade.

Pela correspondência, também ficamos sabendo que Erzsébet negociava joias onerosas e raras com alguns parceiros de negócios [...] e que ela ocasionalmente emprestava dinheiro ou bens, tanto para criados quanto para a nobreza.

Não podemos dizer com exatidão o que desencadeou a escalada de tortura e assassinato após a morte de Ferenc em 1604; a essa altura, Erzsébet decerto já estava acostumada a administrar as propriedades sozinha. Ao que tudo indica, seu cotidiano não mudou muito. Ela, entretanto, confiava em certas coisas para seu sustento; a saber, o fluxo constante de renda que Ferenc proporcionara em vida e a proteção militar, bem como social, que o cargo dele lhe oferecia. Embora suas vastas propriedades gerassem grande riqueza, eram extremamente caras de operar, e a conta de impostos ficava cada vez mais pesada. Além disso, grande parte dessa riqueza consistia em imóveis, lavouras e gado — nem sempre rápido ou facilmente convertíveis em dinheiro. Erzsébet passara a contar com o dinheiro rápido trazido quando Ferenc e suas tropas saqueavam os tesouros dos turcos, bem como os ocasionais nobres ou mercadores europeus opositores. Quando as economias acabaram e a proteção evaporou, parece que seu estado mental se deteriorou com a mesma rapidez. Ela estava vulnerável agora e sabia disso. Nessa época, ela também contava quarenta e poucos anos e envelhecia rápido em um período histórico no qual poucas pessoas viviam além dos cinquenta.

Mal sabia ela, então, que ameaças ainda maiores estavam se formando: na vizinha Transilvânia, uma revolução estava bem encaminhada. Esta se espalharia rapidamente até se tornar uma guerra que envolveria não apenas as próprias terras da condessa, mas também grande parte do interior da Áustria e da Hungria, destruindo vilas e cidades, matando centenas de pessoas e devastando plantações e rebanhos, o que colocaria a condessa Báthory em uma situação periclitante para a sobrevivência. Ironicamente, o líder dessa rebelião era um amigo de infância de Ferenc Nádasdy: István Bocskai.

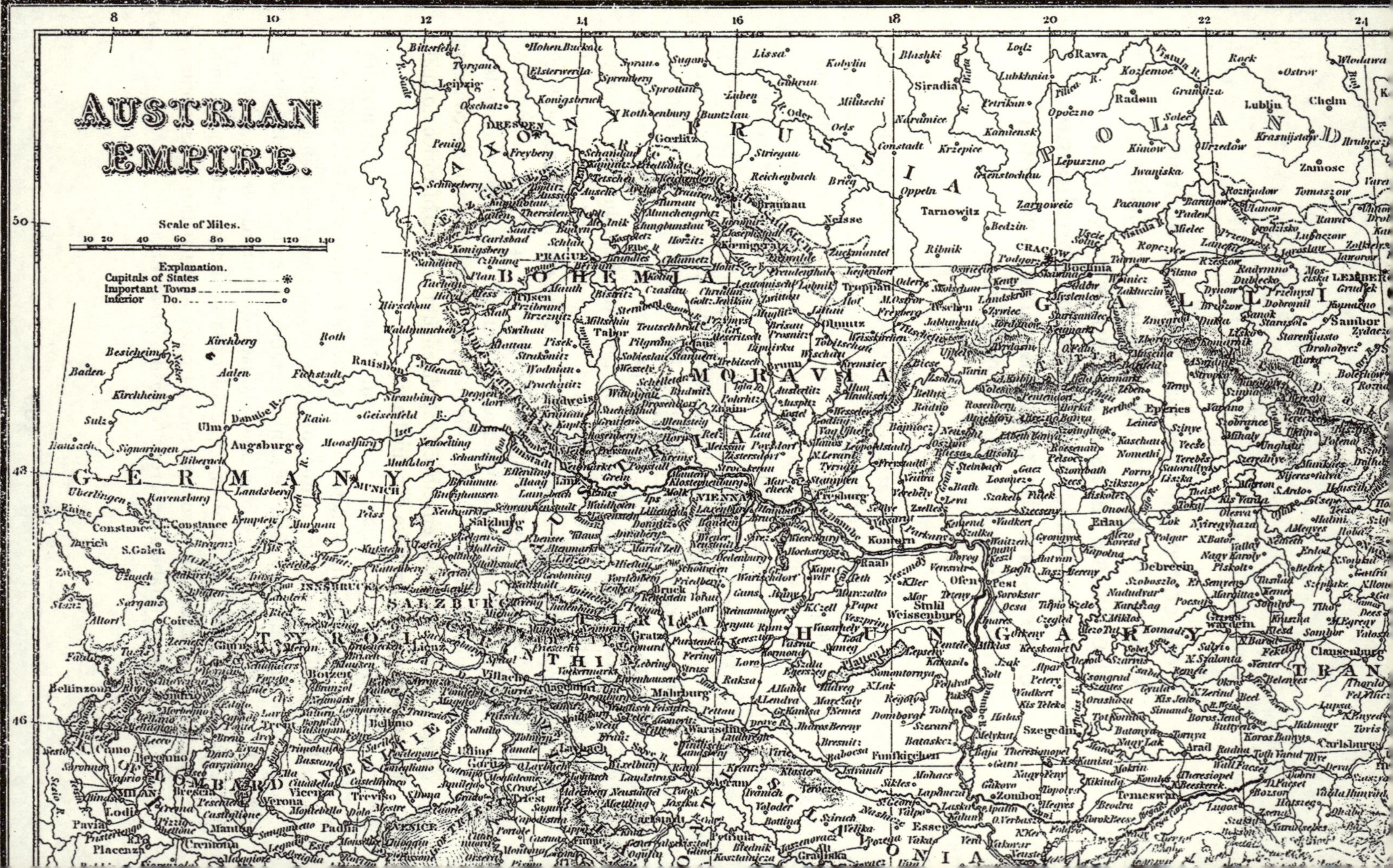
AUSTRIAN EMPIRE.
Scale of Miles.
10 20 40 60 80 100 120 140
Explanation.
Capitals of States
Important Towns
Inferior Do.
GERMANY
BOHEMIA
MORAVIA
HUNGARY
POLAND
PRUSSIA
SAXONY
SALZBURG
TYROL
VIENNA
PRAGUE
MUNICH
CRACOW

13
CAPITULUM

INFAMOUS LADY

REBELIÃO E GUERRA

(1604-1606)

Em 1604, teve início uma terrível revolta contra o rei húngaro e imperador romano-germânico Rodolfo II. Há anos, o ódio e o ressentimento contra os Habsburgo vinham fermentando na Hungria e na vizinha Transilvânia, e uma série de eventos cada vez mais imperdoáveis finalmente levaram o povo a pegar em armas contra seus governantes austríacos.

As tropas dos Habsburgo e os mercenários a seu serviço eram enviados rotineiramente a terras húngaras para fortificar castelos e fortalezas. Quando o rei não os pagava, esses soldados germânicos e austríacos frequentemente atacavam e saqueavam cidades e castelos. Em alguns casos, eles causavam mais devastação nas terras e na população do que os turcos. Na própria situação da condessa Báthory, ela logo expressaria perplexidade porque, embora fosse uma súdita leal de Sua Majestade, as tropas imperiais invadiram ilegalmente uma de suas mansões, barraram a entrada em seu castelo, e saquearam e queimaram suas aldeias e terras.

Na Transilvânia, a situação era igualmente ruim. Proprietários de terras que eram protestantes passaram a ser falsamente acusados de traição ou rebelião. Convenientemente condenados como traidores, foram executados de modo sumário e suas terras acabaram sendo apreendidas pelos Habsburgo. Igrejas protestantes também foram confiscadas, com pastores e cidadãos forçados a se converterem ao catolicismo. Por toda a Europa Central, os Habsburgo estavam promulgando leis para suprimir o protestantismo. Depois de 1598, Rodolfo baniu oficialmente o protestantismo em Viena e começou a perseguir luteranos e calvinistas por toda a Áustria e Hungria, também, como parte da Contrarreforma. Apesar de sua lealdade ao rei, proprietários de terras que eram protestantes, como a condessa Báthory, estavam agora sob enorme ameaça.

Essas injustiças acabaram levando a uma revolução popular em 1604. O homem que lideraria essa revolta contra os Habsburgo foi István Bocskai (1557-1606). Bocskai era um nobre que servia, na Transilvânia, na corte do primo da condessa Báthory, o príncipe Sigismund Báthory. Ele rapidamente cresceu em importância até ser nomeado conselheiro-chefe do príncipe e, por fim, negociou uma aliança com os Habsburgo, em vez de com o Império Turco.

Politicamente, a Transilvânia servia como uma zona-tampão crítica entre o Território Otomano e o restante da Europa Ocidental. Porém, o povo transilvano era ferozmente independente e formava alianças ao sabor do momento, ora com os turcos, ora com os Habsburgo, a depender de quem melhor atendesse aos seus interesses. Para os Habsburgo, essa aliança inquieta e incerta com a Transilvânia exigia mão mais firme; no entanto, a posição da poderosa família Báthory ali impedia que controlassem a região. Assim, os Habsburgo precisariam ser pacientes e esperar pelo momento certo de colocar seu agente escolhido a dedo no trono da Transilvânia.

Essa hora não demoraria a chegar, depois que o príncipe Sigismund Báthory abdicou do trono, em 1599, em favor de seu primo, o cardeal András Báthory. Bocskai se envolveu em uma desavença catastrófica com o novo príncipe Báthory e teve de fugir para a Corte Real, em busca da proteção dos Habsburgo. No ano seguinte, quando András Báthory foi morto por seus próprios homens, o trono da Transilvânia ficou vago uma vez mais.

Os Habsburgo avançaram rapidamente e, de imediato, instalaram seu próprio príncipe no governo da Transilvânia: o general Giorgio Basta. Este, um católico romano da Itália, recebia ordens diretamente do imperador romano-germânico e do papa, e essas ordens eram claras: expulsar os turcos, abolir o protestantismo e transformar a Transilvânia em um país católico pelo meio que fosse necessário. Basta lançou-se avidamente em seu novo papel, reinando com mão de ferro e despachando legiões de tropas imperiais para cumprir suas ordens.

O povo da Transilvânia já odiava esse fervoroso católico romano por causa de sua crueldade; até mesmo os próprios homens de Basta o temiam. Em 1601, por exemplo, ele ordenou o assassinato de seu próprio aliado, o príncipe Miguel, o Valente, da Transilvânia, poucos dias depois de uma vitória militar compartilhada por ambos. Em 1602, o próprio general Basta cavalgou por toda a região em um reinado de terror, massacrando os cidadãos e queimando cidades em um esforço para instaurar o catolicismo. O rei Rodolfo II corajosamente seguiu o exemplo: tentou privar a Hungria de sua constituição, e os protestantes na Áustria e na Hungria, de sua liberdade religiosa.

Depois de 1598, Rodolfo baniu oficialmente o protestantismo em Viena [...] Apesar de sua lealdade ao rei, proprietários de terras que eram protestantes, como a condessa Báthory, estavam agora sob enorme ameaça.

Da segurança da corte dos Habsburgo, István Bocskai observava com crescente afastamento e alarme as tropas imperiais dizimarem o povo e o campo transilvano. Tendo enfim visto o bastante, ele regressou à Transilvânia, onde reuniu forças para uma revolta. O exército provisório de Bocskai consistia em militares descontentes, pastores locais, fazendeiros e turcos otomanos, todos os quais compartilhavam o ódio pelos Habsburgo. Bocskai lançou sua rebelião em 1604, com a intenção de expulsar os Habsburgo da Transilvânia de uma vez por todas. A jornada foi mais fácil do que o esperado, no entanto; tendo retirado as tropas imperiais da Transilvânia em menos de um ano, os rebeldes continuaram o avanço, agora almejando a própria Viena. Estava claro que Bocskai pretendia acabar com os Habsburgo de uma vez.

A rebelião de Bocskai avançou com velocidade alarmante: em 1604, suas tropas tomaram as cidades Habsburgo de Peste, e então Esztergom, um ano depois, abrindo um caminho direto para Viena. Assim incentivados, em outubro de 1604, protestantes em cidades de toda a região começaram a empunhar armas. Nesse mesmo mês, Bocskai iniciou uma campanha contra os agentes imperiais dos Habsburgo ao derrotar o general Belgiojoso nas proximidades de Diószeg. Bocskai então estabeleceu seu quartel-general em Kassa (ou Košice, na Eslováquia). Agora diretamente ameaçado, o próprio general Basta foi forçado a agir. Ele avançou contra Bocskai em novembro, mas a batalha foi inconclusiva: Basta conseguiu derrotar parte do exército de Bocskai, mas não logrou tirar Kassa dos rebeldes. Assim, Bocskai e seu exército, de maneira geral, continuaram a configurar uma ameaça perigosa. Em 1605, os homens dele haviam conquistado quase toda a Eslováquia, com exceção de Pozsony, e, no verão, partiriam para a Áustria e para a Morávia.

Na primavera de 1605, a revolta já afetava a condessa Báthory. De forma não surpreendente, os turcos vinham sequestrando nobres da área para obter resgate ou para levá-los como prisioneiros de guerra. Uma nobre sob o comando da condessa Báthory, Zszuzsanna Vaghy, redigiu uma petição à senhora Báthory em nome de seu marido, Ferenc Vathay (Vatai). Os turcos haviam feito Vathay prisioneiro, e sua esposa desesperada queria propor uma troca de reféns para a libertação dele. Uma mulher claramente com recursos, ela estava disposta a comprar um prisioneiro turco em troca de seu marido, mas o acordo exigia um patrocinador substancial. A condessa Báthory ficou com pena da mulher e escreveu a Ferenc Batthyány para lhe pedir ajuda na questão, solicitando que libertasse um de seus prisioneiros turcos em troca de Vathay:

Carta a Ferenc Batthyány, 9 de março de 1605

Escrevo, a serviço de Vossa Graça, desejando todas as coisas boas para meu filho, meu Senhor. Desejo, também, Vossa Graça, que Deus lhe conceda uma vida feliz e saudável. O pobre Ferenc Vathay foi feito prisioneiro; com a esperança de auxílio para que fosse libertado do cativeiro. Sua pobre esposa, não tendo nenhum outro meio, rogou-nos pela libertação do prisioneiro, que Vossa Graça mostrasse benevolência e que, fazendo as boas obras a Deus, libertasse um prisioneiro, em cuja consequência Ferenc Vathay também seria libertado. Peço a Vossa Graça que nos dê toda a boa assistência e leve em consideração a questão da troca de prisioneiros. [...] Deus conceda a Vossa Graça vida longa e boa saúde. Datada de nossa Sárvár, dia 9 de março de 1605.

Desejando a Vossa Graça benevolências e para sempre ao seu serviço.
Erzsébet Báthory

Enquanto isso, apesar da luta que eclodia ao redor e rapidamente se aproximava deles, em 17 de abril de 1605, a filha mais velha de Erzsébet, Anna Nádasdy, casou-se com o conde Miklós Zrínyi VI, em Csepreg, um vilarejo de propriedade dos Nádasdy, localizado não muito longe de Sárvár.

Após as celebrações, o conde Zrínyi não perdeu tempo em levar a noiva para a segurança das propriedades de sua família, situadas na Áustria e na Croácia. Em agosto, o novo casal havia se estabelecido com segurança no Castelo de

Monyorókerék, localizado em Eberau, Áustria. Naquela época, Zrínyi também declarou sua lealdade a Bocskai, uma jogada política que preocupou profundamente a condessa.

Embora muitos nobres húngaros apoiassem em segredo os esforços de Bocskai contra os Habsburgo, os próprios homens de Bocskai estavam se tornando uma questão inquietante. Muitos de seus soldados não turcos, conhecidos como Hajduk, eram camponeses e pastores que lutavam de forma feroz, mas imprevisível. Dizia-se que seus próprios comandantes os temiam tanto quanto o inimigo. Rotineiramente, esses homens cometiam ondas de saques e incêndios: pilhavam aldeias para ganho próprio e recebiam ordens apenas quando lhes convinha. De fato, alguns nobres eslovacos e húngaros, originalmente aliados de Bocskai, temiam tanto suas tropas que, mais tarde, decidiram iniciar negociações de paz com os Habsburgo. Inclusive, o que era compreensível, temiam os aliados turcos de Bocskai, pois, tudo levava a crer, eles gostariam de ficar com as terras conquistadas.

Assim, a condessa Báthory e outros nobres da região viram-se, contra sua vontade, na difícil posição de decidir se apoiariam os rebeldes indisciplinados e imprevisíveis de Bocskai, e arriscariam ser acusados de traição por isso, ou se permaneceriam fiéis aos onerosos Habsburgo. Em junho de 1605, a própria condessa Báthory escreveu a Batthyány pedindo conselho para decidir se deveria enviar um representante a Gergel Nemeti, um dos líderes militares de Bocskai. Seu tom demonstrava óbvia urgência, já que uma decisão errada poderia ser fatal:

Carta a Ferenc Batthyány, 1º de junho de 1605

Vossa Graça, a respeito de Gergel Nemeti, é preciso decidir se enviamos uma carta e marcamos um encontro. Vossa Graça, peço-lhe que mostre seu grande amor e indique o que devo fazer neste assunto e, por meio desta, autorizo o que Vossa Graça concluir por mim e o que deverei fazer. Escreva com pressa. Sei que Vossa Graça deseja o bem para mim e para todos os meus filhos e não deseja nenhum mal para nós. Vossa Graça, envie sua boa resposta sem demora. Que o Senhor Deus o proteja, guarde e lhe dê boa saúde este ano. Datada em Levka, primeiro de junho de 1605.

P.S.: Vossa Graça, peço-lhe que escreva se devo fazer isso ou não, pois tive de fazer tudo sozinha. Que a carta que enviar possa chegar até mim. Aguardo com expectativas, Senhor, a pronta resposta de Vossa Graça.

Erzsébet Báthory

Embora os homens de Bocskai estivessem avançando com celeridade sobre as terras da condessa, Batthyány, no entanto, aconselhou-a a manter sua lealdade aberta à Coroa a todo custo; Báthory, em última análise, obedeceu, até mesmo tentando arregimentar seus companheiros para permanecerem leais. Essa escolha, entretanto, pareceu difícil. Em uma carta subsequente a Ferenc Batthyány, elaborada dois dias depois, ela escreveu:

> *A seu serviço, Vossa Graça, desejando toda a bondade de Deus para meu filho e senhor, e que Deus lhe conceda vida longa e boa saúde. [...] Segui o bom conselho da carta de Vossa Graça, na qual exorta a existência de coisas que ainda não enfrento e às quais não devo enviar meu representante* [a Bocskai]. *Aceito seus bons conselhos e admoestações sobre meu bom nome, e se o Senhor Deus declarar, então devo servir a Vossa Graça e trazer a ela boa vontade. Decerto escrevo que as aldeias fora de Viena estão sendo pilhadas e incendiadas. Escrevi isso imediatamente antes de receber sua carta, pois, juro por Deus, que embora a essa altura eu mantivesse minha lealdade à Sua Majestade, também tentei obrigar a nobreza à lealdade. No entanto, não posso garantir que essa lealdade ainda permanecerá. Desejo-lhe longa vida, Vossa Graça, e boa saúde. Datada de nossa Levka: 3 de junho de 1605.*
>
> *Vossa Graça, com boa vontade e a seu serviço.*
> *Erzsébet Báthory*

Por outro lado, é interessante notar que o irmão da condessa Báthory, István, preferiu alinhar-se abertamente a Bocskai durante toda a rebelião. No entanto, a propriedade do conde Báthory mais velho ficava muito mais perto da Transilvânia, enquanto as propriedades de sua irmã, no Oeste, eram muito próximas de Viena e se encontravam sob o controle vigilante dos Habsburgo.

A condessa Báthory deixou sua propriedade em Kapuvár em maio e, durante esse tempo, passou a residir em Levka (também chamado de Leka ou Lockenhaus), na Áustria, ao longo do mês de junho.

Enquanto os homens de Bocskai se moviam por aquela parte da Áustria e da Hungria, os nobres da vizinhança já estavam fechando acordos com os rebeldes a fim de proteger suas propriedades e seu povo. Logo ficou claro que as tropas imperiais não seriam de nenhuma ajuda para eles; em alguns casos, os homens do rei causavam tantos problemas aos nobres húngaros quanto as tropas rebeldes Hajduk e os turcos de Bocskai.

Até mesmo seu vizinho, György Thurzó, um dos favoritos do rei e futuro palatino da Hungria, conseguiu de Bocskai uma carta de proteção para si. Ele avisou a esposa, entretanto, para nunca revelar o fato a ninguém:

Recebi de Bocskai a carta que garante a proteção de minha propriedade. No entanto, não a mostre a ninguém. Deve ser usada apenas em emergência, caso o exército de Bocskai deseje entrar em nossas terras. Ele escreveu que concordo com sua autoridade, mas não é verdade. Eu nunca vou aceitá-la. Preciso apenas da proteção contra seu exército. Portanto, seria muito infeliz se outros nobres vissem esta carta.

No entanto, essas cartas de proteção não representavam qualquer garantia. As tropas Hajduk continuaram a fazer o que queriam, ignorando as ordens dos oficiais comandantes e invadindo propriedades atraentes para benefício próprio. No mesmo ano de 1605, por exemplo, as tropas Hajduk incendiaram e saquearam o vilarejo de Csejthe, da condessa Báthory, embora tenham poupado seu castelo. E apesar da carta secreta de proteção, as tropas Hajduk invadiram a propriedade de Thurzó e aniquilaram cinquenta de seus habitantes em Bytča.

Em 25 de junho, a condessa Báthory enviou outra carta apressada e frustrada para seu cortesão-mor, Benedek Deseö, que administrava Keresztúr na época. Renunciando às gentilezas que sempre usava em suas cartas para nobres ou empregados de alto escalão (por exemplo, "Sua Graça" ou "Senhor"), ela imediatamente o repreendeu por não dar satisfação a ela sobre ter ou não despachado certas cartas "de grande importância":

Carta a Benedek Deseö, 25 de junho de 1605

Enviando nossos agradecimentos, gostaríamos de lhe informar, nos últimos dias, já que escrevemos e já que estou aqui em Levka, quantas cartas escrevi a todos a partir daqui. Assim, escreva imediatamente a quantidade de cartas que enviou, pois não escreveu nada a respeito do que enviou a partir daqui. Se, no entanto, nada foi enviado, ordeno ainda mais que tudo seja enviado, porque, se não enviou, você sabe o que escrevi em privado, e todas as minhas cartas são de grande importância. De que tipo e do que foi enviado ou não, apenas uma permanece definitivamente em mente. Nós a escrevemos para Razkevy e o mestre. Amanhã pegue-as e responda, por favor. Elas devem ser seladas à mão quando enviadas. Deus lhe conceda uma vida longa. De nossa Levka: 25 de junho de 1605.

A Condessa, Erzsébet Báthory

Embora aborrecida com o cortesão-mor Deseö por sua aparente negligência em não entregar suas cartas, mal sabia a condessa que ele estava ocupado lidando com as tropas imperiais que acabavam de tomar posse da mansão senhorial dela em Keresztúr e estavam queimando e saqueando a cidade. A resposta de Deseö e a explicação desses eventos devem ter chegado à condessa logo, pois, quatro dias depois, ela escreveu uma carta urgente para Ferenc Batthyány, implorando por ajuda.

Por volta da mesma época, a condessa redigiu outra carta igualmente angustiada para Batthyány: Sárvár também estava sob a ameaça de forças invasoras. Embora fosse muito perigoso para ela sair do Castelo de Levka naquele momento, seu desejo de voltar para casa em Sárvár e proteger a propriedade era claro:

Carta a Ferenc Batthyány, 28 de junho de 1605

A seu serviço, Vossa Graça, e, quanto a mim, desejando benevolência para meu filho, meu senhor. Eu também desejo a graça de Deus sobre sua alma, bem como muita felicidade. Desejo informar Vossa Graça que aqui e agora deve ter encontrado a minha carta, e eis que, a esta hora, chegou uma correspondência afirmando que o alojamento/acampamento em Tabor seria libertado de Sopron, que é a única notícia que temos. A questão é se voltaríamos (bater em retirada) *ao* [rio] *Rába, sobre o que não sei o que pensar. Enviei as cartas a Vossa Graça pedindo seu conselho, a fim de entender que distância eu mesma preciso seguir* (quais passos devo tomar). *Deus mantenha Vossa Graça em boa saúde. De nossa Levka: 28 de junho de 1605.*

Bons votos ao nosso filho.

P.S.: Ainda agora, enquanto escrevo esta carta a Vossa Graça, em minha honra chega novamente, logo depois disso, outra missiva dizendo que os campos de Lövö (uma cidade perto de Sárvár) *e Újkér estão sendo destruídos pelos Tártaros* (um grupo étnico turco), *e que a situação em Sárvár é urgente. Sárvár e todas as áreas circundantes estão de fato ameaçadas. Não sei o que se seguirá; isso, se esta semana eles vão querer minha proteção, porque nós, o protetorado, somos poucos.*

No dia seguinte, em desespero, ela escreveu novamente ao conde Batthyány, relatando as más notícias vindas de Keresztúr. Apesar de sua lealdade ao rei, as tropas imperiais (isto é, os "germânicos") sitiaram sua cidade, queimaram as terras vizinhas e tomaram posse de sua mansão. Ela implorou a Batthyány, em sua condição de militar, que intercedesse em nome dela junto aos soldados do rei pela recuperação segura de sua propriedade. Ainda localizada no Castelo de Levka e incapaz de fugir, a condessa Báthory indicou que, pela misericórdia de Deus, "ainda estava viva". A essa altura, todo o Burguenlândia austríaco, região na qual vários de seus castelos estavam situados, incluindo Levka e Keresztúr, estava sob ataque:

Carta a Ferenc Batthyány, 29 de junho de 1605

A seu serviço, Vossa Graça, como meu filho e Senhor. Desejo toda a bondade de Deus sobre Vossa Graça. Escrevo-lhe, Vossa Graça, que os Germânicos saíram de Sopron rumo ao meu lar em Keresztúr. Os malfeitores dividiram a cidade, e o Majori (a economia da propriedade senhorial, como terras agrícolas e vinhas) *está arruinado e queimado, conforme a notícia retorna, e eles se apropriaram de minha mansão. Por que fizeram isso comigo, eu não sei, mas prova que o Deus Vivo foi misericordioso comigo, pois ainda estou viva. Assim, peço a sua boa vontade, como nosso filho e Senhor, que fale em meu nome ao meu Senhor e meu Senhor-Tenente e que Vossa Graça também relate seu próprio apoio ao meu lado para os Germânicos lá, porque decerto não mereço o que fizeram para mim, humilde fiel de Sua Majestade. Que o Senhor Deus ainda o mantenha com boa saúde por muitos anos, Vossa Graça. De nossa Levka: 29 de junho de 1605.*

Bons votos e a seu serviço, Vossa Graça.
Erzsébet Báthory

Logo depois, a condessa escreveu mais uma mensagem ansiosa para Batthyány, desta vez sobre uma carta que ela acabara de receber do general Giorgio Basta, o próprio senhor imperial da Transilvânia a serviço do rei: o exato homem que Bocskai e seus rebeldes estavam tentando destituir do poder.

Embora a carta original de Basta não tenha sido encontrada e não tenhamos conhecimento real do motivo pelo qual ele originalmente se correspondeu com a condessa Báthory, parecia óbvio que o assunto era urgente. Frente a frente com o fardo de lhe enviar uma resposta, ela buscou desesperadamente o conselho de Batthyány. Como uma viúva protestante enfrentando esse tirano católico, seu medo tinha fundamento.

Podemos especular sobre o motivo da interação com base na carta dela: recém-eleito em maio daquele ano, o papa Paulo v estava percorrendo a região, encorajando o povo a se unir em apoio ao Sacro Império Romano-Germânico contra os turcos e Bocskai. Em sua carta, a condessa Báthory assegurou Batthyány que havia mantido sua lealdade à Coroa e, portanto, ao Sacro Império Romano-Germânico. Infelizmente, muitos dos habitantes sob a jurisdição da condessa, localizados no predominantemente católico Burguenlândia austríaco, recusaram-se a evacuar a região e, assim, permaneceram no castelo de Báthory e nas cidades ameaçadas para ver o papa durante a visita do pontífice. Provavelmente, Basta acompanhou o papa, tanto nas funções cerimoniais quanto de protetorado, e teria servido como emissário para a comitiva papal, fixando residência na propriedade da condessa Báthory.

A questão relacionada ao senhor Basta era de natureza tanto militarista quanto diplomática, haja vista que Erzsébet solicitou que Batthyány conversasse com o senhor-tenente (isto é, o governador local) sobre o curso de ação que deveria tomar para estar "de acordo" com eles. As tropas imperiais podiam até mesmo ter confiscado sua mansão senhorial em Keresztúr para fornecer alojamento adequado à comitiva papal.

Carta a Ferenc Batthyány, 30 de junho de 1605

A seu serviço, Vossa Graça, com os melhores votos ao nosso filho e senhor, desejando que Deus conceda a Vossa Graça saúde, vida longa e felicidade para sempre. [...] Em referência ao Senhor Basta, diga-me, Vossa Graça, o que devo escrever. Nas cartas que enviei para aí hoje, Vossa Graça ainda entenderá as coisas sobre as quais escrevemos. Em seguida, Vossa Graça, fale com o Senhor-Tenente sobre esse assunto e escreva-nos para nos dizer o que devemos fazer, que é nosso desejo ardente estar de acordo com o Senhor. Comande-me a seu serviço, Vossa Graça. Que o Senhor Deus ainda lhe conceda muitos anos de boa saúde. De nossa Levka: 30 de junho de 1605.

Sua mãe amorosa, a seu serviço.
Erzsébet Báthory

P.S.: Por favor, Vossa Graça, como um amoroso senhor e filho, peço a meu Senhor e Senhor-Tenente que leiam atentamente a carta do Senhor Basta, que informará Vossa Graça da questão. Na plenitude da minha vida, eu e todos os meus filhos continuamos a servir Vossa Graça, e que continue a ser sempre assim. Mostrei minha lealdade à Coroa/Sua Majestade, só que, nas moradias primárias e na propriedade do meu castelo, que Vossa Graça conhece, metade do povo ainda permanece e ainda está na cidade pois o Papa teve a possibilidade de estar com eles, e devo manter Vossa Graça informado disso.

Qualquer que seja o problema com Basta e o papa, a condessa Báthory evidentemente lidou com o tema da maneira adequada, já que não parece ter trocado mais correspondências para tratar do assunto. Sua propriedade de Keresztúr também foi devolvida não muito depois.

No final de julho de 1605, Erzsébet recebeu notícias ainda mais chocantes: seu irmão mais velho, István Báthory, havia morrido. Reunindo às pressas uma comitiva, ela fez a jornada de volta à casa da família, em Ecséd, para o funeral. Apenas um ano após a morte de seu marido e agora, em meio ao caos da guerra, a tensão de outro funeral foi mais do que ela poderia suportar.

De acordo com testemunhas, ela perdeu o controle e atacou com ferocidade as criadas que a acompanhavam na carruagem. Três dessas aias foram atormentadas tão gravemente durante a viagem que morreram mais tarde. A condessa ordenou que seus corpos fossem enterrados ao longo do caminho em Branisk, perto de Sirok, próximo da fronteira polonesa. Uma das garotas que conseguiu sobreviver à viagem para Ecséd, uma jovem nobre chamada Zichy, foi morta posteriormente, em Keresztúr. Quando os parentes das moças procuraram Erzsébet para perguntar como elas haviam falecido, receberam a desculpa usual de que todas haviam morrido de cólera.

Frente a frente com o fardo de lhe enviar uma resposta, [Báthory] buscou desesperadamente o conselho de Batthyány. Como uma viúva protestante enfrentando esse tirano católico, seu medo tinha fundamento.

O escudeiro Adam Szelesthey, da aldeia de Denesfalva, deu testemunho dessa viagem em particular. Ele confirmou que também tinha ouvido as duas filhas de Gábor Sittkey serem cruelmente torturadas e levadas à morte, assim como a filha de István Szoltay. Além disso, ele soube por um cocheiro chamado Petrus que, quando a senhora viajou de Ecséd, ela torturou longamente a jovem filha de um nobre. Quando a menina morreu, foi enterrada no meio do caminho na mesma viagem.

A testemunha Ferenc Török também relatou a terrível tortura infligida às meninas durante a viagem da condessa a Ecséd. Aprimorando o relato de Adam Szelesthey, ele acrescentou que, antes de serem enterrados em algum lugar entre Branyicsa (Branisk) e Sirok, os corpos de pelo menos duas meninas mortas haviam sido carregados na carroça de carga por três dias.

Parecia que a senhora viúva Nádasdy, agora livre das restrições de seu marido e levada além do limite de sua sanidade pelo estresse da guerra, havia empreendido mais matanças. Criados de sua casa em Sárvár dariam testemunho mais tarde de que, poucos anos após a morte de Ferenc, o número de vítimas assassinadas aumentara para quase duzentas.

"Só Deus", declarou um ex-criado, "conhece a totalidade dos crimes da condessa."

Pouco antes de agosto, a condessa partiu uma vez mais para sua residência principal em Sárvár. Em 12 de agosto de 1605, ela chegou em segurança e escreveu novamente para Batthyány. Desta vez, no entanto, sua ameaça mais recente era de natureza muito mais pessoal: as próprias tropas de Batthyány eram agora as que saqueavam e roubavam do povo que habitava as terras da condessa.

A história registra que as tropas de Ferenc Batthyány causavam uma quantidade considerável de danos na exata área que deveriam estar protegendo. Na verdade, anos após o fim dos combates, ainda ocorria o pagamento de recursos para compensar a carnificina, com a assembleia local sendo continuamente forçada a lidar com os problemas relacionados.

Nessa época, Ferenc Batthyány havia sido promovido ao cargo de senhor-general, e a condessa Báthory referiu-se, timidamente, a esse fato em seu apelo para que contivesse suas tropas, em especial pelo bem dos pobres daquela região. Especificamente, os soldados e os servos de Batthyány estavam destruindo propriedades e roubando gado, cavalos e dinheiro dos habitantes locais. A conduta de um desses homens, sobretudo do trabalhador do campo identificado como Mark Myrkoczy, foi particularmente escandalosa.

Infelizmente, o documento original acabou sendo danificado quando o selo foi quebrado, o que deixou buracos por toda a folha. No entanto, ainda é possível decifrar parte suficiente do conteúdo para perceber a gravidade da situação que a condessa Báthory e seu povo enfrentavam:

Carta a Ferenc Batthyány, 12 de agosto de 1605

Vossa Graça, todos os bons votos ao meu senhor e filho, em sua posição e autoridade honrosa decorrente dela, de quem muitos trabalhadores dependem, o que muitas vezes deve ser doloroso. Eis que escrevo ao meu Senhor-General, para dizer que os Germânicos e os pobres de Kőszeg têm muitas reclamações relacionadas aos soldados de Tabor e aos criados de Vossa Graça que, meu Senhor, não diminuíram, mas cujo serviço de proteção aqui é lamentável. Atingindo todas as aldeias e cidades, galopa como uma besta, que vai para onde quer, que [...] se o dinheiro do pobre for levado [...] tomado e livremente carregado [...] em Győr a imagem do Rei foi quebrada [...] no entanto, o dinheiro dos pobres [...] e alguém que Vossa Graça conhece ou quer conhecer [...] evite listar as pessoas que ele descreveu, mas sim que o [...] onde ainda deve pagar uma parte por ele, mas deles [...] ele tira livremente. Dizem que são os pobres em Tabor que roubam, mas eu decerto não acredito nisso. Ontem, por causa de um chamado Mark Myrkoczy, trabalhador do campo, faltavam 100 cavalos em Csepreg e ele próprio havia levado o gado dos pobres. Vossa Graça mesmo sabe que agora só restam alguns rebanhos dos que os Tártaros Turcos pilharam, e os que restam, dos pobres, estão na miséria. É de grande adversidade saber que Myrkoczy levou esse gado, como Vossa Graça descobre agora em minha carta. Por favor, peço a Vossa Graça, de boa vontade a meu senhor e filho, dizendo: Senhor-General, não permita, Vossa Graça, que os pobres sejam oprimidos com tanta impunidade e destruídos por causa desse vagabundo/desgraçado. É verdade que muito gado foi levado e isso só neste último ano; à medida que os pobres mais são afligidos, percebemos que eles estão ficando mais ressentidos. Apenas no Myrkoczy [...] *Vossa Graça, não deixe que os pobres de Csepreg sejam atormentados* [...] *Vossa Graça ainda servirá como bons votos a meu senhor e filho. Desejo que Deus o mantenha para sempre com boa saúde, Vossa Graça. Do nosso Castelo de Sárvár, 12 de agosto de 1605.*

[...] *a seu serviço, votos de boa sorte.*
Erzsébet Báthory

No dia seguinte, a frustrada condessa escreveu mais uma vez a Batthyány. Já sofrendo de sérios problemas financeiros, com grande parte de seu povo morto e fazendas destruídas, ela recebeu notícias ainda mais perturbadoras. Um emissário chegou de surpresa, declarando que a condessa Báthory havia concordado em patrocinar um contingente de soldados de infantaria e que o pagamento era agora devido. A viúva, vendo-se sem saída, imediatamente redigiu sua objeção ao senhor-general, insistindo que ela nunca concordara com tal coisa e que, mesmo que houvesse, em alguma ocasião, certamente não tinha dinheiro para esse fim no momento. A condessa também argumentou que não era obrigada a patrocinar mercenários quando em luta direta. Ela estava se referindo habilmente a um costume feudal, ainda em vigor em seu tempo, segundo o qual os nobres podiam escolher entre uma luta direta em nome de um suserano ou rei, fornecendo seus próprios cavaleiros para a batalha, ou fornecer dinheiro suficiente para pagar os mercenários que lutariam em seu nome.

Tendo já perdido tantos de seu próprio povo para a luta, ela também foi direta ao lembrar Batthyány das magníficas contribuições de seu falecido marido como um herói de guerra nacional. Verificamos aqui que ela assumiu um tom firme, senão exasperado, com o recém-nomeado senhor-general, deixando claro que ela já doara o suficiente para o rei e para o país:

Carta a Ferenc Batthyány, 13 de agosto de 1605

A seu serviço, Vossa Graça. Como sempre, desejo a benevolência de Deus para meu filho. Desejo a Vossa Graça saúde, vida longa e felicidade. No entanto, chegou o devoto criado, que expressou boa vontade a mim e disse que era um emissário, Vossa Graça. Esse emissário informou que os peões (soldados de infantaria) *haviam sido patrocinados por mim, embora eu mesma não os tivesse fornecido, de modo que agora seria necessário que eu agisse como se aceito. Mas veja que, por Deus, eu não tenho nada e não posso pagar por isso, se aceito. Restam poucos de nós aqui, como só Deus sabe, mas esses* (soldados) *devem ser pagos* (patrocinados) *por* [outra pessoa]. *Pois, em verdade, juro por Deus que meu pobre marido não continuou sendo o senhoril/orgulhoso patrocinador, pois foi ele quem gastou tudo, o que Vossa Graça bem sabe. Escrevo a verdade a Vossa Graça: desde a morte do meu pobre marido, apenas 100 florins foram pagos, não ao corpus ou renda* (da propriedade), *mas sim aos servos, do pouco que resta, e por Deus, não vejo nada de bom nesse patrocínio. Deus conceda a Vossa Graça vida longa e boa saúde. Datada de nossa Sárvár: 13 de agosto de 1605.*

Desejo-lhe tudo de bom, a serviço de Vossa Graça.
Erzsébet Báthory

À medida que a situação militar piorava em Sárvár, a condessa Báthory sabia que ela e sua família corriam grande perigo quanto mais tempo permanecessem ali. Um ataque particularmente violento ocorreu em 15 de agosto, no qual o vilarejo próximo ao castelo foi queimado. Os defensores do castelo de Sárvár resistiram ao ataque até que as tropas de Batthyány chegaram para expulsar os rebeldes. Diante disso, a filha Anna provavelmente instou a mãe a procurar abrigo com ela e seu marido, o conde Miklós Zrínyi.

No final de agosto, quando a luta amainou, a condessa Báthory partiu para o castelo de sua filha e genro, em Monyorókerék, na Áustria. Já tendo se aliado a Bocskai, Zrínyi concedeu à sogra uma carta de salvo-conduto para a viagem de Sárvár a Monyorókerék. Um grande séquito de serviçais, bagagens e até mesmo mobília acompanharam a condessa; sem esta carta, a caravana teria sido um alvo tentador para os Hajduk de Bocskai e para as tropas turcas. Zrínyi ou a condessa também podem ter pagado uma soma considerável para que o salvo-conduto fosse honrado. O documento dizia em determinado ponto: "Convidei minha mãe, minha nobre e honrada senhora, junto de seus criados e bens pessoais, e ela não será impedida [...]".

A condessa e sua comitiva chegaram em segurança. Durante esse tempo, ao longo do conflito, ela também conseguiu se comunicar com os membros da equipe de criados e demais defensores que haviam permanecido em Sárvár. Informações de inteligência a respeito das atividades de Bocskai tinham sido recém-descobertas lá e, embora não saibamos o conteúdo dessas informações, eram de aparente importância. A condessa Báthory ordenou imediatamente a seus empregados que a encaminhassem ao senhor Batthyány para avaliação:

Carta a Ferenc Batthyány, 4 de setembro de 1605

A seu serviço, Vossa Graça. Desejo-lhe benevolência, meu filho, meu senhor. Deus conceda a Vossa Graça saúde, vida longa e felicidade. Vossa Graça, desejo informar que, eis que a esta hora, chegou uma carta de Sárvár para mim sobre algo que foi encontrado: cartas que foram descobertas nas mãos do exército do povo de Bocskai. Portanto, imediatamente, Vossa Graça, eu (ordenei que) *tais cartas fossem enviadas de lá para que Vossa Graça possa ver e compreender tudo o que está escrito. Datada de Monyorókerék* (também conhecido como Eberau; escrito "Mogyorokerek" na época da condessa Báthory)*: 4 de setembro de 1605.*

Desejo-lhe tudo de bom, a serviço de Vossa Graça.
Erzsébet Báthory

A condessa Báthory permaneceu com a filha e o genro pelo menos até novembro de 1605, enquanto a luta se intensificava dentro e ao redor de suas propriedades de Sárvár, Levka e Keresztúr. Embora, nessa época, as tropas imperiais tivessem devolvido a propriedade em Keresztúr para Erzsébet Báthory, a construção havia sofrido graves danos. Na verdade, muitas pessoas que viviam nas senhorias tinham sido mortas em cada uma dessas propriedades e poucos tinham sido deixados para cultivar a terra ou empunhar armas.

Enquanto isso, as tropas de Bocskai estavam avançando uma vez mais para a residência da família em Sárvár. Permanecia a questão de como os poucos remanescentes seriam capazes de defender a propriedade. A carta a seguir indica que não se tratava mais de uma guerra envolvendo apenas a plebe: segundo a condessa Báthory, nobres de todos os níveis hierárquicos também já estavam pegando em armas e entrando na luta, "porque todos nós estamos no mesmo barco".

Carta a Ferenc Batthyány, 4 de novembro de 1605

A seu serviço, Vossa Graça, trago votos de boa sorte a meu senhor e filho e para que seja informado por meio desta carta. Eu mesma, Senhor, nunca dependi do bem comum, mas o senhor sabe que nas províncias de Levka, Klastrum e Keresztúr, absolutamente não tenho servos. No campo, tenho uma boa quantidade de propriedades lá, mas quanto ao que resta delas, escrevo a Vossa Graça que não me resta mais nada do bem comum. Alguns ainda permanecem em Csepreg, mas se encontram em estado bastante precário e reduzido em número; e aqueles que, por sua vez, ainda cuidam da propriedade precisariam de algo em seu momento de necessidade, o tempo todo tendo que pagar para manter 50 peões (soldados de infantaria, provavelmente sua força de segurança particular). *Essas companhias e caixeiros do voivoda* (o príncipe da Transilvânia) *continuarão até Sárvár. Há gente feroz lá, pessoas e armeiros honestos, não como no condado em que, uma semana eles* (as tropas) *se levantam e, na semana seguinte, vão para casa, enquanto nos preocupamos com Ikervár e outros temas relacionados aos Hajduk. Eu prepararia meus devotos servos para pegarem em armas, mas é inútil, porque a artilharia Germânica ainda é elevada. Aqueles que vieram aqui deram início à perseguição. Recentemente, aqui no interior rural de Szombathely, foram erguidas três companhias e, das montanhas de Köszeg, dizem que há oito companhias. Escrevo-lhe que, em Sárvár, aqueles das periferias estão sendo transportados. Não vejo no coração de ninguém a sugestão de uma rebelião no meu vilarejo. O levante, Senhor, decerto é digno e necessário, mas todos estão igualmente se levantando, incluindo todos os bens* (servos), *vários aristocratas* (senhores de baixa hierarquia), *e a nobreza. Membros de todos os níveis hierárquicos* [sociais] *estão envolvidos, pois todos nós estamos no mesmo barco. Que Deus mantenha Vossa Graça em boa saúde. Datada de Mogyorokerek: 4 de novembro de 1605.*

Carinhosamente sirvo a Vossa Graça, como sua mãe.
Erzsébet Báthory

Em algum momento entre novembro de 1605 e fevereiro de 1606, a condessa Báthory deixou a filha e o genro no castelo Monyorókerék e partiu para seu castelo de Kapuvár. É possível que ela tenha retornado para lá não apenas em busca de um porto seguro, mas também para inspecionar eventuais danos causados à propriedade, já que as tropas haviam avançado para o Oeste. Com base em um fragmento de carta escrito pela filha da condessa, Anna, ela e o marido, Miklós Zrínyi, também deixaram Monyorókerék na mesma época e se dirigiram para a segurança do Castelo de Csáktornya, do conde Zrínyi

(Čakovec, agora na Croácia), próximo ao mar Adriático. O casal chegou lá em 22 de dezembro de 1605. A carta é educada e tem até um pós-escrito espontâneo, bastante raro naquela época, indicando intimidade. Anna escreveu:

> *Graças a Deus chegamos com facilidade, e nossa saúde, felizmente, está em ordem. Meu Senhor, meu marido, deparou-se [...] e estamos todos de bom humor e com saúde. Apenas a mão dele* [foi ferida] *pois ele caiu em decorrência do ato. Mas não é nada sério; a mão logo estará em ordem. Quanto aos meus deveres, ouvirei, obedecerei e farei o que eles dizem. Não se preocupe comigo. Está tudo bem conosco, e a família dele me respeita. Que Deus conceda felicidade.*
>
> *Sua leal irmã e serva, Anna Nádasdy*
>
> *P.S.: Enviei-lhe, e a meu amado irmão, uma cesta de amêijoas. Eu teria mandado mais, mas foi tudo o que recebemos do mar.*

Provavelmente aliviada por sua filha estar bem, a condessa logo se deparou com outro problema. Já atacada de todos os lados pelos turcos, pelos Hajduk, pelas tropas imperiais, pelos homens saqueadores de Batthyány e pela Igreja, seus próprios parentes, agora, a ameaçavam. A família Bánffy, também empobrecida pela guerra, tentou confiscar a propriedade da condessa Báthory para si.

Sem aviso ou provocação, György Bánffy ocupou uma vasta parte da propriedade da condessa em Lindva, no início de fevereiro de 1606. János Csimber, o mordomo de Lindva, imediatamente fez uma viagem a Kapuvár para informá-la disso. Csimber chegou na noite de sexta-feira, 3 de fevereiro, e a enfurecida viúva não perdeu tempo; pegou sua pena naquela mesma noite:

Carta a György Bánffy, 3 de fevereiro de 1606

Que Deus conceda a Vossa Graça muitas benesses. Vossa Graça ainda deve descobrir por minha carta que, eis que hoje, nesta noite de sexta-feira, chegou meu servo, János Csimber, e me informou que Vossa Graça ocupou uma vasta parte de minha propriedade em Lindva, e não sei qual seria o motivo para fazê-lo. Assim, ainda descobrirá, György Bánffy, que não é apropriadamente chamado Gaspar Bánffy: não me traia com isso, Senhor. É certo que não ficarei calada sobre esse assunto; é certo que eu permitiria que as pessoas, se algumas não tivessem certeza, verificassem com o mordomo que uma grande parte dessa propriedade foi ocupada. Agora, desejo apenas informá-lo, Vossa Graça. Que Deus mantenha Vossa Graça com boa saúde. Datada de nosso castelo de Kapu: 3 de fevereiro de 1606.

Elizabeta Committissa de Bathor

P.S.: Sei bem, Senhor Bánffy, que é apenas a nova pobreza o motivo para o Senhor estar vigiando minha pequena propriedade e fazer isso. Não pela riqueza, mas saiba: não me permitirei ser dominada pelos homens por muito tempo.

Nessa carta, a condessa Báthory fez o seguinte comentário a György Bánffy: "Assim, ainda descobrirá, György Bánffy, que não é apropriadamente chamado Gaspar Bánffy: não me traia com isso, Senhor". De forma deliberada, ela se referia a Gaspar Bánffy, cuja viúva era notoriamente vítima de conspiração e perseguição por parte de parentes gananciosos. Nessa declaração, ela foi objetiva ao dizer que não seria tratada da mesma forma. Na verdade, ela o avisou que "não ficaria calada sobre o assunto". Bánffy retirou-se da propriedade, embora essa mesma família viesse a fazer outra tentativa no futuro.

Além de buscar o conselho de Ferenc Batthyány, a senhora Báthory também pediu o conselho de um amigo da família, o conde György Thurzó. Na primavera daquele ano, ela se mudou para o Castelo de Beckov e redigiu um pedido urgente a Thurzó. Sem que soubesse, ele estava em Viena na época, trabalhando nas negociações de paz com Bocskai:

Carta a György Thurzó, 28 de abril de 1606

Gostaria que Vossa Graça olhasse para essas cartas e trouxesse à sua atenção que eu cheguei, com a ajuda de Deus, e estou agora aqui em Beczkó (Beckov). *Ficaria contente em saber de Vossa Graça o seu paradeiro atual. Gostaria de chamar sua atenção para minha situação. Exorto-o meu benevolente e confiável Senhor a me informar onde posso encontrá-lo e como poderia chegar até aí para lhe falar e ouvir sua opinião. De nossa Beckov, 28 de abril de 1606.*

Nesse ínterim, à medida que as zonas rurais da Hungria e da Áustria eram destruídas, ficou claro que o rei Rodolfo II estava se tornando cada vez mais instável mentalmente. Enquanto suas províncias ardiam em chamas ao seu redor, ele preferia ficar trancado se dedicando aos seus passatempos.

Rodolfo era, por natureza, um homem reservado e cheio de segredos. Ele sofria de frequentes crises de depressão e muitas vezes se isolava dos assuntos de Estado, preferindo passar o tempo com seus cavalos, relógios, itens colecionáveis e ciência — naquela época, uma mistura de prática científica moderna e alquimia, astrologia e ocultismo. Os cortesãos sussurravam, na surdina, sobre

Ficou claro que o rei Rodolfo II estava se tornando cada vez mais instável mentalmente. Enquanto suas províncias ardiam em chamas ao seu redor, ele preferia ficar trancado se dedicando aos seus passatempos.

os seus flertes sexuais com homens e mulheres, ao mesmo tempo em que achavam cada vez mais difícil garantir sua assinatura em documentos importantes. Rodolfo, o homem coroado imperador e rei, vivia em um mundo idealista no qual imaginava que ele seria aquele que uniria toda a cristandade em uma nova cruzada contra os turcos. Para esse fim, havia iniciado uma campanha em 1593, que viria a ser chamada de Longa Guerra Turca. Em 1606, ele havia esvaziado os cofres e os bolsos do povo da Europa Central. Para compensar as despesas ao longo dos anos, o Tesouro frequentemente se voltava contra a nobreza húngara e transilvana, que era explorada, oprimida e acusada de irregularidades, com o objetivo de se apropriar de sua riqueza.

Agora, com o empenho de guerra indo mal, em uma tentativa de salvar as províncias húngaras sob o domínio dos Habsburgo, o irmão de Rodolfo, o arquiduque Mátyás, finalmente interveio, junto a György Thurzó, para iniciar negociações e diálogos de paz com Bocskai. Em fevereiro, convocou-se trégua enquanto emissários dos Habsburgo, incluindo Thurzó, se reuniam com o grupo de Bocskai. Em 23 de junho de 1606, concluiu-se finalmente a Paz de Viena, com um atordoado Rodolfo coagido a aceitar seus termos.

Esse tratado garantia tanto direitos constitucionais como religiosos para os húngaros na Hungria e na Transilvânia; reconhecia Bocskai como voivoda do território, e a Transilvânia como um país oficial, garantindo aos transilvanos o direito de elegerem seus próprios governantes independentes. Nobres que se aliaram a Bocskai durante a rebelião foram totalmente perdoados. Na Hungria, o cargo de palatino foi restaurado, e as fés luterana e calvinista oficialmente reconhecidas. Por seu papel nas negociações, Thurzó seria mais tarde nomeado palatino, em 1609. A Paz de Viena foi legalmente confirmada quando um segundo tratado, a Paz de Zsitvatorokibéke (Zsitvatorok), foi alcançado com os turcos otomanos em novembro e concluído em 9 de dezembro de 1606.

Sob esse acordo definitivo, os Habsburgo recuperaram a maior parte do Sul da Eslováquia, recém-conquistada pelos turcos; saques em regiões de fronteira seriam proibidos, e os Habsburgo pagariam uma indenização de 200 mil táleres aos turcos otomanos (equivalente aproximado a 7,2 milhões de dólares à época da escrita deste livro). Além disso, certas tropas Hajduk e outros homens que lutavam por Bocskai receberam títulos de nobreza e terras por seus serviços.

Durante a trégua, pouco antes de o tratado ser finalizado com Bocskai, a condessa Báthory tentou tomar posse de uma herança que lhe fora destinada no ano anterior, dentre os bens de seu irmão István. O casamento do conde Báthory nunca produzira herdeiros (legítimos, pelo menos); assim, após sua morte, várias propriedades foram legadas à irmã, bem como aos outros membros restantes da família. Em particular, seu espólio concedeu a Erzsébet o título da fortaleza de Devín (Castelo de Theben, em alemão), uma propriedade que ela desejava grandemente. O Castelo de Devín ficava em uma colina sobre o rio Danúbio, em Pozsony, a porta de entrada para Viena. Embora a luta tivesse amainado, a condessa Báthory sabia que tanto as forças otomanas quanto as dos Habsburgo cobiçavam a propriedade, pois ela possuía um valor crítico dos pontos de vista estratégico e econômico. Provavelmente, a intenção de Erzsébet era assegurá-la antes que os turcos a alcançassem ou antes que lhe fosse tomada nas delicadas negociações ainda em andamento na vizinha Viena.

Reunindo um grupo de homens para acompanhá-la e reivindicar o castelo, a condessa Báthory e suas tropas chegaram ao rio Danúbio, onde foram subitamente detidas no porto por guardas imperiais germânicos. A única maneira de chegar a Devín era de balsa. Por ordem do comandante da guarnição local, os germânicos recusaram-se a transportar a condessa e seus homens pelo rio. Discussões eclodiram, com soldados e barqueiros trocando gritos de insultos de cada margem do rio. Alguns dos homens dela, de fato, desejavam resistir e lutar ali mesmo.

A temperança prevaleceu, no entanto, e a condessa bateu em retirada, fincando residência temporária na cidade vizinha de Pozsony. Lá, ela escreveu uma carta furiosa ao parente, Pál Nyáry. A situação era delicada: aqueles germânicos provavelmente estavam sob as ordens do rei, e esse impasse sugeria que Sua Majestade desconfiava da lealdade da condessa Báthory (o falecido irmão, genro e primo de Erzsébet eram, afinal, apoiadores declarados de Bocskai) ou, igualmente provável, que ele desejasse aquela fortaleza proeminente e defensiva para si. A condessa Báthory sabia muito bem que pegar em armas contra os homens do rei poderia resultar em uma acusação de deslealdade.

Ela também sabia, porém, que o tratado inicial entre os Habsburgo e os húngaros havia sido assinado alguns meses antes, e que não havia nenhuma razão óbvia para aquela ação: de acordo com a condessa, a propriedade pertencia legitimamente a ela. No mínimo, ela acreditava que era responsável por administrá-la. Como afirmou em sua carta, apesar do tratado, os germânicos ainda maltratavam os húngaros. Embora ela nunca viesse a tomar uma atitude quanto a isso, em um momento de raiva, até ameaçou retornar à cidade, desta vez acompanhada por um gigantesco exército liderado por seu primo da Transilvânia, Gábor Báthory.

Carta a Pál Nyáry, 11 de outubro de 1606, de Pozsony

A seu serviço, Vossa Graça, desejando a nosso querido irmão todas as benesses de Deus na sua mente e corpo, boa saúde para sua esposa e para o senhor, e amor aos seus filhos; felicidade para sempre concedida ao senhor. Escrevo a Vossa Graça para relatar sobre a minha condição. E como o povo Turco, novamente me ponho a reclamar sobre o meu quinhão. Meus filhos, louvado seja o nome de Deus, estão todos bem. Ambas as filhas estão com boa saúde. Meus outros filhos estão com boa saúde, graças a Deus, e continuam a servir a Vossa Graça tão bem como a nosso amoroso irmão. Desejo dar a Vossa Graça a compreensão de que uma vez que meu irmão (biológico) [István Báthory] *passou permanentemente Devín para nós, após o que em Deus enterramos nosso Senhor Irmão, um de meus amigos começou a ocupá-lo. Kaptala estava comigo, assim como Mestör, na balsa/porto de Pozsony* (Bratislava), *junto a três carroças com quatro criados em uma, talvez mais, meus cavaleiros à minha frente em colunas. Disseram-nos que eles se recusavam a nos transportar pelo Danúbio. Os senhores de Pozsony [...] a razão, eu decerto não sei por que fizeram isso comigo, embora sem dúvida pelo Deus vivo, Senhor* [Aroloja] *não era [...] e todos têm muito [...] e miséria, embora, ambos [...] ainda retenham para convocar Sua Majestade, e eu não sei por que eles tomaram essa atitude para comigo, se uma pequena nação [...]. Por que eles fizeram isso comigo, com aquilo, não era meu castelo* [Zallany], *além disso, Kaptala e Mestör estavam comigo, mas a situação era que eu tinha sido informada, e era meu entendimento que deveríamos dirigir a administração do castelo. Vossa Graça pode refletir sobre isso, que não recebemos nenhum agradecimento do tratado com os Turcos, considerando o que os Germânicos fizeram à nacionalidade Húngara, nos perturbando/incomodando, porque agora se eles podem quebrar este* (tratado) *contra mim, então podem fazê-lo com qualquer um e, portanto, Vossa Graça, eu mesma estou pensando bem em como será o futuro, dado o que tentaram fazer comigo na Cidade de Pozsony. Não sei quem teve o desejo de fazê-lo, de me recusar. Ainda tenho um terço* [de minhas tropas] *aqui comigo, e ainda estou para ver o que se deseja que eu faça. Meu criado e todos os cavaleiros caminharam a pé até as mãos do Danúbio, onde há uma ilha. Esse lugar está cheio de vigaristas, que ele não ia me carregar. Eu sou a primeira no Pequeno Danúbio que ele se recusou a transportar, e na margem eclodiram discussões. Vimos, imediatamente, com gritos e proclamações do outro lado da margem da ilha, que não nos levariam dali. Desejo informar Vossa Graça que, se Deus me der forças, no dia de São Martinho* (11 de novembro), *irei, Vossa Graça, com uma coluna poderosa, e Gabor Báthory entre nós, todos desejando justiça. Mas antes disso, desejo enviar outro criado e escrever a Vossa Graça sobre tudo* (o que acontece). *Nossa intenção, entretanto, era lhe garantir que estamos* [bem]. *Minhas filhas escrevem para mim, mas só podem visitar seus queridos irmãos através da escrita para eles. No entanto, eu mesma sou* [negligente] *em visitar, e é por isso que ainda escrevo a Vossa Graça. Que Deus mantenha Vossa Graça com boa saúde este ano. Datada em Pozsony, 11 de outubro de 1606.*

Bons votos ao nosso querido irmão,
e a serviço de Vossa Graça.
Erzsébet Báthory

Como um aparte interessante, essa carta também fornece algumas informações sobre os filhos de Báthory. No documento, a condessa afirma que ambas as filhas — provavelmente as sobreviventes Anna e Katalin — estavam bem. Isso sugere que, por volta de 1606, Orsolya já havia morrido. Ela acrescenta, porém, que seus "outros filhos" também estavam com boa saúde. Sabemos que o filho Pál já era nascido nessa época. Em 1610, na redação de seu testamento, a condessa Báthory nomeou apenas três filhos como beneficiários: Anna, Katalin e Pál. Sabemos que ela teve outros — Orsolya e András (e, possivelmente, mais um filho, Miklós) —, mas sempre se acreditou que Orsolya morrera jovem (antes de 1610, certamente), e que András também havia morrido, talvez já em 1603. Essa declaração revela, no entanto, que, além do jovem Pál, pelo menos um ou mais dos outros descendentes ainda estavam vivos no outono de 1606. Como ela menciona a seguir um fato sobre as duas meninas escreverem a seus "queridos irmãos", sabemos então que, além de Pál, ela devia estar se referindo ou a András, que ainda estava vivo nessa época, e/ou possivelmente a Miklós. É uma pena que a condessa não tivesse sentido a necessidade de especificar quem eram esses irmãos.

A situação era delicada: aqueles germânicos provavelmente estavam sob as ordens do rei, e esse impasse sugeria que Sua Majestade desconfiava da lealdade da condessa Báthory.

Como os eventos posteriores mostraram, a condessa Báthory jamais viria a ocupar essa propriedade. Na carta, ela afirmou que depois que István Báthory passara permanentemente a propriedade do Castelo de Devín para ela, "um de meus amigos começou a ocupá-lo". Embora não mencione o nome dessa pessoa, é provável que fosse um membro da família Keglevic, provavelmente Georg Keglevic. Um nobre croata, Georg Keglevic foi comandante em chefe, general e vice-*ban* da Croácia, bem como um barão da Transilvânia.

Em vez de invadir o Castelo de Devín com um exército, como ela havia proposto, a condessa Báthory por fim levou o assunto ao tribunal para resolver sua condição de proprietária daquela senhoria. Na batalha legal subsequente, que durou quase três anos, a família Keglevic afirmou que István Báthory havia realmente lhe concedido o castelo. A condessa Báthory discordou veementemente, mas, em 1607, ao que parece, resolveu a questão e concedeu à Coroa quaisquer interesses que pudesse ter tido pela propriedade, em troca de um subsídio em dinheiro. Em 1609, o rei determinou que os Keglevic eram os proprietários legítimos. Historicamente, os estudiosos sempre acreditaram que o próprio István Báthory havia declarado que os Keglevic eram os verdadeiros proprietários; se a condessa Báthory está dizendo a verdade nessa carta, então encontramos uma contradição e talvez uma situação em que tiraram vantagem injusta sobre a viúva para arrancar-lhe esse legado. Por outro lado, ela própria poderia estar tentando tomar posse de algo que não lhe pertencia. Seja qual fosse o caso, os Keglevic já haviam penhorado a propriedade por 40 mil *gulden* para a família Palocsai quando a confirmação da Coroa chegou. Sem os recursos financeiros para resgatá-lo, o Castelo de Devín acabou passando para os Palocsai em uma reviravolta um tanto irônica.

Enquanto isso, embora a Revolta de Bocskai e a Longa Guerra Turca de Rodolfo II logo fossem chegar ao fim, os conflitos continuaram esporadicamente. Nos níveis mais altos de poder, a situação estava se tornando até mais acalorada. Ainda fervendo de raiva como consequência dos tratados firmados contra sua vontade, Rodolfo II esperava uma oportunidade de contra-atacar o seu irmão, o arquiduque Mátyás, por negociar a paz e pôr fim a seus sonhos de uma grande cruzada. Segundo quis o destino, ele não teve que esperar muito. No final de dezembro de 1606, chegou à corte do rei a notícia de que István Bocskai estava morto, supostamente tendo sido envenenado por seu próprio chanceler.

Com isso, Rodolfo II imediatamente começou a anular todas as leis que ele havia aceitado com tanta relutância por meio do Tratado de Paz de Viena. Nobres húngaros perplexos correram para Mátyás em busca de ajuda. Este os aconselhou a conduzir os negócios com a mesma normalidade de sempre e não chamar atenção: a essa altura, Rodolfo II mal conseguia se lembrar o que havia decretado na semana anterior. Enquanto isso, Mátyás trabalhava nos bastidores com a nobreza para garantir que tivesse a confiança deles. Ele estava planejando um golpe e precisava de ajuda. A situação era grave: rumores vindos da corte do rei indicavam que o beligerante e cada vez mais instável Rodolfo II estava planejando lançar uma nova guerra contra os turcos.

Armado com 15 mil homens, Mátyás avançou para a Morávia, onde derrubou Rodolfo II com facilidade. O atordoado rei acabou cedendo as coroas húngara, morávia e boêmia para seu irmão mais novo. A nobreza nomeou sumariamente Mátyás como rei da Hungria em 1608 e, no mesmo ano, o primo de Erzsébet Báthory, Gábor, de 19 anos, assumiu o trono da Transilvânia após sua própria tomada militar do poder.

Para aqueles familiarizados com o litígio da condessa Báthory contra o Tesouro Real, as informações a seguir devem ser interessantes. Sabemos que, durante seu reinado, Rodolfo II tomou emprestado recursos consideráveis de Ferenc Nádasdy. Com a morte do conde Nádasdy, a condessa Báthory tentou cobrar esses empréstimos feitos ao Tesouro. No entanto, ela era frustrada a cada tentativa, recebendo várias desculpas de que o Tesouro Real não tinha os meios para pagá-la, embora sempre garantisse que o faria em uma data posterior. A Coroa devia à condessa Báthory algo próximo de 18 mil *gulden* (um montante no valor de, aproximadamente, 600 mil dólares estadunidenses no momento da escrita deste livro). Também sabemos que ela continuou a litigar sem sucesso contra a Coroa por anos a fim de recuperar esse dinheiro; que problemas financeiros a atormentaram continuamente até sua morte; e que ela acabou sendo forçada a vender algumas de suas propriedades para pagar suas despesas. Apesar disso, a condessa Báthory continuou a pagar impostos anualmente ao Tesouro Real, enquanto a Coroa não considerou — ou, de fato, recusou — a opção de cancelar a dívida fiscal em troca de suas próprias obrigações pendentes.

A condessa Báthory provavelmente teria se enfurecido ao saber que, quando Rodolfo II morreu, em janeiro de 1612, ele deixou uma enorme soma no Tesouro Real: 17 milhões de moedas de ouro (uma quantia avaliada em mais de 600 milhões de dólares estadunidenses nos dias de hoje), em grande parte acumulada do confisco de propriedades de húngaros e transilvanos.

14
CAPITULUM

INFAMOUS LADY

PRELÚDIO À LOUCURA

(1606-1609)

Com a rebelião finalmente chegando ao fim, de acordo com correspondências referentes ao período entre 1606 e 1609, descobrimos que a condessa Báthory voltou à administração comum de suas propriedades, reparando seus bens após a guerra e retomando a responsabilidade de gerenciar seus condados. Como sempre, ela se envolvia intimamente em todos os níveis da administração, desde a eleição de autoridades locais até a nomeação de líderes da igreja.

Em novembro de 1606, por exemplo, ela escreveu novamente a Thurzó, desta vez a respeito de uma nomeação religiosa em suas terras. Ao que parecia, Thurzó tinha um candidato em mente para assumir a diocese de Csornaer. A condessa, porém, demonstrou de maneira astuta e diplomática que não estava disposta a receber ordens dele:

Keresztúr, 11 de novembro de 1606: Recebi a carta de Vossa Graça e extraí dela, escrita a respeito de nosso amigo íntimo, Peter Calli, a ideia de que eu poderia dar-lhe a diocese de Csornaer. Só posso escrever que gostaria de fazê-lo com grande alegria e, de fato, já visitei anteriormente alguns nobres próximos para discutir essa situação, como o Senhor Octavio, embora eu ainda não tenha decidido o assunto. No entanto, hoje vou escrever a esses senhores de confiança e pedir-lhes que se reúnam comigo para discutir a questão mais a fundo e oferecer os conselhos que eles tiverem a dar. A ação que esses senhores decidirem tomar, eu seguirei. De imediato darei uma resposta a Vossa Graça, porque também está envolvido na situação, para que os nossos amigos mais próximos possam dizer o que deve ser prometido a ele.

Ao que parece, se foi oferecido algum conselho ou ajuda à condessa, esta acabou recusando a maior parte. É provável que ela não confiasse em ninguém àquela altura; todos estavam de olho em suas propriedades.

Na verdade, se o imperador alguma vez tivesse notado a presença dela na corte quando ainda estava de luto, ainda mais olhos se ergueriam em seguida. Nos anos vindouros, a condessa continuaria a fazer viagens frequentes de ida e volta a corte, sempre exigindo que o próprio rei pagasse as dívidas de seu falecido marido. Como sabemos, a Coroa recusou todas as vezes e, provavelmente, a condessa Báthory também percebeu que nunca seria reembolsada. No entanto, sem o suprimento constante de bens saqueados ou pagamentos de resgate de Ferenc, e ainda sofrendo os atrozes efeitos da guerra, a fonte de recursos de Erzsébet começou a secar rapidamente. Desesperada, ela passou a vender mais itens na tentativa de levantar dinheiro. As mansões senhoriais e castelos na posse dos Nádasdy eram como museus ou cavernas de tesouros, cheios de itens raros e caros saqueados dos turcos ao longo dos anos.

Encontrar um comprador, entretanto, estava se mostrando ser mais difícil, em especial depois da guerra. O comerciante germânico Pech, junto de alguns outros, negociou com a condessa quando ela desejou vender seus itens pessoais menores. Itens maiores, porém, exigiam alguém que dispusesse de ativos significativos. Algum tempo depois, à medida que as finanças ficavam mais apertadas, Erzsébet Báthory começou a lançar um olhar para seus imóveis. Em 1610, por exemplo, ela vendeu o Castelo de Beckov por meros 2 mil *gulden*.

Muitos nobres da região viram-se passando pelo mesmo tipo de pressão e alguns recorreram ao roubo. Naquela época, na primavera de 1607, outro membro da problemática família Bánffy, Christoph (1577-1644), tomou posse ilegalmente do Castelo de Nempti, localizado na atual Croácia. Após a guerra, os Bánffy foram nomeados governadores da Romênia pela Coroa, embora sua lealdade minguasse. Os turcos ainda ocupavam a cidade de Nempti, e os prisioneiros eram frequentemente levados para lá, antes e depois da guerra. A situação diplomática tornou-se complicada quando Bánffy habilmente contratou os serviços do paxá turco local para auxiliá-lo na tomada do castelo. A questão, ao que parece, escandalizou o público em geral, incluindo o corpo de governo local. Embora desejasse recuperar o castelo imediatamente, a condessa Báthory ainda buscava o conselho de Batthyány sobre como proceder:

Carta a Ferenc Batthyány, 14 de março de 1607

A seu serviço, Vossa Graça, enviando todos os bons votos ao meu Senhor e Filho. Desejo as bênçãos de Deus por um corpo são, boa saúde e felicidade, e continuo a informar Vossa Graça como uma mulher que o ama como uma mãe para sempre. Portanto, Vossa Graça, receba minha carta para que assim eu possa informa-lo de que o Senhor Christoph Bánffy tomou posse do Castelo de Nempti. Quanto ao motivo por trás desse ato, Vossa Graça, não entendemos nada a respeito. Além disso, Vossa Graça deve saber que não se trata meramente dele no Castelo de Nempti, mas sim que a irmandade comum (o público em geral) *está preocupada, e a reunião da assembleia nacional é iminente, o que não parece incomodá-lo, Vossa Graça. Soube disso pelo criado de Vossa Graça, bem como pelo criado da Senhora Popel* (a esposa de Batthyány) [...] *e não há nada que indique que* [esta informação] *não seja confiável. Vossa Graça, creio que nem o parentesco nem a boa vizinhança motivaram essa ação. Assim, Vossa Graça, com os melhores votos a meu Senhor e Filho, peço carinhosamente que aconselhe e dê entendimento sobre o que deve resultar dessas ações, porque não entramos em um acordo durante a guerra. Na verdade, isso* (a violência) *está começando de novo, porque ouvi que o Paxá Kanisai* (Kaniszai) *acreditava que era necessária ajuda e ele havia lançado* [um ataque], *ambos juntos batendo no fundo dos poços de Eördögh até que eles obtivessem acesso, embora decerto não pudessem tê-lo feito quando o assunto foi divulgado. Certamente, esta não é uma situação em que ele deveria ter chamado os Turcos. Em vez disso, Vossa Graça* [está] *agora* [preocupado com] *a assembleia nacional, onde sei que, nesse caso, Vossa Graça tem assuntos ainda mais importantes, é verdade. Por isso, portanto, peço que Vossa Graça escreva e me informe sobre o que devo fazer em relação a esses atos. Deus conceda a Vossa Graça vida longa e boa saúde. Datada de nossa Sötör, 14 de março de 1607.*

A serviço de Vossa Graça como sua mãe.
Erzsébet Báthory

Não temos registros, infelizmente, de como esse assunto em particular foi concluído.

Conforme discutido, Erzsébet tinha autoridade para julgar as disputas e desacordos locais pessoalmente, e grande parte do tempo era dedicada a tratar de casos de injustiça, vingança, rixas familiares e vários mal-entendidos que ocorriam em sua corte. Novamente, os habituais oficiais da corte a ajudavam, como sabemos por documentos da época fornecidos durante as investigações. Por exemplo, Benedek Bicsérdy, seu castelão em Sárvár, preparava papelada, administrava a propriedade e resolvia disputas em nome dela enquanto ela visitava as outras propriedades. Ele também trabalhou para resolver uma confusão de três anos entre o tesoureiro Benedek Zalay e Michael Tulok, assinando em nome de Erzsébet junto ao juiz local, Adam Szelesthey.

A gratidão de Erzsébet Báthory pode lançar luz sobre o registro de um presente bastante incomum por parte dela — junto do filho Pál, então com 9 anos —, em abril de 1607, para Bicsérdy:

> *Nós, especialmente a Condessa Erzsébet Báthory, em conexão com tudo o que possa interessar, declaramos que a parcela de terra que, até agora, não teve dono e está localizada no vilarejo de Hegyfal, avaliada em 100 gulden, é um presente a Benedek Bicsérdy em reconhecimento por seu serviço leal como empregado a mim e a meu marido ilustre e cavalheiresco. Damos essas terras a ele e a sua esposa Orsika Mesterhazy e a seus filhos, ou seja, Jan Bicsérdy, Ferenc Bicsérdy e aquelas chamadas Anna, Kata e Erzsébet, e quaisquer outros vivos futuros nos seguintes termos, desde que, no futuro, ele continue a nos fornecer seu serviço leal. Se ele viver em outro lugar e nós, ou nossos sobreviventes ou herdeiros, desejarmos adquirir as terras de volta, em qualquer circunstância, reembolsaremos Benedek Bicsérdy ou seus herdeiros em 100 gulden.*

O que costuma ser difícil de entender é que, enquanto a rebelião de Bocskai acontecia, a condessa Báthory trabalhava incansavelmente para reunir exércitos, defender seu povo, lidar com situações políticas complexas e sobreviver com maestria aos constantes ataques dirigidos contra ela. Quando o conflito terminava, ela diligentemente retornava à administração de suas propriedades, até mesmo recompensando os empregados por seu serviço fiel. O tempo todo, entretanto, ela lidava com o estresse de sua situação pessoal de uma maneira cada vez mais bizarra e menos ortodoxa, completamente diferente da personalidade brilhante, forte e estável que apresentava ao mundo. Os estranhos relatos e rumores sobre a condessa torturar suas criadas persistiam, especialmente quando ela estava sob estresse ou precisava comparecer a um evento social importante.

Por exemplo, no final de 1607, György Thurzó se preparava para celebrar o casamento de sua filha de 22 anos, Judit, com o barão András Jakusith de Orbova. Erzsébet, é claro, foi convidada para o luxuoso evento realizado no magnífico Pavilhão de Casamentos em Bytča. Naquela época, a família de uma noiva nobre hospedava a celebração do casamento em uma de suas propriedades, proporcionando também acomodações para convidados, que podiam chegar à marca das centenas ou até das milhares de pessoas, em casos de uma família bem-nascida. Pai de seis filhas e apenas um filho, Thurzó sabiamente concluiu os trabalhos na bela estrutura, localizada diretamente nas terras do Castelo de Bytča, em 1601, em antecipação às núpcias vindouras.

Percebe-se, porém, que ou a condessa estava doente durante esse período ou seu relacionamento com Thurzó estava começando a esfriar. Tendo aparentemente ignorado pelo menos um convite de casamento anterior, em 16 de novembro, ela enfim ditou uma resposta curta por meio de um de seus escrivães:

> *Csejthe, 16 de novembro de 1607: Erzsébet Báthory relata que chegou com segurança a Csejthe, na última terça-feira* [13 de novembro]. *Se Deus lhe garantir boa saúde, ela atenderá ao desejo de Thurzó de comparecer ao casamento de sua filha. É seu prazer servi-lo.*

No mesmo dia, ela também enviou uma carta pessoal à esposa do conde Thurzó, Erzsébet Czobor. Aparentemente, Erzsébet Czobor sabia que a condessa Báthory enviaria uma carta particular a um certo senhor Derssfy, o que exigiria que o mensageiro cruzasse as terras dos Thurzó. Embora o conteúdo ou propósito dessa carta sejam desconhecidos, a senhora viúva Nádasdy claramente desejou garantir sua passagem segura:

> *Csejthe, 16 de novembro de 1607:* [A senhora sabe] *que escrevi uma carta ao Senhor Derssfy. Peço-lhe carinhosamente, como minha benevolente Senhora Prima e Parente, que permita que a carta seja levada a Sohl por um homem de confiança. Em vários casos semelhantes, esteja convencida de que me causaria alegria prestar-lhe um serviço em retorno [...].*

A condessa Báthory acabou comparecendo ao casamento da família Thurzó, mas, como era típico, o estresse desse compromisso social foi demais para ela. Após o evento, a viagem de volta em sua companhia pelo campo gelado tornou-se insuportável para a equipe de serviçais; de acordo com uma testemunha, uma das aias tentou escapar no caminho. Isso, é claro, não poderia ser tolerado. Ao enfurecer a condessa, a garota essencialmente se condenou à morte. Testemunhas relataram que a jovem criada foi levada para o vilarejo próximo de Predmier, onde foi despida no frio intenso. Ela foi então obrigada a entrar na água até o pescoço e recebeu regas de água gélida até morrer congelada.

Não sabemos o que pode ter provocado tal retaliação. Sabemos que a condessa tendia a aplicar punições que, de uma forma um tanto sombria, adequavam-se ao crime. (Por exemplo, quando uma criada foi acusada de roubar uma moeda, Erzsébet esquentou a moeda até o metal ficar vermelho e depois a pressionou na palma da mão da serva.) Quase se pode imaginar a cena na carruagem:

Irritada e rabugenta após o casamento, tamborilando os dedos com raiva enquanto pensava na quantia gasta em presentes para a filha de Thurzó, a Condessa já estava com um humor terrível.

Enquanto a Condessa ia pressionada desconfortavelmente na carruagem entre as aias e suas pilhas de vestidos, tranças e peles, uma das meninas mais novas começou a reclamar — ela estava com frio, com sede e precisava fazer suas necessidades. A mão da Condessa ficou branca quando ela agarrou firme o corrimão da cabine. A garota continuou a tagarelar, falando e reclamando, ignorando o quanto os olhos de Erzsébet estavam escurecendo, tornando-se pretos, e como as aias mais antigas estavam agora desviando o olhar com nervosismo.

De repente, a Condessa a atacou: agarrou o pulso da garota e torceu-o violentamente. Enquanto a aia gritava de dor, Erzsébet gritou com ela: "Então você está com frio? Está com sede, sua putinha miserável? Vou lhe dar algo para beber!".

Quando ela começou a chorar, a Condessa a golpeou com violência, puxou-a pelos cabelos e lhe arranhou o rosto. A carruagem, que acabava de partir, passou a desacelerar quando os cocheiros ouviram os gritos da garota.

"Você precisa mijar, não é?" A Condessa continuou a torcer o braço enquanto a garota se remexia e tentava se esquivar. Agarrando-se à porta, a aia de repente conseguiu se libertar, mas quase aterrissou de cara ao cair da carruagem.

O condutor parou o veículo enquanto a garota, chorando freneticamente, recolhia suas roupas e se esforçava para sair correndo da estrada.

"Vão atrás dela!", ordenou Erzsébet.

Seus cocheiros e criados pularam imediatamente para o chão e deram início à perseguição. Enquanto eles arrastavam a garota de volta, que chorava e esperneava, a Condessa observava, lívida.

"Você pagará por isso", ela sibilou para a garota, "eu lhe prometo."

A garota foi amarrada e amordaçada, e Erzsébet deu breves instruções ao cocheiro. A carruagem retomou a viagem, e o subsequente silêncio taciturno deixou as aias mais experientes ainda mais nervosas. Enquanto isso, a menina mais nova, ainda amarrada e amordaçada, por um momento esperou que a raiva da Condessa tivesse diminuído.

Nos arredores da cidade vizinha de Predmier, a carruagem diminuiu a velocidade e parou perto do rio. A Condessa se voltou para sua jovem aia.

"Então você está com sede", ela murmurou, pensativa, olhando pela janela. "Está com frio. Tem que mijar."

Ela estendeu a mão e segurou o queixo da garota.

"Ainda está com sede, querida?"

Lágrimas começaram a brotar dos olhos da criança e ela balançou a cabeça.

"Não?" Erzsébet ergueu um olho. "Oh, eu acho que você está."

Sabemos pelo depoimento de testemunhas que a menina foi então despida no frio de dezembro e forçada a entrar no rio, obrigada a ficar com água gelada até o pescoço. Ela foi regada repetidas vezes. Levada de volta a Csejthe, morreu mais tarde de hipotermia.

Em 1608, no ano seguinte, a condessa Báthory estava preocupada com as eleições do condado que se aproximavam. Na época, a Hungria era dividida em numerosos condados, cada um chefiado por um *comes* (governador) retirado das fileiras da alta aristocracia. Era uma posição hereditária. Até sua morte, o conde Ferenc Nádasdy presidira na qualidade de *comes* a sede dos condados onde suas residências principais ficavam localizadas. Posteriormente, a condessa Báthory assumiu essas funções em nome de seu filho, Pál, junto ao primo de seu marido, Tamás Nádasdy II, até Pál atingir a maioridade que, naquela época, para esse cargo específico, era aos 12 anos de idade.

As assembleias do condado eram compostas por integrantes da pequena nobreza, homens livres não ligados à terra, mas que ainda deviam ou ofereciam serviço a uma família mais antiga e rica. Naquela época, cerca de 9 mil famílias já haviam recebido título de nobreza e certas isenções de impostos em troca de seu serviço fiel. Os sobrenomes terminados em "y" ou "i" indicavam uma posição aristocrática, embora muitos não fossem ricos. A alta nobreza costumava se referir a esses "nobres honorários" de maneira jocosa como o "senhor das sete macieiras" ou o "mestre dos seis porcos". O cortesão-mor Benedek Deseö era um exemplo. Antes que tivesse completado 20 anos, o primo da condessa Báthory, Sigismund Báthory, havia lhe concedido um título de nobreza, e os registros indicam que um homem com o mesmo nome também recebeu um título de István Bocskai após a guerra. Deseö não era dono de suas próprias terras, entretanto; em vez disso, trabalhou para as famílias Báthory e Nádasdy até se aposentar, aos 50 anos de idade.

A condessa Báthory, conforme mencionado, envolvia-se em todos os níveis administrativos do condado. Quando escreveu de Keresztúr, em março de 1608, por exemplo, ela endossou um homem chamado Erten para assumir o cargo recém-desocupado de xerife de Vasvár. É interessante notar que, para os cargos locais, ocorria algo semelhante a um processo democrático no qual as vagas eram publicadas e os cargos eram preenchidos por eleição em vez de por nomeação:

Carta a Ferenc Batthyány, 22 de março de 1608

A seu serviço, Vossa Graça, enviando benevolências ao meu senhor e filho. Que Deus continue a conceder saúde e felicidade a Vossa Graça [...]. Desejo apenas informá-lo que, embora agora seja a época da reunião da Assembleia Geral do Condado de Vasvár, o Senhor István Keserü, o xerife do condado e o Tenente (fiador), *deixarão o cargo, de quem sei que Vossa Graça sabia bem. Como resultado, um dos outros cavalheiros, um certo Erten, ofereceu-se para servir, pela sua boa vontade, e gostaríamos de ter Erten, que provavelmente será escolhido hoje. Estou ciente de que a assembleia anunciou adequadamente a vaga conforme exigido e cumpriu a ordem de Vossa Graça com amor. Que Deus continue a conceder a Vossa Graça muita boa saúde. De nossa Keresztúr: 22 de março de 1608. A serviço de Vossa Graça.*

Erzsébet Báthory

Em uma segunda carta enviada no mesmo mês, ela avisou Batthyány sobre certos rumores e manobras políticas orquestradas contra ele. Provavelmente isso estava relacionado ao dinheiro que devia aos moradores pelos danos causados por suas tropas saqueadoras durante as campanhas militares anteriores. Esses aflitos habitantes locais teriam pedido ajuda à condessa Báthory se os recursos não estivessem em vias de serem pagos, e ela teve a tarefa nada invejável de alertá-lo de que a população pretendia realizar uma reunião de conselho sobre o assunto. Sempre usando de diplomacia com Batthyány, ela mencionou que ele já a havia indenizado pelos danos e tinha certeza de que trataria os outros nobres da mesma forma, garantindo-lhe também que ela nada havia documentado ou registrado em caráter oficial; em vez disso, ao fazer referência à correspondência anterior, ela esperava tacitamente que honrasse seus acordos prévios:

Carta a Ferenc Batthyány, 27 de março de 1608

A seu serviço, Vossa Graça, enviando bons votos a meu senhor e filho. Que Deus continue a conceder a Vossa Graça saúde e felicidade. Como Proprietária, quero que entenda o que escrevo em minha carta a Vossa Graça, que o que escrevemos não vem apenas de mim, mas também de vários senhores e amigos responsáveis, que têm boas mãos (isto é, nada a ganhar). *Descobrimos, por uma conversa privada, rumores de que se ordenou uma assembleia geral, a ser realizada no dia 21 de abril, e que o bailio, Viczi, já recebeu ordens de anunciá-la. Considero, no entanto, que essa reunião não deve durar mais de três dias [...]. Como nós, no entanto, recebemos o dinheiro e o usamos, sei que os demais senhores não ficarão desassistidos e poderão recorrer a Vossa Graça. Uma coisa é certa, no entanto, e é isso que lhe escrevo, mas opto por não documentar. Em vez disso, esta carta, junto aos senhores, é uma abundante resposta a Vossa Graça sobre o que está em minha mente. Não está documentado, visto que muitos outros foram escritos a Vossa Graça por esse fato, do qual lhe dei conhecimento em minha carta. Que Deus continue a conceder a Vossa Graça muitas felicidades e boa saúde. De nossa Keresztúr: 27 de março de 1608. A serviço de Vossa Graça.*

Erzsébet Báthory

P.S.: Se algo foi escrito, Vossa Graça, que forneça informações, por favor, escreva sua resposta.

Alguns meses depois, em novembro de 1608, a condessa Báthory compareceu à coroação de Mátyás como rei da Hungria e da Croácia. É interessante observar que, menos de três anos antes de sua prisão e julgamento, Erzsébet Báthory ainda estava fazendo significativas aparições públicas. Na maior parte, seu séquito permanecia discreto ou a nobreza dava pouca atenção às fofocas (e aos assassinatos) da classe baixa. Em todo caso, alguns rumores horríveis aparentemente não a impediram de ser convidada para um dos eventos de maior prestígio do ano.

A viagem de volta da coroação em Bratislava (Pozsony), no entanto, teve seus custos: durante o trajeto para casa, algumas das criadas de Erzsébet foram queimadas com ferro fundido e torturadas quase até a morte. De acordo com testemunhas, elas mal estavam vivas quando foram enviadas de Prešporok (antigo nome eslovaco da Bratislava) para a propriedade em Keresztúr, onde algumas morreram logo depois.

Um padrão claramente havia se formado àquela altura: embora Erzsébet fizesse aparições públicas em grandes eventos, típicas da nobreza, eram-lhe incomumente desgastantes do ponto de vista psicológico, em especial nos seus últimos anos. Os relatos de suas torturas e assassinatos são frequentemente relacionados aos momentos em que ela precisava fazer uma viagem ou receber visitas sociais; quanto mais incômoda a visita ou o compromisso social, pior o destino infligido às suas vítimas.

No início de 1609, a condessa Báthory enviou uma carta ao seu vice-xerife do condado de Vás, Balázs Kisfaludi (também grafado Blazius Kysfaludi). Conforme já discutido, ela era responsável, em última instância, pela administração da justiça civil e criminal em suas propriedades, incluindo até mesmo questões de menor importância. O que é tão irônico é que a mesma mulher que havia torturado suas criadas até a morte após o casamento de Thurzó e da coroação do rei também procurou proteger os direitos de uma velha camponesa prejudicada por ladrões.

Na cidade de Tokorcs, a casa da idosa foi vandalizada e seus pertences foram roubados em várias ocasiões por moradores, incluindo seus próprios empregados domésticos. A mulher pediu ajuda à senhora Báthory, que então encaminhou o caso para Kisfaludi, exigindo que os infratores fossem punidos. (Mais uma vez, não podemos deixar de nos maravilhar com a aparente contradição):

Carta a Balázs Kisfaludi, 19 de janeiro de 1609

Que Deus lhe conceda muitas bênçãos, Vossa Graça. Descubra em nossa carta o motivo por trás de certas atividades recentes, de modo que Vossa Graça dê prosseguimento ao assunto. Nós lhe trazemos este tema em nome da "conhecida senhora" de Tokorcs que nos fez uma petição e em cuja casa ocorreu o incidente. Chegou-nos a notícia de que [na] *residência [...] de um certo Menyecske [...] em cuja casa* [ele] *fora criado desde a infância, o dito Menyecske agora tinha Nehezke e pediu-lhe para confessar, o que Nehezke confessou a três incidentes, tendo tomado por sua vez da miserável idosa. Diante disso, Vej, o amigo e criado, começou imediatamente a confessar. Agora também envolvido nos três incidentes e implicado estava István Dül, que saíra da casa* (era parte daquela família), *que ele havia levado gado para Dulny [...] tinha muita culpa. Peço-lhe que, se eles saírem, Vossa Graça ordene que o gado da pobre senhora não seja furtado, onde ela não fez mal a ninguém; em vez disso, os culpados devem ser punidos. Deus lhe conceda felicidade, Vossa Graça. De nossa Sárvár, 19 de janeiro de 1609.*

Elizabetha Comitissa de Bathor

Na carta seguinte a Kisfaludi, escrita no mesmo ano, a condessa Báthory preocupou-se com um depósito exigido para dois jovens aprendizes de dentista, Mathi e Peter Magaszy. Também descobrimos, o que não surpreende, que a condessa Báthory era bastante versada na lei. Naquela época, os meninos que ingressavam em uma guilda ou irmandade geralmente precisavam de uma carta de fiança, um fiador ou depósito — essencialmente um seguro ou patrocínio em seu nome — antes de serem aceitos. Um certo senhor István Lampert já havia afirmado que os fiadores assumiriam total responsabilidade pelos meninos, mas a condessa Báthory não ficou satisfeita. A papelada apropriada não foi entregue, e um depósito comum não seria suficiente para as crianças. Como resultado, ela pediu a Kisfaludi que investigasse a lei e visse como ela poderia ser aplicada à situação dos meninos:

Carta a Blazius Kysfaludi, 19 de março de 1609

Que Deus continue a conceder-lhe muitas benesses, Vossa Graça. A esta altura, Vossa Graça já deve ter recebido a carta que viemos lhe apresentar, como juiz magistrado presidindo sobre criados. O Senhor István Lampert, a única testemunha dos nobres garotos da odontologia, corresponde-se dizendo que os fiadores seriam os responsáveis pelas crianças, Mathi Magaszy e Peter Magaszy. Nisso para nós não resta dúvida de que isso não foi entregue e que o depósito não é garantia para os menores. Contudo, solicitou-se o Estatuto e ainda precisa ser lido e compreendido por aqueles que cuidam da lei, se for encontrado sob a lei da Concordância. No entanto, deve fornecer a resposta e se aplicar aos dois aqui. Além disso, a lei deve ser válida por seis meses. Então aja, Vossa Graça. Informe-nos sobre as evidências em uma carta sua que devemos esperar. Deus lhe conceda vida longa e boa saúde. Datada de nossa Sárvár: 19 de março de 1609.

G[enerose] E[gregia] D[omina] V[est]ra
In omnibus benevola (em todas as coisas deseja o bem)
Condessa Erzsébet Báthory

KIMBERLY L. CRAFT

CONDESSA BÁTHORY

LADY KILLERS PROFILE

15

CAPITULUM

INFAMOUS LADY

OS HORRORES DE CSEJTHE

(1609-1610)

Em 1604, algum tempo antes da morte de seu marido, Erzsébet Báthory cercou-se de uma tropa íntima de criados. Além de Anna Darvolya — que já havia se distinguido tanto para o clero de Sárvár quanto para os habitantes locais como "administradora de um açougue ou câmara de tortura" para a senhora —, quatro outros, uma mistura incomum de três velhas e um rapaz jovem, viriam para servir como os chefes *ad hoc* de sua administração doméstica particular. Em nome da manutenção da ordem e da disciplina, esses criados acabariam expandindo seus papéis para se tornarem os principais torturadores da condessa e até mesmo seu esquadrão de execução. Os quatro incluíam um rapaz chamado János Ficzkó Újváry, conhecido simplesmente como Ficzkó (uma palavra húngara para "companheiro", "rapaz" ou "criança"; o nome completo pode ser traduzido como "João, o Companheiro de Újvár"); a ama de leite das crianças Nádasdy, a viúva Ilona Jó Nagy; uma amiga de Ilona Jó, chamada Dorottya Szentes; e uma lavadeira chamada Katalin (Katarina ou Kata) Beneczky.

Ficzkó foi trazido ao serviço da condessa, supostamente à força, em algum momento entre 1590 e 1595, provavelmente 1593 ou 1594. Não sabemos a idade precisa de Ficzkó; no entanto, os documentos do julgamento, bem como as cartas da época, referiam-se a ele como um "jovem rapaz". As testemunhas o chamavam de "menino" ou "criança" e, em 1611, quando foi finalmente condenado por torturar e assassinar as aias da condessa Báthory, sua sentença seria reduzida, em parte, devido à sua "idade juvenil".

Durante esse período, a maioridade, ou idade adulta, variava de acordo com o país e as circunstâncias. Para a maior parte da Europa, era possível herdar uma propriedade aos 21 anos, considerada a idade em que se atingia a maioridade. No entanto, de acordo com o direito romano, que ainda era aplicado na maior parte do continente europeu, incluindo países como a Áustria, controlada pelos Habsburgo, ninguém era considerado um "adulto" completo para fins de condenação criminal até os 25 anos de idade. Dependendo do critério legal usado durante o processo, Ficzkó, portanto, não poderia ter mais do que vinte e poucos anos, e possivelmente não muito menos do que isso; era mais provável que tivesse menos de 20 anos, tendo sido levado à corte de Erzsébet quando era bebê ou criança bem pequena.

Alguns analistas acreditam incorretamente que Erzsébet chamava Ficzkó pelo nome de "Thorko", e que ele lhe ensinara vários feitiços mágicos. Eles alegam que o nome Thorko apareceu pela primeira vez em uma carta datada por volta de 1594, quando Erzsébet supostamente escreveu a Ferenc: "Thorko me ensinou mais uma novidade adorável. Pegue uma galinha preta e mate-a a pancadas com um bastão branco. Guarde o sangue e passe um pouco no seu inimigo. Se não tiver chance de manchar diretamente o corpo dele, pegue uma de suas peças de roupa e passe o sangue da galinha nela".

Na verdade, o nome Thorko apareceu em uma carta do reverendo Ponikenusz, escrita em 1º de janeiro de 1611, indicando que Thorko (ou Torkoss) era uma "mulher perversa" que vivia a "quilômetros além de Sárvár". Na mesma carta, Ponikenusz passou a dizer que essa "mulher perversa" dera o seguinte — e muito semelhante — conselho: "Pegue um gato preto e mate-o com um bastão branco. Guarde o sangue e esfregue-o nos seus inimigos. E se não diretamente no corpo deles, então pelo menos nas vestes — mas não em demasia, de modo que seu inimigo não possa usá-lo contra você".

Os cronistas indicam que Ficzkó era desfigurado, embora não forneçam detalhes específicos; entretanto, nenhuma das cartas, documentos ou depoimentos de julgamento da época confirmam essa afirmação. Pode ser que ele tenha sido vendido como escravo quando criança ou, talvez, tenha feito parte de um espetáculo itinerante antes de ser levado para a corte da senhora. É de se perguntar, inclusive, por que a condessa o aceitou em seu serviço. Tal como acontecia com os outros jovens que ela trazia para seu serviço, Erzsébet teria pagado aos pais ou guardiões, muitas vezes pessoas de poucos recursos, uma quantia em dinheiro em troca da criança. A esposa de Márton Deak, supostamente a pessoa que o levou à corte da condessa à força, pode ter sequestrado ou levado Ficzkó como um bebê abandonado em busca de uma oportunidade de vendê-lo. Também pode ser que a condessa tenha sentido pena dessa criança, pois é improvável que o menino tivesse qualquer tipo de habilidade da qual ela pudesse se valer na época.

Algum tempo antes da morte de seu marido, Erzsébet Báthory cercou-se de uma tropa íntima de criados. [...] (Eles) acabariam expandindo seus papéis para se tornarem os principais torturadores da condessa.

No entanto, Ficzkó parece ter feito tudo o que a condessa desejava, e foi isso que o tornou tão útil a ela. Testemunhas disseram que ele corria pelas propriedades como bem entendia, metendo-se em brigas e falando das pessoas que havia matado e onde seus corpos estavam escondidos. Ao menos uma testemunha, um juiz, confrontou a condessa a respeito dele, mas ela aparentemente nada fez para discipliná-lo.

Gergely Páztory, o juiz do tribunal de Sárvár e um homem que mais tarde testemunharia o Último Desejo e Testamento da Condessa, declarou que: "János Ficzkó espancou um servo [meu] em Csejthe, depois que este deixou Ficzkó muito zangado".

Isso por si só enfureceu o juiz, que queria espancar Ficzkó em retaliação, mas o garoto imediatamente correu para dentro de casa a fim de reclamar com a condessa.

De acordo com o juiz: "A senhora [me] chamou e perguntou: 'Por que você incomodou Ficzkó?'".

Ele respondeu: "Porque ele é uma pessoa má que bateu no meu criado! Se meu criado fizer algo errado, posso puni-lo por isso. Estou um pouco surpreso que Vossa Graça mantenha um homem tão mau em sua corte. A senhora deveria conversar com ele sobre as coisas que ele vê e ouve por aqui. Agora mesmo ele falou coisas que, se Vossa Graça soubesse, certamente não seria bom que viessem a público".

O juiz Páztory afirmou ainda: "Ele nos disse que cinco garotas mortas estariam escondidas debaixo do cânhamo!".

A senhora respondeu: "Amanhã vou perguntar-lhe o que disse", mas, segundo o juiz, no dia seguinte, depois de ter convocado Ficzkó, a senhora "não disse uma única palavra e não lhe perguntou nada; em vez disso, falou sobre outras coisas".

Ilona Jó Nagy, referida como a viúva do "cocheiro careca", em testemunho posterior no julgamento, serviu por muitos anos em Sárvár como ama de leite para os filhos de Erzsébet, incluindo as meninas Nádasdy e Pál, até 1600. Naquela época, quando o filho caçula, Pál, não precisava mais de ama ou de babá, a senhora transferiu Ilona para a residência na mansão de Csejthe. Pode ser que a condessa tenha sentido pena dela. Levando em conta que o serviço prestado à família Nádasdy provavelmente abrangeu décadas, a condessa teria naturalmente cuidado dela em sua aposentadoria, mantendo-a em Csejthe após a morte de seu marido e o fim de sua utilidade como babá em Sárvár. Por outro lado, a senhora aparentemente também exigia um pulso mais firme em sua propriedade de Csejthe: os documentos do julgamento indicam que Ilona Jó foi a mais cruel das cúmplices. A velha evidentemente encontrou ali um novo ramo de trabalho, disciplinando as jovens criadas até a morte.

A cúmplice seguinte, Dorottya Szentes, também conhecida como Dorka ou Dorothea, declarou sob juramento que, desde 1605, também morava na residência senhorial da condessa em Csejthe. Essa mulher em particular tentou sugerir que teria vindo a Csejthe originalmente ludibriada por Ilona, que nunca havia tido a intenção de trabalhar para a condessa, mas sim "fora convocada ao castelo" com a "melhor das promessas" de que seria escolhida para servir à filha da condessa, Katalin. Isso, é claro, nunca aconteceu; por sua vez, ela foi colocada para trabalhar no "esquadrão de execução". Szentes, no entanto, aparentemente nunca levantou objeções a essa reviravolta nos acontecimentos, mesmo sob juramento.

A última cúmplice, Katalin (Katarina ou Kata) Beneczky, também vivia na mansão da condessa, em Csejthe, desde 1600 aproximadamente. Ela havia sido trazida ao castelo para ser lavadeira, convidada pela mãe do sacerdote de Sárvár, Mihály Zvonaric. Isso é um tanto irônico, já que o reverendo Zvonaric foi o mesmo homem que escreveu a carta de investigação sobre a possível excomunhão da executora original da condessa, Anna Darvolya.

Anna, Ilona Jó, Dorottya, Katalin e Ficzkó torturariam e matariam, em grupo, dezenas de crianças — quase exclusivamente criadas com idades entre 10 e 14 anos — em papéis administrativos e de supervisão sobre as serviçais da senhora: costureiras, lavadeiras e ajudantes de cozinha. Fisicamente, as meninas eram alvos fáceis para as velhas e o rapaz assediarem. Todos os cúmplices concordaram que Anna Darvolya os ensinara a torturar e matar essas crianças, e todos assentiram que a própria condessa Báthory chegou a levar chicote, porrete, punhal, ferro em brasa, agulha ou tesouras para eles.

Diz-se que a condessa Báthory era obcecada por sua idade e aparência, que podia sentar-se ou ficar em pé diante de um espelho por horas e, se estivesse com raiva, poderia desferir sua fúria destruindo-os por toda a casa. No entanto, as histórias da notável beleza de Erzsébet persistem ainda hoje. Sabemos que, em 1585, quando a condessa tinha 25 anos, um retrato dela foi pintado, e fizeram cópias subsequentes desse único original, incluindo uma encomendada por seu filho, Pál Nádasdy. Um desses retratos, que o historiador Raymond T. McNally alegou ser o original, infelizmente perdeu-se para nós, tendo sido supostamente roubado de um museu há alguns anos. Os estudiosos, no entanto, continuam a debater qual retrato entre as peças restantes é o original.

O fato de que uma mulher tão rica teria mandado fazer apenas um retrato original, em especial uma pessoa aparentemente tão vaidosa como a condessa Báthory, parece um pouco estranho. Pode ser que outras obras tenham sido encomendadas, mas então destruídas — dada a vergonha posterior que se abateu sobre a família e o desprezo que aqueles de seu tempo sentiam pela condessa. Também pode ter sido uma questão de segurança: Ferenc Nádasdy não era amigo dos turcos, e ter várias imagens identificando sua esposa poderia não ser uma ideia particularmente sábia.

Em todo caso, os poucos retratos que temos da condessa mostram uma jovem de testa alta e cabelo escuro penteado para trás: as mulheres ricas da época arrancavam, cortavam e raspavam a linha do couro cabeludo para fazer a testa parecer mais alta e mais pronunciada. Ela está usando o que parece ser um vestido mais leve, de verão; talvez o retrato tenha sido pintado por volta de seu aniversário, em agosto.

Muito já foi dito sobre Erzsébet manter sua beleza por meio de feitiçaria; em especial, que drenava o sangue de suas vítimas a fim de se banhar nele para, assim, restaurar a juventude e a vitalidade à sua aparência. Erzsébet teria, supostamente, descoberto as propriedades notáveis do sangue como um "creme para a pele" depois de golpear uma criada com tanta força que o sangue da garota respingou em seu rosto. Inicialmente, segundo a lenda, os banhos de sangue funcionaram bem. Com o tempo, entretanto, à medida que a condessa continuava a envelhecer, o sangue das camponesas pareceu deixar de ter "propriedades antienvelhecimento" suficientes. Agora apenas o sangue de nobres funcionaria. Conta a história que, seguindo o conselho da bruxa da floresta local, Erzsébet teria começado a procurar garotas bem-nascidas para preparar um remédio mais forte.

É interessante, no entanto, que de todas as alegações apresentadas por mais de trezentas testemunhas — incluindo os quatro cúmplices da condessa, que confessaram sob tortura —, nenhuma mencionou, especificamente, que ela se banhava no sangue das vítimas. Isso é porque a história do banho de sangue começou, provavelmente, duzentos anos após a morte de Erzsébet.

Muito já foi dito sobre Erzsébet manter sua beleza por meio de feitiçaria; em especial, que drenava o sangue de suas vítimas a fim de se banhar nele para, assim, restaurar a juventude e a vitalidade à sua aparência.

Na década de 1720, um padre jesuíta chamado László Turóczi (Turóczy) descobriu os documentos confidenciais do julgamento relacionados ao caso Báthory no sótão do Castelo de Bytča, onde o processo judicial havia ocorrido. Intrigado, ele usou partes dessa informação como fonte primária para seu livro, *Ungaria Suis Cum Regibus Compendio Data* [Hungria, um compêndio datado com seus reis], junto de histórias que coletou de moradores que viviam nas aldeias vizinhas ao Castelo de Csejthe.

Em uma época em que a "obsessão por vampiros" estava varrendo a Europa, os aldeões compartilharam suas lendas fascinantes com ele sobre a condessa vampira que se banhava em sangue para ficar bonita. Se isso for verdade, Erzsébet já devia estar fazendo tratamentos de sangue quando Ferenc era vivo e, sem dúvida, no início do casamento, quando ainda gostava dele, pois dizem que a condessa falou: "É meu dever ser boa para com meu marido e me tornar bonita para ele. Deus me mostrou como fazê-lo, então seria insensato não aproveitar essa oportunidade".

A história do padre Turóczi foi então adaptada por Matej Bel em sua enciclopédia da história e geografia húngaras, *Notitia Hungariae Novae Historico Geographica*. Como Matej Bel era um acadêmico e seu trabalho era considerado confiável, a história não foi contestada.

Na última parte do século XVIII, o escritor germânico Michael Wegener (também escrito Wagner), continuou a espalhar a lenda do banho de sangue em sua obra de 1796, *Beiträge zur Philosophischen Anthropologie* [Artigos sobre antropologia filosófica]. Ele também contribuiu com novos detalhes sobre uma donzela cujo sangue supostamente respingara no rosto da condessa, de modo a criar assim o primeiro tratamento antienvelhecimento. Em 1854, a história de Wegener foi trazida para o mundo de língua inglesa quando Sabine Baring-Gould escreveu *O Livro dos Lobisomens* (no original, *The Book Of Were-Wolves: Beeing* [sic] *An Account Of A Terrible Superstition*). No capítulo 9, "Causas naturais da licantropia", ele deu os créditos a Wegener pela história em uma seção intitulada "Uma húngara que se banhava em sangue". A passagem relevante diz: "Michael Wegener relata uma história horrível que ocorreu na Hungria, suprimindo o nome da pessoa, pois era de uma família ainda poderosa no país".

Omitindo o sobrenome da condessa, Baring-Gould continua: "Elizabeth [...] costumava se vestir bem para agradar o marido e passava metade do dia em seu toalete. Em uma ocasião, uma donzela viu algo errado em seu adereço de cabeça e, como recompensa, recebeu um golpe tão severo nas orelhas que o sangue jorrou de seu nariz e espirrou no rosto de sua senhora. Quando as gotas de sangue foram lavadas do rosto, a pele de Elizabeth parecia muito mais bonita — mais clara e translúcida nos pontos antes sujos de sangue".

O que se segue a isso deu origem às lendas do banho de sangue por bem mais de um século: "Elizabeth tomou a resolução de banhar o rosto e todo o corpo com sangue humano para realçar sua beleza. Duas velhas e um tal de Ficzkó a ajudavam na tarefa. Esse monstro costumava matar as vítimas infelizes, e as velhas pegavam o sangue, no qual Elizabeth costumava se banhar às quatro da manhã. Depois do banho ela parecia mais bonita do que nunca".

Enquanto isso, os húngaros continuaram a aprimorar as histórias sobre a condessa. No momento de sua morte, os habitantes locais se referiam a Erzsébet Báthory como a "Infame Senhora" ou "Notória Senhora". Duzentos anos depois, ela se tornou a "Senhora Vampira".

A cúmplice Ilona Jó afirmou que Erzsébet espancava e assassinava as meninas de tal forma que encharcava suas roupas de sangue; ela frequentemente tinha que se trocar depois de aplicar uma surra. Se a carrasca Dorottya (Dorka) Szentes batia nas garotas, Erzsébet ficava ao lado e ordenava que elas fossem despidas, jogadas no chão e açoitadas ou espancadas com tanta força que uma pessoa poderia recolher seu sangue com as mãos cheias. O depoimento do julgamento parece indicar que, embora ela extraísse muito sangue de suas vítimas, a condessa, na verdade, se importava pouco em usá-lo.

Especificamente, se Erzsébet valorizasse mesmo o sangue de suas vítimas para fins de banhar-se nele, então seria de se supor que ela o teria drenado e recolhido com deliberação suficientes para encher uma banheira. Na verdade, dado o volume cúbico de uma banheira comum, seria necessário o sangue de quase trinta vítimas para fazê-lo. De acordo com Ilona Jó, entretanto, a condessa jogava fora suas roupas encharcadas de sangue, deixava o sangue ensopar as camas e até ordenava que lavassem os chãos de pedra — não se pode dizer que fossem ações de alguém que desesperadamente precisava desse sangue para um banho rejuvenescedor. Supostamente, o sangue que encharcava as camas e o chão era "tanto que podia encher duas mãos em concha caso fosse recolhido", mas em nenhum lugar nas confissões das testemunhas se lê que alguém, de fato, o guardava ou recolhia, em especial para tal propósito.

A lenda do vampirismo pode ter começado quando testemunhas afirmaram que, em sua raiva, a condessa mordia as vítimas. Ilona Jó declarou que a condessa abocanhava pedaços de carne das meninas, mas também as atacava com facas. Dorka concordou que Erzsébet mordia o rosto e os ombros das meninas quando estava indisposta e não conseguia sair da cama para bater nelas. Também ficamos sabendo como ela enfiava agulhas sob as unhas antes de cortar os dedos daqueles que tentavam removê-las. Surto assassino, sádico ou psicótico? Sim. Vampira? Improvável, mesmo pelos padrões da própria mitologia vampírica.

Embora a história tenha enfeitado partes da infâmia da condessa, ainda assim ela estava, sem dúvida nenhuma, torturando e matando criadas, ou permitindo que os supervisores de sua criadagem o fizessem. Apesar disso, a reputação e a posição de Ferenc não podiam mais livrá-la de seus crimes. Sem ele, a condessa mantinha pouco controle sobre o imperador, a Coroa e a Igreja. Pior, seus devedores reais sabiam que, com Erzsébet fora do caminho, eles não teriam que pagar os enormes empréstimos tomados dela. De fato, Erzsébet começou a se referir a si mesma como a "*relicta Nádasdyana*" (a relíquia Nádasdy). Claramente é por isso que, em seu leito de morte, Ferenc buscou a proteção de seus amigos poderosos, Ferenc Batthyány e György Thurzó, para cuidar do bem-estar de sua viúva e filhos.

Sabemos que o estresse da guerra anterior, a morte do marido e do irmão e o fato de estar sozinha e vulnerável estavam afetando a condessa. Embora até o fim ela tenha continuado a bancar a grande dama, exibindo uma aparência confiante, parece que ela estava sofrendo um colapso mental. Fora dos olhos do público, não se importava mais com o que acontecia a ela, simplesmente vivia o agora, procurando se dar todos os luxos possíveis e atacando com uma fúria assassina quando preocupada com dinheiro ou quando estranhos e obrigações se impunham.

Ela também pode ter sofrido uma crise teológica durante esse tempo. Sabemos que a condessa era muito religiosa, talvez até mística, principalmente em sua juventude. Ela havia crescido na companhia de grandes filósofos religiosos. Os princípios do calvinismo e do catolicismo eram ensinados em sua própria casa e, em Sárvár, ela conheceu ainda melhor o luteranismo. Ferenc foi criado na fé luterana, assim como os filhos do casal Nádasdy. Entretanto, Erzsébet havia sido criada como calvinista e provavelmente levava sua teologia a sério. Para um calvinista, apenas os "eleitos" iriam para o céu; embora a expiação fosse suficiente para todos, era eficiente apenas para alguns. Em outras palavras, nem todo mundo iria para o céu: a menos que fosse um dos eleitos ou escolhidos pré-ordenados, nenhuma quantidade de oração, jejum, boas ações, confissão ou qualquer outra coisa poderia mudar esse destino. Nesse sentido, o calvinismo se afastava radicalmente do catolicismo. O calvinismo também se afastava radicalmente do luteranismo, que ensinava que a expiação era suficiente, bem como eficiente, para todos; bastava receber o dom da expiação de Cristo para garantir um lugar no céu.

Quando o pastor luterano em Sárvár ameaçou excomungar sua criada, Anna, com ameaças veladas de incluir também a condessa, e mais tarde, quando o cardeal Péter Pázmány postulou, de forma bastante inteligente, por que seu falecido marido luterano não iria para o céu quer fosse "salvo" ou não, isso provavelmente perturbou Erzsébet mais do que ela gostaria. Ela pode ter decidido naquele momento que não era uma das eleitas; ou seja, por que se preocupar em perpetuar quaisquer outras pretensões a isso? Se ela estava destinada ao inferno, então poderia muito bem fazer o que quisesse em vida.

Quando a condessa Erzsébet passou um tempo longe de Sárvár e Viena, fora da vida pública, poderia-se imaginar que as coisas fossem se acalmar um pouco. Na verdade, não foi o que aconteceu. Com exceção dos meses de inverno passados em Sárvár e visitas de rotina a outras propriedades, como Beckov e Keresztúr, a condessa estabeleceu sua nova residência permanente em Csejthe. Um reinado de terror começou para os habitantes das pequenas aldeias vizinhas, como Újhely, Verbó e Trenčín. Além dos rumores de tortura e assassinato, especulação de bruxaria também começou a vir à tona.

Csejthe (ou Čacthice, em eslovaco) fica nas montanhas dos Cárpatos, onde hoje está localizado o Oeste da Eslováquia, perto de Trencsén (Trenčín). Naquela época, porém, a região fazia parte da Hungria. O Castelo de Csejthe era cercado por uma vila e terras agrícolas delimitadas ao sopé dos Cárpatos. Em 1599, e, em 1605, novamente, os turcos saquearam a aldeia; em 1606, uma enchente destruiu pontes, casas e espantalhos no campo, mas, na época em que Erzsébet estabeleceu sua nova corte permanente e residência ali, por volta de 1609 e 1610, as coisas tinham voltado a se acalmar.

Um reinado de terror começou para os habitantes das pequenas aldeias vizinhas (de Csejthe). Além dos rumores de tortura e assassinato, especulação de bruxaria também começou a vir à tona.

A corte em Csejthe era consideravelmente menor e menos distinta do que a de Sárvár ou Keresztúr. Algo em torno de vinte a trinta servos cuidavam dos campos e vinhedos circundantes, mas os registros indicavam que os assuntos relacionados à agricultura e pecuária eram excepcionalmente bem administrados e organizados. Embora possa ser que a criadagem doméstica no Castelo de Csejthe fosse consideravelmente menor do que a de Sárvár, parece que a condessa trouxe consigo alguns de seus melhores e mais graduados funcionários administrativos de outras propriedades. A história registra os nomes de sua equipe administrativa lá, incluindo o cortesão-mor Benedek Deseö, que supervisionava a propriedade em seu nome. A condessa conhecia Deseö de Sárvár e, anteriormente, o havia colocado no comando de Keresztúr, antes de trazê-lo consigo para chefiar Csejthe. Lá, Deseö supervisionava vários outros serviçais: os castelães (isto é, administradores assistentes) Michael Horvath e János Andachy; Dániel Vas, o estribeiro-mor; o provedor Michael Herwoyth; o almotacé-mor Mátyás Sakathyartho; e o administrador Jakob Szilvassy, que também administrava os castelos de Levka e Keresztúr. István Vagy também dava assistência à equipe principal de criados, assim como Baldisar (Balthizar) Poby, ambos de Sárvár, junto a outro homem chamado Kozma. Deseö supervisionava o que era conhecido como "Serviçais do Senhor", um grupo de homens que mantinham a segurança do castelo, gerenciavam a casa e os estábulos e forneciam serviços contábeis e administrativos para a condessa.

Enquanto isso, Erzsébet mantinha seu próprio séquito pessoal de cúmplices — Anna Darvolya, Dorottya Szentes, Ilona Jó Nagy e Katalin Beneczky, assistidas por János Újváry (Ficzkó) — que supervisionavam os "Serviçais da Senhora", criadas que incluíam a equipe da cozinha, costureiras, camareiras, lavadeiras e aias. Para as famílias locais, criar as filhas para ocupar cargos de costureira, camareira ou arrumadeira na corte era uma grande honra. Cada candidata tinha de ter recomendações pessoais por suas habilidades. Infelizmente, a maioria das que eram torturadas e assassinadas faziam parte dessa equipe feminina.

Por volta de 1609, Anna Darvolya sofreu um derrame que a cegou e acabou sendo fatal; um ano depois, os quatro cúmplices restantes foram levados acorrentados a Bytča para se defenderem das acusações criminais de tortura e assassinato, enquanto a condessa permanecia em prisão domiciliar aguardando seu próprio destino.

Dos 306 depoimentos recolhidos durante o processo contra a condessa Báthory, aprendemos que apenas oito pessoas realmente testemunharam as sessões privadas de tortura: seus principais cúmplices, é claro — Anna, Ficzkó, Dorottya, Ilona Jó e Katalin —, mas também uma dama de companhia chamada Ilona Zalay, o cortesão-mor Benedek Deseö e o administrador Jakob Szilvassy. Deles, Benedek Deseö é um personagem interessante. Deseö tinha uma conexão adicional com a condessa: era um dos onze homens de confiança que haviam testemunhado e assinado o testamento dela em 1610. János Ficzkó alegou sob juramento que Deseö, de fato, conhecia mais do que todos sobre o que acontecia a portas fechadas, embora nunca tenha falado sobre isso com ninguém.

Anos mais tarde, quando finalmente o chamaram para depor, Benedek Deseö foi forçado a admitir o que sabia. É possível que tenha chocado o tribunal.

Tendo entrado nos aposentos privados da Senhora para relatar os negócios do castelo, Deseö ficou alarmado ao ver a Condessa com uma de suas jovens criadas em mãos. Ele conhecia a garota, uma criança chamada Ilonka, filha do sapateiro local. A menina estava chorando, evidentemente apavorada. Um tanto constrangido, ele de imediato se voltou para a porta, quando a Condessa o chamou:

"Não vá, Benedek. Quero que você veja isso".

Ele parou e se virou devagar.

"Essa garota", disse a Condessa com irritação, "precisa de uma aula de disciplina."

A Senhora de repente começou a rasgar as roupas da garota até deixá-la completamente nua. Gritando agora, a criança se ajoelhou, implorando e chorando, enquanto a Condessa pegava uma adaga.

"Ela é muito desajeitada com as mãos", continuou a Condessa. "Não consegue fazer nada direito."

A Senhora agarrou primeiro a mão direita da menina e depois enfiou a lâmina em cada um dos dedos, um de cada vez: "Ela não consegue... usar... seus... dedos... direito!".

Enquanto a garota continuava gritando e chorando, a Condessa agarrou sua outra mão e novamente começou a apunhalar cada dedo: "Talvez isso... ajude... a soltar... seus dedos, querida".

A garota caiu no chão, segurando as mãos ensanguentadas enquanto a Condessa andava devagar ao seu redor. Deseö se viu avançando lentamente em direção à porta.

"Hmm", a Condessa ponderou, "talvez não sejam seus dedos, afinal, não é mesmo, querida. Talvez sejam os braços."

Ela pareceu estudar a menina soluçante por um momento e, de repente, estendeu a mão e agarrou o braço direito da criança. Começou a enfiar a faca várias vezes, subindo pelo braço. O sangue se acumulava ao redor de cada ferimento enquanto a garota se esforçava para se desvencilhar. A Condessa agarrou-a pelo cabelo, puxando--lhe a cabeça para trás, e então começou a esfaquear o outro braço.

Encolhida no chão, a garota lutava para se levantar com as mãos ensanguentadas.

"Talvez não sejam seus braços, afinal", a Condessa refletiu em voz alta, novamente fingindo estudá-la.

Ela então foi e apanhou um longo chicote. Em seguida, parou ao lado da garota por um momento e de repente começou a açoitá-la com violência nas costas, repetidas vezes.

"Talvez o problema esteja bem aqui!", ela gritou. "Nas costas da meretrizinha preguiçosa e inútil que você é!"

Cada vez que a garota tentava se afastar, a terrível dor em seus braços e mãos a fazia cambalear para a frente. A Condessa a agarrou pelos cabelos e começou a fustigá-la novamente, desta vez nas pernas, coxas, barriga e peito — onde quer que o chicote caísse no ataque sangrento. Ela também direcionou os golpes precisamente nas feridas nos braços e mãos da menina, fazendo-a gritar até perder a voz. Sangue e nacos de carne humana espirraram no chão e nas paredes.

Cabelo desgrenhado, olhos chispando brancos atrás das pupilas pretas, a Condessa foi buscar uma vela acesa em seguida. A garota estava deitada no chão, gemendo e prestes a desmaiar.

"Não entregue sua alma ainda, querida", disse ela. "Nós não terminamos com você."

A Condessa pressionou a vela acesa nas mãos da garota, revivendo-a momentaneamente em uma nova onda de gritos. Quando a criança revirou os olhos, a Condessa segurou a chama nas mãos outra vez até que ficassem totalmente pretas.

Deseö observou a tortura continuar dessa maneira até que, por fim, a garota morreu.

Deseö também presenciou outros incidentes. Ele viu os lábios de uma garota serem perfurados em dois lados com agulhas, de modo a fechar assim sua boca; quando ela moveu a língua entre os lábios para estendê-la, a língua também foi perfurada com uma agulha. O cortesão-mor acrescentou que tinha visto "inúmeros casos em que as meninas eram obrigadas a ficar nuas diante da Senhora enquanto eram espancadas".

As cenas se repetiam continuamente:

A garota acusada de costurar muito devagar ou de fazer pontos longos ou desleixados era despida e colocada diante da Condessa. A Condessa segurava uma barra de ferro ou um porrete nas mãos enquanto desfilava diante da criada trêmula e soluçante.

"Estenda a mão", ela ordenava.

Estremecendo, a garota obedecia, apenas para ter a mão atingida com força.

Se ela gritasse e puxasse a mão, a Condessa exigia: "Estenda a mão e a mantenha estendida!".

Se a garota sacudisse a cabeça ou implorasse por misericórdia, a Condessa tinha um acesso de raiva e a esmurrava. Por fim, as mãos e as unhas eram esmagadas e espancadas repetidamente até ficarem inchadas, infectadas e quebradas. A Senhora então jogava agulha, linha e tecido na garota.

"Costure, sua meretriz!"

Incapaz de levantar a mão ou mover os dedos quebrados, a garota, aos prantos, clamava por misericórdia.

A Condessa então se virava para Deseö e seus assistentes que estavam próximos.

"Que meretriz inútil e mimada ela é. Nem sabe costurar!"

E então, com raiva, ela começava a enfiar a agulha no braço da garota sem parar, direto até o ombro. Quando a garota tentava rastejar para longe, a Condessa imediatamente pegava seu chicote ou açoite, e a golpeava de novo e de novo.

"Ela negava água a muitas delas até que ficavam sedentas", disse Deseö ao tabelião do tribunal.

Quando a senhora enfim permitia que tivessem "água", ordenava às meninas que urinassem, colocando as mãos em concha debaixo do corpo delas, retendo o fluxo para que, em seguida, bebessem de suas mãos. Deseö jurou por sua honra que isso era verdade.

Quando questionado pelos magistrados sobre o que mais sabia, Deseö disse ter ouvido como o largo braseiro de ferro era aquecido; os braços das meninas eram "queimados até virarem fumaça e cinzas".

"O atiçador redondo e menor também era aquecido", acrescentou ele, "até ficar muito quente e — pela minha honra! — enfiado em suas vaginas."

Só podemos imaginar a expressão no rosto do notário enquanto anotava essas informações. Deseö continuou:

> *Em uma ocasião, enquanto ela viajava na direção de Bratislava* [junto de aias na carruagem], *Ferenc Zemptey deu à Senhora Báthory duas pogácsa de batata* (Pogatsche em alemão; um tipo de aperitivo doce) *para levar. A senhora deu o lanche para a garota germânica segurar. A menina comeu um* [sem permissão] *e, quando a Condessa pediu, ela não pôde mais apresentá-lo. Como resultado, a senhora aqueceu o outro até ficar muito quente e, em seguida, o enfiou, quase em chamas, na boca da garota. Ela submeteu essas duas meninas a todos os tipos de tormentos diferentes até que, por fim, deram seu último suspiro.*

Não é nenhuma surpresa que Benedek Deseö tenha dado o depoimento mais longo e elaborado de todas as testemunhas, expressando remorso pelo que havia acontecido. Deseö também era próximo o suficiente da condessa para tentar afastá-la de suas ações. Ele disse ter implorado que parasse com as matanças por medo de que fosse presa; a resposta, essencialmente, foi que ela estava acima da lei. No final de 1610, ele enfim chegou a seu limite. Aos 50 anos, Deseö tinha visto o suficiente e estava pronto para se demitir. Foi Imre Megyeri, entretanto, quem o incentivou a permanecer mais algumas semanas até que a condessa fosse presa. Megyeri, evidentemente, sabia do plano de prendê-la em algum momento depois do Natal.

Durante esse tempo, a condessa Báthory também contratou comerciantes e profissionais locais, incluindo o carpinteiro Nicolaus Krestyan, o artesão Adam Pollio, o médico e artesão de gesso Ambrosius Borbély, e o boticário conhecido como Martinus. Embora bem-educada e versada nas ciências da época, Erzsébet Báthory sempre foi fascinada pelo ocultismo, e muitas vezes procurava os serviços de mulheres camponesas treinadas em medicina popular e artes das trevas. Algumas dessas artes ocultas eram bastante legítimas: muitas dessas camponesas eslovacas, chamadas de "bruxas da floresta", eram herboristas treinadas que podiam oferecer medicamentos curativos eficazes em uma época em que a prática médica, ou a barbearia, consistia apenas em medicina de combate, sanguessugas, amputações e extrações com ferramentas de ferro. Outras bruxas da floresta ou alquimistas de cidades, entretanto, forneciam drogas, venenos, feitiços mágicos, encantamentos, oráculos e dispositivos de adivinhação que fascinavam a condessa.

Certa vez, o criado János Zluha foi ordenado a ir ao vilarejo de Tirnau e visitar a botica do dr. Martinus, o farmacêutico local. Ele recebeu ordens do administrador do castelo de Csejthe, em nome da condessa, para buscar uma determinada quantidade de antimônio. Em pequenas doses, o antimônio era usado para fazer cosméticos e também valorizado como remédio popular; em grandes doses, entretanto, era altamente venenoso.

Quando o dr. Martinus soube quanto antimônio ela desejava, ele se recusou a atender ao pedido. János Zluha agora tinha de fornecer a carta de autorização do administrador do castelo, e só assim o farmacêutico atenderia ao pedido. Ele o fez a contragosto, porém: "Diga à sua senhora", advertiu, "que alguém em posse de tal droga poderia matar cem pessoas se quisesse!".

Em 1578, o famoso *Herbarium* foi reimpresso após a morte de seu autor, Péter Melius Juhász (1532-1572), um botânico húngaro, teólogo e bispo da Igreja Reformada da Transilvânia. Esse livro servia como um guia para boticários, listando várias ervas e suas propriedades medicinais, junto aos medicamentos herbais da época. A condessa provavelmente estava familiarizada com a obra e, talvez, até mesmo possuísse uma cópia.

Erzsébet acreditava tanto na magia maléfica quanto na diplomacia. István Vagy, membro da equipe de sua corte em Csejthe e Sárvár, confirmou que a senhora "possuía um bolo de cor cinza, [trançado] como um *pretzel*, pelo qual ela era obcecada". Uma hóstia de comunhão tinha sido colocada no meio do bolo. A senhora olhava a hóstia para ver a imagem de uma pessoa a quem desejava amaldiçoar ou abençoar. Segundo Vagy, "ela orava tanto contra o palatino, como também contra nosso rei e o juiz do condado". Erzsébet repetia o seguinte encantamento indefinidamente: "Aqui, mostre-me (o nome contra quem ela estava orando), para que eu não possa ser vista por você, para que você não possa causar nenhum dano contra mim". Isso durava, segundo Vagy, até uma hora e, segundo János Ficzkó, às vezes mais de duas.

Com essa intenção, Erzsébet Báthory usou o bolo e a hóstia para recitar maldições novamente contra o palatino Thurzó, o juiz do condado Mózes Cziráky e o rei Mátyás II. A descrição de Vagy dessa cerimônia simples de magia ritual é típica do período. János Újváry, um dos principais suspeitos no julgamento do assassinato, também alegou bruxaria por parte da senhora, incluindo um complô para envenenar seus inimigos. Segundo ele, a condessa fazia suas conjurações com a ajuda de uma caixinha enquanto estava sentada diante do bolo trançado.

O reverendo Ponikenusz, pastor de Csejthe, escreveu ao seu superior para avisá-lo de que a condessa se dedicava às artes das trevas. Ele afirmou que ela recebia a ajuda de uma bruxa eslovaca da floresta chamada Erzsi Majorova (também traduzido como "Beta, mulher eslovaca" ou "Busorka de Myjava"), apelidada de senhora de Miava (Miava, ou Myjava, é uma cidade da atual Eslováquia, localizada a Oeste de Csejthe), bem como a "mulher perversa chamada Torkoss (também conhecida como Thorko) que reside milhas além de Sárvár".

À medida que as meninas morriam e o clero cada vez mais resistia ou se recusava a fornecer enterros adequados, os cúmplices da condessa e outros funcionários do castelo procuravam esconder os corpos enterrando-os em segredo, muitas vezes à noite — frequentemente no cemitério local, mas também em outros lugares, incluindo jardins, valas de drenagem, celeiros de grãos, paióis de carvão e depósitos de frutas. O que, é claro, fez ainda mais rumores de bruxaria e magia maléfica circularem.

Em relação às alegações de tortura, os quatro cúmplices restantes, assim como os clérigos, testemunharam unanimemente que Anna Darvolya tinha sido particularmente sádica em vida. Ela, na verdade, havia ensinado os outros criados como torturar as meninas. János Újváry afirmou que ela amarrava os braços e as mãos das meninas atrás do corpo com tanta força que as mãos ficavam mortalmente pálidas. As vítimas então eram espancadas repetidamente — até quinhentas vezes, em alguns casos — até a morte. Dorottya Szentes também era particularmente cruel, e cortava as mãos ou os dedos das meninas com uma tesoura. Também se alegava que Ilona Jó era tão cruel que tinha sido trazida de Sárvár a Csejthe especificamente para continuar seu "trabalho" lá. Qualquer erro cometido durante o dever era uma desculpa para brutalizar ou assassinar as jovens criadas. Se os galhos não fossem reunidos ou as roupas da condessa não fossem passadas corretamente, se o fogo não fosse aceso durante a noite ou as costuras e remendos obrigatórios não fossem concluídos até as 22h, se os aventais não estivessem retos ou os véus estivessem fora de lugar, a garota infratora seria imediatamente levada para ser torturada. Em alguns casos, as meninas podiam ser torturadas dez vezes em um dia. O castelão de Sárvár, Benedek Bicsérdy, falou sobre sessões de tortura que duravam mais de seis horas.

É claro que as supervisoras domésticas das criadas, particularmente Anna Darvolya e Dorottya Szentes, realizavam uma grande parte da aplicação de disciplina, e nos anos imediatamente anteriores à prisão de Erzsébet, Ilona Jó e János Újváry também ajudavam regularmente. Quanto à quantidade de tortura que a própria condessa Erzsébet Báthory realizava, as respostas das testemunhas variaram. Em seu depoimento inicial, os cúmplices principais tendiam a culpar uns aos outros ou, convenientemente, Anna Darvolya que, então, estava morta. À medida que o interrogatório prosseguia, porém, começaram a implicar diretamente a condessa. Eles afirmaram que ela ordenava que realizassem os espancamentos ou ela mesma os fazia.

Por exemplo, Szentes e Ilona Jó contaram uma história em que uma das meninas roubou uma moeda de ouro. Para puni-la, a condessa fez com que a moeda recuperada fosse aquecida até o metal ficar vermelho e então a pressionou na mão da garota. A condessa também enfiava alfinetes e agulhas nos lábios das meninas ou sob as unhas. Se as meninas chorassem de dor, ela dizia: "Bem, se está machucando a meretriz, então ela que tire", mas se alguma das meninas ousasse remover a agulha, a condessa, furiosa, imediatamente a espancava e cortava seus dedos fora.

Qualquer erro cometido durante o dever era uma desculpa para brutalizar ou assassinar as jovens criadas. [...] Em alguns casos, as meninas podiam ser torturadas dez vezes em um dia.

Certa vez, quando Katalin Beneczky se cansou de aplicar uma surra ininterrupta, Dorottya e Ilona Jó, que estavam assistindo, começaram a gritar: "Bata nela! Bata nela de novo! Mais forte! Bata nela com mais força!". A vítima, já meio morta, foi liquidada quando a própria condessa pegou um porrete, supostamente da largura de uma cadeira, e continuou com a surra. Ela inclusive teve que trocar seus trajes, pois ficaram muito encharcados de sangue para continuar vestindo-os.

Seus cúmplices declararam que ela ordenava a János Újváry que batesse no rosto das meninas repetidas vezes e, então, ordenava que fossem trancadas no carvoeiro para passarem fome por uma semana. Katalin Beneczky testemunhou ter visto Erzsébet levar uma vela à região íntima de uma das meninas. Embora a maioria das torturas ocorresse na lavanderia ou na cozinha de Csejthe, onde o sangue poderia ser lavado com mais facilidade, Szentes acrescentou que uma vez, quando a condessa estava indisposta na cama, ela ordenou que a garota infratora fosse levada diretamente ao seu quarto. Lá, da cama, ela agarrou a garota e a mordeu no rosto e no ombro.

Como mencionado, a condessa também ordenou que as meninas fossem submersas em água gelada ou regadas em água no inverno. A maioria morria com esse tratamento.

Katalin Beneczky contou outra história bizarra que provavelmente aconteceu em outubro de 1610. Quando a filha mais velha de Erzsébet, Anna Zrínyi, estava visitando Csejthe, toda a criadagem feminina foi enviada para o andar de cima e recebeu ordens de permanecer lá. Pode ser que a condessa apenas as quisesse fora de vista ou fora do caminho, pois os maus-tratos que se seguiram parecem ter sido culpa exclusiva de Dorottya Szentes. Beneczky testemunhou que Szentes mantinha as meninas "em cativeiro estrito como criminosas". Aquelas que se opusessem recebiam uma rega de água fria e eram obrigadas a ficar nuas ao relento durante a noite. Szentes então as vigiava cuidadosamente, assegurando-se de que passassem fome como punição adicional. Quando os criados ficavam sabendo disso, tentavam desviar comida para as meninas. Szentes, porém, evitava que isso acontecesse, vigiando-as com o máximo de atenção para que ninguém pudesse ajudá-las: "Que o trovão mate quem lhes der de comer!".

Alguns dias depois, quando a condessa decidiu fazer uma viagem para o balneário próximo em Piešťany com sua filha, ela enviou Katalin Beneczky para buscar uma das meninas para acompanhá-las. Pelas transcrições do julgamento, ficamos sabendo que Katalin Beneczky era muito mais gentil do que os outros acusados, às vezes se recusando a espancar ou até mesmo roubando comida para as vítimas, correndo grande risco pessoal. Como resultado, uma vez foi punida tão severamente que foi necessário um mês de repouso na cama para se recuperar. Todos os acusados concordaram que ela não era tão cruel quanto Anna Darvolya, Dorottya Szentes ou Ilona Jó. Por alguma razão, a condessa continuou a manter a dócil Katalin Beneczky a seu serviço, apesar da recusa dela em participar de forma plena. Evidentemente, a condessa tinha afeição pela mulher. Para compensar, entretanto, Beneczky com frequência recebia a tarefa de esconder corpos ou encontrar novas garotas. De qualquer modo, Katalin agora via todas as meninas em condições deploráveis como resultado das ações de Szentes; elas haviam desmaiado de fome, de hipotermia e espancamentos.

No que diz respeito à condessa, Katalin afirmou, com nervosismo: "Nem uma única pessoa está em posição de viajar com Vossa Graça".

Enfurecida com Szentes, a condessa bateu palmas e declarou que aquilo não deveria ter acontecido. As meninas foram sumariamente reanimadas, apenas para serem espancadas impiedosamente pela condessa e por Szentes; elas morreram mais tarde em uma sala do castelo.

Quando Anna Darvolya, que era descrita como alguém que sentia particular prazer no tormento alheio e aquela que ensinou a condessa e outros a torturarem criadas, sofreu um derrame que a deixou cega e incapacitada, provavelmente por volta do ano de 1609, a condessa se voltou mais e mais para Erzsi Majorova, a bruxa da floresta, em busca de conselhos. No depoimento de uma testemunha, a mulher foi chamada de "Senhora Administradora" ou "Governanta da Casa de Miava (Myjava)", indicando que ocupava uma posição próxima à condessa. Como senhora administradora, ela teria recebido autoridade sobre os quatro cúmplices restantes que cuidavam das serviçais da senhora entre os trabalhadores domésticos. Não parece, entretanto, que ela realmente vivesse na corte de Csejthe, mas, pelo contrário, aparecia apenas quando convocada, viajando aproximadamente dezesseis quilômetros de Myjava até lá. Sem dúvida, os quatro cúmplices continuaram com as operações diárias como de costume; o título de senhora administradora simplesmente garantia que não poderiam interferir em seu trabalho se convocada pela condessa para realizar um ritual mágico ou ministrar um feitiço. É de se perguntar o que a equipe de profissionais deve ter pensado sobre a nomeação dessa camponesa inculta e de má reputação para uma posição tão elevada na corte; considerando a carta do pastor local, foi algo que certamente chocou o clero.

Não é de surpreender que tais negociações com a bruxa da floresta possam ter contribuído para a queda da condessa. Sabemos que ela estava cada vez mais desconectada da realidade, cada vez mais obcecada com o avanço da idade e a própria vulnerabilidade. Quando a política e a diplomacia falhavam, ela se voltava para o ocultismo. Erzsi Majorova sugeriu que a condessa tentasse medidas mais drásticas: o sangue das moças nobres teria uma influência mais poderosa do que o das plebeias. Erzsi também começou a lhe fornecer feitiços, poções e bolos mágicos.

Pode ser que a condessa tenha tido que recorrer a um novo suprimento de moças da aristocracia, já que o "estoque" de camponesas estava secando rapidamente. Enquanto os boatos sobre o desaparecimento de meninas continuavam se espalhando, os pais começaram a esconder suas filhas quando a condessa passava pela cidade. Ofertas para trabalhar no castelo, fosse por altos salários, promessas de casamento ou grandes pagamentos à família, eram recusadas com maior frequência. Os ajudantes de Erzsébet tinham que ir mais longe agora e trabalhar mais para garantir um suprimento constante de novas criadas — em alguns casos, viajando até Viena — e começaram a envolver uma rede de moradores locais para ajudá-los. Subornos funcionavam. Mais tarde, os depoimentos no julgamento incriminariam tanto nobres quanto plebeus que haviam participado da obtenção de meninas, e a lista de acusados de "aliciadores de garotas" era longa: a senhora Anna Welykey; a senhora Judith Pogan; a senhora Szell; Erzsi Majorova; Dorottya Szentes; János Ficzkó; Ilona Jó Nagy; as esposas de János, György e István Szabo; Dániel Vas; a filha da condessa, Katalin Drugeth de Homonnay; a viúva Keöcsé; e as esposas de János Bársony, Jánós Liptay, Miklós Kardos e Balthasar Horváth.

16
CAPITULUM

INFAMOUS LADY

O GINECEU
(1609-1610)

Em algum momento, alguém teve a ideia de criar um motivo para que as meninas de berço aristocrático viessem diretamente para a condessa, em vez de tentarem suborná-las. No inverno de 1609, a condessa Erzsébet abriu uma academia de etiqueta, uma espécie de escola de aperfeiçoamento para moças bem-nascidas, chamada Gineceu (termo de origem latina para “residência feminina”). A academia não só trouxe recursos necessários, mas também forneceu um novo suprimento de jovens donzelas. Aparentemente, os rumores de tortura e assassinato ainda não haviam se espalhado entre a aristocracia. O status social da condessa induziu famílias nobres a enviarem suas filhas para receberem instruções sociais — por uma taxa elevada. Algumas dessas jovens até eram aparentadas a ela por sangue ou casamento.

Não demorou muito, entretanto, para que os familiares nobres descobrissem que suas filhas estavam desaparecidas ou que vê-las era algo estranhamente proibido. O nobre János Belanczky, por exemplo, ficou preocupado ao não receber nenhuma palavra de sua irmã, que havia recentemente sido admitida no Gineceu da senhora. Acompanhado por seu amigo, Martin Chanady, os dois homens enfim foram à corte de Erzsébet Báthory em Beckov para exigir o retorno da menina. A condessa recusou. Belanczky então exigiu ao menos ter permissão para ver a irmã. Os dois homens esperaram quase uma hora. A menina finalmente foi levada a eles, mas, de acordo com Martin Chanady, "ela estava gravemente enfraquecida por causa da grande dor da tortura e do tormento, tanto que mal conseguia estender as mãos, gemendo e chorando amargamente". Chanady contou que, depois disso, ela foi torturada até a morte e enterrada em Beckov. O depoimento sobre esse evento não discute por que Belanczky e Chanady deixaram a garota para trás.

Outra representante da nobreza, Anna Zelesthey, também testemunhou que sua filha, Zsuzska, fora levada à corte, onde foi espancada e torturada de maneira tão violenta que a carne literalmente caiu de seus ossos antes de ela morrer. Como Anna Zelesthey soube disso não é discutido em seu depoimento, nem se ela fez algo para tentar um resgate. Os nobres Melchior e Paul Nagyvathy deram testemunho de que sua irmã havia sido confiada e entregue para o Gineceu; os irmãos fizeram muitas buscas e perguntas a respeito dela, mas só mais tarde souberam que ela havia morrido ali. O nobre Gaspar Ztubyczay perdeu sua irmã Anna; já para Georgius Tukynzky, Benedict Barbel e Dorottya Jezernyczky, foram as filhas.

Michael Herwoyth, provedor do Castelo de Csejthe, disse que "podia-se ouvir todos os dias os sons de espancamentos ecoando do Gineceu da condessa, incluindo o choro e o lamento das meninas espancadas; o fato de serem espancadas cada vez com mais frequência e de serem ouvidas chorando não mudava nada [...]". O castelão de Csejthe, Michael Horvath, afirmou que sabia que sete meninas tinham morrido no Gineceu e sido enterradas no pequeno jardim atrás do pátio de Csejthe. Infelizmente, os corpos não foram enterrados fundo o suficiente; cães logo desenterraram os cadáveres e carregaram partes de corpos pelo pátio.

Nem mesmo as parentes de servos fiéis estavam isentas de um destino de tortura e morte. János Deseö, castelão de Keresztúr, declarou em seu depoimento que a sobrinha, Kata Berényi, tinha sido aceita na corte da condessa. Rumores circularam rapidamente, no entanto, de que a garota estava sendo espancada severamente. Ele foi primeiro a uma das cúmplices de Erzsébet, pedindo para ver sua sobrinha e talvez lhe dar algum dinheiro.

O que se segue é uma narração do que aconteceu a seguir:

A velha lhe disse: "Se você dá valor à sua cabeça, não ouse tentar isso sem o conhecimento de Sua Graça".

Deseö soube em seguida que a Condessa estava planejando uma longa viagem a Csejthe. Ela pretendia levar a sobrinha dele consigo por um período desconhecido de tempo, e ele desejava interceptar o grupo de viagem antes de partirem. Enquanto os cavalos estavam sendo fixados nas carruagens, ele se encontrou com a Condessa.

"Vossa Graça", ele disse, curvando-se para ela. "Será que eu poderia, por favor, ver minha sobrinha antes de partirem? Ouvi dizer que Vossa Graça vai levá-la para Csejthe, e ninguém sabe quando poderei vê-la novamente." Ele acrescentou, sem fôlego: "Eu também quero dar a ela algum dinheiro".

Evitando contato visual, a Senhora respondeu em tom neutro: "O senhor definitivamente não pode falar com ela agora. Mas se quiser, poderá vê-la quando ela subir na carruagem".

Ela então seguiu apressada para o veículo. Nesse ponto, apenas dois cavalos haviam sido atrelados, mas a Condessa embarcou mesmo assim, acreditando que toda a equipe estava pronta. Enquanto isso, Deseö avistou sua sobrinha. Ela estava congelando de frio e chorando, e vê-la nessa condição o levou às lágrimas também. Ele correu de volta atrás da Condessa.

"Misericordiosa Senhora, por favor, não leve minha sobrinha!", ele suplicou. "Eu lhe imploro, em Nome de Deus — não só por mim, mas em nome de todos os meus parentes."

A Condessa fingiu não ouvir. Deseö persistiu:

"Na verdade, vemos que ela não sabe como servir às vontades de Vossa Graça."

Erzsébet se virou para ele então, furiosa.

"Certamente não vou devolvê-la, porque ela já me escapou três vezes. Se escapar mais uma, vou matá-la!"

Ela gritou para o cocheiro se apressar, enquanto János Deseö se agarrava à carruagem, chorando e implorando. Com os cavalos já atados, a carruagem deu uma guinada para a frente.

Deseö contou que sua sobrinha nunca voltou e que, mais tarde, ela foi espancada até a morte.

A essa altura, a normalmente meticulosa condessa estava ficando desleixada. Por anos, ela conseguira esconder evidências diretas de tortura e morte, de forma que poucos ouviram mais do que um boato sobre como as meninas realmente tinham morrido. Mas não mais. As criadas agora apareciam em público com as mãos enfaixadas, vergões, marcas de hematomas no rosto e cicatrizes de queimaduras. E os esforços para manter as surras em segredo também estavam fracassando.

Quando a condessa foi a Trencsén no início de 1610, por exemplo, György Pellio, um jovem da cidade, observou uma das garotas ser amarrada e depois violentamente espancada e açoitada perto do rio. A menina foi então forçada a entrar na água gelada de roupa e não teve permissão para removê-la ao ser retirada do rio. Outro habitante local, Georgius Habdak, testemunhou sob juramento que viu meninas acorrentadas perto do riacho "cruelmente destruídas e cobertas por feridas sangrentas". A testemunha Michael Pepliczky disse que, no outono de 1610, quando a condessa foi para Csejthe, ele viu "duas senhoras de sua comitiva com hematomas e manchas escuras, seus rostos arranhados como se por unhas". Outro morador local, Martin Gonda, disse que ele próprio "costumava ver virgens com rostos inchados e mãos cobertas por manchas roxas". Andreas Somogy, um funcionário público de Újhely, observou duas garotas cujas mãos estavam tão queimadas que precisavam de ajuda para subir na carruagem, e o juiz Tomás Jaworka frequentemente vira os rostos das virgens no séquito da condessa "desfigurados e cobertos de hematomas provocados por inúmeros golpes". Quando o artesão Adam Pollio foi chamado ao castelo para um trabalho, ele testemunhou uma "menina nua com os pés algemados a uma mesa". Talvez o pior deslize tenha ocorrido quando uma criada torturada conseguiu escapar e voltou para o vilarejo com uma faca ainda enterrada no pé.

Além dos habitantes do vilarejo, os oficiais da igreja e coveiros também tiveram sua cota de avistamentos. János Palenyk viu por si mesmo os corpos das meninas que morreram durante a celebração do casamento de Katalin e György Homonnay, "cobertas de feridas horríveis, seus rostos esmagados, queimados e cheios de manchas roxas". O sacristão da igreja em Kosztolány, György Mladych, acrescentou que elas estavam "desfiguradas [...] quebradas e cobertas de manchas", e seu assistente, Michael Palenyk, testemunhou o mesmo.

Até os empregados domésticos agora notavam evidências diretas desses crimes: o criado de Sárvár, Ferenc Török, declarou em depoimento que viu meninas com os braços amarrados "de tal forma que suas mãos estavam azuladas e o sangue escorria de seus dedos", enquanto o cavaleiro Ferenc Bornemisszy disse que, certa vez, ao chegar à casa da senhora, viu moças "com as mãos atadas, enroladas com rédeas e penduradas na treliça de ferro da janela pelos cabelos".

O juiz de Sárvár, Gergely Páztory, testemunhou que, durante a rebelião de Bocskai, quando a população local fugiu para o Castelo de Sárvár em busca de proteção, ele viu um caixote não lacrado na casa da senhora. Corria o boato de que as meninas mortas eram trancadas ali dentro. A carrasca Ilona Jó estava arrastando a caixa para fora do castelo quando um nobre de Zopor, chamado Sebestyén Orbán, perguntou a ela: "O que há realmente nessa caixa, srta. Ilona?".

Diz-se que ela respondeu: "Não pergunte, pela minha alma, Vossa Excelência!".

O juiz acrescentou que, uma vez, quando estava viajando com a condessa como parte de sua comitiva, eles pernoitaram em um alojamento. Lá, ele viu uma sacola cheia de pequenas correntes e cadeados. Quando a sacola carregada foi retirada da carruagem e trazida para dentro de casa, ele perguntou a Ilona Jó: "Para que precisamos dessas correntes e cadeados?".

A resposta dela foi simples: "À noite, todas as meninas são acorrentadas".

Membros da nobreza da região também fizeram alegações bizarras. A senhora Anna Welykey (que, ela mesma, seria acusada de aliciar garotas para a condessa) contou que, certa vez, pediu à senhora viúva Nádasdy que trouxesse suas jovens damas para apresentá-las à aristocracia local. Diz-se que a condessa Báthory respondeu: "Ah, como poderia confiar ou apresentar essas meninas depois de tantas coisas ruins e terríveis terem sido contadas sobre elas por toda parte". Ela então se virou para senhora Welykey e acrescentou: "Essas prostitutas mentem".

Mas o que talvez tenha sido mais chocante eram as alegações de como essas meninas estavam sendo torturadas e mortas: lavadas com urtigas e obrigadas a rolar no chão coberto delas; alfinetes enfiados em seus lábios e sob as unhas; agulhas enfiadas em seus ombros e braços; açoites nos seios enquanto estavam presas por correntes; suas mãos, braços e abdomens queimados com ferros em chamas; pedaços de pele arrancados de suas costas com pinças de alicate; narizes, lábios, línguas e dedos perfurados com agulhas; bocas fechadas com grampos; carne cortada das nádegas e entre os ombros, depois cozinhada e servida a elas; carne e partes íntimas chamuscadas com velas; facas cravadas em braços e pés; mãos esmagadas e mutiladas; dedos cortados com tesouras e podadeiras; atiçadores em brasa enfiados nas vaginas; corpos espancados até a morte com porretes; chicotadas até que a carne caísse dos ossos; e as meninas ficavam nuas no frio do inverno, encharcadas de água ou submersas até o pescoço em rios gélidos.

Em questão de semanas, na verdade, todo o internato havia sido extirpado. Em vez de usar sua desculpa usual de epidemia de cólera, relatos dizem que Erzsébet, desta vez, inventara uma explicação elaborada: uma das garotas teria assassinado todas as outras devido à sua ganância pelas joias delas. Quando os criados descobriram o que ela havia feito, a menina teria se suicidado.

Desta vez, a condessa tinha ido longe demais. Quase uma dúzia de queixas das famílias inundaram as cortes do palatino e do rei, acusando especificamente a condessa de torturar e assassinar meninas da aristocracia húngara. Quando chegou ao rei a notícia de que garotas nobres haviam sido assassinadas, ele enfim teve o que precisava para solicitar uma condenação criminal.

17
CAPITULUM

INFAMOUS LADY

AUTOS DO PROCESSO

(1610)

Em 1610, o tempo estava se esgotando para a condessa Báthory. Ironicamente, o homem com a maior responsabilidade para definir se ela viveria ou morreria por seus crimes não era o rei ou o imperador, mas, sim, o confidente de sua família, György Thurzó. Thurzó vinha de uma antiga e distinta linhagem. Junto da dinastia Fuggers, de Augsburgo, os Thurzó foram uma das famílias mais ricas do século XV, controlando a vasta indústria de mineração da Eslováquia Central. Infelizmente, em meados do século XVI, a linhagem Thurzó estava à beira da extinção. O pai de György Thurzó, que servia como bispo católico (embora não ordenado) em Nitra, acabou deixando a Igreja, convertendo-se ao luteranismo e casando-se para preservar a linhagem e consolidar a fortuna da família.

Quando jovem, György Thurzó recebeu uma educação magnífica em Viena. Inclusive, estudou na companhia do príncipe Ernesto Habsburgo, futuro arquiduque da Áustria. Sabemos que Thurzó era fluente em húngaro, latim, alemão e eslovaco, era versado em humanidades e estudara Direito. Embora criado como luterano, György Thurzó tinha experiência política suficiente para saber que seus interesses seriam bem atendidos se mantivesse boas relações com os Habsburgo católicos. Ele também acreditava que os Habsburgo constituíam a única força realisticamente capaz de derrotar os turcos.

Quando Thurzó enfim ascendeu ao status de palatino, em 1609, o mesmo posto que Tamás Nádasdy ocupara décadas antes, ele se tornou o segundo no comando, vindo apenas depois do rei. O palatino funcionava como um governador supremo ou primeiro-ministro, representando a Coroa em todos os assuntos políticos e possuindo patentes apropriadas tanto no meio judicial quanto no militar. Em meio à turbulência política e religiosa da época, Thurzó já era conhecido por sua habilidade diplomática e capacidade de fazer concessões aos grupos adversários. Ele certamente precisaria usar todas as suas habilidades nos meses seguintes com a senhora condessa, a viúva Nádasdy.

Em fevereiro daquele ano, queixas e rumores sobre as torturas e assassinatos da condessa Erzsébet Báthory, incluindo o assassinato de meninas nobres, chegaram a György Thurzó e ao próprio rei Mátyás. De todos os nobres e clérigos renomados que agora apresentavam denúncias, os que trouxeram o relatório mais convincente às autoridades pareciam os mais improváveis de todos: um padre idoso do interior, recém-aposentado, e seu substituto inexperiente.

Como outros clérigos em sua situação, o velho pastor de Csejthe, o reverendo András Barosius (Berthoni), de 90 anos, estava preocupado com os bizarros e repetidos pedidos da condessa para realizar enterros. Quando suas perguntas ficaram sem resposta, ele começou a manter um registro detalhado dos corpos, e esse documento acabou chegando às mãos do palatino e do rei. Erzsébet já havia lidado com esse tipo de situação antes em Sárvár, com o pastor Magyari. Naquela época, porém, Ferenc Nádasdy estava lá para protegê-la. Fosse por charme, reputação ou suborno, o conde sempre tinha conseguido livrar a si e à esposa do perigo, apaziguando o clero cada vez que surgiam questões sobre mortes misteriosas.

Agora, porém, a condessa estava sozinha. E, desta vez, o clero começava a falar abertamente e enfrentá-la onde quer que as matanças estivessem ocorrendo. Em Keresztúr, por exemplo, onde meninas foram mortas na propriedade de Erzsébet, o pastor Pyrethräus, que certa vez aconselhara o clero de Sárvár a negar comunhão a Anna Darvolya e possivelmente excomungá-la, recusou-se categoricamente a enterrar o fluxo contínuo de donzelas que morriam de "causas desconhecidas e misteriosas". Apesar das ameaças da condessa, ele se manteve firme. Em vez disso, ela ordenou a seus servos que enterrassem as meninas à noite, em segredo, no cemitério do vilarejo.

Em Csejthe, o pastor Barosius atualizou seu sucessor, o reverendo János Ponikenusz, sobre os estranhos eventos e rumores que também aconteciam por lá. Ponikenusz também foi informado das contínuas discussões de seu predecessor com a condessa a respeito da morte de tantas meninas. Cada vez que o idoso tentava falar, a condessa gritava: "Não pergunte como elas morreram. Apenas as enterre!".

Intimidado, o pastor Barosius obedeceu, mas começou a redigir seu relatório e documentar todos os corpos que haviam sido enterrados em segredo. Em uma anotação que chocou até György Thurzó, o pastor escreveu que, em uma única noite, havia enterrado nada menos que nove virgens, cada uma das quais falecidas pelas mesmas "causas desconhecidas e misteriosas".

Em fevereiro daquele ano, queixas e rumores sobre as torturas e assassinatos da condessa Erzsébet Báthory, incluindo o assassinato de meninas nobres, chegaram a György Thurzó e ao próprio rei Mátyás.

Quando Ponikenusz assumiu o ofício em Csejthe, ele decidiu ver por si mesmo o que estava acontecendo. Seguindo um boato, desceu para explorar uma série de túneis subterrâneos que conectavam a igreja e o castelo. A condessa e seus empregados usavam esses túneis para armazenamento de relíquias de família, tesouros otomanos, vinhos e documentos. Junto à cripta do conde Kristóf Orságh, ex-proprietário do Castelo de Csejthe, Ponikenusz encontrou outra coisa muito mais medonha. Em meio ao que ele descreveu como "um fedor insuportável", descobriu nove caixas não lacradas que continham os restos de cadáveres femininos recém-mutilados.

Ao descobrir os corpos nos túneis, voltou apressado à igreja para escrever uma carta ao seu superior, o reverendíssimo Élias Lányi: "Oh, que feitos terríveis", relatou ele, "que crueldades tão desconhecidas! Na minha opinião, nunca existiu assassino pior sob o sol. Mas não devo continuar, porque meu coração está sangrando e não consigo mais falar".

Ponikenusz tentou enviar a carta, mas esta foi prontamente interceptada pelos criados da condessa. Ao saber que a carta havia sido capturada, ele temeu o pior para si e tentou fugir da cidade. Os criados do castelo foram atrás dele, porém, e o mandaram de volta para a igreja com uma severa advertência. Os corpos, entretanto, foram levados a Leseticz para sepultamento, segundo a testemunha Tamás Zima.

Foi nesse momento que Ponikenusz começou a tramar como enviar suas cartas e o relatório perturbador do pastor Barosius às autoridades sem ser descoberto. Ponikenusz enfim conseguiu, e o relatório foi entregue em segredo ao palatino György Thurzó. É provável que uma segunda cópia também tenha sido entregue ao rei Mátyás II, pois foi ele quem especificamente exigiu uma investigação sobre as alegações que haviam chegado à sua corte a respeito de certos "atos desumanos e ferozes" de Erzsébet Báthory. Sua Majestade ficou especialmente descontente com o fato de alguns desses atos terem sido cometidos contra filhas de membros da alta nobreza. Como palatino, György Thurzó tinha plena autoridade para agir em nome do rei e se viu obrigado a iniciar uma investigação.

Para Thurzó, deve ter sido uma decisão delicada: ele havia aceitado o pedido que Ferenc Nádasdy fizera no leito de morte para que cuidasse da senhora viúva Nádasdy e de seus filhos. Além da amizade com o falecido conde, György Thurzó e a condessa Báthory também eram próximos em termos pessoais, pelo menos em determinada época. A correspondência indica que eles se referiam um ao outro como "primo" e "prima", compareciam aos casamentos de seus respectivos filhos e, em geral, estavam na companhia um do outro durante as férias e datas comemorativas. A condessa Báthory também era cordial com a jovem esposa de Thurzó, Erzsébet Czobor. Dada a alta posição da condessa, Thurzó sabia que seria necessário um ato especial do Parlamento até mesmo para apresentar acusações formais contra ela. György Thurzó provavelmente esperava apaziguar o rei, acalmar as coisas e então deixar o assunto morrer. Cartas ao genro de Erzsébet, bem como declarações públicas, indicam que, inicialmente, Thurzó planejava internar a condessa em um convento. György Thurzó não era ingênuo, entretanto; ele também sabia que a Coroa tinha um interesse pessoal em garantir a condenação criminal de Erzsébet Báthory. Caso isso fosse cumprido, a enorme dívida que o rei tinha com ela seria cancelada e, provavelmente, uma grande parte de suas terras também seriam transferidas a ele.

É difícil entender verdadeiramente a relação de Thurzó com a condessa: alguns historiadores o vilipendiaram como um homem que buscava apenas traí-la e privá-la de sua propriedade. E, no entanto, os registros históricos não confirmam: em todos os momentos, Thurzó conduzia seus assuntos, mesmo os secretos, com membros da família Báthory e Nádasdy e, de fato, trabalhou com afinco para garantir que nem o rei nem a Igreja confiscassem as propriedades deles. Além de proteger os interesses de seus companheiros protestantes, Thurzó não parece ter se beneficiado pessoalmente de seu processo contra a condessa.

No entanto, os parentes ricos das famílias Zrínyi, Homonnay e Nádasdy também podem ter subornado Thurzó para receber sua assistência. Por exemplo, em uma carta posterior enviada a Thurzó, o genro da condessa, conde Zrínyi, pediu ao palatino que "implorasse a Sua Majestade para reconsiderar sua decisão". Zrínyi timidamente acrescentou: "Queremos agradecer a Vossa Graça pelo restante de nossas vidas e retribuir com todas as nossas forças disponíveis; desejamos oferecer-lhe um humilde símbolo de nossa existência mortal". Zrínyi prometeu então enviar seu criado, András Milley, a Thurzó, pedindo ao palatino que: "acredite nas palavras dele e lhe permita voltar para mim com a resposta desejada. Vou retribuir pela vida toda".

Outros argumentaram o contrário, alegando que Thurzó e a condessa tinham um relacionamento amoroso e que ele fazia tudo ao seu alcance para protegê-la. No entanto, a história também não demonstra isso totalmente: como senhor palatino, Thurzó tinha um trabalho a fazer, e tanto a monarquia quanto o Parlamento o observavam muito de perto. Enquanto, sem dúvida, trabalhava incansavelmente para poupar a condessa da pena de morte, Thurzó acabou condenando-a à prisão perpétua. Ele também testemunhou no tribunal de tê-la flagrado torturando e assassinando criadas, e declarou publicamente que ela não merecia respirar o ar ou ver a luz, e referiu-se à condessa com epítetos como "animal selvagem", "bestial", "maldita", "sangrenta", "ímpia" e "amaldiçoada"; não necessariamente as palavras ou ações de um amante.

Sabemos, porém, que Thurzó confiava nos Habsburgo como a única entidade com poder suficiente para derrotar os saqueadores turcos. Enquanto os transilvanos mantinham uma forma relativa de independência, tanto dos Habsburgo quanto dos turcos, sua lealdade oscilava de um lado para o outro entre as duas forças opostas, a depender de interesses próprios. Os parentes de Erzsébet Báthory, antigos e atuais voivodas da Transilvânia, estavam então defendendo mais uma rebelião contra os Habsburgo e uma nova aliança com os turcos. Isso deixou Thurzó apreensivo. Em 1608, Erzsébet começou a financiar seu primo, Gábor, o que a colocou em uma posição perigosa; sua lealdade à Coroa estava agora em dúvida. Seu irmão, István Báthory, educara e criara Gábor em sua corte, posicionando-se abertamente contra os Habsburgo durante a rebelião de Bocskai. Quando morreu, o conde Báthory também deixara ao jovem consideráveis riquezas e armas.

Thurzó realmente acreditava que os primos de Erzsébet, Gábor e Zsigmond Báthory, estavam criando uma forma perigosa de problema que acabaria por ameaçar os interesses dos senhorios e nobres húngaros como ele. Suas previsões eram acertadas: Gábor Báthory, de fato, logo declararia guerra aos Habsburgo. E Erzsébet deixou claro, em mais de uma ocasião, que apoiava o primo. Dito isso, havia motivação da parte de Thurzó, fosse pessoalmente ou como palatino da Hungria, para restringir o poder da família Báthory no interesse da nação.

O ano de 1610 começou com um casamento. A filha de Erzsébet, Katalin, se casaria com o senhor György Drugeth de Homonnay em 6 de janeiro. O casamento seria realizado no Castelo de Csejthe, e a condessa Báthory planejou um evento suntuoso. Apesar da intriga política que girava em torno dela, a condessa temporariamente afastou tudo isso da mente.

Katalin era a filha mais nova e, supostamente, a favorita de Erzsébet, aquela que teria levado comida e suprimentos para a mãe durante seu posterior encarceramento. Aparentemente, Kata também participou de pelo menos uma sessão de tortura com a mãe. A futura condessa de Homonnay estava passando um tempo com Erzsébet, em Csejthe, pouco antes do dia de seu casamento. Pode ser que a mãe estivesse instruindo a filha nas maneiras de ser uma boa esposa. De qualquer forma, a situação logo saiu do controle. Tanto Katalin quanto a senhora teriam torturado e queimado duas criadas em seus aposentos naquela noite. Uma testemunha viu vestígios de tortura, a forma como as meninas foram queimadas, e declarou que tinha até escutado a senhora introduzir um ferro quente na vagina delas. As duas meninas morreram mais tarde, durante as festividades do casamento, e vários criados e habitantes da cidade souberam que seus corpos acabaram sendo levados a Kostolány para o que deveria ser um enterro secreto. O sacristão da igreja de Kostolány, assim como dois coveiros, testemunharam sob juramento que os corpos estavam cobertos de vergões e os rostos mutilados.

De acordo com Ilona Jó, Katalin também forneceu uma criada para sua mãe, desta vez por meio do estribeiro-mor da condessa, Dániel Vas. Era muito provável que Katalin soubesse exatamente o que aconteceria com a criança quando estivesse a serviço dela.

Os rumores continuaram a se multiplicar, e as primeiras medidas legais tomadas contra Erzsébet começaram em fevereiro de 1610. Sob as ordens do rei, iniciou-se uma investigação sobre as supostas atividades da condessa. Em 5 de março, György Thurzó despachou duas cartas: uma ao tabelião chefe, András de Keresztúr, e outra ao tabelião adjunto e juiz, Mózes (Mojzis) Cziráky. Thurzó afirmou: "Sabe como, tanto no passado quanto no presente, chegaram-nos várias queixas graves a respeito da nobre [...] Senhora Erzsébet Báthory [...]; a saber, que [ela], por meio de algum tipo de espírito maligno, deixou de lado sua reverência a Deus e pelos homens, e matou de maneiras cruéis e variadas muitas meninas e virgens e outras mulheres que viviam em seu Gineceu".

Thurzó ordenou então aos dois homens para "reunir e inquirir as testemunhas, conforme exige a lei do Reino". Ninguém estava isento: "Assim que receber esta carta, [...] interrogue todos os membros do estrato eclesiástico, bem como a nobreza e outras pessoas ilustres de todas as classes e de ambos os sexos". Thurzó ordenou que Cziráky questionasse residentes dos condados de Győr, Sopron, Vas, Zala e Veszprém; András de Keresztúr interrogaria testemunhas dos condados de Bratislava, Nitra, Trenčín e Bars. Para encorajar a honestidade, uma pesada penalidade financeira seria aplicada a qualquer pessoa que mentisse sob juramento.

De março a julho daquele ano, András de Keresztúr interrogou 34 testemunhas, até completar seu relatório em 19 de setembro de 1610. Muitas das testemunhas chamadas eram plebeus, vindos principalmente da cidade mercantil de Újhely. Catorze deles eram súditos de Dániel Pongrácz, o senhor local que compartilhava participações equitativas com os Nádasdy nas terras circundantes ao Castelo de Beckov; sete eram servos de Peter Rattkay; e cinco eram vassalos do escudeiro Ferenc Magochy, que também possuía propriedades vizinhas. É irônico que os servos, que nunca teriam permissão de entrar nas terras da condessa livremente, estivessem, naquele momento, sendo convidados a dar testemunho do que sabiam sobre ela. Eles se comportaram com discrição, entretanto, admitindo que não tinham visto nada com seus próprios olhos, tendo ouvido apenas rumores. Pode ser que estivessem com medo da poderosa senhora, ainda em liberdade. Mesmo assim, eles repassaram o que tinham ouvido. Miklós Kuzkleba, um servo de Pongrácz, por exemplo, declarou ter ouvido um boato de que a condessa havia assassinado duas moças nobres do condado de Liptov. Ele também tinha escutado de seu filho que uma garota havia sido amarrada e então violentamente espancada e chicoteada antes de ser submersa na água gelada de um rio.

Numerosas testemunhas, incluindo György Premerská, Miklós Kochanovsky e György Blanár, disseram ter ouvido Erzsébet Báthory matar duas meninas durante a celebração do casamento dos Homonnay e enterrá-las em Kosztolány. Outras testemunhas que se manifestaram incluem Matthias Muraközy, um nobre, e o reverendo István Raczyczenus, um clérigo: ambos declararam o que ouviram sobre as meninas perdidas para o Gineceu.

É interessante notar, no entanto, que dos 34 relatos de testemunhas, não houve nenhum resultado conclusivo. Com a exceção de uma única testemunha, Andreas Somogy — um escrivão municipal que afirmou ter visto meninas com as mãos gravemente queimadas —, nenhum depoente de fato viu ou ouviu nada pessoalmente. Todos admitiram que não sabiam nada além do que outra pessoa os havia contado.

Enquanto isso, as coisas não iam muito melhor para o vice-tabelião Mózes Cziráky, que iniciou seus interrogatórios em 25 de março. Enquanto András de Keresztúr concentrara seus esforços nos habitantes da cidade de Újhely, Cziráky concentrava-se nos serviçais do Castelo de Sárvár. A maioria dos depoentes ainda estava a serviço da condessa naquela época; porém, se sabiam de alguma coisa, relutavam em dizer: o vice-castelão (governador) de Sárvár, Gregor Paisjárto, sabia apenas que uma menina morta havia sido levada para ser enterrada, mas não tinha ideia de como ela morrera; o tesoureiro Benedek Zalay disse que seu único dever era abastecer o castelo — não se preocupar com rumores; o dr. Ambrus Barbély via apenas os rostos das meninas a quem administrara remédios e não sabia de nenhum efeito nocivo em seus corpos; o vice-governador Paul Beöd não sabia nada além de boatos e que algumas garotas haviam sido levadas para sepultamento. Como antes, as testemunhas da cidade sabiam pouco mais do que rumores de crueldade, não tendo visto nada em primeira mão.

Os rumores continuaram a se multiplicar, e as primeiras medidas legais tomadas contra Erzsébet começaram em fevereiro de 1610. Sob as ordens do rei, iniciou-se uma investigação sobre as supostas atividades da condessa.

Apenas uma parte das dezoito testemunhas interrogadas por Cziráky ofereceu algo promissor ou útil ao tribunal: o castelão Benedek Bicsérdy tinha visto uma mancha de sangue em uma parede, ouvido o som de espancamentos de fora do castelo, e alegou saber de 175 meninas e mulheres mortas que haviam sido tiradas da casa; como os outros, porém, ele nunca testemunhara tortura ou assassinato pessoalmente. O reverendo Mihály Zvonaric contou a estranha história de três cadáveres acondicionados em um único caixão; Ferenc Török alegou ter visto meninas com os braços tão fortemente amarrados que as mãos estavam azuladas e sangue escorria de seus dedos; o castelão Balthasar Poby afirmava saber de duzentas ou trezentas mortas; e István Vagy deu testemunho de práticas mágicas contra funcionários do governo.

Ao todo, entretanto, não era o tipo de evidência sólida que o rei ou palatino desejavam, especialmente ao tentarem mover uma ação contra uma mulher de tão alta estatura como a senhora viúva Nádasdy.

Em junho, no entanto, com o processo em andamento e os rumores se acumulando contra sua sogra, os condes Miklós Zrínyi e György Drugeth de Homonnay se reuniram com György Thurzó para uma rodada de negociações secretas. Como — eles queriam saber — poderiam evitar que aquele escândalo saísse de controle? Thurzó já estava pensando em um plano e perguntou aos mais jovens se podia contar com a lealdade deles. Eles concordaram.

Naquele mesmo mês, apesar dos procedimentos legais que giravam em torno dela, Erzsébet Báthory continuou vivendo como de costume, administrando suas propriedades. Naquela que pode ser a última carta que escreveu a Ferenc Batthyány, a condessa pediu que ele a ajudasse a pagar as despesas de conserto do telhado do solar que compartilhavam em Viena. Sua situação financeira, como sempre, parecia precária. Pode-se dizer, pelo tom da carta, que a relação dos dois estava começando a se desgastar — da parte dele, talvez como resultado dos boatos que agora se espalhavam até entre a aristocracia; da parte dela, por sentir-se menosprezada por ele, e porque ele e seus servos tinham sido descobertos usando a casa e retendo parte da renda do aluguel sem o conhecimento dela.

Segundo historiadores locais, a mansão vienense, hoje um prédio de apartamentos, está localizada no número 12 da Augustinerstraße, do outro lado da rua do mosteiro e da catedral agostiniana. Durante o processo contra a condessa Báthory, testemunhas alegaram que ela havia torturado meninas ali e que os gritos eram tão altos que os angustiados monges vizinhos arremessavam penicos nas janelas para abafar o som e como forma de protesto.

Carta a Ferenc Batthyány, 28 de junho de 1610

A seu serviço, Vossa Graça. Desejo toda as benesses para meu filho e senhor, e que Deus lhe conceda muitas benesses. Tendo visto o telhado da casa em Viena e sido informada de que, se permanecer nesse estado nos próximos anos, tudo se perderá, a um alto custo de reconstrução, farei mais perguntas. Agora mesmo, desejo começar os reparos. Quanto ao custo da conclusão, foi-me dito que 273 Renissel (pedras preciosas, usadas em lugar de moedas cunhadas) *são necessários para as melhorias [...]. Lembro-me de como, pela boa vontade do meu pobre marido entre nós, o Senhor ocupava a casa de cima naquela parte do edifício, quando lhe trouxemos ajuda. Portanto, peço a Vossa Graça que consulte a si mesmo completamente e se pergunte se ajudaria na construção devido ao alto custo. Se, por sua vez, Vossa Graça não quiser fazer isso, então peço, por favor, não tente causar dano a mim e a todos os meus filhos, exigindo que, por tais motivos, todos os defeitos do telhado sejam consertados. Todo a renda/aluguel da casa, de 100 florins por ano, foi para o custo da construção, e também o dinheiro disponível pode dar ainda a renda/aluguel da casa. Sempre usada por Vossa Graça e por vossos piedosos servos a quem a carta [...] tu [...] não devas ser clandestino, tendo sido descoberto apenas por isso, Vossa Graça. Aguardo sua resposta, Vossa Graça. Desejo a felicidade e boa saúde de Deus para Vossa Graça. Datada de nossa Sárvár, 28 de junho de 1610.*

Amo e sirvo a Vossa Graça como uma mãe.
Erzsébet Báthory

Enquanto isso, a condessa Báthory soube de alguma forma do processo secreto que estava ocorrendo contra ela. Não teria sido difícil, entretanto; agora, as investigações eram de conhecimento público. Em resposta, ela se lançou em um movimento bastante ousado em uma tentativa de proclamar sua inocência. Das quase uma dúzia de jovens nobres que, dizia-se, tinham morrido por suas mãos, uma chamada Zsuszana Hernath se destacava: ou Zsuszana realmente morrera de causas naturais ou sua mãe, uma viúva, tinha sido facilmente subornada. Em todo caso, em 24 de agosto de 1610, a condessa compareceu pessoalmente à corte de Vasvár-Szombathely (Eisenburg), sem dúvida para espanto da autoridade legal da região, acompanhada pela viúva Hernath. A sra. Hernath fez uma declaração espontânea ao tribunal de que sua filha não morrera de tortura, mas sim de causas naturais. Não temos certeza da reação do tribunal; sabemos apenas que essa declaração nunca foi formalmente levada em consideração nem pelo sistema judicial, nem pelo rei, nem pelo palatino. A própria condessa provavelmente percebeu que essa aposta bastante lamentável não ajudou em nada a sua situação.

Três dias depois, ela escreveu ao vice-xerife Kisfaludi, desta vez pedindo-lhe que acompanhasse as atividades de dois moradores locais que estavam se locomovendo de cidade em cidade e criando algum tipo de problema. Ela não apenas desejava saber se a população local apoiava esses dois, mas também expressou seu desgaste em relação a esse assunto (ou talvez com sua situação em geral):

Carta a Blazius Kysfaludi, 27 de agosto de 1610

Que Deus conceda benesses tanto para a vossa mente quanto para o corpo, Vossa Graça. Só agora Vossa Graça deve ter recebido nossa carta. Desde então, fomos informados de que lá no Rába (rio), *no meio dos vilarejos, na orla do Chyavarga, Ist*[ván] *Bokor e Deak Balas foram de aldeia em aldeia. Gostaríamos de pedir, Vossa Graça, que nos traga as notícias que ouvir, se todos os de lá os evitaram em Chyavarga e tudo o que poderia ser se os santos da aldeia apoiassem o par [...]. Vossa Graça, gostamos de muitas coisas por um lado, mas nos cansamos delas por outro. Deus lhe conceda vida longa e boa saúde. Datada de nossa Sárvár: 27 de agosto de 1610.*

G[enerose] E[gregia] D[omina] V[est]ra
In omnibus benevola (Desejando o bem em todas as coisas)
Condessa Erzsébet Báthory

Por volta dessa época, a condessa provavelmente receberia a notícia de que um inquérito formal ou até mesmo um julgamento contra ela ocorreria dali a apenas alguns meses. Ela também pode ter recebido a notícia de que seus genros estavam conspirando ativamente com Thurzó. Além disso, percebendo que sua tentativa de provar inocência ao denunciar a mãe de uma vítima no tribunal local não a havia levado muito longe, ela partiu para Keresztúr.

Em 3 de setembro de 1610, Erzsébet escreveu ali seu Último Desejo e Testamento, declarando que todos os seus bens passariam igualmente aos seus três descendentes: o filho Pál e as filhas Anna e Kata. Legalmente, isso acabaria se revelando uma jogada brilhante: ao se separar de todas as suas propriedades, ela se tornaria um alvo menos atraente para a Coroa. Em seu testamento, ela pedia apenas que suas duas filhas adultas esperassem até que Pál, então com 12 anos, atingisse a maioridade para dividir a propriedade e, nesse ínterim, cuidassem para que nenhum mal acontecesse. Enquanto isso, ela também começou a se corresponder com seu primo mais novo, Gábor Báthory, voivoda da Transilvânia, sobre o status legal de seus bens e, possivelmente, uma aliança política com ele.

Um mês depois, ela voltou a Sárvár, onde recolheu a maior parte de suas joias e outros objetos pessoais de valor e ordenou que fossem enviados ao Castelo de Csejthe; deste modo, estabelecendo Csejthe oficialmente como sua nova corte. A condessa provavelmente sabia que o cerco estava se fechando sobre ela.

Os relatórios dos tabeliães foram concluídos e apresentados no outono de 1610. Depois de examinar os documentos, o assunto ainda não era conclusivo o suficiente para que Thurzó executasse uma prisão. No entanto, ele teria que agir de alguma forma, e logo — o rei estava ficando impaciente. O palatino estava disposto a protelar pelo menos até as festas de Natal, quando o Parlamento entraria em recesso.

Enquanto isso, as relações entre a condessa e Thurzó estavam se esfacelando rapidamente. Ao que parecia, as brigas estavam até mesmo irrompendo entre suas famílias e serviçais. Em 20 de outubro de 1610, Erzsébet Báthory disparou uma carta irada ao palatino, iniciando sua própria reclamação contra o criado dele, Kaspar Pattai. Segundo a condessa, esse homem estava envolvido em uma grande controvérsia com a criadagem da condessa e abusara de sua casa inteira. "Isso não será tolerado", concluiu ela, "e, portanto, tal insulto requer proteção."

Ela alegava que um dos criados de Thurzó, Kaspar Pattai, fora para a cidade mercantil próxima de Vág-Újhely com alguns dos criados dela. Pattai ficou bêbado e então, a caminho de casa, brigou com um desses criados, desafiando-o para um duelo. A luta foi interrompida e os homens se separaram. No entanto, Pattai foi para a casa do criado da condessa e deliberadamente feriu seu cavalo. Depois disso, Pattai foi até a casa da condessa à procura do homem novamente, praguejando, e o desafiou para um novo duelo. Nesse ponto, o criado saiu; os dois homens se enfrentaram, o criado quebrou a espada e Pattai fugiu. Algum tempo depois, Pattai voltou à mansão, xingando e causando problemas. A condessa Báthory informou a Thurzó que essa informação poderia ser corroborada por György Zalay e Michael Baranyai, criados do genro da condessa, Miklós Zrínyi, que a visitava na época, com a filha dela, Anna. A condessa então garantiu a Thurzó que seu próprio criado nada fizera para provocar isso e que teria sido punido de acordo se tivesse feito. Ela então pediu que Thurzó proibisse Pattai de ir até a casa dela dali em diante e que, em seu cargo de palatino, protegesse-a de tais abusos. Claramente, seu relacionamento com Thurzó estava esfriando cada vez mais.

Ciente de que seu tempo estava se esgotando, a condessa Báthory continuou a dispor de seus bens em benefício dos filhos. Na mesma época, em novembro, ela solicitou um documento legal a Gábor Báthory, que escreveu a seguinte resposta:

> *Recebi sua carta na qual você pede que eu e nosso bom irmão lhe enviemos um* Procurator (procuração legal). *Eu lhe mandarei minha parte imediatamente, mas nosso irmão não está aqui agora. Mandei chamá-lo e, assim que ele chegar, também*

enviará uma carta. Certifiquei-me de que este documento fosse tirado da abadia e de nossa chancelaria e enviado a você. Apenas peça e nós, sua amorosa família, iremos ajudá-la no que quiser. Que Deus lhe conceda vida longa e boa saúde. A seu serviço, com amor. 6 de novembro de 1610.

Gábor Báthory

O termo *Procurator* se refere a um procurador ou uma procuração, que, assim como ocorre hoje, outorga poderes legais, na qual uma pessoa se compromete a representar os interesses jurídicos de outra parte ou a receber seus benefícios no caso de um fiduciário. Isso faria sentido: a condessa Báthory acabara de completar seu Último Desejo e Testamento. Ela provavelmente teria pedido que seus familiares administrassem seus bens em seu nome ou mantivessem os espólios em custódia para seus filhos, especialmente em nome do filho menor, Pál, haja vista que ela havia legalmente se despojado da titularidade. Além disso, naquela época, a administração de espólios estava sob o domínio do clero, e o príncipe Báthory confirmou que os documentos tinham sido retirados da abadia e da chancelaria, ambas em território de autoridade religiosa.

Benedek Deseö testemunhou que, a essa altura, a condessa Báthory estava recebendo aconselhamento jurídico de conselheiros "dos dois lados do Danúbio", o que provavelmente incluía seu primo. Benedek alegou que ele e os outros criados haviam implorado para que ela parasse o que estava fazendo, pois seria presa. Segundo ele, a condessa respondeu que estava acima de prisões. Por outro lado, no entanto, Erzsébet claramente estava se desfazendo da titularidade de seus bens para que pudesse passá-los com segurança a seus filhos e evitar a apreensão em um processo criminal que se aproximava.

No mesmo mês, Miklós Zrínyi escreveu a Thurzó, reafirmando sua lealdade e a de Drugeth. Thurzó estava tramando um complô para colocar a condessa em um convento ou prendê-la pelo resto da vida no Castelo de Csejthe, algo em que os genros dela prometeram não interferir. Na verdade, eles estavam se preparando para assumir a administração dos bens da condessa imediatamente após sua prisão. Outra carta de Zrínyi a Thurzó, escrita em 12 de dezembro, confirmava que os homens tinham em mente a prisão perpétua no Castelo de Csejthe. Quer eles soubessem ou não do Último Desejo e Testamento da condessa, já estavam discutindo como dividir seus bens. Pode-se até vislumbrar um pouco da personalidade de Zrínyi pela preocupação que ele levanta em relação à parcela da propriedade escolhida para si:

[...] A seu comando, enviei meus mais leais e principais homens e servos a Csejthe para que a Sra. Nádasdy possa permanecer em paz, estando todos de acordo com Vossa Graça. Para que, além disso, nenhum dano recaia sôbre a propriedade e que o Tesouro Real nada possa avaliar contra ela e, acima de tudo, para que nenhuma outra injustiça se acrescente à família [...]. Durante todo esse tempo nos sentimos como o Senhor, Vossa Graça, ao que se refere ao seu conselho em Csejthe; nesse sentido, o problema deve se resolver. No entanto, gostaria de lembrá-lo de que ainda não concordamos com relação à alocação de bens — na verdade, pode nem mesmo acontecer rapidamente, e eu me oporia a isso. Não sei de que maneira Vossa Graça decidirá; em todo caso, estou convencido de que receberei uma parte igual junto dos outros parentes, e também quero a mesma parcela de propriedade deste lado como do outro do Danúbio. Estou ciente da benevolência de Vossa Graça, e, em meu coração, espero que esteja satisfeito com minha vantagem [...].

É de se perguntar o que a condessa deve ter pensado quando um pelotão dos homens de Zrínyi chegou a Csejthe para "oferecer proteção". Com os poderosos genros de Erzsébet então unidos, Thurzó se preparou para encerrar o assunto. Antes de dar o passo final, no entanto, ele próprio precisava estar absolutamente certo da culpa da condessa. Em dezembro, seu castelão em Bytča, Gáspár Bajáky (também conhecido como Nagy-Najáky e Casparus Echy) registrou, sob juramento, o testemunho de quarenta habitantes locais que alegaram, da mesma forma, ter ouvido histórias de tortura e assassinato na corte da condessa Báthory. Algum tempo antes do Natal, Thurzó foi a Csejthe para se encontrar pessoalmente com Erzsébet Báthory. Ele a informou das inúmeras acusações apresentadas contra ela e exigiu que prestasse contas. Ele queria saber particularmente sobre as meninas falecidas listadas no relatório do pastor Barosius e as fortes denúncias que o reverendo Ponikenusz fazia contra ela no púlpito.

Algo que podemos dizer sobre a condessa Báthory é que ela era uma atriz incrível, que conseguia mentir com um sorriso e lançar um encanto quase hipnótico. Em público, ela portava uma imagem nobre, de estoicismo calmo e inteligência iluminada. Tudo nela *parecia* normal aos seus pares: suas cartas, a maneira como entretinha, seus modos sempre elegantes. Em público, tratava-se de uma nobre que simplesmente erguia um dedo ou acenava levemente com a cabeça para chamar os criados. Pelo menos na frente de outros aristocratas, ela não era uma lunática desgrenhada ou uma harpia estridente. As acusações não faziam sentido quando se via essa mulher que falava bem e se mostrava sensata. Thurzó, sem dúvida, queria ver por si mesmo se sua parente distante poderia explicar tais alegações bizarras.

Em todo caso, a condessa respondeu com seu encanto usual e calma comedida. Enquanto servia chá e bolos, ela garantiu a Thurzó que tais acusações eram pura bobagem e um erro do pastor András Barosius, um homem muito idoso. Muitas das meninas simplesmente haviam morrido de uma epidemia e sido enterradas às pressas e em segredo para evitar pânico. Assim ocorrera em Sárvár e nas outras propriedades. A condessa também pode ter dado a mesma explicação fornecida aos pais aristocráticos, incluindo a história da luta sangrenta das meninas por joias. O que quer que ela tenha dito, a condessa conseguiu novamente adiar o inevitável. Thurzó deixou seu castelo sem prendê-la ou deportá-la para um convento.

Na frente de outros aristocratas, ela não era uma lunática desgrenhada ou uma harpia estridente. As acusações não faziam sentido quando se via essa mulher que falava bem e se mostrava sensata.

Imediatamente depois, porém, a condessa entrou em uma de suas explosões agressivas, típica dos eventos estressantes. Mais meninas morreram. Como mencionado, sempre que Erzsébet Báthory tinha que encenar um ato em público, fosse para entreter, participar de um evento social ou cobrir seus rastros, sentia um estresse absolutamente enorme. Em essência, a pressão de bancar a anfitriã graciosa, esposa submissa ou nobre iluminada provocava uma fúria assassina dentro dela. Quer essa patologia fosse atribuída à brutalização que ela mesma recebera, ou a algum outro desequilíbrio, a raiva era claramente psicótica. Sabemos que adoecer ou se preocupar com dinheiro também a faziam perder o controle. Em alguns casos, ela não conseguia conter sua raiva assassina nem mesmo por alguns minutos após a conclusão de um evento estressante.

Os serviçais de Erzsébet também estavam se tornando visivelmente desleixados; era cada vez mais difícil encontrar maneiras de desovar os corpos. Ficzkó contou: "Ao lado dos [corpos] já mencionados em Pozsony (Bratislava), cinco corpos foram depois atirados dentro de uma vala; dois no canal do jardim de Csejthe, um dos quais foi arrastado pelos cães; dois foram levados à noite para Leceticz (Lesticze) e enterrados na igreja; estes foram trazidos do castelo onde foram assassinados. As velhas esconderam e enterraram as meninas mortas. Aqui em Csejthe, eu mesmo ajudei a enterrar quatro: duas em Leceticz, uma em Keresztúr e uma em Sárvár. Outras foram enterrados com cânticos (isto é, rituais fúnebres comuns)".

Os outros cúmplices deram testemunhos semelhantes. Dorottya Szentes e Katalin Beneczky descreveram como cinco meninas morreram, certa vez, em um período de dez dias em Csejthe. Não tendo ideia do que fazer com os corpos, os restos mortais foram simplesmente empilhados debaixo das camas, contra as paredes ou guardados em espaços de armazenamento. Em Sárvár, Katalin Beneczky arrastou corpos para uma vala de frutas e, uma vez, direto pelo pátio em meio a uma multidão de curiosos; o pastor enterrou os cadáveres que não puderam ser escondidos. Dorottya Szentes, com a ajuda de János Újváry, enterrou outra garota em Leceticz. Em Sárvár, Katalin Beneczky foi encarregada de cavar o chão da casa e enterrar os corpos lá. Com o auxílio de Dorottya Szentes, ela também escondeu corpos no canal; estes foram posteriormente descobertos pelos cães do conde Zrínyi e vistos por seu criado quando ele e a filha de Erzsébet, Anna, estavam de visita.

Sempre que Erzsébet Báthory tinha que encenar um ato em público, fosse para entreter, participar de um evento social ou cobrir seus rastros, sentia um estresse absolutamente enorme.

Desta vez, os serviçais da casa, agindo de maneira estúpida, jogaram quatro garotas mortas sobre os muros do Castelo de Csejthe. Embora eles esperassem que os corpos fossem chamar a atenção dos lobos, foi a atenção dos aldeões que causou o verdadeiro problema. Esses mesmos moradores relataram imediatamente o acontecido às autoridades.

Na véspera de Natal, seis dias antes da prisão da condessa, o clero local fez uma visita a Csejthe, incluindo o pastor Nicolaus Barosius do vilarejo de Verbó, bem como outros clérigos, todos exortando a condessa a se arrepender de seus atos malignos. Thurzó também foi convocado novamente: anunciou que também voltaria ao Castelo de Csejthe na véspera de Natal, desta vez com o próprio rei Mátyás e Imre Megyeri, o guardião e tutor do jovem Pál Nádasdy em Sárvár.

Embora os eclesiásticos provavelmente não passassem de uma irritação para ela, a condessa temia Thurzó e o rei. Com medo da chegada deles, Erzsébet imediatamente convocou a bruxa eslovaca da floresta, Erzsi Majorova. Foi nesse

momento que ela solicitou um meio de se tornar "invisível" aos seus contendores. Embora provavelmente não esperasse um resultado literal, com certeza gostaria que as autoridades perdessem o interesse por ela e fossem embora.

Segundo testemunhas, por volta das 16h, na véspera de Natal, Majorova e a senhora prepararam um bolo cinzento especial, trançando a massa como um *pretzel* e colocando uma hóstia de comunhão no centro. Supostamente, era possível espiar dentro da hóstia para ver a imagem da pessoa contra quem a conjuração havia sido realizada. Como o criado István Vagy contou, Erzsébet sentou-se na frente do bolo antes da chegada dos homens, entoando um feitiço por mais de uma hora para "tornar-se invisível a seus inimigos". A massa para dois outros bolos foi feita com os ingredientes restantes, preparada com uma mistura especial de água suja de uma assadeira na qual a condessa teria se sentado, bem como água de riacho e alguns outros ingredientes "especiais". Preparou-se um bolo para servir depois do jantar naquela noite; a massa para um segundo bolo foi mantida em reserva, caso fosse necessário outra fornada. Ficzkó e outras testemunhas presumiram que os bolos tinham sido feitos especificamente para envenenar os três convidados.

Se Erzsébet realmente pretendia matar esses homens ou apenas usar o bolo como um meio mágico de afastá-los dela, Ficzkó afirmou na transcrição original do julgamento que o rei, o palatino e o tutor ficaram doentes depois de comê-lo, e até eles próprios pensaram que ela estivesse tentando envenená-los. Sabemos que eles partiram logo após esse desastroso jantar festivo; o plano da condessa de afastar os homens funcionou, mas não da maneira como ela esperava. Imediatamente depois disso, Imre Megyeri entrou com uma acusação formal contra a condessa no Parlamento húngaro, alegando o assassinato de criadas em Sárvár. Quanto ao plano de Thurzó de resolver a questão enviando Erzsébet para um convento, toda esperança disso agora estava perdida.

Sem outras opções disponíveis e sob ordens da Coroa, entregues em 27 de dezembro, Thurzó partiu de Bratislava para uma viagem de dois dias a Csejthe. Ele foi acompanhado por Megyeri; os genros de Erzsébet, os condes Drugeth e Zrínyi; e uma escolta armada. Ele e seus homens chegaram na noite de 29 de dezembro de 1610, preparados para prender a condessa Erzsébet Báthory e seus cúmplices.

No mesmo dia em que Thurzó saiu de Bratislava, 27 de dezembro, sua jovem esposa, a condessa Erzsébet Czobor, enviou-lhe uma carta. A correspondência está fragmentada e obviamente retoma um diálogo anterior entre os dois. No entanto, levanta algumas questões interessantes:

Minha Adorável Alma, Meu Querido,

Como solicitou, enviei uma ajudante de cozinha. Dizem que ela ainda é a mesma, mas se é verdade ou não, só Deus sabe. Bem, qualquer mandamento foi quebrado, então é muito provável que depois disso será facilmente repetido e é possível que essas pessoas forneçam falso testemunho contra eles. Quem sabe o que há no castelo. Dizem que ela mesma espanca/açoita com a própria mão, e se ela tivesse que se intrometer, e com certeza o faria, então teria que ser investigado a fundo, como Vossa Graça ordenou. Cuidarei dos assuntos aqui com todas as minhas forças, minha adorável alma, meu amado e meu senhor.

A carta de Erzsébet Czobor é, em muitos aspectos, um mistério, bem como uma prova-chave. A condessa Czobor casou-se com György Thurzó por volta dos 20 anos de idade, em 1592, e, de acordo com alguns relatos, não sabia ler nem escrever quando ela e Thurzó se conheceram, porém o marido a ensinou posteriormente. Embora, a essa altura, ela realmente soubesse escrever, seu estilo era um tanto fragmentado e pouco sofisticado. Sabemos por correspondências que a condessa Báthory e a condessa Czobor mantinham uma relação cordial e que, de certa forma, Erzsébet pode até ter colocado a jovem sob sua proteção. Também sabemos que Thurzó confiava em sua esposa e confidenciava a ela detalhes íntimos a respeito do caso.

Mesmo dois dias antes da incursão, no entanto, ainda parecia haver alguma incerteza sobre se a condessa Báthory, amiga da família de longa data e parente distante dos Thurzó, era um monstro ou ela mesma vítima de rumores terríveis. "Se é verdade ou não", refletiu a condessa Czobor-Thurzó, "só Deus sabe". Também havia perguntas sem resposta: quando a condessa Czobor disse que mandara uma ajudante de cozinha conforme solicitado pelo marido, é de se perguntar se essa pessoa era uma espiã infiltrada na corte de Báthory, uma guia que levaria os homens de Thurzó às vítimas, ou alguém completamente alheio à situação.

Além disso, quando ela escreve: "é possível que essas pessoas forneçam falso testemunho contra eles", cabe questionar se ela estava se referindo aos criados que estavam espalhando inverdades contra a condessa Báthory ou aos acusados que poderiam tentar enganar o tribunal. Finalmente, ela conclui sua carta com a promessa de cumprir as ordens de seu marido da melhor maneira possível. Nós nos perguntamos se isso significava o cuidado normal de seus bens na ausência dele ou algo diretamente relacionado ao caso.

Pouco antes de Thurzó e seus homens chegarem, a condessa Báthory e a senhora de Miava passaram uma noite envolvidas nas artes mágicas. De acordo com o reverendo Ponikenusz em uma carta a Éliás Lányi, a senhora deu um feitiço a Erzsébet. As duas mulheres saíram ao ar livre, observando as estrelas e nuvens naquela noite, acompanhadas de um escrivão. O escrivão recebeu então a ordem de anotar a seguinte declaração, sob pena de morte caso omitisse algo:

> *Ajudem, ó, ajudem, nuvens! Ajudem, nuvens, deem saúde, deem saúde a Erzsébet Báthory! Mandem, ó, mandem, ó nuvens, 90 gatos! Eu lhe ordeno, Líder dos Gatos, que ouças a minha ordem e os reúna, de onde quer que estejam, do outro lado da montanha, além da água, além do mar — que esses 90 gatos venham a você e, de você, devem ir direto ao coração do Rei Mátyás e também ao coração do Palatino! Da mesma forma, devem eles mastigar em pedaços o coração de Red Megyeri e o coração de Mózes Cziráky, para que assim Erzsébet Báthory não sofra qualquer dor. Santíssima Trindade, está feito!*

B

18
CAPITULUM

INFAMOUS LADY

CÚMPLICES DE ERZSÉBET

(1611)

No início de 1623, cerca de treze anos depois de a condessa ter sido presa e nove depois de sua morte, um criado de seu filho Pál Nádasdy escreveu uma obra intitulada *Chronicle of Castle Csejthe* [Crônica do Castelo de Csjthe], listando “alguns eventos memoráveis, que ocorreram neste século (xvii) nos domínios de Csejthe”. Na entrada de 29 de dezembro de 1610, ele simplesmente escreveu: “a Senhora Erzsébet Báthory foi capturada durante o jantar e trazida no dia seguinte para o castelo”.

Segundo uma carta de György Thurzó, quando seus homens entraram na residência senhorial de Csejthe naquela noite, encontraram meninas mortas ou moribundas espalhadas pelo lugar, tendo todas elas sofrido tortura: espancamento, açoitamentos, queimaduras e esfaqueamento. Em poucas horas, mais corpos e vítimas foram encontrados no próprio castelo.

Pelo menos trinta testemunhas conhecidas, cidadãos e servos de Thurzó, chegaram para fazer parte do que obviamente se tratava de um espetáculo há muito esperado. A mansão, localizada na cidade, foi minuciosamente revistada e, em seguida, a comitiva de homens armados escoltou a condessa colina acima até o Castelo de Csejthe, acompanhada por uma multidão. Depoimentos daqueles presentes revelaram o que aconteceu a seguir: a procissão se dirigiu à torre de menagem do castelo, a fortificação central onde ficavam tanto a torre principal quanto a prisão (as masmorras). A busca por corpos começou, e o grupo logo encontrou o que procurava. Enquanto a condessa observava em silêncio, os homens se depararam com o cadáver de uma menina. Segundo o provedor do Castelo de Csejthe, Michael Herwoyth, uma capa foi posta sobre o corpo, que foi tirado de lá em uma carroça "diante dos olhos até mesmo da Senhora Viúva". A condessa foi levada logo em seguida e, então, os homens se reuniram para inspecionar "mais de perto os cadáveres lá embaixo". Herwoyth relatou ter visto "lesões cruéis" nas bochechas, omoplatas e mãos das vítimas, com grandes feridas infligidas e queimaduras graves. A carne delas, alegou ele, havia sido arrancada com pinças de alicate.

Martin Vychko, outra testemunha presente naquela noite, também viu como "perante os olhos da Senhora Viúva, a menina que jazia em um caixão e que havia sido assassinada por golpes cruéis foi posta em uma carroça". Vychko também encontrou outra menina que havia sido torturada, mas que ainda estava viva. As feridas em seus ombros indicavam onde a carne tinha sido arrancada, e a mão e o braço direitos haviam sido mutilados de modo permanente.

"Quem cortou você?", ele perguntou.

"A mulher chamada Katalin me cortou com as tenazes", respondeu ela. "Ela arrancou os hematomas e a carne purulenta. Contudo, a Senhora Viúva Nádasdy me espancou e golpeou com a mão."

Mais tarde, a vítima foi levada e tratada por um médico em Újhely, onde declarou que a senhora viúva Nádasdy em pessoa havia destruído sua mão e seu braço direito.

O nobre Andreas Pryderowyth deu o mesmo testemunho que os outros, dizendo que pôde ver inúmeras marcas de chicotadas no corpo da menina morta que fora levada na carroça, assim como marcas de grilhões em seu pescoço. Outra testemunha declarou que a menina havia sido estrangulada ao estilo de uma execução. Os ferimentos encontrados em uma terceira jovem eram tão profundos "que alguém poderia enfiar, com facilidade, o punho neles". Pryderowyth encontrou uma mulher mais velha entre o grupo, ainda viva, cujos pés haviam sido atados juntos. Depois de ter sido solta, a mulher relatou que havia sido "amarrada com tal força pois se recusara a entregar a filha para a Senhora Viúva Nádasdy".

A condessa voltou para a mansão, onde passou a noite, enquanto os homens continuavam examinando e esvaziando o castelo. Ela fez uma declaração em que afirmava sua inocência: quaisquer infrações tinham sido de responsabilidade única de seus serviçais. Os quatro servos capturados com ela, as três mulheres mais velhas e Ficzkó, foram detidos durante a noite, as mulheres na cidade e Ficzkó no castelo, antes de serem levados acorrentados a Bytča na manhã seguinte para os autos formais. No dia seguinte, 30 de dezembro, a senhora viúva Nádasdy foi levada de volta ao Castelo de Csejthe e formalmente encarcerada lá, ao passo que seus cúmplices, agora mantidos na prisão do Castelo de Bytča, confessaram sob tortura antes do início dos julgamentos.

Segundo depoimentos, testemunhas locais concordaram que, àquela altura, a condessa era mantida no subsolo da prisão do castelo ou na masmorra, o mesmo lugar de onde os corpos das vítimas tinham sido retirados na noite anterior. Membros do clero, incluindo o reverendo János Ponikenusz de Csejthe, o reverendo Nicolaus Barosius de Verbó e o reverendo Zacharias de Leszetice foram visitá-la na prisão, no último dia de dezembro.

Em carta a Élias Lányi, escrita em 1° de janeiro, Ponikenusz relatou o que acontecera naquele dia. Nesse momento, antes mesmo de qualquer julgamento acontecer, ele já sabia que a sentença contra ela havia sido proferida, que Erzsébet seria levada para a torre (ou torreão) para "ficar em prisão perpétua, encerrada entre paredes, trancada", e que as confissões já haviam sido extraídas de seus cúmplices por meio de tortura.

Ponikenusz afirmou que eles visitaram a condessa para "confortá-la com orações e apoio" para que não "caísse em tentação". Essa declaração um tanto quanto incomum, provavelmente também quisesse dizer "entrar em desespero", o que significava que os clérigos temiam que a senhora Báthory pudesse cometer suicídio.

Logo que viu os sacerdotes, contudo, a Condessa ficou furiosa.

"Vocês, sacerdotes, são a causa do meu cativeiro!"

Ela falava furiosamente em Húngaro. O Rev. Zacharias, pastor de Leszetice, conhecia a língua, mas Ponikenusz falava apenas Eslovaco e se virou, impotente, para o intérprete. Imediatamente, o Rev. Zacharias se desculpou com ela em Húngaro. O pedido de desculpa dele a acalmou por ora, ao que ela lhe respondeu: "O Senhor pode não ser o culpado, mas o pastor de Csejthe é!".

O Rev. Zacharias, obviamente, já havia lidado com ela antes. Ele falou baixo, como se acalmasse um lunático ou um animal descontrolado: "Vossa Graça não deve acreditar em tal declaração".

"Posso provar com testemunhas que foi o caso."

A essa altura, o Rev. Ponikenusz, que conseguira acompanhar a conversa por meio do seu intérprete, declarou: "Tenho pregado a palavra de Deus, e se foi isso que fez Vossa Graça examinar sua consciência ao menos uma vez, nada tenho com isso, pois nunca citei o seu nome".

Irritada, a Condessa respondeu em seu idioma nativo, o Húngaro: "Então o Senhor, o Senhor morrerá primeiro, e o Sr. Megyeri logo em seguida! Os dois causaram todo esse problema para mim e são a causa da minha prisão. Ora", acusou ela, "não acredita quando afirmo que, devido a essa situação, uma revolta logo acontecerá? Os Hajduk, que já se reuniram além do Tisza (rio)*, escreveram para mim ontem declarando que até mesmo o príncipe da Transilvânia vingará o meu agravo!".*

Ponikenusz permaneceu em silêncio enquanto aquilo era dito; de acordo com ele, o intérprete não relatou tudo o que ela disse em Húngaro. O pároco, todavia, notou que a Condessa agora desejava enviar cartas e que havia chamado um cavaleiro. Ela não disse nada em voz alta, e ninguém a questionou quanto ao que fazia. Ponikenusz pensou que o homem a quem ela chamara fosse alguém da comitiva da Senhora. O fato de ela ainda poder convocar os criados, enviar mensagens secretas e fazer ameaças deixou-o muito nervoso.

Enquanto isso, a Condessa prosseguiu acusando os sacerdotes de serem a causa única e injustificada de seu cárcere, e declarando a própria inocência. O Rev. Zacharias tentou mudar o assunto: "A Senhora crê que Cristo nasceu por ti, morreu e ressuscitou para o perdão dos pecados?".

No que ela devolveu: "Eu também conheço Peter Faber". Faber era um padre católico cofundador da ordem jesuíta que trabalhara para trazer os protestantes, como o caso daqueles ministros, de volta à Igreja Católica Apostólica Romana. O que ela disse deve ter sido um insulto para eles.

Imediatamente, o Rev. Zacharias entregou a ela a Bíblia Sagrada e lhe pediu que a lesse na prisão, ao que ela retrucou: "Não preciso disso".

Nesse ínterim, ainda remoendo o último comentário da Senhora, Ponikenusz exigiu: "Queria saber o que tem feito Vossa Graça sentir tanto desprezo por mim ao declarar que sou eu a causa de seu cárcere".

Ela se virou para ele e respondeu, categórica: "Não lhe direi".

O temperamento dela explodiu de repente. "Agora o Senhor me enfureceu." Ela olhou, também, para o Rev. Zacharias. "E, não demorará muito, ambos terão me enfurecido!"

"Não desejo enfurecê-la", persistiu Ponikenusz. "Desejo apenas me livrar da acusação de ter sido o motivo para o seu cárcere."

"Venho sendo uma Senhora e mãe para os meus servos", retrucou ela. "Nunca fui bem tratada, seja por coisas pequenas, seja pelas importantes, por nenhum de vocês."

Ponikenusz insistiu para que ela pensasse bem dele porque "rogava a Deus para perdoar os pecados [dela]*".*

Ela o olhou por um momento e, em seguida, em sua maneira mais altiva, disse: "Rogar a Deus pela salvação de outrem, sobretudo em um caso especial, é um bom trabalho".

Enquanto isso, o pastor Nicolaus Barosius — que estivera presente na noite do ataque, vira as meninas mortas ou moribundas com os próprios olhos e ouvira das ainda vivas que elas haviam sido forçadas a comer a própria carne cortada — permanecia em silêncio enquanto a condessa tinha outro ataque de raiva.

"Vocês, sacerdotes nefastos e perversos, são a causa do meu cárcere, mas enviei a meu irmão Gábor Báthory uma mensagem, e em breve perceberão que vocês e sua prole se arrependerão do meu destino!"

"Vossa Graça", Barosius de repente falou. "Por favor, não se desespere; em vez disso, aceite com bondade este chamado ao arrependimento e participe da Sagrada Comunhão."

Ela se desanimou por um instante. Sua expressão quase pareceu um amuo. "Como posso fazer isso sendo que todos vocês são meus inimigos?".

Barosius disse, com gentileza: "Vossa Graça decerto está ciente de tudo o que já foi descoberto aqui e do horror que tem sido confessado, sob tortura, por suas velhas aias e o servo Ficzkó".

Em um instante, a expressão dela voltou a endurecer.

"Não admitirei nada", ela se inflamou, "mesmo se usarem fogo para me torturar!"

"Nesse caso", disse Barosius, um tanto confuso, "depois de considerar todo o quadro, a Senhora ainda mantém sua declaração de inocência e de que só as velhas aias cometeram esses atos hediondos?"

"Mantenho", declarou ela, "permaneço firme quanto a isso e nada mais."

"Então por que", ele quis saber, "permitiu que as velhas aias perpetrassem tais atos?"

A resposta dela chocou a todos os sacerdotes: "Permiti", declarou ela, "porque até mesmo eu tinha medo delas".

Naquela época, Bytča (em húngaro: Nagybiccse) fazia parte da Hungria e hoje está localizada no Norte da Eslováquia, às margens do rio Váh, perto de cidades como Žilina e Považská Bystrica. Para todos os efeitos, Bytča era a cidade natal de György Thurzó; dominada por um castelo com fosso, do século XIII. O pai de Thurzó, Ferenc, contratara Giovanni Kilian, de Milão, para renovar o castelo medieval no novo estilo renascentista durante os anos de 1571 e 1574. O próprio György Thurzó deu continuidade ao projeto e mandou construir um palácio para casamentos ao lado do castelo, em

1601. Na época, a construção continha uma escola, bibliotecas, os arquivos, uma prisão e uma farmácia. O Castelo de Bytča, bem como o Castelo de Sárvár, era um centro de prosperidade e iluminismo, conhecido por sua pompa e circunstância.

Nesse tempo, os testemunhos dos acusados eram obtidos por meio de tortura antes dos depoimentos e julgamentos. A partir da Idade Média, a tortura também se fez presente em todos os casos envolvendo as questões da fé. Embora, em seu início, o direito romano comum se opusesse ao uso de tortura e presumisse que o acusado era inocente até que se provasse o contrário, a Igreja reverteu tal posição particularmente durante as Cruzadas e, mais tarde, durante a Inquisição. Nos séculos seguintes, as autoridades civis também se debruçaram na prática: a culpa era presumida; a inocência deveria ser provada.

Os testemunhos dos acusados eram obtidos por meio de tortura antes dos depoimentos e julgamentos. A partir da Idade Média, a tortura também se fez presente em todos os casos envolvendo as questões da fé.

Durante a Inquisição, o uso da tortura para extrair confissões dos prisioneiros foi alçada a uma forma de arte, sendo, mais tarde, usada em toda a Europa, tanto a protestante quanto a católica, e no Novo Mundo, não apenas para crimes comuns, mas ao longo dos julgamentos de bruxas nos anos vindouros. O historiador John Gibbon escreveu: "Nenhum poder abaixo do céu poderia salvar o prisioneiro. Ele estava condenado". Johann Weyer (1515-1588), testemunha ocular dos métodos empregados durante a Inquisição, alegou que as vítimas eram "abatidas com as formas mais refinadas de tortura que os tiranos poderiam inventar, para além da resistência humana. E essa crueldade continua até o maior dos inocentes ser forçado a se confessar culpado".

Embora não saibamos exatamente quais métodos foram usados para extrair a confissão dos quatro cúmplices de Erzsébet, conhecemos os meios que costumavam ser usados na época: fome, escuridão total, espancamento, tentativa de afogamento, queimaduras, cavalete, pressão com pesos, beliscões, estrangulamento e torção de dedos das mãos e dos pés e dos membros.

Depois de ter sido encarcerado e torturado no Castelo de Bytča, Ficzkó foi o primeiro a ser convocado para depor como réu e testemunha principal. O depoimento dele, como o dos outros, está registrado em húngaro na terceira pessoa, na forma "ele disse". Quando as palavras *senhora*, *esposa*, *senhora responsável*, *sra.* ou *madame* são usadas, nem sempre fica claro se elas se referiam a Erzsébet Báthory ou às outras cúmplices. As lacunas estranhas ou conexões ilógicas no texto podem, talvez, ser atribuídas a depoimentos imprecisos das testemunhas que, mais tarde, foram editados, ou talvez como erro do escrivão. No caso dos autos inquisitoriais, contudo, a quantidade de provas apresentadas e utilizadas no processo, comentários de quem apurava a acusação e a relevância do caráter do depoente tomavam precedência sobre quaisquer fatos conflitantes. De fato, muitas vezes fica evidente que mentiras descaradas foram contadas durante todo o processo com poucas observações ou comentários das autoridades judiciais.

As transcrições originais, há muito seladas e esquecidas, foram encontradas duzentos anos depois no sótão em Bytča e publicadas em 1817. No documento original dos autos, é reconhecido que lá existia uma outra versão dos depoimentos do julgamento, mantida em local diferente. Decerto, atualmente uma cópia está preservada nos arquivos dos Thurzó em Bytča, uma no arquivo dos Erdödy em Galgóc (Hlohovec, em eslovaco), e outra no Arquivo Nacional em Budapeste. Cada transcrição tem diferenças expressivas nos detalhes, que serão destacadas a seguir.

Durante os julgamentos da senhora Báthory Nádasdy e de seus cúmplices, dois procedimentos foram conduzidos separadamente: um ocorreu no dia 2 de janeiro de 1611, em que os quatro servos apreendidos no Castelo de Csejthe foram interrogados sob acusações criminosas devido à própria má conduta; e uma investigação complementar ocorria quase simultaneamente: testemunhas oculares foram chamadas para depor contra a própria condessa. Dois registros separados fizeram um memorial dos autos, e ambos são apresentados a seguir em sua totalidade.

Do primeiro dos dois julgamentos realizados em Bytča, Thurzó ordenou que vários oficiais validassem os autos, incluindo o castelão de Bytča, Casparus Echy (também escrito como Gáspár Nagy-Najáky ou Bajáky) e Gáspár Kardos. O julgamento foi realizado em húngaro e as transcrições foram registradas em húngaro e latim pelo mestre das leis (isto é, o tabelião) Dániel Eördögh. O reverendo Élias Lányi atuou como membro juramentado da chancelaria.

No primeiro documento, intitulado *Transcrição do interrogatório que versa sobre os atos cruéis dos quais Erzsébet Báthory, esposa do Conde Ferenc Nádasdy, é acusada. 1611*, o depoimento dos quatro réus — Ilona Jó Nagy, Dorottya Szentes, Katalin Beneczky e János Újváry — foi registrado. A partir do manuscrito, aprendemos detalhes relativos às atividades dos quatro criados da condessa, a quem ela mesma acusou de terem sido os únicos responsáveis pela tortura e assassinato de muitos.

Os quatro servos acusados fizeram referência frequente à falecida cúmplice, Anna Darvolya. Pode ser que os réus estivessem fazendo uso da "lei da cadeira vazia" ao colocar o máximo de culpa possível em um réu que não estava, nem nunca poderia estar, presente, aliviando-se, assim, de parte da culpa. O depoimento deles foi bastante consistente, no entanto, ao sugerir que Anna era muito influente, incrivelmente cruel e fatal. Da mesma forma, culparam-se uns aos outros, e também admitiram transgressões individuais, além de acusarem os habitantes locais de colaborarem.

Segundo Ficzkó, ele saiu seis vezes diferentes com Dorka (isto é, Dorottya Szentes) em busca de meninas, prometendo às jovens um futuro emprego como aias ou empregadas. Ele também citou uma lista de mulheres que, provavelmente em troca de substanciais "taxas de descoberta", ajudavam na aquisição de meninas. Essas "taxas de descoberta" devem ter sido consideráveis: algumas das pessoas mencionadas levaram até mesmo as próprias filhas para a condessa, sabendo muito bem o que aconteceria a elas.

Ficzkó atestou que a sra. János Bársony, que morava perto de Gyöngyös, próximo da cidade de Teplanfalva, tinha ido com Dorka procurar meninas; a sra. Matej os acompanhou, ela era uma croata que morava em Sárvár, de frente para a senhora János Zalay; a sra. Ján Szabo procurava meninas e trouxe, até mesmo, a própria filha; embora esta tenha sido assassinada mais tarde, com conhecimento da mãe, que, ainda assim, trouxe mais meninas; a esposa de György Szabo também levou a filha para Csejthe onde, mais tarde, ela morreu; a sra. István Szabo levou meninas; e Ilona Jó também o fez. De acordo com Ficzkó, Katalin nunca levou ninguém, apenas enterrava aquelas a quem Dorka havia matado.

Dorka contribuiu com a lista, adicionando o nome da esposa de János Szilay. Katalin Beneczky atestou que duas mulheres, a sra. Liptai (ou Liptov) e a sra. Kardos, também ajudaram, às vezes até mesmo viajando ao longínquo bairro judeu em Viena para procurar meninas. Ilona Jó disse que György Jánossy, um nobre, levou a irmã mais nova para Csejthe, e duas outras meninas de berço aristocrático, incluindo uma de Bytča e duas de Czegled. A própria sra. Bársony, aparentemente, levou uma menina nobre, grande e bonita.

Durante o tempo de serviço, os quatro réus estimaram o número de meninas assassinadas na faixa de 30 a 50: Ficzkó estimou em 37; Ilona Jó em 51, talvez mais; Dorka disse 36; e Katalin supôs que tivessem sido em torno de 50.

As respostas às perguntas aqui são as mesmas que as encontradas no documento original. Alguns comentários foram feitos para ajudar o leitor, bem como indicações de onde as transcrições diferem. Variações nas transcrições, bem como nos comentários, aparecem entre parêntesis, com as variações em itálico. Para os falantes de inglês que estão familiarizados com depoimentos traduzidos por Raymond T. McNally, diferenças significativas e sutis podem ser encontradas aqui. Descobrimos que esta versão, em particular, porém, fornece inúmeros detalhes interessantes que não foram encontrados em outro lugar.

A seguir, no "protocolo" ou índice das perguntas que lhes foram feitas, consta:

Estas são as perguntas feitas às pessoas de baixo (subalterno) nascimento contra a senhora Nádasdy, Erzsébet Báthory, em 2 de janeiro de 1611, na cidade mercante de Bytča, onde foi realizada a assembleia. Primeiro. János Újváry, também chamado de Ficzkó, foi entrevistado quanto aos seguintes pontos e responde sob sua própria admissão:

1. *Há quanto tempo ele está a serviço da Senhora e como chegou à corte dela.*
Resposta: Dezesseis anos, se não mais, ele morou com a Senhora, tendo sido trazido a Csejthe, à força, pela esposa do professor, Márton Deak.

2. *Desde aquela época até agora, quantas meninas e mulheres ela matou?*
Resposta: Ele não sabia de mulheres, mas sim meninas, teve conhecimento de 37 enquanto estava com ela. Além disso, quando o palatino foi para Bratislava, ele (ou ela) enterrou cinco em um fosso, duas em um pequeno jardim, e uma outra sob o beiral/calha. (*Uma menina a quem encontraram lá e ela colocou diante deles e) [du]as (outras) foram levadas à noite para Leceticz* (a saber, um pequeno vilarejo, conhecido atualmente como Podolie), em uma igreja onde a enterraram; trouxeram-nas do castelo, pois a sra. Dorka as matou.

3. *Quem eram as que eles mataram, e onde (isso ocorreu)?*
Resposta: Ele não sabia de quem elas eram filhas (*a quem as meninas pertenciam*).

4. *De que formas essas mesmas mulheres e meninas foram atraídas (seduzidas) e levadas para o castelo (qual era a linhagem delas e quem as havia levado)?*

Resposta: Por seis vezes o réu foi procurar meninas com a Sra. Dorka; eles as atraíam com a promessa de que se casariam com um mercador ou que seriam levadas a algum lugar [para trabalhar] como camareiras. A menina, agora falecida, foi trazida de um vilarejo além (*em algum lugar nas cercanias de*) Rednek, (*daí sua confiança*); ela trabalhou para [a Senhora] por um mês, e depois eles a mataram (esteve lá com ela e mais tarde foi morta, ou foi "envolvida com a morte dela"; o verbo causativo húngaro não está claro). Outros que procuraram meninas com a Sra. Dorka foram: a sra. (esposa de) János Bársony, que mora perto (*de*) Gyöngyös na cidade de Taplanfalva, exceto uma vez, em Sárvár; eles encontraram uma croata que lá vivia morando com Mátyás Otvos; a Sra. Matej, que morava em frente a Ján Szalay. Também, a Sra. (esposa de) Ján Szabo conseguiu meninas e trouxe, até mesmo, a própria (*uma filha para ela*, tanto Dorka ou Báthory), que também foi assassinada, e embora ela certamente soubesse, ainda levou mais e as entregou. Também, a esposa de György Szabo entregou [à Senhora] a própria filha (*deles*) em Csejthe, que também foi assassinada (*onde ela morreu*), mas não levou mais ninguém. Além disso, a Sra. (esposa de) István Szabo também levou muitas. A Sra. Ilona também levou o suficiente. Kata nunca levou ninguém, apenas enterrava aquelas a quem Dorka havia matado.

5. *Por qual tortura e de que modo eles mataram essas pobres (infelizes) (Como elas foram tratadas/manipuladas, de que maneira foram torturadas, e como foram mortas)?*
Resposta: Foram torturadas do seguinte modo: os braços foram atados com cordão vienense (tecido de algodão?). Quando ela morava em Sárvár, (*a que se chamava*) sra. Anna Darvolya atava as mãos delas para trás (*às costas*). As mãos ficavam mortalmente pálidas (*da cor da morte*), e elas eram chicoteadas até o corpo rebentar (*ficar coberto por feridas fundas*). Eram açoitadas nas palmas das mãos e nas solas dos pés, em até quinhentos golpes seguidos (*feridas*). Aprenderam esse estilo de tortura primeiro de Darvolya, como espancar alguém até a morte. Dorka também cortava as mãos delas com tesouras, o que em Csejthe não era diferente (*também as matavam em Csejthe*).

6. *Quem mais ajudou com (quais foram os instrumentadores) a tortura e os assassinatos?*
Resposta: Além dessas três mulheres em Csejthe, há uma Senhora conhecida como sra. Ilona, a esposa do cocheiro careca, que também torturava as criadas (*meninas martirizadas*). Ela mesma as espetava com agulhas se o bordado não fosse bem-feito. Se elas não tirassem o véu do cabelo, se não acendessem o fogo, se não estivessem com o avental arrumado: eram levadas imediatamente para a câmara de tortura pela mulher mais velha e torturadas até a morte. A

velha as queimava com os ferros da lareira e ela mesma enfiava alfinetes na boca, nariz e queixo das meninas. Ela enfiava os dedos na boca das meninas e as rasgava. (*Por esse meio, elas eram torturadas e deixadas para morrer de fome.*) Se a costura não estivesse pronta até as 22h, elas também eram levadas para a câmara de tortura. Eram levadas para serem torturadas até dez vezes por dia; (*elas eram entregues*) como ovelhas. Por vezes, quatro ou cinco meninas ficavam nuas lá (*diante deles*), e dessa forma elas tinham que costurar ou tricotar, acusadas, sempre de modo repentino, e depois tinham que bordar ou tricotar renda e completar o trabalho ou serem punidas mais tarde. A menina Sittkey (*filha de Sittkey*) foi morta por roubar uma pera; do mesmo modo, ela foi torturada e assassinada em Piešťany, junto a uma velha encarquilhada, por Ilona. (*Eles a torturaram na cidade de nome Piešťany, junto com uma anciã e, mais tarde, assassinaram as duas*). A chapeleira Modli, de Viena, foi morta em Keresztúr (*eles também assassinaram a menina vienense, a srta. Modl, ou Modli, em um lugar chamado Keresztúr*).

7. *Onde os cadáveres eram enterrados ou para onde eram levados? Quem escondia os mesmos cadáveres e onde eles eram enterrados (onde ficavam os cadáveres e como eles eram escondidos)?*
Resposta: A anciã escondia e enterrava as meninas (*costumava esconder e enterrar as meninas aqui em Csejthe*). Ele, o acusado (confesso), ajudou a enterrar (*esconder*) quatro (*das mortas*) ali e em Csejthe, duas em um local chamado Leceticz (Lesticze), uma em Keresztúr, e uma em Sárvár. As outras foram enterradas com cantoria nos três últimos lugares (*Todo o resto foi enterrado em Sárvár com cantoria, também em Keresztúr e Leceticz*). Quando as velhas matavam uma menina, recebiam presentes da Senhora (*Quando o bebê de uma das meninas foi assassinado pelas mulheres, a Senhora as recompensou pagando-lhes um salário*). Ela mesma chegou a rasgar o rosto de uma menina e o arranhou por completo (*as bochechas das meninas e as apunhalou por debaixo das unhas*). Em seguida, a menina torturada foi obrigada a ficar de pé no gelo e as mulheres mais velhas a molharam; a Senhora também derramou água na menina até ela congelar e morrer. (*Mais tarde, todas as meninas assassinadas eram encharcadas com água. Até ela mesma as encharcava até congelarem e morrerem.*) Quando a condessa estava aqui em Bytča, estava pronta para partir quando uma das meninas fugiu para Ilava, mas foi trazida de volta, e mergulhada até o pescoço na água; ela morreu depois em Csejthe. (*Certa vez, ao deixar Bytča e atravessar Predmier, uma menina tinha sido mergulhada na água até o pescoço e depois derramaram água sobre ela. Isso aconteceu depois de ter fugido, quando foi capturada. Ela morreu depois em Csejthe.*)

8. *A Senhora também torturava e assassinava? E como ela torturava as coitadas e as matava? (A Senhora Condessa também as torturava em pessoa? O que ela fazia exatamente e como elas morriam?)* (Em uma terceira versão, a pergunta era: *"Como torturavam e assassinavam essas pobres criaturas?"*. Isso pode ser indicação de que o redator registrara as perguntas com descuido ou que a sequência de perguntas tinha sido alinhavada para a versão final).
Resposta: Quando ela mesma não as torturava, transferia-as para uma velha que torturava as meninas, colocando-as no depósito de carvão por uma semana sem comida, e punindo imediatamente quem lhes desse de comer escondido. (*Quando as meninas se envergonhavam, eram obrigadas a ficar nuas. As meninas eram trancadas na lavanderia por uma semana e passavam fome. Qualquer um que lhes trouxesse comida em segredo era punido imediatamente.*)

9. *Em que tipo de lugares em Csejthe, Sárvár, Keresztúr, Beckov e algum outro essas coitadas foram torturadas e assassinadas? (Além de Csejthe, Sárvár, Keresztúr e Beckov, houve outros lugares em que esses seres miseráveis foram torturados e mortos?)*
Resposta: Em Beckov, elas eram torturadas em uma câmara ao lado da área de serviço/cozinha (*em Beckov e Komna, elas eram torturadas na lavanderia*); em Sárvár, no interior do castelo onde nem todos (*ninguém*) podiam entrar; em Keresztúr, na latrina (*eram arrastadas para um cômodo secreto*); e em Csejthe, na cozinha (*a tortura acontecia na lavanderia*). Mesmo enquanto viajávamos (*em viagem*), a Senhora Condessa em pessoa fazia as torturas na carruagem. Batia nelas (*as mordia*) e as espetava na boca com agulhas.

10. *Quem, das pessoas importantes, sabia ou via os feitos da Senhora? (Que outras pessoas ilustres estiveram presentes ou sabiam dos atos da Senhora?)*
Resposta: O cortesão-mor Benedek Deseö sabia mais do assunto que os outros (*sabia mais do assunto, estava por dentro de tudo e estava mais a par que todo o restante*); todavia, ninguém jamais o ouviu dizer nada sobre a Senhora (*mas ele*, isto é, o acusado, *jamais ouviu o cavalheiro dizer nada do assunto.*) Além do mais, os outros servos sabiam do que acontecia em geral, mesmo a ralé. Um certo "Obstinado" (*Cabeça de Ferro*) Stefan", agora além do Danúbio, que recentemente deixou de servir a Senhora, sabe de tudo melhor até mesmo que as testemunhas. Ele também falava com liberdade com a Senhora, e se livrou de vários cadáveres, mas onde? A testemunha não sabe. (*Havia aqui outro sujeito que chamava a si mesmo de Stefan Cabeça de Ferro que recentemente deixou de servir a Senhora e foi para Zadunajska* (o Danúbio da

Transilvânia). *Ele tinha muito mais informações, pois testemunhou e até mesmo contava anedotas e jogava com a Senhora. Ele enterrou várias meninas, mas a testemunha não sabia onde.*)

Em relação ao misterioso personagem Istaka (István ou Stefan), chamado "Cabeça de Ferro", pode ser que Ficzkó tenha tentado transferir parte da culpa para ele ou, talvez por medo, até o tenha inventado. De acordo com os registros do tribunal, "Stefan Cabeça de Ferro" desapareceu na Transilvânia. Curiosamente, ninguém mais parecia saber nada sobre o sujeito, nem o mencionou, a menos que ele seja o homem referido como "Kozma" pelos outros réus.

11. *Há quanto tempo eles sabiam ou quando ficaram sabendo que a Senhora cometia esses atos cruéis (Há quanto tempo se sabia dos atos horríveis dessa mulher e alguém fez algo para evitar os assassinatos)?*
Resposta: Ela havia torturado as meninas mesmo enquanto o falecido Senhor ainda vivia, mas não as matava com a mesma frequência de agora. O pobre Senhor falou disso com ela, mas não proibiu os atos. (*Mesmo o Senhor sabia dos assassinatos. O próprio Senhor os proibia e desaprovava; no entanto, ela ignorou suas queixas.*) Anna Darvolya ia até ela, e ela (Anna) matava as meninas, e também a Senhora ficou mais cruel. (*Mais tarde, a sra. Anna Darvolya chegava e, depois disso, ela (Darvolya) começava a assassinar as meninas. A própria Senhora ficou mais e mais cruel e as coisas pioraram.*) Algo parecido com um *pretzel* era mantido em uma caixa, com um espelho no meio, diante do qual ela orava por duas horas. (*Ela conjurava com o auxílio de uma caixa pequena e um espelho trançado com o qual ela se sentava.*) Item: a senhora de Miava fazia uma espécie de água pela manhã e, por volta das 16h, a Senhora se banhava em uma travessa de pão; então ela jogava a água no riacho. (*Majernicka de Myjavy (Erzsi Majorova) preparava um pouco de água e a levava por volta das quatro para que a Senhora se banhasse. A água era despejada no riacho e, junto de outros preparados, era misturada em uma banheira e algo era adicionado lá.*) Ela queria assar dois bolos na travessa, que desejava usar para envenenar o Rei, o Senhor Palatino e Imre Megyeri. (*A mistura foi servida à mesa ao Rei, ao Palatino e também a Imre Megyery para os envenenar.*) Mas esses cavalheiros tomaram ciência do fato e superaram a Senhora com a força física; porque, uma vez que tinham comido o primeiro item, todos tiveram dores no estômago, e então ela não ousou permitir que um segundo fosse preparado/servido. (*Eles devem ter percebido que a Senhora estava tentando envenená-los, pois assim o disseram. O ato os atingiu com ímpeto, e eles reclamaram da terrível dor no estômago depois de comer os itens assados que foram preparados.*)

A segunda acusada ouvida foi Ilona Jó, viúva de István Nagy. A mulher a quem a condessa confiara para servir como babá e criar os filhos dela estava sendo julgada por assassinar com crueldade meninas não mais velhas que suas nobres incumbências. Como os seus cúmplices, Ilona Jó tentou colocar o máximo possível de culpa nos outros sempre que a oportunidade se apresentava, particularmente na falecida Anna Darvolya. Também como ocorreu com os outros réus, a ela foram elaboradas as mesmas perguntas que fizeram a Ficzkó. As respostas dela seguiram as dele, no seguinte formato abreviado:

Segunda: Ilona Jó, viúva de István Nagy, prestou depoimento quanto aos pontos que se seguem:

1. Ela viveu dez anos com a Senhora e foi babá de suas três meninas e também de Pál Nádasdy.

2. Ela não sabe o número de vítimas, mas matou o suficiente.

3. Não sabe de que famílias elas eram; mas conhece duas mulheres da família Sittkey; então a irmã de Gregor Jánossy; e também duas meninas nobres foram levadas a ela, vindas de Vécsey, e outras duas de Cheglét: uma ela matou, a outra continua viva. Também a Senhora Szell levara uma menina, e outra foi trazida da Polônia. A (esposa de) János Bársony também levou uma menina alta e larga, a filha de um nobre, da cidade em que János Poliani vivia; ela também foi morta. Ao todo, ela sabia de cinquenta ou mais assassinadas.

4. A (esposa de) János Szalay, em seguida (levou) uma judia e uma eslovaca para morarem em Sárvár. A (esposa de) János Szalay também levou duas ou três meninas, mesmo sabendo que elas seriam assassinadas, mas a chamada Chiglei ainda está viva. Ela foi embora com János Bársony e ficou lá, mas a (esposa de) János Bársony trouxe uma menina nobre do Sul da Polônia. O estribeiro-mor, Dániel Vas, trouxe muitas; a Senhora Homonnay procurou meninas, mas não achou nenhuma, exceto uma pequena de Vécsey.

5. Ela também levou meninas quando a Senhora deu a ordem, mas Darvolya, em particular, as matava; deixava-as a noite toda na água gelada, banhava e batia nelas. A Senhora em pessoa aquecia uma chave e queimava a mão de uma menina. Ela também fazia igual com moedas quando eram encontradas com elas e não eram entregues à Senhora. Além disso, a própria condessa assassinou a Senhora Zichi, junto de uma anciã, em Ecséd. Em Sárvár, ela matou a irmã do Senhor (erro de tradução: foi uma irmã de Ilona Jó), o que viu com os próprios olhos, no verão, despida, coberta de mel, e a fez ficar de pé um dia e uma noite inteira sentindo dores terríveis até que se sentiu nauseada e tombou no chão. O Senhor a puniu, acendeu papéis banhados em óleo entre seus dedos dos pés, o que a faria se levantar, mesmo se estivesse meio-morta.

István Szabó trouxe muitas meninas da região de Verpén em troca de presentes, o restante por meio de pagamento. A uma foi dada uma anágua, a outra uma saia de inverno. Também, a (esposa de) Balthasar Horváth, que mora em um vilarejo perto do mosteiro, trouxe muitas meninas. Szilvásy, bem como o cortesão-mor, viram que a própria Senhora torturou as meninas, despiu-as e as colocou nuas diante deles. Dorkó cortou os corpos inchados das meninas com uma tesoura e, certa vez, quando a Senhora permitiu, os criados daqui deram às meninas grampos de boca. Ela jogou as meninas nuas no chão e as espancou com tanta violência que se podia colher o sangue da cama com as mãos, e as cinzas tiveram que ser espalhadas. No vilarejo perto de Varannó, ela também matou uma delas, e deixou a declarante para trás, para que a enterrasse. Ela mesma cravava uma faca nas meninas, e batia nelas e as torturava de muitas formas.

6. Depois que Darvolya ficou cega, as mulheres Dorkó e Kata surravam as meninas, assim como a declarante, desde que estivesse saudável (isto é, que fosse capaz de fazê-lo).

7. Ela não sabe onde os corpos estão enterrados, mas primeiro foram carregados para o silo de trigo. As mulheres Dorkó e Kata, com cantoria, levaram cinco cadáveres para Sárvár durante o dia e também as enterraram em Keresztúr acompanhadas por estudantes (do seminário).

8. Ela mesma, a Senhora, batia nas meninas e as torturava até ficar coberta de sangue, ao ponto de ter que trocar a roupa, e a parede sangrenta ter que ser lavada. Quando Dorkó batia nas meninas, a Senhora sempre estava por perto.

9. No geral, aonde quer que fosse, ela logo procurava um lugar em que pudesse torturar as meninas. Em Viena, os monges até jogaram penicos na janela quando ouviram os gritos aflitos. Em Bratislava também era a sra. Dorkó quem espancava as meninas.

10. Nomeadamente, Balthasar Poki (Poby), István Vagy (Vaghi), o cortesão-mor (isto é, Benedek Deseö), e todos os oficiais e servos sabiam das atrocidades; Kozma (István "Cabeça de Ferro", talvez?) também sabia.

11. Ela não sabe quando a Senhora começou a cometer as atrocidades, pois na época que a declarante chegou, ela já havia dado início: mas Darvolya a instruiu nas crueldades e era sua confidente. A declarante sabia e via que ela queimava a genitália das meninas nuas com uma vela acesa.

Dorottya Szentes, também chamada de Dorka ou Dorkó, a viúva de Benedikt Szócs (também grafado Benedek Szeoch ou Szucsov), foi o terceiro membro da comitiva de Erzsébet a ser interrogado. Ela testemunhou que Ilona Jó a levou para a corte de Erzsébet Báthory e que estava lá há cinco anos. Ela não sabia quando a senhora condessa começou a ter parte nos atos criminosos, só que havia cerca de 36 meninas mortas. Não sabia de onde vinham, apenas que eram contratadas como costureiras e criadas e que eram da região. Szentes foi interrogada quanto à sua declaração de ter ajudado a senhora com a tortura porque assim lhe foi ordenado. Se ela não levasse a cabo, a senhora o faria em pessoa.

Ela as espetava com agulhas, queimava os pés e pernas com colheres e ferros em brasa, e arrancava pedaços do corpo delas com pinças do alicate. Certa vez, quando a condessa sofreu de uma longa enfermidade, para castigar as meninas, ordenou que fossem levadas ao seu leito. Lá, arrancava pedaços da carne delas com os dentes. Em outro momento, cinco meninas morreram ao longo de dez dias por causa dos efeitos da tortura. Szentes acusou ainda Katalin Beneczky de as ter trancado em Leceticz.

As declarações de Szentes foram frequentemente abreviadas com comentários do escrivão: "O mesmo que declararam os outros" ou "consistente com depoimento anterior". Isso pode ter sido feito para evitar a reescrita de um depoimento longo e repetitivo ou simplesmente indicar que o acusado testemunhou conforme os demais. Também revelava o estilo abreviado da época. A essa altura, tinha sido concluído que os moradores da região cooperavam com Erzsébet Báthory e sua comitiva, que mandavam muitas meninas para a corte, que as meninas eram torturadas e mortas lá ao longo de muitos anos, e que a criadagem estava ciente do que se passava, incluindo: o cortesão-mor, Benedek Deseö; o estribeiro-mor, Dániel Vas; e o administrador, Jakob Szilvassy. Havia também outros servos, como Baltazar Poby e István Vagy, ambos os quais haviam prestado depoimento em audiências secretas, conduzidas em abril de 1610, que sabiam o que estava acontecendo lá. Todos identificaram Anna Darvolya, a serva de Erzsébet e Ferenc Nádasdy na corte deles em Sárvár, como a origem e causadora principal da crueldade. O depoimento de Szentes é dado da seguinte forma:

A terceira, Dorottya Szentes, viúva de Benedikt Szócs, confessou nas perguntas que se seguem em ordem:

1. Fazia cinco anos que ela estava com a Senhora. A sra. Ilona a atraíra para o castelo com belas palavras de que seria aceita pela Senhora Homonnay.

2. Sabia que cerca de 36 jovens e meninas costureiras haviam sido mortas pela Senhora.

3. De quais famílias elas vinham e a quem pertenciam, ela não sabia, mas, em vez disso, declarou o mesmo que a testemunha anterior, que elas vinham de muitos lugares.

4. A (esposa de) János Szalay, a (esposa de) János Bársony e a viúva Keöcsé que morava em Dömölk. A (esposa de) János Liptay trouxe algumas para Csejthe. Ela confessou o mesmo quanto a todos os assuntos, conforme disseram os dois declarantes anteriores.

5. De modo consistente, ela admite o que os dois declarantes anteriores haviam confessado, com a adição de que a Senhora também torturava as meninas... E que se a declarante não pudesse bater nelas, então [a Senhora] o faria ela mesma com um porrete, como a perna de uma cadeira. Ela prendia o lábio das meninas com agulhas e as torturava dessa forma. Quando a Senhora estava doente e não podia bater em ninguém, ela mandava a declarante ir até ela (isto é, a declarante arrastava a vítima até a cama) e arrancava uma parte do rosto ou do ombro da vítima a mordidas. Ela espetava as meninas pelos dedos com alfinetes, e dizia: "Se machuca a meretriz, então ela pode arrancar"; e se a menina o fizesse, a Senhora voltaria a surrar a menina e cortaria o dedo desta fora.

6. Logo, todos estavam ajudando a Senhora com a tortura, primeiro uma, depois outra, junto à própria declarante, porque ela os obrigava a fazer isso.

7. Dentro de uma semana e meia, cinco meninas foram mortas em Csejthe e empilhadas uma sobre a outra no depósito. Ela foi para Sárvár, e Kata a arrastou, passando pelos servos da casa, indo para o silo de trigo. Na época, a declarante estava com a Senhora em Sárvár. Os cadáveres restantes, os quais não puderam esconder, foram enterrados publicamente pelo clérigo. Os servos, com Kata, carregaram uma para Leceticz e a enterraram lá.

8. A própria Senhora batia nas meninas — em geral, a declarante deu o mesmo testemunho que os dois anteriores.

9. Quanto aos locais de tortura, ela disse que a Senhora torturava onde quer que estivesse.

10. Ela declarou o mesmo que os outros.

11. Ela não sabe quando a Senhora começou com as crueldades, pois só estava a seu serviço há cinco anos.

A última cúmplice a prestar depoimento foi Katalin Beneczky, considerada, pela maioria, a menos cruel dos quatro e a única que escapou de ser executada. O interrogatório dela resultou no seguinte:

A quarta: Katalin Beneczky, a viúva de János Boda, confessou quanto às perguntas anteriores conforme se segue:

1. Fazia dez anos que ela estava a serviço da Senhora; a (esposa de) Valentin Varga, mãe do atual pároco de Sárvár, a indicara para ser lavadeira no palácio.

2. Por ser lavadeira, não sabia quantas haviam sido assassinadas; crê, no entanto, que durante o tempo que ficou a serviço da Senhora, esta pode ter matado cerca de cinquenta meninas.

3. Ela não sabe de quais famílias ou de onde elas vieram, pois não trouxe nenhuma; conhecia apenas as mulheres dos Sittkey.

4. Em todos os assuntos, ela respondeu o mesmo que os outros. A (esposa de) János Liptay trouxe uma menina, e ela acrescenta: que a (esposa de) Miklós Kardos também trouxe duas, de modo que ela não ousou entrar no vilarejo; no entanto, a mulher, Dorkó, foi a que mais trouxe, e trouxe todas as que agora estão mortas.

Certa vez, quando a condessa sofreu de uma longa enfermidade, para castigar as meninas, ordenou que fossem levadas ao seu leito. Lá, arrancava pedaços da carne delas com os dentes.

5. Prossegue de modo idêntico ao supracitado, com o acréscimo: que depois que Darvolya ficou cega e que as duas confessas anteriores aprenderam plenamente a torturar, elas forçaram a declarante a realizar espancamentos; na verdade, a mulher, Ilona, faziam-nas continuarem até se cansarem. Também, as mulheres a forçaram a participar dos espancamentos, o tempo todo gritando e berrando para ela: "Bata nela! Bata nela! Com mais força!". A menina que havia sido encontrada morta tinha sido espancada com tanta violência que, quando já estava meio-morta, a Senhora Nádasdy entrou e também começou a bater nela; assim, por volta das onze da noite, ela dera o último suspiro.

6. A Sra. Ilona era a mais perversa em sua jactância; mesmo que não pudesse fazer nada com as próprias mãos, ela recebeu permissão da Senhora para controlar Sárvár. A Senhora Nádasdy até mesmo casou duas filhas daquela e lhes deu catorze belos vestidos. Ela era, acima de tudo, uma conselheira (para a Senhora). A Sra. Dorkó batia nas meninas, e também a declarante, quando era forçada a isso; ela mesma era espancada quando se recusava e, certa vez, passou o mês inteiro de cama por causa da surra que havia levado. Certa vez, quando a Senhora Zrínyi foi a Csejthe, ela enviou todas as meninas a seu serviço, junto de Dorkó, para o castelo, onde Dorkó manteve as meninas em cativeiro estrito como se fossem criminosas, lavando-as e as obrigando a se banharem com água fria, depois forçando-as a ficarem ao relento, nuas, por noites inteiras. "Que um raio", ela dizia, "atinja a qualquer um que dê a elas de comer". Ela as vigiava de tal forma que nem o castelão nem ninguém poderia alimentar-lhes. Mas quando a Senhora quis viajar para Piešťany com a sra. Zrínyi, ela mandou a declarante até lá para ver se uma delas poderia ir junto; encontrou todas desmaiadas por falta de comida e, ao voltar, disse à Senhora: "Nenhuma está em condições de viajar com Vossa Graça". A Senhora bateu palmas; ela estava muito brava com Dorkó e disse que isso não deveria ter acontecido. As meninas foram trazidas e morreram em um cômodo do castelo. Porque tanto a Senhora quanto Dorkó as espancaram, e então ficaram sem comida e tiveram que desistir da vida. Uma jovem de Dömölk, que estava com a declarante na carruagem, morreu no caminho de Piešťany para Csejthe. A menina já havia desmaiado em Piešťany, mas foi novamente escorada e espancada pela Senhora.

7. Duas das meninas mortas foram enterradas em Leceticz. O restante já foi relatado. Quanto às cinco meninas, das quais Dorkó sabe que estão mortas pois estava presente, ela as empilhou sob a cama e jogou nelas *oakum* (um tipo de alcatrão). Não obstante, levavam comida todos os dias como se ainda estivessem vivas, por mais que fosse o contrário. Depois, a Senhora foi para Sárvár e ordenou que a declarante quebrasse o piso e as enterrasse lá; ela não o fez, todavia, pois estava fraca demais. Os pobres cadáveres assim ficaram até começarem a desprender a imundície, o que causou tal fedor na mansão que todos puderam sentir. A declarante não soube o que fazer, então enterrou todos os corpos, por vontade de Deus, em um silo de trigo com a ajuda de Bulia, (e) das servas Barbara e Käte, que estavam com Dorkó todos os dias e quando elas morreram. Elas as enterraram à noite. A própria Dorkó enterrou um cadáver até mesmo sob o beiral, o qual os cães desenterraram, e que foi visto pelo criado do Senhor Zrínyi. Este foi enterrado no silo de trigo, que agora abrigava cinco corpos. Em Csejthe, lugar em que ficou pouco tempo, oito foram mortas.

8. Igual aos precedentes.

9. Igual, com o adendo de que ela havia torturado sua menina, Ilona Harczi, em Viena.

10. Igual aos precedentes.

11. Ela aprendeu tortura e outras crueldades com Darvolya.

Essas confissões voluntárias foram dadas perante nós no dia e ano acima.

Magistrado Dániel Eördögh, m.p. (de próprio punho), Casparus Echy, castelão de Bytča, m.p. (de próprio punho), Kaspar Kardos, Élias Lányi, clérigo juramentado, m.p. (de próprio punho).

O conteúdo do segundo registro foi conforme se segue:

Nós, Theodosius Szirmay de Szulio, Presidente Real; Kaspar Ordody de Trencsén e János David de St. Peter; Georg Lehotzky, János Záturetzky, Nikolaus Hrábovszky, János Borsitzky, cátedra judicial; Gabriel St. Mariai, conhecido como Hlinitzky, presidente da corte de Trencsén; Michael Prusinszky, (30° membro da comissão), Raphael Kvasovszky, Benedikt Kozár, Stephan Társovszky, Georg Záluszky, János e Michael Hlinitzky, Apollo Milicius, János Draskovszky, Nikolaus Társovszky, Stephan Akay e János Medveczky, decretam, perante todos os presentes: que nós, a pedido de Vossa Graça, Senhor György Thurzó de Bethlenfalva, Palatino do Reino da Hungria, Juiz de Cumanos, Conde de Árva e Presidente eterno do comitê jurídico, conselheiro-sênior confidente de Vossa Majestade Real e governador do Reino da Hungria, na ilustre cidade mercantil chamada Bytča, para a investigação e julgamento de certos indivíduos que se reuniram ali em nome e sob a autoridade de sua Senhoria, o beneficente György Závodszky, contra János Ficzkó e contra Ilona, Dorottya e Katalin, mulheres de Sárvár, expedimos o seguinte:

É evidente que o Deus supremo, através de Vossa Majestade Real, com desejos e eleições determinadas dos ocupantes da nação e das propriedades de nossa pátria Hungria, Sua Graça, por meio da honra e dignidade do ofício de Palatino, convocou esta cúpula, para que, em auxílio dos requisitos de Seu ofício, independentemente da pessoa, protegesse os bons e inocentes, para punir os culpados: assim, nós, supracitados, que desejamos cumprir a Sua ordem, fizemos, entre outras coisas, um empreendimento salutar e, felizmente, concluímos esta questão pública, tendo ouvido e interrogado sobre aquela que perpetrou atos ultrajantes, desumanos e de crueldade satânica, que jamais se soube terem sido feitos pelo sexo feminino, contra sangue cristão, alguém da alta nobreza, a Senhora Erzsébet Báthory, viúva do cavalheiro de nascimento nobre e magnânimo Senhor Ferenc Nádasdy, quem, para este reino e pátria, foi, senão, um homem de grande honra, os quais ela cometeu, por muitos anos, de modo nefasto e desumano contra as criadas, outras mulheres e outras jovens almas inocentes, matando de maneira vil um número inacreditável de muitas delas. Dada tal atrocidade tão grande e indescritível, esta comissão de forma alguma queria, como se pode dizer, ver da outra ponta (tomar decisão precipitada). *Fizeram uma investigação rigorosa, a partir da qual se pudesse provar que a Senhora Viúva Nádasdy havia realmente cometido os crimes dos quais foi acusada, de acordo com a confissão dos próprios criados. Depois de Vossa Graça tê-los ouvido, a comissão aplicou sua diretiva de Bratislava aos autos legais, e os membros da alta nobreza a cavalheiros designados, Conde Miklós Zrínyi e György Drugeth de Homonnay, parentes da dita Senhora Viúva, e o Sr. Imre Megyeri, guardião do órfão Pál Nádasdy, e também um número não insignificante de tropas, acompanharam-no para tomar o Castelo de Csejthe. Logo na entrada da mansão estava a verdade do que as testemunhas haviam relatado. Lá, uma jovem foi encontrada, nome de solteira Doricza, morta por espancamento e tortura, e duas outras, também torturadas até a morte de modos diferentes na dita mansão de Csejthe, pela supracitada Senhora Viúva Nádasdy. A raiva e a ferocidade desumanas moveram Vossa Graça, com o educado conselho dos supracitados, a entregar a sanguinária e altamente nefasta viúva Nádasdy, pega no ato da atrocidade* (em flagrante), *e condenar a mulher a cumprir pena perpétua no Castelo de Csejthe. János Ficzkó, todavia; bem como Ilona, Dorottya e Katalin, cúmplices e assassinos de inocentes, estavam a par e tomaram parte em atos tão ímpios, asseclas desta terrível execução e carnificina, são trazidos perante o Senhor juiz e precisam receber punição justa por seus crimes horrendos e nefastos. Explicitamente, nós, a Comissão, tanto por ser o curso sagrado da justiça e retidão, como tal implica, assim como para enviar um aviso e dar um exemplo àqueles que agiram, ou planejaram agir, de modo similar; para estes, no entanto, que cometeram atos tão monstruosos, eles receberão punição mais severa e vergonha eterna, com base no documento apresentado por nós, incluindo os escritos e cópias legais, ambos os quais foram reunidos contra a Viúva Nádasdy, bem como as confissões voluntárias dadas pelos réus. Depois de leitura pública, os réus, individualmente entrevistados sobre todos os pontos confessos e, por sua vez, ouvidos, estando todos de acordo e nada tendo omitido nem modificado, mas registrado tal como foi tomado, a respeito de tudo o que cometeram, e tudo o que perpetraram com violência e forçados sob ameaça por sua senhora; tem a Comissão enfim determinado a partir dos testemunhos e confissões supracitados e também provado a partir das testemunhas que apareceram perante nós na seguinte ordem.*

Conforme mencionado, um segundo auto judicial foi convocado, em 7 de janeiro, envolvendo um painel cerimonial de dezoito juízes e treze testemunhos proferidos sob juramento. Registrado em latim, o julgamento começou com a leitura da confissão dos cúmplices. Em seguida, procedeu-se com o testemunho ocular dos homens que estiveram presentes na incursão de Csejthe.

Os juízes e o júri escutaram espantados quando os homens descreveram o que viram na noite em que entraram no Castelo de Csejthe. As testemunhas identificaram uma jovem criada, Doricza, *ex flagris et torturis miserabiliter extinctam* (miseravelmente queimada e torturada até a morte), incluindo duas outras meninas que morreram de modo similar. György Kubanovich declarou ter visto *existens cadaver puellae* (cadáveres de meninas), confirmado pelas testemunhas János Krapmann e András Butora. Após a conclusão de tais depoimentos, as autoridades da Igreja renunciaram a seu direito de interrogar (isto é, torturar) os quatro réus sob as acusações de ocultismo. O documento declarava o seguinte:

Transcrição dos interrogatórios das testemunhas sobre os atos cruéis de que Erzsébet Báthory, esposa do Conde Ferenc Nádasdy, é acusada. 1611. (Decisão de nº 31)

A primeira testemunha, o honrado György Kubanovich, residente de Csejthe, declarou sob juramento: ele estava presente no Castelo de Csejthe quando viu o corpo da última menina morta, cheio de vergões arroxeados e marcas de queimadura e estrangulada no estilo de execução, ser carregado em uma travessa, enquanto a senhora Nádasdy estava sob custódia.

A segunda testemunha, János Valkó; a terceira, Martin Jankovich; a quarta, Martin Kresskó; a quinta, Andreas Ukrovich; todos residentes de Csejthe, prestaram juramento e testemunharam o mesmo que a primeira testemunha.

A sexta, Ladislas Centalovich, residente também de Csejthe, jurou e prestou testemunho conforme os outros, e adicionou que havia visto as meninas quando elas ainda estavam vivas, e também os vergões e queimaduras nos ombros delas.

A sétima, Tomás Zima de Csejthe, testemunhou conforme os outros, e também declarou que duas criadas da senhora foram enterradas no cemitério de Csejthe, ao passo que uma terceira foi enterrada em Leszetice, especialmente porque o clérigo de Csejthe contestou o assassinato.

A oitava, János Krapmann, servo da igreja de Csejthe, depôs conforme as outras testemunhas juradas, e adicionou que, quanto à execução da menina martirizada, ele havia falado com um dos assistentes enquanto ela ainda vivia e recebeu esta resposta: a própria senhora tinha perpetrado tal ato, com a ajuda de uma certa mulher trajando vestido verde que, no entanto, ela não identificou.

A nona, András Butora de Csejthe, no geral declarou o mesmo que as outras testemunhas.

Ao longo da história, tanto promotores quanto advogados de defesa gostavam de encenar uma surpresa digna de nota perto do fim do julgamento, a famosa "prova cabal", a evidência irrefutável ou o testemunho que praticamente garante o veredicto e conclusão do caso. Particularmente em julgamentos de fachada, as testemunhas eram muitas vezes subornadas e provas eram forjadas para assegurar o desfecho desejado. Embora não possamos afirmar que foi a situação nesse caso, um evento digno de muitas notas se passou nessa audiência.

Registrado em latim, o julgamento começou com a leitura da confissão dos cúmplices. Em seguida, procedeu-se com o testemunho ocular dos homens que estiveram presentes na incursão de Csejthe.

Perto do fim dos autos, uma das maiores sensações de todo o julgamento ocorreu quando uma jovem criada, uma aia chamada Szuzanna, foi chamada para depor. Enquanto as testemunhas de Csejthe acreditavam que o número de mortos estivesse em torno de cinquenta ou menos, e os servos de Sárvár indicassem que houvesse entre 175 e 200, um depoimento surpreendente se seguiu. A declaração de Szuzanna foi a única a afirmar a impressionante soma de que 650 meninas tinham sido assassinadas. Esses números, declarou ela, foram baseados nos algarismos escritos pela própria condessa e mantidos em um tipo de relatório ou registro. Segundo ela, o administrador Jakob Szilvassy havia visto o suposto registro em uma caixa em posse da condessa. (Na tradução original, a palavra usada para esse documento é o equivalente a "registro" ou "lista", ao contrário da crença popular atual de que ela usava um diário.)

Enquanto um número de cem ou duzentos mortos estivesse alinhado com o declarado pelas testemunhas prévias, Szuzanna, de algum modo, teve que explicar sua incrível alegação de mais de 650 mortos. Sem a presença da condessa para contra-interrogar, era preciso mais para derrubar a alegação de boato. Assim, a menina teve de dizer que o administrador Jakob Szilvassy, de Csejthe, havia descoberto uma prova escrita desses assassinatos. Curiosamente, no entanto, Szilvassy nunca foi intimado a comparecer durante esses autos para validar o que a menina disse e, quase um ano depois, quando enfim foi intimado a depor, jamais mencionou uma palavra, nem foi diretamente questionado, quanto à suposta lista de 650 mortos. Com base em comentários posteriores feitos pelo rei e o tribunal, parece que as autoridades não deram muita credibilidade para o relato da jovem.

Não sabemos se Szuzanna ou Szilvassy realmente viram a lista, mas parece improvável que o documento tenha sido oferecido como evidência. Alguns afirmam que o documento existe, sim, e que pode ser encontrado nos Arquivos Nacionais em Budapeste; contudo, devido à idade e o mau estado de conservação, é muito difícil lê-lo hoje em dia. Infelizmente, esses especialistas não fornecem nenhum tipo de identificação para o documento e, até onde sabe esta autora, ninguém tentou traduzi-lo. Por tal razão, guardaremos nossa posição sobre se o documento é verdadeiro ou se foi uma invenção criada por servos que, ou foram subornados, desejando vingar-se da condessa, ou estavam procurando uma forma de se promoverem com o testemunho. É de se imaginar que Szuzanna poderia ser a "criada" misteriosa enviada pela esposa de Thurzó, citada na carta, que chegou pouco antes da incursão no castelo.

Os depoimentos continuaram conforme se segue:

A décima, Szuzanna, uma menina, prestou juramento e testemunhou que as execuções que a viúva Nádasdy perpetrou contra as criadas foram horríveis e que os executores foram: Ilona, Dorottya, Anna de sobrenome Darvolya e János Ficzkó, que também era enviado para roubar meninas e trazê-las para a condessa. Katalin era mais branda e gentil, mas, em vida, espancara bastante as meninas, embora fosse tão misericordiosa que levava comida escondido para as martirizadas. Ela se lembrou também de ouvir que Jakob Szilvassy havia encontrado uma lista de meninas mortas em uma caixa da senhora encarcerada, numerada em 650, número que a senhora viúva Nádasdy registrou de próprio punho.

A 11° testemunha, Sara Baranyai, viúva de Peter Mártiny, testemunhou o mesmo que a menina, Szuzanna, com a seguinte adição: ela sabia com certeza que, nos quatro anos anteriores (isto é, durante todo o tempo em que esteve em serviço), enquanto estava com a senhora Nádasdy, mais de oitenta meninas dos aposentos das mulheres foram assassinadas, o que foi confirmado pelo testemunho de um certo Bichierdi (Bicsérdy), governador de Sárvár, que avaliza o número como sendo completamente verdade, afirma, consistentemente, repetidas vezes. Por fim, também fortalece as confissões dos réus.

A 12°, Ilona, viúva Kotsis, declarou sob juramento: poderia falar de muitas coisas que ocorreram ao longo dos últimos três anos, ou seja, durante seu tempo em serviço; mais de trinta meninas foram mortas devido a múltiplas torturas executadas pela senhora Nádasdy e seus ajudantes. A senhora Nádasdy era muito versada na arte da magia e do envenenamento, dos quais há muitos exemplos, mas, em particular, que através de magia e envenenamento ela queria tirar a vida de Vossa Majestade Real e do senhor palatino e também de Imre Megyeri e outros, contra quem rezou uma certa fórmula/feitiço de desejo. Em todos os sentidos, ela atestou a confissão dos réus.

A última testemunha, Anna, viúva de Stephan Geonczy, relatou, em geral, o mesmo que as testemunhas no que dizia respeito à carnificina perpetrada pela senhora Nádasdy e seus ajudantes, e também confessou que: entre as vítimas assassinadas, incluía-se a sua filha de dez anos, cruelmente torturada até a morte, a quem ela queria visitar, mas, para sua grande consternação, não lhe foi permitida entrada. O restante foi igual aos anteriores.

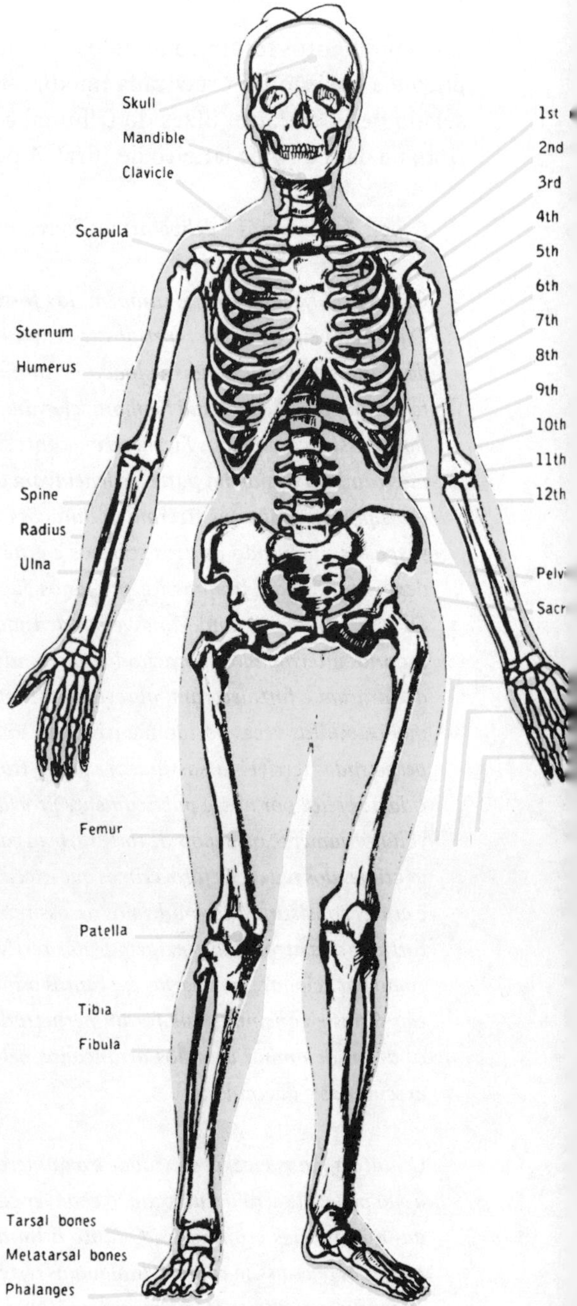

Os depoimentos foram concluídos, a sentença dos quatro réus foi lida em público e a decisão foi executada imediatamente. O documento foi assinado e selado pelos dezoito juízes do tribunal e entregue "à Sua Excelência, o Palatino, na data de 7 de janeiro de 1611". A peça foi concluída conforme a seguir:

Depois de ouvirmos e deliberarmos, apresentamos a seguinte recomendação:

Como decorre dos réus, e também das fortes evidências apresentadas diante do Tribunal, bem como os repetidos testemunhos, mas especialmente pela confissão de Dorottya, como a mais culpada de tantas crueldades contra inocentes do sexo feminino, por meio de sua Senhora, claramente perpetrando crimes nos quais ela e Ilona, assim como János Ficzkó, o ajudante secreto, não eram apenas conhecedores, mas também tomavam parte e silenciavam atos tão cruéis; devido à óbvia suspeita e aos próprios réus que fizeram declarações francas e aparentes quanto a assuntos suspeitos, incluindo os atos secretos e cruéis declarados, primeiro por Dorottya, depois por Ilona e, finalmente, por János Ficzkó foram levados para interrogatório. Os interrogatórios aqui são diversos de tudo o que está contido na acusação, e os próprios interrogados supracitados, incluindo as referidas testemunhas que também declararam e fortaleceram, abreviaram e retiraram, ainda mais tendo em vista os modos muitas vezes da tão mencionada Viúva Nádasdy por meio de quem foram perpetrados terríveis assassinatos e maus-tratos; assim, a seguinte sentença é proferida aos réus, por nós, e publicamente proclamada: após confissões dos réus, dadas voluntariamente ou depois de tortura, bem como as revelações das testemunhas sobre os crimes dos réus e, de fato, crimes que excediam todas as noções de atos desumanos e cruéis consistindo em múltiplos assassinatos, carnificina e estilos sofisticados de tortura, tais atrocidades exigem penas terríveis: assim, primeiro, Ilona e Dorottya, como participantes primárias em tantos crimes e como instrumentos de atrocidades tão sérias e contínuas que foram perpetradas contra sangue Cristão, deverão ter os dedos de ambas as mãos arrancados pelo carrasco, e deverão, em seguida, ser executadas e queimadas.

Quanto a János Ficzkó, sua idade e o número menor de crimes diminuem um pouco a sua pena: ele será decapitado, o cadáver colocado em uma pira e queimado junto das outras duas criminosas. Quanto a Katalin, serão escusadas as declarações de ambos os réus, assim como o de algumas testemunhas, e a declaração de János Ficzkó apenas não é o bastante para condená-la: a nós parece que ela deve ser devolvida à masmorra e ficar lá por algum tempo até que, talvez, evidências mais claras sejam apresentadas contra ela. Esse é o nosso veredicto para os acusados, publicamente proferido e logo em seguida concluído.

Apresentado na supracitada cidade mercantil de Bytča, em 7 de janeiro do ano 1611 de nosso Senhor.

Theodosius Szirmay, Georg Lehotzky, Kaspar Ordody, János Záturetzky, Nikolaus Hrábovszky, János Borsitzky, cátedra judicial; Gabriel Hlinitzky, adjunto; Michael Prusinszky, Stephan Mársovszky, Benedikt Kozár, Nikolaus Mársovszky, Stephan Akay e János Medveczky, János St. Mariay, István Akay, János Draskovszky, György Záluszky e Michael St. Mariay, também conhecido como Hlinitzky.

Os três condenados foram conduzidos no mesmo dia para o lugar de execução, onde uma multidão havia se reunido. Uma pira enorme e ardente foi preparada perto do rio, enquanto o carrasco público afiava o machado e aquecia sua tenaz de ferro diante da multidão e dos condenados. Ilona Jó foi levada primeiro. Ela foi contida enquanto o carrasco prendia as tenazes de ferro em seu primeiro dedo. Ele o arrancou em meio a gritos, não apenas da condenada, mas de Dorka e da multidão. Alega-se que, depois de o quarto dedo ter sido arrancado, Ilona Jó desmaiou. Nesse momento, ela provavelmente recebeu o golpe ou pancada fatal e em seguida foi atirada na fogueira. Dorottya, aparentemente desmaiada após presenciar a sentença de Ilona Jó, teve os dedos arrancados e o golpe fatal foi desferido. Ela também foi atirada na fogueira. Ficzkó foi o último. Quando o machado do carrasco desceu em seu pescoço, decepando-lhe a cabeça, o corpo foi jogado na fogueira junto ao das mulheres. Depois do cumprimento da sentença, uma forca foi erguida do lado de fora do Castelo de Csejthe para indicar que a justiça estava feita.

Poucas semanas depois, em 24 de janeiro, os moradores de Bytča e das redondezas testemunharam mais uma satisfação da justiça. Erzsi Majorova, a chamada senhora de Miava e bruxa da floresta, que ajudara a condessa a criar bolos mágicos, foi julgada e condenada à morte como bruxa. Ela foi sumariamente queimada na fogueira.

Entretanto, nada sabemos do destino de Katalin Beneczky, a cúmplice que conseguiu escapar da execução imediata. Parece que nenhuma outra evidência foi trazida contra ela, nem nenhuma outra sentença foi executada. É provável que, depois de tempo suficiente, ela ou morreu na prisão ou foi discretamente libertada.

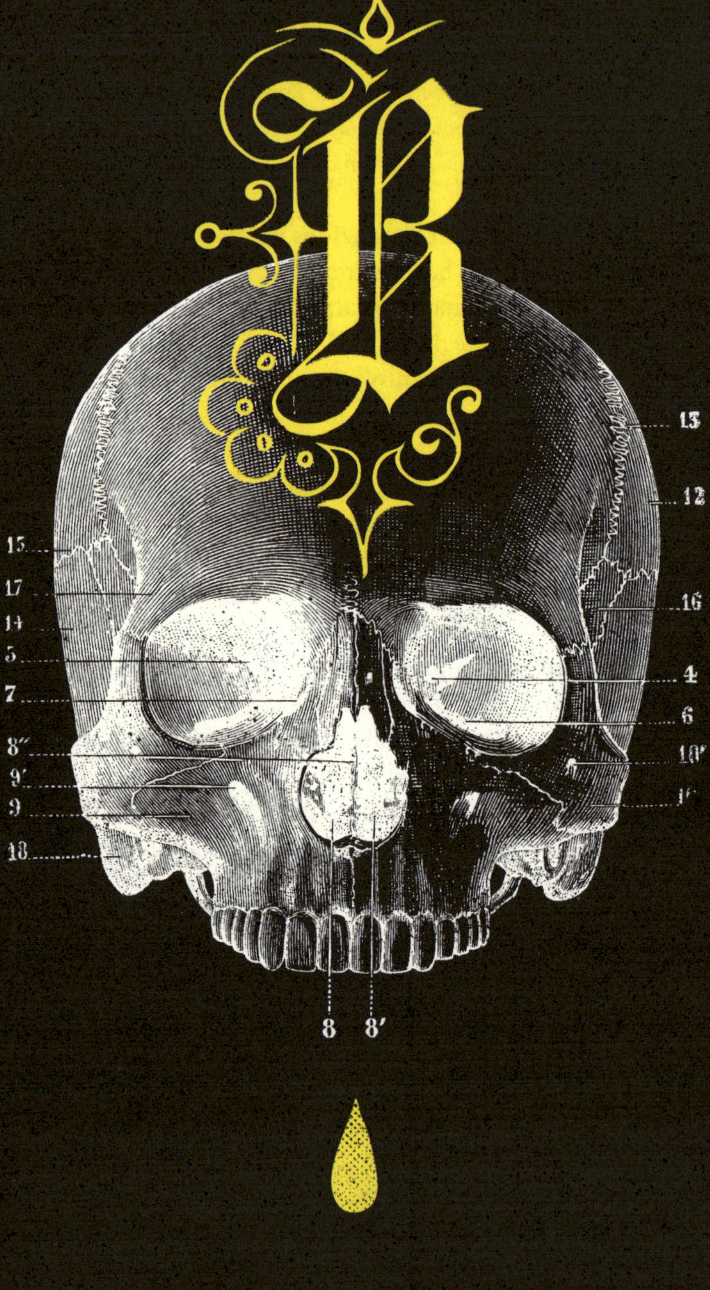
13
12
15
17
14
5
7
8″
9′
9
18
16
4
6
10′
8
8′

19
CAPITULUM

INFAMOUS LADY

SENTENÇA FINAL

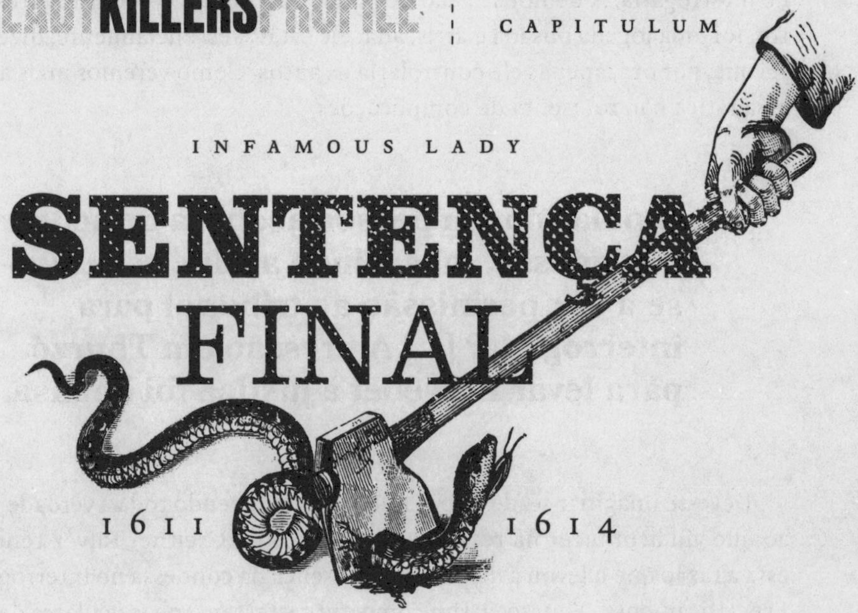

1611 1614

O que, talvez, tenha sido mais interessante foi a alegação de György Thurzó, durante os autos, de que havia pegado a condessa Báthory *in flagrante delicto*, ou seja, no ato do crime. Entretanto, quando o representante do rei Mátyás insistiu que Erzsébet fosse trazida em pessoa para ser interrogada, Thurzó recusou.

"Enquanto eu for Senhor Palatino na Hungria", escreveu ele, "isso não acontecerá. A família conquistou muitas honras no campo de batalha e não será desonrada perante a nação devido à sombra lúgubre dessa mulher depravada. Em benefício das futuras gerações dos Nádasdy, tudo deverá correr em segredo; se um tribunal for julgá-la, toda a Hungria ficará a par dos assassinatos cometidos por ela e seria contra as nossas leis lhe poupar a vida. Contudo, tendo visto seus crimes com meus próprios olhos, devo abandonar meus planos de sentenciá-la a passar o resto da vida no convento."

Para a banca de juízes em exercício, bem como para o representante do rei, isso deve ter parecido altamente incomum; o palatino em pessoa acabara de acusar a condessa, mas, ainda assim, recusava-se a dar permissão ao tribunal para interrogá-la? Pela honra dos Nádasdy ou não, a pressão em Thurzó, por parte da Coroa, para levar Erzsébet à justiça foi imensa; apesar disso, ele se manteve firme, e é de se imaginar a razão. Devido à sua elevada posição, o tribunal não poderia condenar e nem sentenciar a condessa sem a confirmação tanto do rei quanto do Parlamento. Por outro lado, a justiça tinha o direito de interrogá-la. A demonstração de poder de Thurzó, como primeiro-ministro, foi uma jogada ousada e arriscada: ele estava, essencialmente, dizendo ao rei que, por ora, apenas ele controlaria os autos. Como veremos mais adiante, essa tática não foi isenta de complicações.

O palatino em pessoa acabara de acusar a condessa, mas, ainda assim, recusava-se a dar permissão ao tribunal para interrogá-la? [...] A pressão em Thurzó para levar Erzsébet à justiça foi imensa.

Deve-se imaginar se, de fato, Thurzó estava dizendo toda a verdade quanto ao que viu acontecer na residência senhorial de Csejthe. Talvez tenha sido essa a razão que o levou a dispensar a presença da condessa no interrogatório. Especificamente, Thurzó, assim como outras testemunhas oculares da batida ao castelo, concordaram ter visto meninas mortas e outras sofrendo cárcere e tortura na chegada deles. Não há dúvida de que os quatro cúmplices de Erzsébet estiveram presentes e tomaram parte, de uma ou outra forma, na tortura e nos assassinatos. Na carta de Thurzó para a esposa, escrita no dia seguinte, ele declara: "Agora, *aqueles que torturaram e assassinaram os inocentes* (ênfase), aquelas mulheres malignas em conluio com o rapaz que, em silêncio, prestou ajuda às atrocidades delas, foram enviados para Bytča". O trecho sugere que os quatro cúmplices foram pegos em flagrante. É interessante que Thurzó não especifique a participação direta da condessa na ocasião, principalmente por sabermos que ele e a esposa se perguntaram, meros dias antes, se ela, em pessoa, feria as servas ou não. É de se pensar que Thurzó enfim teria respondido à questão premente sem nem hesitar. Em vez disso, limitou-se a dizer que havia encarcerado a viúva Nádasdy em seu castelo e que: "Havia outra menina que ela torturava e até mesmo outras a quem essa amaldiçoada mulher tem confinado e torturado". Pela escolha de palavras, não podemos afirmar, com certeza, se o cárcere e a tortura ocorreram no presente ou no passado, ou seja, no dia em questão ou antes do acontecimento, se Thurzó estava de fato certo, por observação efetiva ou mera implicação, ou se a condessa em pessoa havia perpetrado os atos.

Todavia, Thurzó ainda podia alegar culpa, de qualquer maneira, devido a uma brecha legal inteligente: a doutrina do *respondeat superior*. Essa doutrina jurídica que, em latim, significa "que o mestre responda" (e, por vezes, é chamada de Responsabilidade Penal do Superior), declara que o mestre é responsável pelas ações de seus servos. Na época de Erzsébet, se um servo causasse mal a outrem ou à propriedade alheia, o senhor ou a senhora poderiam ser responsabilizados e teriam que compensar quaisquer reivindicações. Assim, se os servos da condessa fossem pegos praticando tortura ou assassinato, mesmo que Thurzó não tivesse de fato visto a senhora viúva Nádasdy pessoalmente envolvida, ele ainda poderia ter alegado a culpa da senhora vicariamente por meio deles. Pode ser, também, que tenha encontrado uma peça de roupa dela ainda manchada de sangue. É claro, ele poderia, inclusive, tê-la flagrado em pleno ato, mas, infelizmente, não podemos ter certeza. Assim, especulamos que a dúvida persistente de Thurzó tenha causado tal hesitação e a falta de esclarecimento dos detalhes.

De fato, ao longo desse tempo, sabemos que ele e a condessa se corresponderam e que ela continuou alegando inocência. Ela também o acusou de não proteger a sua honra, alegações que ela dificilmente poderia ter feito se ele a tivesse flagrado no ato. Se, por um lado, o julgamento dos quatro criados foi rápido e a culpa deles parecia inquestionável, estando além da dúvida, por outro, parecia haver uma contínua hesitação no que dizia respeito à condessa.

De volta ao Castelo de Csejthe, ainda em prisão domiciliar, a condessa Erzsébet Báthory lançou-se em uma campanha de escrever cartas em prol da própria liberdade. Ela buscou tanto a ajuda de seu parente, Gábor Báthory, bem como a oportunidade de fazer a maior performance de sua vida: a saber, testemunhar a favor da própria inocência. György Thurzó negou repetidas vezes as petições da condessa para comparecer ao tribunal e testemunhar em sua própria defesa. Tal depoimento, argumentou ele, serviria apenas para causar ainda mais dano à reputação da família. Ela, por sua vez, acusou-o de não lhe defender a honra.

Nesse ínterim, o reverendo Ponikenusz ficou tão perturbado com as ameaças da condessa quando a visitou pela última vez na prisão que imediatamente escreveu uma carta para seu superior, o reverendíssimo Eliás Lányi (1570/75-1618). Lányi acabara de servir como oficial no último auto contra os quatro cúmplices da condessa; além disso, como superintendente da Igreja Evangélica da Alta Hungria e tutor particular do filho de Thurzó, ele tinha influência junto ao palatino. Ponikenusz o informou de sua conversa com a condessa e pediu que intercedesse em seu nome junto ao palatino György Thurzó, bem como com os condes Zrínyi e Homonnay: "Em breve terei muitos inimigos", escreveu ele, "assim, recomendo sua venerável jurisdição a pedir imediatamente a Sua Alteza para vir a meu auxílio, indigno como sou, incluindo o Senhor Homonnay, bem como o poderoso (Nádasdy) filho ou filhas, e não recusar a proteção de seu poder".

Quando Erzsébet falava dos Hajduk e Gábor Báthory, primo dela e voivoda da Transilvânia, ela não fazia ameaças vãs. Ele, de fato, estava reunindo tropas do outro lado do rio, embora não necessariamente para resgatá-la. Em 1610, Gábor, junto a outros nobres da Transilvânia, incitava outra rebelião contra os Habsburgo, e pode ser que Erzsébet o tenha encorajado a unir em suas terras aqueles igualmente insatisfeitos com o rei Mátyás. Desde 1608, Erzsébet vinha financiando a alçada dele ao poder; assim, encenar seu resgate seria um prelúdio e uma retaliação convenientes. Enquanto isso, ela continuava acusando György Thurzó de agir ilegalmente ao mantê-la em prisão domiciliar.

Não temos certeza das condições de moradia de Erzsébet, se estava em prisão domiciliar ou se passara o tempo todo na masmorra subterrânea para onde tinha sido levada de início. Sabemos, de fato, que estava a par dos autos judiciais em curso e que tinha acesso a pergaminho, tinta e mensageiros para enviar e receber cartas. Ela também tinha ainda alguns poucos servos leais (ou temerosos) no lugar e, segundo a história, estava encenando um plano de fuga para ir ao encontro do primo mais novo, Gábor, na Transilvânia. Não sabemos até onde ela chegou com o plano. O que sabemos, entretanto, é que György Thurzó, junto dos parentes dela, chegou logo após o julgamento para confrontar a condessa. O palatino não ficou nada satisfeito com as ameaças a Ponikenusz ou com as tentativas dela de colaborar com Gábor Báthory. Além disso, Erzsébet também vinha ameaçando-o com "terríveis consequências de suas ações ilegais".

De toda forma, diante dos parentes da condessa, György Thurzó perdeu o controle. Por autoridade própria, ele proferiu a sentença: "Você, Erzsébet, é como um animal selvagem. Está nos últimos meses de sua vida. Não merece respirar o ar terreno nem ver a luz do Senhor. Você desaparecerá desse mundo e nunca mais reaparecerá nele. Quando as sombras a envolverem, que você encontre tempo de se arrepender de sua vida de depravação. Por este meio eu a condeno, Senhora de Csejthe, à prisão perpétua em seu próprio castelo".

Podemos ter certeza de que isso não caiu bem para a condessa. Thurzó a havia condenado à prisão perpétua; tudo o que restava agora era a confirmação da sentença. A condessa Báthory imediatamente deu entrada com a apelação e solicitou a oportunidade de se defender. Nesse ínterim, Thurzó e família esperavam que, com a justiça feita aos quatro cúmplices, e a condessa provisoriamente condenada, o assunto finalmente chegasse ao fim. Mas não chegou. O rei Mátyás não tinha a intenção de deixar o assunto de lado, nem de permitir que a condessa Báthory se livrasse do machado do carrasco enquanto sua dívida com ela permanecesse pendente. Seu representante insistiu em convocar mais uma audiência, essa dirigida contra a pessoa da condessa, em nome de Vossa Majestade, o rei.

As legalidades permaneceram complicadas; o rei acreditava piamente que se Erzsébet recebesse a pena de morte, a propriedade dela seria entregue à Coroa, o que cancelaria a dívida que tinha para com ela. Assim, ele faria tudo o que estivesse em seu alcance para vê-la morta. Ele estava furioso, na verdade, porque, durante os dois autos, nada havia rendido a pena de morte à condessa, e exigiu que a senhora viúva Nádasdy fosse interrogada imediatamente para que se fizesse a devida justiça.

Em uma carta datada de 14 de janeiro de 1611, o rei Mátyás falou de sentir "grave desprazer, medo paralisante e estremecimento interno" ao saber que a viúva Nádasdy matara "mais de trezentas virgens inocentes, tanto nobres quanto das classes mais baixas, que a serviram como aias, as quais não mereceram tal tratamento, sem qualquer envolvimento do judiciário, do modo mais monstruoso e cruel; o corpo delas foi mutilado, queimado com ferro quente, a carne foi arrancada, assada no fogo e servida em seguida".

Depois de declarar a necessidade de justiça, ele, então, exigiu que a condessa fosse interrogada no Castelo de Csejthe e expediu a seguinte ordem para Thurzó:

> *Nós o instruímos com seriedade e lhe damos uma ordem de urgência para que, assim que receber essa carta, o Senhor convoque imediatamente essa mulher, Erzsébet Báthory, na referida data, ou através das datas das cartas ao seu fiador, por garantia da honrosa Sé da Igreja Metropolitana de Esztergom, a comparecer ao Castelo de Csejthe com permissão para descobrir e discutir seus feitos imensos e ultrajantes supracitados a fim de que o julgamento prossiga e seja realizado de acordo com a lei; se ela aparecer pessoalmente, ou por meio de algum enviado ou não, devendo ser advertido de antemão onde e quando o Senhor definir para que ela compareça pessoalmente ou via representante legal perante o Senhor. A forma como tratará a questão, todavia, dada a insistência das partes envolvidas, terá de ser de acordo com a lei. Qualquer outra coisa não deverá ter prosseguimento.*

Em uma argumentação epistolar, o rei adicionou que havia ordenado a Mózes Cziráky e András de Keresztúr que "ficassem para reunir depoimentos de todos os moradores das propriedades dos Nádasdy de ambas as margens do Danúbio o mais rápido possível". Ele adicionou que o depoimento "colhido das anciãs pela tortura não deveria ser descartado". Resumindo, mandou que Thurzó enviasse informação autenticada ao representante do próprio rei.

Percebemos com essa carta que o rei Mátyás já não abrigava mais total confiança em Thurzó: ignorando o pronunciamento do palatino da prisão perpétua, o rei nomeou um presidente para um conselho legal especial e ordenou que a condessa fosse interrogada imediatamente com a intenção de lhe assegurar a pena de morte.

Agora, a Igreja também exercia um peso sobre a questão. Em apoio ao rei Mátyás, os nobres católicos pressionaram o Parlamento Húngaro, expressando seu desprazer com a clemência demostrada pelo protestante senhor palatino. Embora alguns possam ter sentido indignação moral genuína, uma pauta política também estava em ação. A Guerra dos Trinta Anos (1618-1648), entre católicos e protestantes, estava se aproximando. Essa contenda acabaria por transformar a região em outro terreno estéril lavado em sangue, particularmente nas terras germânicas, e os sinais já estavam se mostrando. O rei Mátyás era católico, e a Igreja desejava a reunificação das terras católicas no Oeste da Hungria com as do Norte e do Leste, que estavam em poder dos protestantes, sob o controle de Mátyás. Os Habsburgo católicos estavam reprimindo impiedosamente as rebeliões protestantes e tomando as terras deles em toda a Áustria. Se o rei jogasse bem suas cartas, ele seria o próximo na fila para se tornar imperador. Agradar a Igreja significava muito para ele, e isso incluía assegurar a vasta propriedade de Erzsébet Báthory para os Habsburgo católicos.

As respostas de Thurzó à Coroa indicavam uma tentativa bastante desajeitada de discutir as legalidades e complexidades do caso; ele estava tentando ganhar tempo, é claro, e sabia disso. O rei estava determinado a conseguir o que queria, e Thurzó precisava de uma estratégia melhor: prisão perpétua para a senhora Nádasdy não deixaria Sua Majestade satisfeita. Mas Thurzó, junto das famílias Báthory e Nádasdy, também percebeu que a situação agora se tornava um confronto entre os interesses católicos e protestantes: se a Coroa conseguisse assumir o comando das propriedades Báthory-Nádasdy, então as posses de um protestante como Thurzó seriam as próximas.

Em termos pessoais, o interrogatório da condessa Báthory também exigiria que ela fosse torturada, como era costume, para extrair um depoimento e uma confissão. O precedente alarmante de humilhar um membro da alta nobreza desse jeito — uma mulher, nada menos — e envergonhar sua ilustre família não podia ser estabelecido. De imediato, as famílias poderosas, auxiliadas por Thurzó, iniciaram uma campanha de envio de cartas para explicar à Sua Majestade que o interrogatório, tortura e morte da senhora viúva Nádasdy não cumpririam o propósito do rei; em vez disso, a sentença à prisão perpétua proferida por Thurzó deveria ser mantida.

Provavelmente, todos os membros da família de Erzsébet, incluindo filhos e genros, a essa altura, perceberam que seus direitos de propriedade estavam subitamente em jogo por estarem intimamente ligados ao dela. Caso a Coroa confiscasse os bens de Erzsébet, eles podiam perder os deles, incluindo as heranças e os de que atualmente tinham posse. Além disso, um julgamento e uma execução pública, incluindo a revelação desses atos terríveis, faria com que fossem atingidos por uma desgraça sem precedentes.

Em carta datada de 12 de fevereiro de 1611, enviada a György Thurzó, o genro de Erzsébet, Miklós Zrínyi, agradece a ele por sua "boa vontade com a família".

> *[...] Recebi e compreendi sua carta franca junto da cópia da carta de Sua Majestade Real enviada ao Senhor e a cópia de sua resposta a ela. E, embora em meio à tristeza e ao sofrimento, eu tenha recebido as notícias da situação vergonhosa e miserável de minha sogra, a Sra. Nádasdy, em vista de seus atos descomunais e vergonhosos, devo confessar que, em relação à pena, o Senhor escolheu o menor dos males. O julgamento de Vossa Graça nos serviu bem, pois preservou a nossa honra e nos protegeu de uma vergonha imensa. Quando, em suas cartas, o senhor nos informou do desejo de Sua Majestade Real, incluindo a punição pela horrenda tortura em interrogatório, nós, parentes dela, sentimos que todos devemos morrer de vergonha e desgraça. Mas Vossa Graça, sendo nosso benevolente e amado primo e Senhor, evitou nossa vergonha, tendo imposto a melhor punição em* perpetuo carceri inclusa delineatur *e não a punição pública, que nos envergonharia a todos, incluindo a seus filhos e a memória de seu pio, abençoado, gentil e nobre marido. Queremos agradecer a Vossa Graça pelo resto de nossas vidas e lhe retribuir com todas as nossas forças disponíveis; desejamos lhe oferecer um humilde símbolo de nossa existência mortal. Pedimos-lhe, assim, que implore a Sua Majestade que reconsidere sua decisão para que concorde com o veredicto já proferido pelo senhor e que se contente com o seu julgamento e não litigue contra ela em público. Isso, como o senhor pode imaginar, nos causaria vergonha e agravo. Em nome de Deus, colocamos nossas esperanças no senhor, e que o senhor e Sua Majestade decidam esse caso em nosso favor, como confiamos que ambos o farão. Para uma discussão mais detalhada quanto ao assunto, envio ao senhor meu servo leal, o Sr. András Milley. Eu lhe peço, como meu benfeitor, Senhor e irmão amado, que acredite nessas palavras e permita que ele volte a mim com a resposta desejada. Eu lhe retribuirei ao longo de toda a vida. Que Deus conceda vida longa a Vossa Graça.*

Pouco depois, em 23 de fevereiro, Pál Nádasdy, de 13 anos, também escreveu para Thurzó de sua residência de inverno no Castelo de Keresztúr, elaborando um brilhante argumento jurídico que, sem dúvida nenhuma, foi influenciado por seu guardião, Megyeri, que talvez estivesse mudando de ideia na ocasião. Na carta, o jovem Pál pediu a Thurzó um favor, em função de seu parentesco, solicitando que fizesse todo o possível para impedir o rei de punir sua mãe conforme pretendia. Ele argumentou que Thurzó já havia produzido provas suficientes no caso, de modo que não seriam necessários interrogatórios adicionais e que quaisquer outras convocações seriam inapropriadas em lugar da sentença. O mais importante, argumentou ele, o rei não ganharia nada: todas as propriedades de Erzsébet Báthory tinham sido distribuídas entre seus três filhos antes do julgamento, colocando-as, assim, fora do alcance da Coroa.

> [...] *Entendi de sua carta o que Sua Majestade lhe ordenou fazer com a minha miserável mãe. Tenho sua resposta para Sua Majestade, e notei a frequência com que o senhor se mostrou bem-disposto para comigo e para com minhas irmãs. Que Deus conceda que nós, eu e minhas irmãs e cunhados, possamos recompensar a sua bondade pela obediência de um coração puro durante toda a sua vida. É verdade, conforme o Senhor escreveu para Sua Majestade, que a* Citatio (a intimação judicial) *deveria ter sido emitida mais cedo e que é, agora, inapropriada, pois Vossa Graça, como meirinho-mor do país, já exerceu suficiente* extentio. *Não é mais necessário prosseguir, pois o presente castigo de minha pobre mãe é pior que a morte, e não é necessário proceder conforme os ditames de Sua Majestade, já que o julgamento quanto à vida dela já foi feito. Voltando agora à questão da propriedade de minha mãe, não há razão para temer, pois antes de ser encarcerada, ela entregou tudo a nós três. Não obstante, nós, parentes e humildes súditos de Sua Majestade, desejamos pedir que seu uso de força legal contra nossa mãe não imponha a vergonha eterna à nossa família. No entanto, não queremos agir sem o conhecimento e aconselhamento de Vossa Graça; não seria adequado. Eu, por isso, imploro-lhe, por favor, que nos escreva relatando sua opinião sobre como eu e minhas irmãs deveremos proceder com nossa intercessão junto à Sua Majestade para não causarmos nenhuma aflição a Vossa Graça; como, deveras, soubemos por sua carta, a qual mantivemos em segredo. Espero uma resposta favorável do senhor, como meu amado pai e Senhor. Que Deus abençoe seus muitos anos com boa saúde. Castelo de Keresztúr, 23 de fevereiro de 1611.*

Thurzó deve ter ficado intrigado; até essa carta, ele talvez nem sequer tivesse percebido que um testamento já existia. O palatino logo se envolveu em uma rodada de política com assessores jurídicos do rei e seus amigos protestantes no Parlamento Húngaro. Por fim, em 30 de março, Thurzó enviou uma resposta para Mátyás que, enquanto isso, vinha-o pressionando repetidamente para seguir adiante com o interrogatório da condessa Báthory.

Thurzó escreveu:

> *Eu, como Meirinho-Mor de Vossa Majestade, providenciei a prisão dela depois de cuidadosa deliberação em comum acordo com seus parentes e genros. Hoje mesmo, o próprio Conselho dos Senhores e o juiz em exercício confirmaram para mim que eu havia tomado a atitude correta. A dificuldade nesse caso, no que pesa à justiça, é que é muito raro se passar algo com mulheres de altíssima estima da nossa época, como resultado da forma como elas vivem; estas encontram-se em uma situação tão alarmante a ponto de a pena de morte lhes ser imposta, enquanto, ao mesmo tempo, perguntamo-nos que benefício o governo* (tesouro) *receberia no caso. Vossa Majestade receberá um relatório completo sobre tudo o que há nesta mensagem no que tange ao retorno dos nobres diretores sublimes e dignos* (Magnificus ac generosus) *e seu Conselho de Senhores associados da Câmara da Corte de Pressburg* (Bratislava) *[...].*

Em apoio, o Parlamento despachou uma resposta formal para a nobreza católica, dizendo que Thurzó havia conduzido o processo contra a condessa Báthory de modo adequado. Em 31 de março de 1611, os juízes Tamás Vizkelety e Ferenc Leranth redigiram uma carta para o rei, também assinada pelos Eruditos Secretários da Casa Real e do Conselho Jurídico do Rei (Conselho da Câmara Húngara). Eles aconselharam Sua Majestade que nada de proveitoso seria obtido com outro julgamento: primeiro, seria difícil provar, de acordo com a lei, que a condessa matara meninas da nobreza de forma premeditada; segundo, mesmo provando, de acordo com a lei, a Coroa tinha o direito de receber, no máximo, apenas um terço da propriedade do decapitado; e, terceiro, no caso de assassinatos simples (isto é, de gente das classes baixas), as próprias partes interessadas têm que fazer as acusações contra a condessa, não o promotor (ou seja, sugerindo que seria altamente improvável, dado o medo que os habitantes locais sentiam da condessa, que chegassem a se apresentar para fazer acusações contra ela). Além do mais, certos erros processuais foram mencionados ao rei, como os contínuos interrogatórios preliminares, que deveriam ser mantidos em sigilo, mesmo depois de se tornarem de conhecimento público.

Os advogados da Cúria Real concluíram:

> [...] *Todavia, como quase todos os juízes do Reino e Assessores da Corte Real estão assim propensos e, portanto, já que quase nada devemos fazer para assegurar uma decisão,* [nós] *recomendamos um veredicto brando da parte de Vossa Majestade em consideração ao serviço gracioso, fiel e útil do falecido marido desta mulher e a seu filho mais novo e filhas, uma das quais casada com o ilustre e glorioso Conde Miklós Zrínyi, e a outra com o Senhor György Homonnay, ambos nobres importantes e servos fiéis de Vossa Sacra Majestade e cidadãos bons e úteis do seu país, que são contra a punição extrema de sentenciar a mulher à morte, mas, antes, imploram que o Senhor decida a punição dela, para que permaneça efetivamente em prisão perpétua, respectivamente* [...].

Tudo isso deve ter enfurecido ainda mais o rei Mátyás; sua tentativa de se tornar imperador poderia ter dependido do êxito nessa questão. Possivelmente, ele também soube das tentativas de Erzsébet por detrás dos bastidores, em conluio com o primo, Gábor Báthory, para depor o rei. Assim, ele se recusou a certificar a sentença de prisão perpétua proferida por Thurzó, ignorando o conselho de seu assessor jurídico e, em vez disso, reabrindo o caso via decreto. O rei ordenou que fosse feita nova investigação, convocando o tabelião András de Keresztúr para intimar mais testemunhas contra a condessa, incluindo os funcionários da sua corte e de todas as áreas sob seu controle administrativo, incluindo Beckov, Kosztolány, Csejthe e Vrbové (em húngaro: Verbó).

Em documento datado de 28 de julho de 1611, o tabelião András de Keresztúr registrou o depoimento de 224 pessoas: oficiais da corte, servos, administradores, cidadãos, clérigos e nobres, de todas as vastas propriedades de Erzsébet. O rei também recebeu um relatório dos depoimentos dos quatro cúmplices da condessa, feitos sob tortura. Em suma, os resultados, infelizmente, não foram o que todos queriam ouvir, incluindo o rei Mátyás.

Em uma reviravolta impressionante, essas testemunhas expuseram a pútrida "roupa suja" não apenas da condessa, mas também das aparentemente ilustres famílias Báthory-Nádasdy e da nobreza da vizinhança em termos inequívocos. Amado herói de guerra húngaro, Ferenc Nádasdy foi exposto como um vilão que maltratava os servos, tendo, inclusive, ensinado táticas de tortura bizarras para a esposa e encoberto todos os assassinatos perpetrados por ela; membros da corte de Erzsébet e das cidades, fidalgos e nobres respeitados, foram acusados de ajudar nos assassinatos ao buscarem meninas (em alguns casos, suas próprias parentes), acobertando o fato ou fazendo vista grossa. À medida que as alegações continuavam sendo despejadas, Imre Megyeri, de repente, ficou na defensiva: ele e o jovem Pál Nádasdy tiveram que fazer uma campanha intensa para proteger os próprios funcionários das acusações de cumplicidade e encobrimento.

O rei ficou mais do que perplexo. Por mais que quisesse comprometer Erzsébet Báthory, não podia arriscar evidências tão terríveis contra o herói nacional de guerra da Hungria, ou contra tantos de seus outros nobres. Isso provocaria a ira de muitos. Desesperado, ele convocou outro tribunal de testemunhas para ter certeza do depoimento. Além de Csejthe, as piores ofensas pareciam ter se passado nas propriedades Báthory-Nádasdy em Sárvár, Keresztúr e Lockenhaus (Levka); Mátyás tratou de ordenar que o vice-tabelião Mózes Cziráky convocasse testemunhas-chave dessas propriedades específicas: doze foram convocados, e o relatório foi concluído em 14 de dezembro de 1611. Tais testemunhos vieram da nobreza e, supostamente, detinham a "mais alta credibilidade"; entre eles havia testemunhas principais, incluindo os oficiais da corte: Benedek Deseö (que não estava mais a serviço da condessa) e Jakob Szilvassy, dois homens que tiveram a rara permissão de testemunhar a condessa e seus cúmplices em ação.

Para a consternação do rei, essas testemunhas repetiram exatamente o que havia sido dito sobre os vergonhosos acontecimentos. Nenhum erro havia sido cometido. Diante da contínua insistência de Thurzó, o rei, enfim, cedeu: a condessa Báthory não seria levada a julgamento público. Aliviado, Thurzó negociou imediatamente um acordo inteligente. À luz das evidências, ele recomendou sua sentença original de *perpetuis carceribus* (prisão perpétua/por toda a vida) em vez de pena de morte. Dessa vez, porém, ele incluiu uma ressalva para agradar Mátyás: legalmente, seria como se a condessa Erzsébet Báthory jamais tivesse existido. A dívida de Mátyás seria cancelada imediatamente, e uma pequena porção das terras dela lhe seria cedida. Além disso, qualquer documentação relativa à condessa, incluindo todos os registros jurídicos dos autos incriminatórios, seriam arquivados. Finalmente, por ordem do Parlamento, o nome de Erzsébet Báthory jamais voltaria a ser mencionado em meio à sociedade bem-educada.

O rei Mátyás concordou com os termos. Como resultado, a reputação dos Báthory e dos Nádasdy, incluindo as honras nacionais de Ferenc, permaneceriam intactas; Sárvár foi transferida a Pál Nádasdy, e os genros de Erzsébet foram nomeados administradores de suas outras propriedades até Pál atingir a maioridade; as terras dos nobres protestantes foram temporariamente preservadas contra os indevidos avanços católicos; e, em 1612, o ano seguinte, o rei Mátyás foi coroado imperador do Sacro Império Romano-Germânico.

As notícias pareciam boas para todos, exceto para a condessa Erzsébet. Os pedreiros chegaram pouco depois para levar a cabo a sentença final: ela nunca mais deveria sair do confinamento. Muito provavelmente, passou o restante do cárcere em seus aposentos privados na torre do Castelo de Csejthe, embora alguns estudiosos insistam que estava, na verdade, na masmorra do torreão. De toda forma, a condessa foi emparedada com apenas um vão entre os tijolos, largo o bastante para a passagem de comida, suprimentos e excrementos.

Alguns afirmam que o derradeiro confinamento de Erzsébet não foi literalmente em seus aposentos na torre ou na masmorra (isto é, não a encerraram lá dentro), mas que, em vez disso, foi condenada à prisão domiciliar perpétua, podendo vagar livremente por todo o castelo. Acreditamos que, durante os vários julgamentos e tribunais, Erzsébet foi, de fato, sujeita a uma forma muito mais flexível de prisão domiciliar, na qual tinha liberdade para entrar e sair da propriedade ou que, pelo menos, não foi encerrada em nenhum lugar específico. Todavia, após a audiência de dezembro de 1611, a sentença de *perpetuis carceribus* (prisão perpétua/por toda a vida) de Thurzó, confirmada tanto pelo rei quanto pelo Parlamento, foi executada por meio do emparedamento da condessa na torre (torre de menagem) do castelo, fato confirmado pela carta de Ponikenusz.

Legalmente, seria como se a condessa Erzsébet Báthory jamais tivesse existido. [...] O nome de Erzsébet Báthory jamais voltaria a ser mencionado em meio à sociedade bem-educada.

É possível imaginar como foi o cotidiano da condessa Báthory. Provavelmente, nos primeiros meses após a sentença final ser proferida, ela recebeu visitas; da filha, Katalin, por exemplo, que trouxe provisões como velas, pergaminhos, tinta e seus alimentos favoritos. Como seus genros, os condes Drugeth de Homonnay e Zrínyi, assumiram a responsabilidade pela administração das propriedades, deve ter havido pelo menos umas poucas visitas nas quais eles ou os seus representantes pediram detalhes.

Também sabemos que a esposa de György Thurzó, Erzsébet Czobor, fez mais do que umas poucas visitas em janeiro de 1612. A cada vez que a condessa Czobor visitava, no entanto, partia com mais do que chegava: ela estava assaltando sistematicamente os cofres da condessa Báthory, incluindo suas joias. A filha dos Thurzó, Borbála, ficou noiva do conde Kristóf Erdödy em setembro daquele ano, e quantias substanciais eram necessárias para o casamento. A pilhagem foi tão intensa que o meirinho-mor, o conde Zsigmond Forgách, escrevendo em nome da Suprema Corte da Hungria, ordenou que György Thurzó pusesse um ponto final nos furtos da esposa.

Aos poucos, porém, as visitas foram diminuindo, e as pessoas começaram a se esquecer da condessa. Não mais a cargo das propriedades, sua importância se extinguiu. Ela continuou escrevendo cartas, é claro, alegando inocência e exigindo outro julgamento, mas nenhuma foi respondida. Dizem que quando o estoque de pergaminhos acabou, ela começou a escrever nas paredes.

Embora não fossem, sob nenhum aspecto, condições ideais de vida, a condessa recebia bastante água, comida e ar para sobreviver: na época, aos 50 anos, ela ainda viveria mais dois anos e meio atrás dos muros, idade já avançada para alguém da época. É difícil saber como ela passou esses últimos anos. Provavelmente, não desfrutava mais das comodidades de uma criadagem completa e tinha que comer a mesma comida que a pequena equipe designada para vigiá-la e fazer a manutenção da propriedade. Para uma nobre acostumada a banquetes suntuosos, a refeição simples da plebe deve ter sido insultante e revoltante para ela, pelo menos no início. É também provável que, sem o benefício de damas de companhia, o próprio ato de se vestir e se despir deve ter se provado um pesadelo para essa nobre que, possivelmente, nunca teve que fazer isso por si mesma e talvez nem mesmo soubesse como fazê-lo. Também, devido às complexidades das vestimentas femininas no século XVI e no início do XVII, teria sido impossível desatar a trama elaborada dos cordões tanto dos vestidos quanto do espartilho sem alguma assistência. Tivesse ela sido presa em um desses trajes elaborados, surge a possibilidade medonha de ela nunca ter podido removê-los depois que foi encerrada na torre.

Eventualmente, no entanto, a própria Erzsébet soube que o fim estava próximo. Sabemos que ela não nutria grandes afetos pelos genros. Após a sua morte, ambos os homens planejavam assumir o controle permanente das imensas propriedades que administravam em nome do filho e das duas filhas dela.

De tal modo, em 31 de julho de 1614, três semanas antes de sua morte, dois padres do bispado de Esztergom, Imre Agriensy (Emericus Agriens) e András Kerpelich, chegaram ao Castelo de Csejthe, a pedido dela, para testemunhar e autenticar o Adendo a seu Último Desejo e Testamento. No documento, ela reiterou que todas as suas posses haviam sido legadas a seus três filhos. Em particular, queria deixar claro que György Drugeth de Homonnay não deveria receber nada mais. Ao que parecia, a posse da cidade de Keresztúr era o problema: a condessa queria reiterar que a filha, Katalin, deveria receber a propriedade, não o marido desta, György Drugeth, e que as devidas medidas legais tinham sido tomadas para esse fim:

> *Nós, a Catedral Capital de Esztergom, celebramos o seguinte: que nós, atendendo ao pedido amigável da nobre dama, Condessa Erzsébet Báthory, a viúva do falecido ilustre e nobre cavalheiro, Conde Nádasdy, a quem, devido ao cárcere não está pessoalmente apta para vir até nós, foi mandado dois de nossos Veneráveis, a saber, os senhores Andreas Kerpelich e Emericus Agiens, nossos irmãos e colegas clérigos, que ouviram a seguinte confissão feita a nós; isso, por sua vez, tornou apropriado para eles servirem de testemunhas ao que este finalmente reporta, depois de serem mandados a nós, sob juramento, conforme estabelecido em decreto geral:*
>
> *Que no ano de nosso Senhor, 1614, no dia 31 do mês de julho, no castelo denominado Csejthe, tendo sido construído no Condado de Neutra, onde a supracitada Senhora Condessa Erzsébet Báthory, na presença voluntária de nossos irmãos e por sua iniciativa própria, declarou o seguinte e assim expresso: que ela legou a Cidade de Keresztúr no Condado de Abauj para a filha Katalin Nádasdy, esposa do ilustre e venerável György Drugeth de Homonnay; e que o legado já havia sido transferido e cedido durante seu cativeiro, mas de tal forma que, até esse ponto, apenas o havia cedido e que ela não estava em posse plena e permanente dele. Ela, também, nada mais legou para Senhor György Homonnay; pelo contrário, depois de a colocarem na prisão, ela concluiu as transferências de propriedade apenas para seus herdeiros e não transmitiu mais bem nenhum.*
>
> *Portanto, se fosse de seu desejo, e mesmo se ainda quisesse excluir alguém de sua propriedade, nem poderia ter desejado isso; sua intenção, portanto, prevalece sendo a de que toda a propriedade seja dividida entre eles* (seus herdeiros). *Por fim, tivesse ela já estabelecido em documentação ao supracitado Senhor György Homonnay, no periódico de 1610, qual propriedade havia atribuído, razão pela qual guardamos para nós mesmos tais escritos quanto às disposições supracitadas pela Senhora Erzsébet Báthory ao conhecimento dos nossos confiáveis irmãos, em escrito referido sob o selo da nossa Sé e a eles confiado. Cedido no domingo após a festa de São Pedro Acorrentado* (em cadeia), *1614.*

As tentativas de Erzsébet de manter as propriedades fora do alcance de György Drugeth de Homonnay provavelmente foram em vão, no entanto; pouco menos de três semanas depois, em uma quinta-feira, 18 de agosto de 1614, Pál Nádasdy, então com 16 anos, transferiu um terço dos domínios de Csejthe e Beckov para ele.

Três dias depois, na noite de domingo, 21 de agosto de 1614, a condessa Erzsébet Báthory estava preocupada com a sua má circulação. Ela disse ao guarda-costas: “Olha como estão frias as minhas mãos!”. O atendente disse que não era nada e que ela deveria se deitar. Assim, ela colocou um travesseiro sob as pernas e começou a cantar com uma bela voz. Ela morreu naquela noite. O criado de Pál Nádasdy, autor de *Chronicle of Castle Csejthe* [Crônica do Castelo de Csejthe], declarou que a condessa faleceu duas horas após a meia-noite.

Quatro dias depois, em 25 de agosto de 1614, Slanislav Thurzó escreveu ao primo, György Thurzó, informando-o da morte da condessa:

> [...] *A morte da Sra. Nádasdy talvez já seja de seu conhecimento e a forma como ela renunciou inesperadamente a esta vida. À noite, disse ela ao guarda: "Olha como estão frias as minhas mãos!". O guarda respondeu: "Não é nada, Senhora. Basta ir e se deitar". Ela, então, foi dormir. Pegou o travesseiro que estava sob a cabeça e o colocou debaixo dos pés. Como tal, deitou-se e, na mesma noite, morreu. Ela foi encontrada morta de manhã. Dizem, no entanto, que ela orou implorando e rogando a Deus com um belo canto. Quanto ao funeral, ainda não temos informações. Apresento a mim mesmo e a meus serviços, juntamente à minha esposa, a Vossa Graça, sua esposa e seus amados filhos. Que Deus conceda a Vossa Graça vida longa e saudável. Pöstyén, 25 de agosto, Anno Domini, 1615.*

De acordo com *Chronicle of Castle Csejthe*, Erzsébet foi sepultada na igreja de Csejthe (alguns dizem que em uma cripta sob a igreja, enquanto outros afirmam ter sido no cemitério local), em 25 de novembro. Dizem, contudo, que os residentes logo começaram a reclamar que a "Infame Senhora" jazia em solo sagrado e exigiram que fosse removida. Os restos mortais de Erzsébet foram, supostamente, levados de volta para a propriedade da família Báthory, em 1617. Onde ela jaz hoje, porém, é um mistério: em seu livro publicado em 1939, *Trencin, Trnava, Historicke Povesti A Clanky* [Trenčín, Trnava, Lendas e Artigos Históricos], J. Branecky relatou que, em 7 de julho de 1938, a cripta da igreja de Csejthe foi escavada, mas que o túmulo da condessa não foi encontrado: restava apenas um pedaço da sepultura ou da lápide. Especulou-se, é claro, que se o resto do túmulo pudesse ser encontrado, a ossada também seria descoberta. Também foi alegado que, em 1995, as criptas da família Báthory em Nyírbátor foram igualmente abertas. Os restos mortais da condessa não foram encontrados no local. Outros estudiosos afirmam, de várias formas, que ela está enterrada em uma cova anônima em Levka, Sárvár, Keresztúr ou até mesmo no cemitério de Lamosz, em Budapeste, embora pareça não haver qualquer evidência confiável que sustente tais afirmações nem a existência do local.

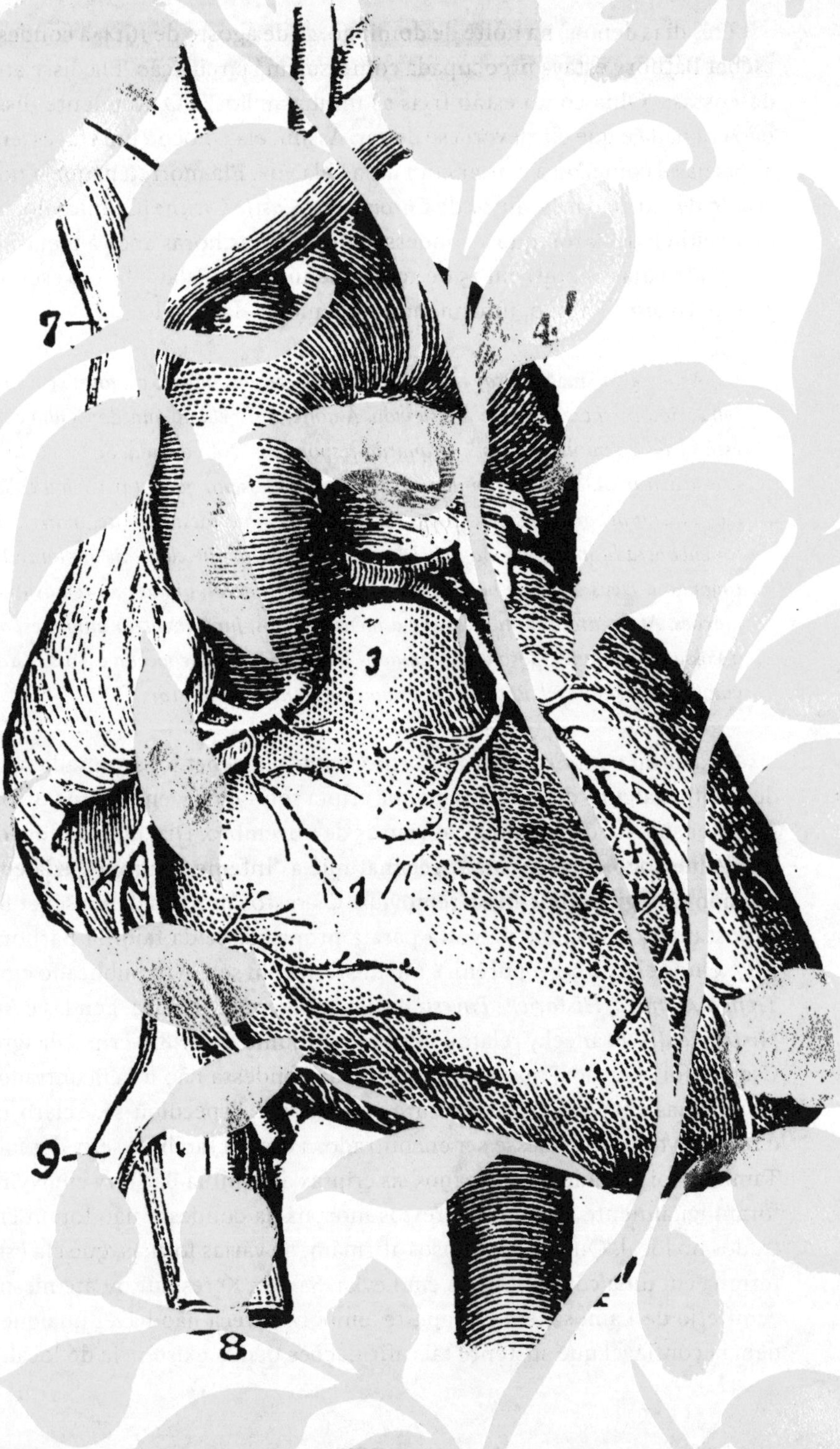
7
4
3
1
9
8

20

CAPITULUM

INFAMOUS LADY

CARÁTER DE ERZSÉBET

Devido à decisão da Hungria de declarar a condessa Báthory "legalmente morta", como se jamais tivesse existido, não existem arquivos da família Báthory, e é provável que correspondências, itens pessoais, retratos e informações significantes sobre detalhes íntimos tenham sido perdidos para sempre, seja por esquecimento, roubo ou destruição deliberada. Não obstante, especialistas tentaram reunir mais informações de seu caráter e personalidade, principalmente por meio de análises de sua caligrafia.

Temos a assinatura de Erzsébet no Último Desejo e Testamento e em várias cartas. A grafóloga Klára Ácsová deu o seguinte parecer quanto ao assunto: "Em partes devido à sua natureza decadente, mas também como resultado da insatisfação sexual, o sadismo a dominava cada vez mais. O sadismo pode ter se originado em um amor não correspondido, pois ela foi forçada a se casar com alguém que não era quem ela amava. O acontecimento a destruiu e deu início a um desejo crescente de vingança. Ela era perniciosa, perigosa e prejudicial a seu entorno. Podemos compará-la a Lucrécia Bórgia, mas Erzsébet Báthory era mais realista e ponderada. De acordo com a sua caligrafia, ela não era esquizofrênica nem louca, conforme afirmam alguns de seus biógrafos".

É possível, contudo, que a opinião de Ácsová seja meio distorcida. Foi dada a ela apenas uma reprodução ruim da assinatura original para estudo, portanto, a especialista não teve acesso ao documento inteiro. Ela sabia, também, a quem a assinatura pertencia, o que pode ter toldado sua objetividade. O interessante é que solicitaram a Ácsová que desse um segundo parecer, dessa vez em circunstâncias mais controladas, e, como resultado, sua opinião mudou.

Devido à decisão da Hungria de declarar a condessa Báthory "legalmente morta", como se jamais tivesse existido, não existem arquivos da família Báthory.

A juíza húngara Irma Szádeczky-Kardos, especificamente, ordenou que um segundo exame grafológico fosse feito para um estudo mais abrangente. Dessa vez, usou-se um documento inteiro; a saber, o Adendo ao Último Desejo e Testamento, assinado pouco antes de ela morrer. Para assegurar a imparcialidade, todos os nomes, datas e informações significantes foram suprimidas do texto para que a especialista não tivesse ideia de a quem pertencia a caligrafia sob análise. Ácsová foi convocada uma segunda vez para emitir um parecer. Sem saber que o Adendo era de Erzsébet Báthory, o estudo de Ácsová revelou, dessa vez, que a pessoa que escreveu tinha uma "personalidade forte, determinada e autoconfiante, com uma mente lógica e caráter viril". Essas qualidades eram resultado de uma criação rígida e indiferente. O relatório prosseguiu dizendo: "A pessoa que escreveu era realista, crítica, avessa à resistência e estava muito acima dos outros. Ela não era tão amada quanto era respeitada, não por sua crueldade, mas por sua intransigência, seu rigor e a frequente humilhação alheia. Ela exigia ordem em tudo".

A análise concluiu que a letra não revelava sinais de sadismo nem de desvios sexuais, e não revelou quaisquer sinais de patologia exceto por ocasionais rompantes nervosos. A assinatura, no entanto, feita logo antes da morte da condessa e durante o cárcere, apresentava sinais de esquizofrenia.

A grafóloga foi questionada inúmeras vezes sobre haver encontrado indicadores de sadismo ou de desvios sexuais, uma vez que seu segundo relatório entrara em conflito com o primeiro. Curiosamente, Ácsová negou sistematicamente.

Tomáš Gugenberger realizou outra análise grafológica das cartas pessoais da condessa. Contudo, ele foi informado de antemão que analisaria as características de um assassino em série. Isso pode ter influenciado a opinião dele, infelizmente. De todo modo, suas descobertas quanto à personalidade e o caráter de Erzsébet Báthory diferem das de Ácsová.

De acordo com Gugenberger, a condessa tinha boas qualidades: era religiosa, generosa e honrada. A honra, de fato, parecia ser muito importante para ela. A condessa também era otimista, de vez em quando. Ela, no entanto, possuía inúmeras fraquezas: "autocomplacência, impaciência, sentimentalismo, egocentrismo, desconfiança, insensatez, irritabilidade, impulsividade, imprevisibilidade, indecisão e malícia. Suas habilidades intelectuais eram baixas e ela era controlada por um forte desejo sexual, pela crueldade e a autoindulgência".

Gugenberger baseou suas descobertas em uma carta que a condessa enviou, em 1606, para a esposa de György Thurzó, Erzsébet Czobor. Gugenberger também analisou uma segunda carta, escrita em 1610. Na ocasião, ele identificou "uma tendência para a criminalidade, crueldade, excentricidade, instabilidade e perversidade unidas, e todas essas características determinavam o sadismo da pessoa analisada. Também houve indicação de um transtorno mental".

21
CAPITULUM

INFAMOUS LADY

PÓS-ESCRITO

No fim, como em todo julgamento por homicídio, frequentemente nos perguntamos: “Eles fizeram mesmo isso?” e “Por que o fizeram?”.

Sabemos que, se a condessa Báthory tivesse sido julgada sob o sistema penal em vigor nos Estados Unidos, ela, sem dúvida nenhuma, teria sido absolvida pelo simples fato de que lhe foram negados vários direitos constitucionais, mais especificamente o direito à assistência jurídica e o princípio do contraditório, isto é, a chance de enfrentar seus acusadores no tribunal. Na época, porém, esse não era o caso: tais direitos não eram garantidos, nem mesmo para a nobreza.

Havia, contudo, várias inconsistências, até mesmo para aquele período histórico, que mereciam atenção. Os conselheiros jurídicos do rei admitiram a ocorrência de alguns erros processuais, incluindo o conhecimento público prematuro gerado pelo inquérito antes de este ser concluído. E até mesmo os tabeliães reais reconheceram que grande parte dos depoimentos contra a condessa forneceram poucas informações além dos boatos.

Ainda não temos certeza de que ela tenha sido pega em flagrante: junto ao conselho judiciário da época, cerca de duzentos anos depois do julgamento, o padre László Turóczi afirmou que a condessa Báthory tinha sido apanhada em flagrante, imortalizando, assim, a tradição. Contudo, ainda precisamos encontrar documentos da época para confirmar essa informação. Embora tendo afirmado que foi flagrada no ato, Thurzó e os homens que foram com ele à residência senhorial de Csejthe na noite da incursão nunca atestaram exatamente o que Erzsébet estava fazendo na hora da captura; Thurzó nunca fez tal afirmação em resposta à pergunta da esposa quanto ao fato de a condessa ser ou não culpada; e até mesmo a Câmara do Rei escreveu, enigmaticamente, que a condessa tinha sido pega no ato "*por assim dizer*".

Esta que vos escreve acredita que teria sido impossível para a condessa, depois da incursão, continuar alegando inocência ou fazendo as declarações ousadas direcionadas ao clero e à nobreza caso tivesse realmente sido pega em flagrante naquela noite.

Por outro lado, também não acredito na inocência da condessa. O depoimento dos cúmplices e dos criados de confiança são claros e consistentes demais para serem negados. Centenas morreram, seja pela mão dela ou pelas mãos dos servos, e a condessa certamente sabia dos feitos de seus cúmplices, ainda que ela mesma não tivesse cometido todos os atos. É duvidoso, contudo, que tenha matado mais de seiscentas pessoas — nem mesmo o rei, o palatino e o sistema judiciário da época deram crédito a esse incrível número apresentado por uma serva criança. Provavelmente, os números apresentados pelos cúmplices da condessa sejam mais precisos: eles não tinham nada a perder àquela altura e eram os que conheciam melhor as atividades secretas dela.

No final, nós nos perguntamos por que ela fez o que fez — como uma pessoa tão notável, brilhante e rica como a condessa Báthory poderia passar seu tempo livre atormentando e assassinando inocentes? E, no entanto, fazemos a mesma pergunta sobre todos os assassinos em série. Muitos parecem começar da mesma forma: com pequenos atos de crueldade contra os mais fracos; contra animais, talvez, ou crianças mais novas, e aos poucos vão aumentando em intensidade até o assassino não poder mais controlar o impulso. Como um vício, o desejo pelo poder, ou a fúria assassina que irrompe, eles não conseguem se controlar, nem parar, não importam as consequências.

Sabemos que a condessa Báthory recebia conselhos, advertências, e era até mesmo exortada pelos servos pessoais a parar o que estava fazendo; ainda assim, ela se recusou, segura de estar acima da lei de sua época. Nesse sentido, a condessa deve ter acreditado que ela *era* a lei. E, no entanto, uma patologia obviamente existia. É provável que ela tenha sofrido maus-tratos quando criança e no início do casamento: é bastante comum que alguém que vitime terceiros tenha, em algum momento, sido vítima também. Testemunhas declararam que a condessa não podia comer nem beber se não matasse a vítima antes, e que ela se enrolava em urtigas, permitindo que as aias a contemplassem e a tocassem em tal estado. O fato de que meninas — vítimas que, em grande parte, tinham entre 10 e 14 anos — foram despidas inúmeras vezes, obrigadas a cuidar dela em estado de nudez, e depois forçadas a sofrer punições hediondas pela menor das infrações, indica um transtorno sexual extremo.

No final, nós nos perguntamos por que ela fez o que fez — como uma pessoa tão notável, brilhante e rica como a condessa Báthory poderia passar seu tempo livre atormentando e assassinando inocentes?

No fim, a condessa havia convencido até a si mesma de que, de alguma forma, ela era inocente de qualquer delito, insistindo nisso com uma indignação fervorosa, quase honrosa. Ao mesmo tempo que fazia doações para caridade, a fim de ajudar os pobres e necessitados, ela torturava e assassinava crianças, talvez as mais necessitadas de todas. A condessa, porém, não tinha reservas ao culpar seus servos, escolhidos a dedo, por essa violência, chegando ao extremo de dizer que ela mesma tinha medo do que faziam e, em essência, de certa forma, sentia-se impotente para impedi-los. Novamente, a complexidade de seu caso e as profundezas do transtorno fazem dela uma figura fascinante para ser estudada. Com o tempo, esperamos, chegaremos a entender melhor sua personalidade e patologia, ou a história, inevitavelmente, se repetirá.

Quanto às pessoas que tiveram destaque na vida da condessa, podemos dizer o seguinte:

- O primo Gábor Báthory, príncipe da Transilvânia, em quem depositara a esperança de que a resgatasse da prisão, foi assassinado em 18 de outubro de 1613, por seus próprios homens, cerca de um ano antes da morte da condessa.
- A filha Anna morreu em 13 de agosto de 1613, e o marido desta, em 1625. Ela não teve filhos.

- A filha Katalin morreu em 1620. Ela teve três filhos: Mária, János e Erzsébet.
- Em dezembro de 1615, o palatino György Thurzó morreu. A esposa dele, Erzsébet Czobor, famosa por furtar as joias da condessa Báthory, mais tarde morreria na pobreza.
- Em 9 de março de 1616, Pál Nádasdy, já com 18 anos, dividiu os bens de Csejthe e Beckov entre si e György Drugeth de Homonnay, indo contra os desejos da mãe. Em 19 de julho de 1617, ele se casou com Borbála Cziráky, em Sárvár. Em 3 de agosto de 1620, Pál Nádasdy ficou noivo de sua segunda esposa, Judit Revay. Em 15 de dezembro de 1621, nasceu seu primeiro filho, György. Em 14 de janeiro de 1623, nasceu seu segundo filho, Ferenc. Seus outros filhos foram Tamás e Anna-Mária. Pál Nádasdy morreu em 15 de outubro de 1633, em Csepreg.
- Houve uma sobrevivente do Castelo de Csejthe, uma menina chamada Anna, resgatada na noite da incursão. Ela foi levada para uma cidade próxima, Újhely, e tratada pelo barbeiro (isto é, o cirurgião) da cidade, Thomas. Anna foi, então, levada de volta para a casa de sua mãe viúva. A mão de Anna havia sido cortada em pedaços e sua carne foi arrancada em ambos os lados dos ombros e das nádegas. Ela ficou de cama por mais de dois meses. Os registros locais indicam que: "Devido à forma como foi tratada, ela recebeu 56 florins e 15 libras de trigo, garantidos por medida de Újhely, providenciados pelo administrador de Csejthe sob ordens do ilustre Senhor Palatino. Após sua recuperação, ela e a mãe receberam uma pequena fazenda em Csejthe como propriedade plena".

O fascínio mórbido que Erzsébet Báthory continua a exercer sobre nós transcende as páginas da história, como uma sombra persistente que desafia o esquecimento. Seus atos macabros repercutem como um eco do passado, continuando a intrigar e perturbar nossa imaginação, lembrando-nos da complexidade sombria que habita na natureza humana.

Erzsébet Báthory permanece como um enigma, atraindo nossa atenção, mesmo séculos após sua morte, como um símbolo indelével do obscuro e do desconhecido.

APÊNDICE

CARTAS E DOCUMENTOS TRADUZIDOS

Aqui você encontra uma coleção abrangente de materiais extras sobre a condessa Báthory, compreendendo cartas originais que serviram como fontes primárias, transcrições detalhadas de julgamentos, depoimentos cruciais e documentos históricos relevantes. Esta compilação abrange uma variedade de perspectivas e oferece uma análise aprofundada sobre a vida e os eventos associados à intrigante figura da condessa Báthory.

26 DE ABRIL DE 1575
Carta do Imperador à Câmara do Tribunal Húngaro em Viena

Pedimos respeitosamente a Ferenc Nádasdy, depois que ele propôs casamento à filha do falecido Conde György Báthory, Erzsébet Báthory — a ser comemorado com alegria no domingo, dia 8, no próximo mês de maio, em Varannó —, que reconheça nosso prazer e desejo de enviar nossa delegação de emissários ao casamento. E, graciosamente, concedemos, de acordo com seu pedido obediente, uma ordem para um mestre artesão construir uma *credenza* decorativa. Louvamos sua misericórdia por receberem um cálice revestido de prata ou um jarro e bacia no valor de 200 táleres a lhes serem trazidos em vez de nossa presença em seu casamento, cuja entrega deve ser ordenada. Além disso, graciosamente fazemos saber que a Imperatriz Romano-Germânica, nossa afável e amada esposa, considerou que Nádasdy também deveria receber um cálice no valor de 100 táleres, e desejamos destinar o dinheiro para esse fim. Portanto, também concedemos gentilmente que nossos afáveis e amados filhos, Rodolfo, Rei da Hungria, e o Arquiduque Ernesto da Áustria, também forneçam cálices no valor de 150 táleres, bem como a *credenza* supracitada, e emitam esta graciosa ordem: sua escolha certamente será honrada, quer tragam os canecos de servir e assim os encomendem, ou os senhores peçam ao artesão que os façam em um estilo semelhante ao da nossa Corte Espanhola (caso contrário, não será pago). Isso indica nossa graciosa vontade e opinião.

Praga, 26 de abril de 1575.

---

5 DE MARÇO DE 1610
Carta de Thurzó a András de Keresztúr

Conde György Thurzó de Bethlenfalva, Palatino do Reino da Hungria, Juiz de Cumanos e Árva, e também governador dos mesmos condados sob Sua Majestade, Mátyás II, pela graça de Deus, o Rei da Hungria, Dalmácia, Croácia, Eslavônia etc., Conselheiro e Governador da Hungria etc.

Ao louvável Conselheiro András de Keresztúr, Tabelião do mencionado Sacro Reino, saudações. Saiba que ouvimos em várias ocasiões alegações críveis e sérias sobre a nobre e conhecida Senhora Erzsébet Báthory, viúva do falecido, ilustre e conhecido Senhor Ferenc Nádasdy; que, a saber, esta mulher Erzsébet Báthory, desrespeitando sua reverência a Deus e ao povo, assassinou cruelmente não se sabe quantas meninas e virgens e outras mulheres em seu Gineceu, de variadas maneiras, e que foi-nos incumbido igualmente por vontade da referida Majestade Real, bem como em virtude das referidas leis e regulamentos do Reino da Hungria, como Palatino do dito Reino da Hungria, nomeado com base em nosso cargo e nossa autoridade inerente como Palatino sob as leis do Reino, contra a mencionada violência e crimes insuportavelmente graves. No entanto, de acordo com a lei, para proceder contra a referida Senhora Erzsébet Báthory, e para poder falar de um julgamento adequado quando deve ser necessário e possivelmente obtido, desejamos proceder da maneira supra de acordo com a lei do Reino e pedir-lhe para interrogar testemunhas confiáveis. Portanto, nós o enviamos com séria intenção e em virtude de nossa autoridade como Palatino, e lhe damos instruções obrigatórias e ordens estritas assim que receber esta carta, sobre todos e cada indivíduo, incluindo dignitários e aristocratas eclesiásticos, bem como nobres e outras pessoas de ambos os sexos, de qualquer origem, dos condados de Bratislava, Nitra, Trencsén e Bars, todos abrangidos por nossa jurisdição, após sua nomeação e convocação para perguntas sobre o supramencionado, em relação aos assassinatos perpetrados contra meninas e mulheres pela dita Senhora Erzsébet Báthory, até que a mais plena, mais confiável e mais pura verdade seja conhecida e descoberta: dos líderes espirituais na pureza de sua consciência, e por aqueles nobres e outras pessoas ordinárias e honestas de ambos os sexos na sua fé em Deus e, sobretudo, na Real Majestade e no seu sagrado dever de fidelidade à Coroa. (Além disso, sob o poder de nossa autoridade como Palatino, com intenção séria e estrita, acrescentamos o seguinte — sob ameaça de uma penalidade rígida de 16 marcos, cujo peso deve ser implacavelmente perseguido pelos afetados, pois será um decreto geral — para que eles de fato não tenham a coragem de se desviar, de forma alguma, da pura verdade em suas respostas às perguntas.) E após uma investigação completa dessas evidências, deverá nos enviar nosso relatório de carta habitual e necessário, para que se faça justiça.

Dada em Bratislava, no dia 5 do mês de
março, ano 1610 de nosso Senhor.

5 DE MARÇO DE 1610

Carta de Thurzó a Mózes Cziráky

Nós, o Conde György Thurzó de Bethlenfalva, Palatino do Reino da Hungria, Juiz de Cumanos e Árva, e governador perpétuo do mesmo condado (Árva), conselheiro confidencial do sacro Príncipe e Senhor, Senhor Mátyás, pela graça de Deus, eleito Imperador Romano-Germânico, em todos os momentos e de vários reinos o Rei da Germânia, Hungria, Boêmia etc., Arquiduque da Áustria, Duque de Borgonha etc., e governador da Hungria.

Damos a conhecer o seguinte com este texto, para que todos possam se beneficiar. Por bom convite da Sacra, Imperial e Real Majestade, nosso clemente Senhor, através de mandatos especiais e extensos escritos contendo entrevistas, confissões e declarações sobre os atos cruéis e ultrajantes de sacrilégio aparentemente cometidos pela nobre e ilustre Senhora Erzsébet Báthory, a viúva do falecido Senhor Ferenc Nádasdy etc., emitida sob os selos e assinaturas manuscritas de certos nobres leais que deram fé pública e todos os quais são conhecidos pelo Senhor, tendo sido relatados igualmente, desejamos e devemos atribuir sob nosso Selo Palatinal e Assinatura Manuscrita:

Que o primeiro relatório do ilustre Mózes Cziráky, nosso Vice-Tabelião, em forma de livro, juntamente com o nosso selo judicial, reafirma o seguinte:

Nós, o Conde György Thurzó de Bethlenfalva, Palatino do Reino da Hungria, Juiz de Cumanos e Árva, e também governador dos mesmos condados e membro do Conselho ao Sacro Príncipe e Senhor, Senhor Mátyás, pela graça de Deus o Rei da Hungria, nomeado Rei da Boêmia, Arquiduque da Áustria, Duque da Borgonha e Governador da Hungria.

Apresentamos e publicamos este nosso relatório, para benefício de todos; que o ilustre Mestre Mózes Cziráky, nosso Vice-Tabelião, sob nossas ordens sumarizou estes relatórios e os entregou, os quais foram escritos em papel não selado e depois anexados na borda interna com o nosso selo sacro e válido, com o nosso Vice-Tabelião acrescentando o seguinte texto:

O Conde György Thurzó de Bethlenfalva, Palatino do Reino da Hungria, Juiz de Cumanos e Árva, e governador perpétuo do mesmo condado (Árva), e conselheiro do atual Príncipe e Senhor, Senhor Mátyás, pela graça de Deus o Rei da Hungria, Dalmácia, Croácia, Eslováquia etc., nomeado Rei da Boêmia, Arquiduque da Áustria, Duque da Borgonha etc., e Governador da Hungria.

Ao ilustre meirinho, Mózes Cziráky, nosso Vice-Tabelião, com cordiais saudações. O senhor sabe como, tanto no passado quanto no presente, chegaram-nos várias queixas graves a respeito da nobre e gloriosa Senhora Erzsébet Báthory, a viúva do falecido, nobre e glorioso Senhor Ferenc Nádasdy etc.; a saber, que esta mesma Senhora Erzsébet Báthory, por meio de algum tipo de espírito maligno, deixou de lado sua reverência a Deus e pelos homens, e matou de maneiras cruéis e variadas muitas meninas e virgens e outras mulheres que viviam em seu Gineceu; também que nós, tanto por vontade da dita Majestade Real como em virtude das leis e regulamentos do Reino da Hungria, dito Palatino do mesmo Reino da Hungria será responsável pelo cumprimento de nossos deveres e temos direito sob a autoridade Palatina, de acordo com os costumes do Reino, para punir os referidos crimes intoleráveis e graves que tenham sido cometidos. Assim, podemos legitimamente e devidamente proceder na referida matéria; e, desta forma, em relação à mencionada Senhora Erzsébet Báthory, uma vez que um veredicto adequado — se necessário — for proferido e puder ser alcançado, começamos por ordenar-vos nesta matéria reunir e inquirir testemunhas, conforme a lei do Reino exige. Portanto, exortamos-vos com veemência, instruímos e autorizamos, em virtude de nossa autoridade Palatina, que, tão logo receba esta carta, interrogue todos os membros do estrato eclesiástico, bem como a nobreza e outras pessoas ilustres de todas as classes e de ambos os sexos nos condados de Györ, Sopron, Vás, Zala e Veszprém, sobre os mencionados assassinatos de meninas e mulheres pela referida Senhora Erzsébet Báthory; pelos membros do estrato espiritual, que respondam na pureza de sua consciência; pela nobreza superior e inferior, e de outras classes e de ambos os sexos, por respeitável *ethos* secular em seu Deus, e com a devida reverência e lealdade à dita Real Majestade e à sagrada Coroa; toda a verdade pura deve ser totalmente explorada, e o Senhor deve trazer sua experiência para o inquérito (adicionamos nossa autoridade Palatina em virtude da gravidade do assunto e impomos, rigorosamente, uma penalidade de 16 marcos — tal como está disponível em um decreto geral — um grande fardo imposto logo em seguida àqueles a quem afeta, pois somos inflexíveis a que se dê apenas a pura verdade sobre os pontos em questão, sem o menor sacrifício do juramento). Após a implementação dessas entrevistas e interrogatórios de testemunhas, o Senhor é obrigado a se reportar fielmente e fazer anúncios para nós. Essa questão exige justiça. Qualquer coisa diferente não deve prosseguir.

Dada em Bratislava, no dia 5 do mês de março, ano 1610 de nosso Senhor.

3 DE SETEMBRO DE 1610

Último Desejo e Testamento de Erzsébet Báthory

Eu, a nobre e graciosa Erzsébet Báthory, viúva do antigo nobre e gracioso Ferenc Nádasdy, coberta pela graça de Deus, agora em velhice e sem forças, em estado enfermo, sou obrigada a cuidar de assuntos que me causam sofrimento excruciante pelo falecimento de meu abençoado e amado esposo, o que me enfraquece mais a cada dia. Muitas preocupações inquietas recaíram sobre mim quanto aos meus três filhos amados, quando minhas duas filhas solteiras e meu filho sem tutor ficaram sob os cuidados e custódia de minhas mãos viúvas. Até agora, eu lhes tenho suprido, com a ajuda graciosa de Deus, com cuidados assíduos e amor maternal, apesar de minha condição de viúva, não apenas para seu bem e sua nutrição física referentes a seu benefício; especialmente, também, como o Deus Todo-Poderoso em Sua bondade graciosa para com minhas duas filhas Anna e Kata Nádasdy mostrou sorte; louvado e abençoado seja Seu santo nome para todos os órfãos e viúvas a quem Ele graciosamente provê. Provi decentemente a eles em momentos apropriados, através da casa de seu pai, e seus pais arcaram com os custos apropriados do casamento — minha filha mais velha, Anna, com o bem-nascido e gracioso Miklós Zrínyi; Kata, com o de berço mais elevado e gracioso György Homonnay, dos quais paguei as despesas e cuidei das principais preocupações. Cuidei, graças à generosa ajuda de Deus, louvado e bendito seja Seu santo nome, também da educação de meu filho Pál Nádasdy, de tal forma que ele, como o Deus Todo-Poderoso declarou que o tempo havia chegado, aos doze anos de idade tomou o juramento do cargo de Chefe do Condado de Vás, de maneira adequada e com os custos correspondentes pagos. E porque, por todas essas coisas, eu suportei zelosamente essas preocupações, minha consciência agora minguando, graças à força e à santa graça de Deus, dia a dia, sem cessar, ainda sou capaz de pensar no fim de minha vida terrena com todo o meu coração, e decidi que, até o fim de minha vida, pensarei apenas no Deus santo e gracioso, o Salvador e Criador, e provarei a Ele minha gratidão. Por esta razão, renuncio às preocupações terrenas e esclareço aqui, por este Testamento, que renunciei ao cuidado e posse da parte do pai em nome de meus filhos, incluindo todos os seus bens móveis e imóveis, e, a partir deste dia, desejo ficar desprovida de preocupações com tais desejos, exceto por todos os administradores, assistentes e outros servos fiéis da abençoada memória de meu amado marido, confiados a mim para seus cuidados e custódia.

Como a parte do pai ainda não foi dividida entre meus filhos, e embora minhas duas filhas vivam distante com seus maridos, como meu filho Pál Nádasdy mora comigo, deixei-o na posse dos bens, e ele fará com que assim permaneça até que Deus permita a meus três filhos se reunirem e dividirem os bens com a ajuda de seus pios parentes tementes a Deus e amigos dos homens vizinhos mais importantes com quem, em amoroso companheirismo, este acordo foi feito.

Por meio deste, pedi a minhas filhas e genros que esperem que seu irmão atinja a maioridade antes de distribuírem os bens adquiridos de Sárvár, Kapuvár e Levka, e que não lhes cause nenhum dano. Que eles encontrem entre si uma maneira equitativa de compartilhar, de modo que os direitos de uma criança que vive após a morte de outra criança não sejam diminuídos. Os bens restantes, tanto a parcela do pai como a parcela da mãe, que passaram a situar-se em toda a parte deste país, seja qual for o condado em que se encontrem, devem ser divididos em três porções. Quanto ao que cabe a mim, como esposa, o usarei até a minha morte; que recompensa seria para mim permitir que meus três filhos, de sua parte de bens, tanto a mim, não como mãe, como a outros parentes, não paguem nada; porque os possuo e porque os possuo naturalmente e também com frequência permito que, no futuro, eles nunca precisem pagar pelos bens que chegarem às suas mãos.

No que diz respeito aos bens herdados e aos legados que chegaram a mim de meu pai e de minha mãe, tudo o que já possuí anteriormente, e tudo o que no futuro me pertenceria depois da minha parcela de herança, seja em virtude de sangue, seja em virtude de um Testamento, abençoado por meus pais ou irmãos, aos quais eu poderia ter ou teria direito — transferi tudo isso com plenos direitos de herança para meus três filhos, Anna Nádasdy, Kata Nádasdy e Pál Nádasdy, e também passo a suas mãos todos os meus castelos, juntamente com suas receitas. Também incluí todas as propriedades que possuo desde a infância em suas respectivas parcelas de propriedade; também coloquei em suas mãos todas as escrituras, títulos e cartas, conforme o decreto assim prevê, e para os quais a lei prevê. A ourivesaria, eu leguei a Pál Nádasdy, porque minhas duas filhas já receberam suas partes; ou seja, anéis, cabides etc. Também deixei todos os meus bens móveis, pratarias, pedras preciosas e como quer que sejam chamados, aos meus três filhos em partes iguais, exceto os arreios e armas, uma vez que eu já havia deixado isso para meu filho, Pál Nádasdy.

Estas são minhas ordens e meu Último Testamento, demonstrados por livre e espontânea vontade a quem chamei como testemunhas, alguns nobres importantes, para que pudessem presenciar as minhas ordens e o meu Último Testamento; da minha boca, palavras foram postas por escrito aqui, presentes junto comigo com seus selos originais e reafirmando seus nomes da seguinte forma:

Primeiro: Bálint Récsey de Gátosháza
Segundo: Kristóf Cicheo de Gulács
Terceiro: Márton Szopory de Fölsö-Szopor
Quarto: István Döry de Jobaháza
Quinto: István Tompa de Bódogfalva
Sexto: János Bácsmegyei de Simaháza
Sétimo: Gergely Phythiaräus, um pregador de Keresztúr
Oitavo: Benedek Deseö de Haraszt
Nono: Gergely Pásztori de Bozd
Décimo: Vid Andy de And
Décimo primeiro: Miklós Madarász.

Este testamento é proferido em
Keresztúr, 3 de setembro de 1610.

Erzsébet Báthory

---

19 DE SETEMBRO DE 1610
Relatório de András de Keresztúr: Declarações/Depoimentos de 34 Testemunhas

Depois de receber e entregar, fiel e obedientemente, esta carta, o tabelião de registros tratou da seguinte maneira. De acordo com as exigências e ordens do mencionado Palatino real, ele convocou nos dias indicados as seguintes testemunhas de acordo com as disposições anteriores do mencionado Palatino, sob a pesada pena de 16 marcos, dada sob decreto geral, para aqueles que se recusaram a responder às perguntas do tabelião de registro, conforme o teor do decreto a ser convocado e reunido, monitorado e interrogado, separadamente, para que cada um falasse a pura verdade do que sabia e experimentara, e sobre o que fora interrogado, incluindo o clero na pureza de sua consciência, o povo em sua fé em Deus e sua lealdade para com nossa Majestade real e nossa sagrada coroa real húngara.

O primeiro foi o nobre Mátyás Muraközy, 46 anos, residente em sua propriedade em Apaj e Alsócheppen, que compareceu pessoalmente, fez o juramento e foi interrogado; ele disse que ouviu dos nobres Melchior e Pál Nagyvathy que sua própria irmã havia sido confiada e transferida para o Gineceu da referida Sra. Erzsébet Báthory. Melchior e Pál Nagyvathy informaram ainda que haviam realizado investigações extensas e completas sobre a referida irmã, mas não conseguiram descobrir nada sobre seu paradeiro ou o que acontecera com ela; eles estavam certos, porém, de que ela havia sido morta pela Sra. Erzsébet Báthory.

Em dado momento, no dia 30 do mês de março, na cidade mercantil de Újhely, o venerável István Raczyczenus, prepósito da igreja da mencionada Újhely, 55 anos, como segunda testemunha, foi interrogado sob a pureza de sua consciência e testemunhou de maneira semelhante ao próximo. Ele declarou que tinha ouvido muito sobre a crueldade da mencionada Sra. Erzsébet Báthory, de todos os lados, e que muitos disseram que a referida Senhora Viúva Nádasdy havia matado ou permitido serem mortas aproximadamente 200 virgens e mulheres em sua Corte ou Gineceu.

A terceira testemunha foi o honorável György Predmerczky, 45 anos, súdito do Senhor Dániel Pongrácz, residente da cidade mercantil de Újhely, interrogado sob juramento; ele disse que não sabia mais nada, exceto que, naquele ano, após a cerimônia de casamento da filha da referida Sra. Erzsébet Báthory e seu genro György Homonnay, os juízes e jurados das cidades mercantis de Csejthe e Újhely, e da propriedade Russo, reuniram-se para celebrar o Dia do Julgamento. De Csejthe, participaram três jurados, dentre os convocados estava Mattheus Foglar. Esses três jurados relataram ao tribunal que, durante a celebração do casamento da Senhora Viúva Nádasdy, duas virgens foram tão severamente atormentadas e torturadas que vieram a falecer. Então, a Senhora Viúva Nádasdy fez com que as mortas fossem trazidas para a cidade mercantil de Kosztolány, como a mesma testemunha ouvira antes, para serem enterradas entre outras virgens, também mortas por essa mesma mulher, a Viúva Nádasdy.

A quarta testemunha foi o honorável Georgius Casparovych, súdito do ilustre Franciscus Magochy, residente do burgo de Újhely, de cerca de 70 anos, interrogado sob juramento; contou que as crueldades de que a Senhora Viúva Nádasdy fora acusada eram rumores que circulavam há muito tempo; porém, se era verdade, ele não sabe; no entanto, em relação às duas meninas mortas durante a referida cerimônia de casamento e que foram sepultadas em Kosztolány, disse o mesmo que a testemunha anterior, György Predmerczky.

A quinta testemunha foi o honorável Mátyás Chad, de cerca de 45 anos, súdito do ilustre Peter Rattkay, residente em Újhely, interrogado sob juramento; afirmou que, recentemente, durante a cerimônia de casamento da filha da referida Sra. Nádasdy, esteve na corte de Csejthe e ouviu de oficiais e criados locais que duas virgens tinham morrido devido a espancamentos excessivos e torturas cruéis da mencionada Sra. Nádasdy e que, depois de mortas, foram levadas à noite para Kosztolány a fim de serem enterradas lá. A mesma testemunha falou também que o pastor de Csejthe chamado János lhe dissera que ouvira do pregador de Sárvár que a viúva Nádasdy havia matado mais de cem virgens e mulheres por sua tortura ultrajante e cruel.

A sexta testemunha foi o honorável Nicolaus Kokhanowsky, de cerca de 30 anos, súdito do mencionado Dániel Pongrácz, residente na citada Újhely, interrogado sob juramento; ele testemunhou de todas as maneiras como György Predmerczky, a terceira testemunha.

A sétima testemunha foi o honorável Georgius Blavar (também Blanar), de cerca de 50 anos, súdito do mencionado Dániel Pongrácz, interrogado sob juramento; ele testemunhou de todas as maneiras como a testemunha anterior, Nicolaus Kokhanowsky.

A oitava testemunha foi o honorável Jacobus Hromady, de cerca de 40 anos, súdito do já mencionado Franciscus Magochy, interrogado sob juramento; ele testemunhou de todas as maneiras como a testemunha anterior.

A nona testemunha foi o honorável Nicolaus Kuzkleba, de cerca de 50 anos, súdito do mencionado Dániel Pongrácz, interrogado sob juramento; ele admitiu que tinha ouvido pela primeira vez de um certo Potoczky, um antigo criado de István Illésházy, que a Senhora Viúva Nádasdy levara para seu Gineceu duas nobres virgens de [condado de] Liptov, sobre as quais esta Senhora Viúva infligiu várias torturas e espancamentos ultrajantes. Ele também disse que seu filho György Pellio lhe contara ter visto como, logo após o final do inverno, quando a Senhora Viúva Nádasdy chegou à cidade de Trencsén, uma menina foi amarrada, espancada e chicoteada com muita violência, e depois submersa em água gelada e, em seguida, não foi autorizada a remover as roupas molhadas.

A décima testemunha, o honorável Petrus Hamerda, escrivão da referida cidade mercantil de Újhely, de cerca de 40 anos, súdito do mencionado Dániel Pongrácz, interrogado sob juramento; disse que ele próprio esteve uma vez em Kosztolány e ouviu dos habitantes desta cidade mercantil de Kosztolány que a Senhora Viúva Nádasdy, que já não morava em Kosztolány, infligiu golpes cruéis e terríveis a uma menina, chicoteando-a com urtigas, até que esta finalmente morreu depois de sofrer várias outras torturas.

A décima primeira testemunha foi o nobre Nicolaus Mezarych, *Tricesimator* (isto é, uma espécie de coletor de impostos), de cerca de 40 anos, interrogado sob juramento; afirmou que, quando na casa do fidalgo János Zluha, residente na cidade de Verbó, alguém contou, no almoço, que certa vez recebera cartas do administrador de Csejthe, pelas quais lhe incumbiam ir à farmácia de Tirnau (Trnava) para pegar uma droga específica; essa droga lhe foi negada, no entanto, quando o médico, Martinus, foi informado de qual era. Por fim, depois que János Zluha mostrou ao médico a carta do administrador, o farmacêutico lhe entregou o remédio; contudo, o Dr. Martinus disse-lhe que ele deveria avisar à sua Senhora que alguém de posse de tal droga poderia matar cem pessoas se quisesse.

A décima segunda testemunha foi o nobre Andreas Somogy, balconista (controlador) da *Tricesima* (isto é, fisco) em Újhely, de cerca de 35 anos, interrogado sob juramento; ele testemunhou em todos os sentidos como a testemunha anterior, Nicolaus Mezarych, e acrescentou que, após a morte do Conde István Báthory, a Viúva Nádasdy viajou para a propriedade do antigo Conde e, na viagem, enquanto percorria a cidade de Trencsén, a testemunha afirma ter visto duas meninas, ambas com as mãos tão queimadas que não podiam tocar em nada; enquanto subiam na carruagem, elas não podiam usar as mãos, alguém tinha que ajudá-las a entrar, porém, definitivamente, não na carruagem em que a Senhora Viúva estava viajando. À pergunta sobre o que tinha sido feito nas mãos das meninas, a testemunha respondeu que a Senhora Viúva Nádasdy havia queimado-lhes as mãos.

A décima terceira testemunha foi o fidalgo Peter Daynter, de cerca de 40 anos, residente na referida Újhely, interrogado sob juramento; disse que nada sabia, exceto o que ouvira de boatos; por exemplo, que após a celebração do casamento do Senhor György Homonnay, algumas meninas foram enterradas em Kosztolány sem cerimônia e sinos fúnebres.

A décima quarta testemunha foi o nobre Ladislaus Saary, residente aqui em Újhely, de cerca de 50 anos, interrogado sob juramento; ele contou que uma vez, Stephanus Pesti, criado do Senhor István Dóczy, disse-lhe que ouvira que a senhora da casa, a Senhora Viúva Nádasdy, uma vez dera uma surra tão forte em uma menina que lhe causara sangramento profuso. Depois disso, ela esfregou urtigas na menina, amarrou as mãos estendidas da garota nua em um poste e derramou água fria sobre ela, que foi obrigada a ficar ali até que a água congelasse. Além disso, a mesma testemunha ouviu de pessoas que vivem em Kosztolány que, no inverno, na época da Prece de Domingo, a condessa deixou Csejthe e viajou para o outro lado do rio Danúbio, onde se localizava sua propriedade, e ficou aqui em Kosztolány; uma garota que a enfurecera foi levada, forçada a se despir completamente e submersa no riacho congelado que flui pela cidade, depois de um buraco ter sido aberto no gelo.

A décima quinta testemunha foi o honorável János Morawczyk, súdito do supracitado Rattkay, 35 anos, interrogado sob juramento; ele declarou ter ouvido de um certo Mazalak, criado da referida Senhora Viúva Nádasdy, que lhe disse, e depois repetiu sob juramento, que a Senhora Viúva Nádasdy havia matado uma menina e que a própria testemunha fora obrigada, por ordem da

Senhora Viúva, no inverno, a trazer meninas nuas para o frio e derramar água gelada sobre elas; a mesma testemunha acrescentou que, quando foi a Liptov comprar sal, ouviu dos vendedores de sal que a Senhora Viúva Nádasdy, durante sua viagem à propriedade do falecido Conde István Báthory, havia enterrado duas meninas ali em Lipov.

A décima sexta testemunha, o honorável János Mezar, de cerca de 50 anos, súdito do referido Rattkay, residente da mencionada Újhely, foi interrogado sob juramento; disse que nada sabia sobre a crueldade da Senhora Nádasdy, exceto o que se sabe de boatos; que abusou das meninas que moravam em seu Gineceu com golpes, e fazia essas meninas rolarem nuas no chão coberto de urtigas; além disso, ele também tinha ouvido falar que depois da cerimônia de casamento de sua filha, duas meninas morreram e foram enterradas em Csejthe.

A décima sétima testemunha, o nobre János Pesty, de cerca de 35 anos, residente na referida cidade mercantil de Újhely, foi interrogado sob juramento; ele afirmou não saber de nada.

A décima oitava testemunha foi o honorável Nicolaus Csíszár, de cerca de 30 anos, residente na cidade mercantil de Újhely, interrogado sob juramento; ele disse não saber de nada, mas que tinha ouvido rumores de que a Sra. Nádasdy era muito cruel e que havia mandado matar algumas meninas.

A décima nona testemunha foi o honorável János Benkó, de cerca de 50 anos, súdito do referido Peter Rattkay, residente na cidade mercantil de Újhely, interrogado sob juramento; ele disse que nada sabia, exceto pelas histórias contadas por muitos, que cada crime, como geralmente se afirma, de fato foi cometido pela Senhora Viúva Nádasdy.

A vigésima testemunha foi o honorável János Kraychovych, de cerca de 33 anos, súdito do mencionado Dániel Pongrácz, residente em Újhely, interrogado sob juramento; ele declarou que um certo carpinteiro chamado Nicolaus Krestyan, agora estabelecido na cidade mercantil de Galgóc, disse-lhe que uma vez trabalhara na corte da cidade de Csejthe, de propriedade da Senhora Viúva Nádasdy, e lá, ele ouviu dos serviçais da Senhora Viúva Nádasdy que a dita Senhora Viúva havia açoitado e torturado tão cruelmente duas meninas que elas estavam moribundas; a mesma testemunha também ouvira dizer que a Senhora Viúva Nádasdy matara duas meninas na cidade mercantil de Beckov, a caminho das porções mais ao Norte do Reino, enterrando-as, sem cerimônia fúnebre, em algum lugar ao longo do caminho.

A vigésima primeira testemunha foi o honorável György Maidanek, de cerca de 40 anos, súdito do referido Rattkay, residente em Újhely, interrogado sob juramento; disse não saber de nada além do que ouvira: que a Senhora Viúva Nádasdy tinha matado algumas garotas de maneira cruel.

A vigésima segunda testemunha foi o honorável János Hlavach, de cerca de 30 anos, súdito do referido Rattkay, residente em Újhely, interrogado sob juramento; ele contou que tinha ouvido de pessoas diferentes o que a Senhora Viúva Nádasdy fizera com as meninas sob seus cuidados no Gineceu; ou seja, que enfiou agulhas sob suas unhas e submergiu algumas garotas nuas em água gelada. Ele também tinha escutado que ela havia matado algumas meninas.

A vigésima terceira testemunha foi o honorável Nicolaus Kleko, de cerca de 30 anos, súdito de Franciscus Magochy, residente em Újhely, interrogado sob juramento; disse não saber de nada, exceto o que ouvira dos outros; isto é, que a Senhora Viúva Nádasdy, em seu caminho para as partes mais ao norte do país no ano anterior, matara uma garota que havia fugido e a enterrara em Košice; sobre suas atrocidades, ele respondeu como as testemunhas anteriores.

A vigésima quarta testemunha foi o honorável Pál Kwachkovy, de cerca de 28 anos, súdito do mencionado Dániel Pongrácz, residente em Újhely, interrogado sob juramento; ele disse o mesmo que a terceira testemunha, György Predmerczky.

A vigésima quinta testemunha, o ilustre György Hladny, de cerca de 40 anos, súdito do referido Franciscus Magochy, residente em Újhely, foi interrogado sob juramento; ele esclareceu não saber de nada, exceto ter ouvido que, na época da celebração do casamento do Senhor György Homonnay, a Senhora Viúva Nádasdy havia chicoteado e torturado tanto duas meninas que elas morreram e foram finalmente enterradas em Kosztolány; de quem ele ouvira isso, sua lembrança não era precisa, porque esse rumor estava em circulação costumeira.

A vigésima sexta testemunha foi o honorável Stephanus Mokor, de cerca de 60 anos, súdito do mencionado Dániel Pongrácz, residente em Újhely, interrogado sob juramento; disse ter ouvido, tanto em Csejthe como em Verbó, e também em Kosztolány, de várias e numerosas pessoas, que a Senhora Viúva Nádasdy era muito cruel, como geralmente se diz, e que massacrava metodicamente donzelas que viviam em seu Gineceu; ele também tinha ouvido que, na época do casamento do Sr. György Homonnay, duas meninas foram mortas por açoites e tortura, tendo sido enterradas sem cerimônia fúnebre.

A vigésima sétima testemunha foi o honorável Nicolaus Drebnyczky, de cerca de 50 anos, súdito do mencionado Dániel Pongrácz, residente em Újhely, interrogado sob juramento; ele declarou que não sabia de nada e não viu nada, mas ouvira falar de muitas das atrocidades da Senhora Viúva Nádasdy perpetradas contra as moças e meninas que viviam em seu Gineceu.

A vigésima oitava testemunha foi o honorável Martinus Komarek, de cerca de 30 anos, súdito do mencionado Dániel Pongrácz, residente em Újhely, interrogado sob juramento; ele disse não saber de nada e não ter ouvido nada do que foi colocado em circulação sobre a Senhora Viúva Nádasdy.

A vigésima nona testemunha foi o honorável György Chaba, de cerca de 20 anos, súdito do mencionado Dániel Pongrácz, residente em Újhely, interrogado sob juramento; ele falou não saber de nada, exceto o que tinha ouvido a respeito dela.

A trigésima testemunha foi o honorável Georgius Zlaty, de cerca de 40 anos, súdito de Dániel Pongrácz, residente em Újhely, interrogado sob juramento; ele afirmou que definitivamente não sabia de nada, exceto que tinha ouvido de muitos sobre as atrocidades que a Senhora Viúva Nádasdy perpetrava em virgens e meninas que viviam em seu Gineceu.

A trigésima primeira testemunha foi o honorável György Zamochnyk, de cerca de 40 anos, súdito de Dániel Pongrácz, residente em Újhely, interrogado sob juramento; ele disse que ouvira falar da crueldade da Senhora Viúva Nádasdy, mas não sabia se tudo aquilo era verdade. A mesma testemunha declarou ainda que, na altura da cerimônia de casamento, um oficial dissera que a Senhora Viúva Nádasdy lhe havia trazido uma bota para ser lasseada a ferro. Quando se perguntou à testemunha se era verdade se a Senhora Viúva Nádasdy assassinava meninas, ele, a testemunha, respondeu que era perfeitamente verdade, e agora duas estavam mortas. O mesmo funcionário contou também que, antes do casamento, quando ela foi de Sárvár a Csejthe, duas garotas foram mortas e enterradas pelo caminho. Além disso, essa testemunha tinha ouvido de Adam Pollio, residente na cidade de Verbó, que, certa vez, quando trabalhava como artesão para a Senhora Viúva, vira uma menina nua com os pés algemados a uma mesa, e que essa menina nunca mais foi vista.

A trigésima segunda testemunha foi o honorável Ladislas Holechny, de cerca de 55 anos, subordinado ao mencionado Franciscus Magochy, interrogado sob juramento; ele disse que não sabia de nada, exceto que ouvira de muitos que a dita Senhora Viúva Nádasdy cometia atos cruéis.

A trigésima terceira testemunha foi o honorável Michael Haleman, de cerca de 40 anos, súdito do já mencionado Peter Rattkay, interrogado sob juramento; ele contou o mesmo que György Zamochnyk, a trigésima testemunha.

A trigésima quarta testemunha foi o venerável Michael Fabri, pároco na cidade de Kosztolány e que, na pureza de sua consciência, testemunhou ter sido notório que, após a cerimônia de casamento em Csejthe, duas meninas morreram; depois, foram levadas para Kosztolány e enterradas sem ritos fúnebres, tendo sido colocadas na sepultura vestindo apenas as roupas com que supostamente haviam morrido. Ele também ouviu de outros, em anos anteriores, que, ao vir de Csejthe para Kosztolány, uma menina havia sido despida no inverno e submersa nua em um riacho congelado depois que uma abertura no gelo foi feita e que, após sua morte, ela foi enterrada ali no cemitério. Ele também tinha ouvido que muitas donzelas haviam sido mortas pela condessa; recentemente, uma menina tinha sido ferida, amarrada, e com uma faca no pé, escapara e dissera a muitos em Kosztolány que teria morrido se não fugisse, relatando, a seguir, uma carnificina sem precedentes.

A respeito do que fomos fielmente informados, o tabelião dá conhecimento destas, nossas cartas de testemunho da investigação, sob nosso selo judicial no interrogatório judicial geral.

Proferido em Bratislava, no 5º dia da semana
após a Festa da Exaltação da Santa Cruz (19 de setembro),
no ano 1610 de nosso Senhor.

---

27 DE OUTUBRO DE 1610

Relatório de Mózes Cziráky: Declarações de 18 Testemunhas

Depois de ter recebido essa incumbência, o meirinho, nosso tabelião público, nos relatou, cumprindo fielmente seu dever da seguinte maneira, conforme feito nos dias subsequentes, de acordo com o conteúdo de nossa carta e ordens expedidas para o que se segue; as testemunhas mencionadas abaixo sob a aceitação do juramento fixo usual, realizando, assim, as entrevistas e interrogatórios posteriores das testemunhas.

Primeiro, o notável Benedictus Bicsérdy, castelão (isto é, governador) do Castelo de Sárvár, disse, sob juramento, que: desde que ele tinha sido castelão de Sárvár, 175 meninas e mulheres mortas haviam sido retiradas da residência da Senhora em Sárvár; como morreram, ele não tinha como saber, porque, a menos que ela o chamasse, ele não tinha permissão para entrar na casa da Senhora; nesse caso, porém, onde seria possível ver algo que tivesse acontecido anteriormente, tudo permanecia escondido de seus olhos até que tudo houvesse sido reajustado. Uma vez ele viu que a parede estava ensanguentada, e não conseguia pensar em nada além de que este era o sangue de algumas pessoas que haviam sido torturadas. Ele sabe que as meninas eram tão cruelmente espancadas que, se estivesse andando pelo castelo, ele poderia ouvir os ruídos de uma chicotada vindo de dentro do castelo através das paredes, e, anteriormente, tal surra poderia continuar, às vezes, por até seis horas. Declarou ainda que a senhora mantinha uma espécie de "câmara secreta" no interior da casa, onde as torturadas ficavam escondidas, mas ele não tinha acesso porque as portas eram guardadas, e ele definitivamente não tinha vontade de entrar lá.

Gregor Paisjártó, Vice-Castelão do mesmo Castelo de Sárvár, disse sob juramento que não tinha permissão para entrar na casa da senhora, e não podia testemunhar nada de errado sobre as condições e práticas que aconteciam lá dentro. Ele sabe, no entanto, que uma garota foi levada em um caixão para ser enterrada, mas não pode dizer nada sobre ter sido uma doença ou outra coisa a causa de sua morte, porque não tinha permissão para entrar na casa da Senhora sem ser chamado, e também não havia visto nada.

Benedict Zalay, Tesoureiro do mesmo castelo, afirmou que sua função e seu ofício é se preocupar em garantir os suprimentos, o que ele realiza, de modo que não presta atenção a tais incidentes e sobre isso não pode nada dizer.

Gergely Balás contou, sob juramento, ter visto meninas serem levadas na carroça, acompanhadas por seminaristas cantando, mas não sabe como elas morreram.

Ambrus Barbély disse, sob juramento, que entrou na casa da Senhora quando ela o chamou, mas não estaria lá de outra forma, e quando ele deu remédio a uma menina doente, só viu o rosto e a boca, mas não o restante do corpo, e não sabe se as meninas foram espancadas ou torturadas ou não, porque não viu tal coisa, e não notou nenhum sinal disso nelas.

Mihály Zvonaric, pregador do mesmo castelo, disse que se ele ou outra pessoa entrasse na casa da Senhora, tudo estaria limpo e não haveria nada para se ver, pois ela exigia que seus serviçais tomassem muito cuidado; a porta externa era guardada por Drabont, e ninguém podia entrar sem seu conhecimento. Dentro, havia uma "câmara secreta" separada na qual ela, como a testemunha ouvira de outras pessoas, mantinha as meninas torturadas; ele não podia ver nada; apenas uma vez correu a notícia de que três meninas tinham sido colocadas juntas e pregadas em um caixão e que teriam sido transportadas à igreja de Sárvár para o funeral. Quando ouviu isso, devido a seu ofício de sacerdote, não pôde ficar calado e foi ao castelo para reclamar com a Senhora; e quando lhe questionou qual era a razão para enterrar as três meninas em um único caixão — pois, perante todo o mundo, ela já tinha uma má reputação por causa de tais atos, e mesmo aqueles pertencentes ao status de servos sofreriam, portanto, ignomínia, ele também pediu a vontade de Deus para interrogá-la sobre o motivo por trás de certas declarações e desonra, na busca de uma explicação melhor —, a Senhora respondeu que não era verdade porque ela não havia encerrado três, apenas duas meninas em um caixão, e isso foi feito porque viram que uma garota já estava morta e a outra morreria pouco depois, então esperaram para depositar duas meninas no mesmo caixão em vez de usar dois caixões em rápida sucessão e causar ainda mais fofoca.

Em 3 de abril, Adam Szelesthey, da região de Denesfalva, prestou juramento, foi interrogado e disse ter ouvido que a filha da sra. István Szoltay e as duas filhas de Gábor Sittkey foram mortas sob torturas cruéis. Ele também escutou de um de seus cocheiros, chamado Peter, quando voltou de Ecséd, que ela havia torturado lá uma criança, a filha de um nobre, por tanto tempo que esta havia morrido. Ela foi então enterrada no meio do caminho, na mesma viagem. Ele também sabe que, quando foi para a última coroação, a condessa vitimizou uma garota com uma faca e a queimou com o ferro incandescente, a ponto de ela ter sido trazida de volta de Bratislava em uma condição muito miserável. A menina mal conseguia ficar de pé e teve que permanecer em casa por dias devido à grande dor; no entanto, foi transferida para Keresztúr. Ele também sabe que, não muito tempo antes, estava com ela uma respeitável mulher germânica, que, desde o início, estava nas suas boas graças. Certa vez, porém, quando ele estava entrando no vestíbulo da casa da Senhora, ela desmaiou por estar gravemente doente. Quando perguntou quem ela era, ela respondeu dando-lhe seu nome; era a própria mulher germânica, porém as coisas não foram fáceis para ela. Ele tinha ouvido de outros que ela era uma das que tinham sido queimadas no abdômen com um ferro quente, para que sofresse uma morte terrível.

Ferenc Török foi interrogado sob juramento e contou que a Senhora não era tão aberta na frente dele como com os outros neste assunto, a ponto de que pudesse presenciar e ouvir os acontecimentos. Ele sabe, no entanto, que na primeira vez que ela viajou para Ecséd após a morte de István Báthory, duas meninas morreram por causa da crueldade de Sua Graça; eles carregaram os cadáveres por três dias no vagão de carga e, finalmente, enterraram-nas em algum lugar entre Branyicska e Sirok. Mesmo assim, a filha de um nobre foi obrigada a ir para a corte dela; quando voltou para casa, a condessa matou a garota em Keresztúr, infligindo-lhe muito tormento. Ao viajarem pela segunda vez para Füzér, a Senhora os fez ficar em Sirok, e os parentes da menina foram até ela e perguntaram onde ela estava, então a Senhora disse que não podia negar que a jovem morrera de febre tifoide. Na primeira viagem, quando hospedada em Varannó, também torturou severamente uma menina; a testemunha tinha ido caçar lebres e, ao retornar, os funcionários lhe disseram: Sr. Ferenc, a garota que o Senhor viu torturada ontem poderia não ter morrido de outra forma, se não [morta] à maneira turca. Uma jovem de Bratislava não mais serva de sua corte, que ela havia levado para Varannó, foi forçada a se vestir como uma criança. A jovem desculpou-se: "Mas decerto, minha cara e graciosa Senhora, não posso ser uma menina, pois já tenho um filho pequeno, o meu pequeno Ferenc". Em sua raiva, ela foi e lhe trouxe um pedaço de pau e mandou que lhe desse de mamar, até colocou o pedaço de pau em fraldas e o fez carregá-lo pelo castelo, dizendo: "Amamente seu filho, sua meretriz. Não o deixe chorar". Ela a acordou durante a noite, forçando violentamente o pedaço de madeira contra o seio da criada como se fosse uma criança. Mais tarde, como ouviu de outros, ela partiu do mundo depois de demasiado sofrimento. E não muito tempo antes, antes do casamento de Homonnay, a condessa escondera duas meninas mortas na câmara interna de Csejthe e depois as enterrara à noite. A testemunha muitas vezes vira queimaduras e feridas de tortura nas meninas, e também ouvira que elas eram queimadas no abdômen com fogo. Além disso, a testemunha ouviu dos criados mais íntimos que a Senhora já matara duzentas. Da esposa de Sittkey e muitos outros, ele sabe com certeza que elas não morreram de doença, mas que foram levadas deste mundo por tortura. Quanto à maneira e ao tipo de tortura, ele tinha visto algumas garotas com os braços amarrados de tal forma que suas mãos estavam azuladas e sangue escorria de seus dedos. Somente o Senhor Deus poderia enumerar todas as suas atrocidades.

O notável Balthasar Poky (Poby), o outro guarda do Castelo de Sárvár, interrogado sob juramento, disse que as pessoas da corte da Senhora que estavam enterradas agora passavam muito de duzentas, se não já chegando a quase trezentas. E ele também tinha ouvido de outros que elas haviam morrido em consequência de muitas torturas.

István Waghy (Vagy) prestou juramento e disse saber, por boatos, que a condessa havia matado muitas jovens com sua tortura. Além disso, ela possuía um bolo de cor cinza, [trançado] como um pretzel, pelo qual era obcecada, que continha um biscoito (ou hóstia) no meio; então ela o colocava diante de si e olhava para ele, orando tanto contra o Palatino, como também contra nosso Rei, e o juiz do condado. As palavras da oração, por sua vez, eram estas: "Aqui, mostre-me (o nome contra quem ela estava orando), para que eu não possa ser vista por você, para que você não possa causar nenhum dano contra mim". E ela murmurava mais dessas orações, às vezes até por uma hora.

Outro cidadão da cidade mercantil de Sárvár, István Chiszar, Vice-Prefeito, diz não ter visto nada, mas ouviu de outros que ela torturou e martirizou as meninas, e que elas próprias sofreram a morte, mas ele só escutou rumores e nunca viu nada.

Emericus Zabó, Juiz, diz o mesmo que a testemunha anterior.

O nobre Michael Zabo confessou sob juramento que ouvira de uma alemã que a condessa forçara a se vestir e a agir como uma menina. Então, ela se desculpou por não ser uma menina, porque já tinha um filho; e quando voltou da Alta Hungria, [a mulher] morreu como resultado das muitas torturas.

Georgius Csizmadia *auditu audivit eadem, quam praecedens testis* (isto é, Georgius Csizmadia ouviu o mesmo que a testemunha anterior).

Lucas Vargha (Varga) *nihil scit, neque audivit* (isto é, Lucas Vargha não sabe de nada e não ouviu nada).

Peter Kovach prestou juramento e afirmou ter ouvido que meninas da corte tinham sido enterradas, mas não sabe ao certo, nem ouviu com certeza, como e se isso aconteceu.

János Szücs nada sabe e nada ouviu.

Andreas Lakatjáró, professor, prestou juramento e disse ter ouvido falar que as meninas foram torturadas por uma mulher chamada Anna, que também se chamava Darvolya, e que a irmã mais nova de Máté Fekete foi morta por ela e várias outras.

O nobre Ferenc Bornemisszy foi interrogado sob juramento, e disse que um dia, no final de seu sermão para a congregação, o sacerdote István Magyari pediu que esperassem um momento porque ele tinha algo mais a falar: "É nosso dever como pregadores tomarmos conhecimento do que as pessoas fazem reclamações, mas que Vossa Graça não é censurada. Portanto, não posso encobrir. Deve ser ainda mais alardeado que, em relação à menina, Vossa Graça não deveria ter agido assim, porque ofende ao Senhor, e seremos punidos se não reclamarmos e criticarmos Vossa Graça. E para confirmar que minhas palavras são verdadeiras, precisamos apenas exumar o corpo e os senhores descobrirão que as marcas identificam a forma como a morte ocorreu". Diz a Senhora: "Logo verá, sacerdote István, que eu o farei pagar por isso. Meu marido e eu temos parentes que não vão tolerar que me envergonhe e me denuncie assim; e também vou escrever para o meu marido". O pregador respondeu: "Se Vossa Graça tem parentes, então eu também tenho um parente: o Senhor Deus! Mas para uma prova melhor do que digo, vamos desenterrar o corpo, e então veremos o que Vossa Graça fez". E depois que voltou ao castelo, a Senhora escreveu ao marido, porque o Senhor Conde estava em Viena na época. Não viu mais nada, pois era frequentemente empregado do Senhor, exceto uma vez que, ao chegar à casa da Senhora, viu as meninas com as mãos atadas, enroladas com rédeas e penduradas na treliça de ferro da janela pelos cabelos. De um seminarista chamado János, seu escrivão, ele provavelmente obteve seus nomes e números (quantas vítimas havia); mas, desde então, ele os esqueceu. E esse servo ainda está com ele.

O altamente letrado Paul Beöd, Vice-Governador do referido Castelo de Sárvár, prestou juramento, foi interrogado e disse ter visto, muitas vezes, como os seminaristas carregavam as meninas da casa da Senhora com cânticos e procissão para o funeral. Mas sobre como elas morreram, é claro que ele não teria como saber por meios próprios, porque não entrava nos aposentos pessoais da Senhora. Além disso, ele ouvira outros dizerem que as mortes haviam acontecido devido à crueldade dela, mas ele mesmo nunca vira nada assim. Em outro momento, os abençoados János Mogyórssy e Gergely Jánossy que, na época, eram professores experientes em Sárvár e haviam criticado bastante a Senhora, também estavam do lado do sacerdote, István Magyari, e conversavam entre si: "Teme-se que o Senhor Deus nos castigará junto ao Senhor; deixe-nos ir embora daqui, ou o Senhor, bom Sr. István, já que é um homem da igreja, e, de outra forma, seria culpado, deve alertá-la. Se ela não parar, então o Senhor deve anunciar os atos dela no púlpito, porque ofende ao Senhor Deus, e Ele não tolerará". E então, ele falou com ela depois do sermão; o sacerdote colocou o fardo sobre o pobre Senhor Conde, que ainda estava vivo e havia retornado muito rapidamente de Viena, mas não demorou muito para que o pregador e o Senhor se reconciliassem.

Super qua quidem attestatione, Pressburg in profesto
Beatorum Simonis et Judae apostolorum
anno Domini millesimo sexcentesimo decimo (27 de outubro de 1610).

---

12 DE DEZEMBRO DE 1610
Carta de Zrínyi a Thurzó

Que o Deus gracioso, em sua abundância, abençoe os desejos de Vossa Graça. A seu comando, enviei meus mais leais e principais homens e servos a Csejthe para que a Sra. Nádasdy possa permanecer em paz, estando todos de acordo com Vossa Graça. Para que, além disso, nenhum dano recaia sobre a propriedade e que o Tesouro Real nada possa avaliar contra ela e, acima de tudo, para que nenhuma outra injustiça se acrescente à família. Durante todo esse tempo nos sentimos como o Senhor, Vossa Graça, ao que se refere ao seu conselho em Csejthe; nesse sentido, o problema deve se resolver. No entanto, gostaria de lembrá-lo de que ainda não concordamos com relação à alocação de bens — na verdade, pode nem mesmo acontecer rapidamente, e eu me oporia a isso. Não sei de que maneira Vossa Graça decidirá; em todo caso, estou convencido de que receberei uma parte igual junto aos outros parentes, e também quero a mesma parcela de propriedade deste lado como do outro do Danúbio. Estou ciente da benevolência de Vossa Graça, e, em meu coração, espero que esteja satisfeito com minha vantagem. Deus permita que eu possa servir a Vossa Graça durante toda a minha vida; este também é o meu desejo. Deus deve permitir que ainda viva muito tempo com todas as suas propriedades.

Monyorókerék, 12 de dezembro de 1610
Conde Miklós Zrínyi, *manu propria* (de próprio punho)

1º DE JANEIRO DE 1611
Carta de Ponikenusz a Eliás Lányi

A nós nasceu e foi enviado o Emanuel (Jesus Cristo), o Redentor, favorável à nossa salvação e ao meu ofício. Saúdo a vossa venerável e digna glória com toda a minha alma. Vida longa, vida longa ao Senhor radiante, o Senhor Vice-Rei, nosso protetor, a Deus o melhor e mais desejável. Dele, a saber, o Palatino, vem a verdade, e a justiça brilha vinda dos céus, a paz e a misericórdia se beijam; tudo isso não deve estar presente apenas na Hungria neste momento, mas para sempre! Oremos. Que a vontade de Deus seja feita. Amém. O diabo exerceu nos filhos e filhas suas poderosas obras de incredulidade, mas é vencido por um mais poderoso, o nosso Salvador. Mas do que estou falando, nobre homem? Os pios nunca deixam a desejar na guerra e na luta.

E quando o homem luta, sempre é possível sentir sua devoção. No primeiro domingo do Advento, ao ler a Escritura na Véspera, Andreas Priderovith se revelou a mim — Por mim? Não, pelo Espírito Santo! — uma ferramenta de Satanás; durante o qual declarou com uma voz clara: "Este pastor está pregando a verdade? Eu não a entendo!". Mostrei-lhe o Novo Testamento e disse: "Veja, aqui está o texto"; mas quando eu tentava dizer algo sobre a escritura, A.P. disse: "Apenas me incomoda!", e deixou a igreja em meio a inúmeros insultos. No dia seguinte, um nobre me cumprimentou em um casamento sem motivo: "Seu pastor filho de uma meretriz, vou cuidar para vê-lo fora dessa paróquia, agarrado pelos cabelos e arrastado como um cachorro!". (Que as orelhas castas sejam poupadas), então eu parti. Remeti o assunto ao magistrado doméstico no Sínodo de Tolna, que me prometeu assistência total.

Mas, bom Deus, que mudança além das expectativas! Sinais e milagres aconteceram: nossa Jezebel (Erzsébet Báthory) receberá a punição de acordo com seus crimes. Ela será levada para o torreão (torre) e para a prisão eterna, murada, trancada. O que mais? Depois de considerar minha ocupação, chamei um dos irmãos para que pudéssemos consolá-la com orações e apoio para que não caísse em tentação. Tão logo estivemos na presença do ímpio, ela nos recebeu e disse que sua situação era culpa nossa; especificamente: "Vocês, sacerdotes, são a causa do meu cativeiro". O venerável Sr. Zacharias, pároco de Leszetice, pediu desculpas em húngaro. Seu pedido de desculpas a acalmou e ela disse: "O Senhor pode não ser [o culpado], mas o pastor de Csejthe é". E se exaltou com suas palavras sobre mim. O Sr. Zacharias respondeu: "Vossa Graça não deve acreditar em tal declaração". Ela disse: "Posso provar com testemunhas que foi o caso". Eu respondi: "Tenho pregado a palavra de Deus, e se foi isso que fez Vossa Graça examinar sua consciência ao menos uma vez, nada tenho com isso, pois nunca citei o seu nome". A prisioneira respondeu: "Então o Senhor, o Senhor morrerá primeiro, e o Sr. Megyeri logo em seguida! Os dois causaram todo esse problema para mim e são a causa da minha prisão. Ora", acusou ela, "não acredita quando afirmo que, devido a essa situação, uma revolta logo acontecerá? Os Hajduk (soldados agricultores da Transilvânia), que já se reuniram além do Tisza, escreveram para mim ontem declarando que até mesmo o Príncipe da Transilvânia vingará o meu agravo". Permaneci em silêncio enquanto isso era falado; minha intérprete não me relatou tudo o que ela falou em húngaro. No entanto, quando quis enviar cartas e chamou um cavaleiro, ela não disse nada em voz alta, e ninguém a questionou quanto ao que fazia. Acho que foi alguém de sua comitiva a quem ela chamou. Depois que a condessa foi presa, no entanto, muito mais veio à tona. Antes, porém, não se deve perder de vista o seguinte: em 29 de dezembro de 1610, antes de ser levada, ela recebeu um feitiço mágico, emitido pela senhora de Miava. Enquanto isso acontecia, um escrivão foi convocado para que pudesse anotar imediatamente as palavras ouvidas de sua boca. Ambas as mulheres, envolvidas nas artes mágicas, não falaram imediatamente, mas como esperado, passada a última metade da noite, analisaram as estrelas e observaram as nuvens, então tomaram a palavra e chamaram o escrivão para anotar:

Ajudem, ó, ajudem, nuvens! Ajudem, nuvens, deem saúde, deem saúde a Erzsébet Báthory! Mandem, ó, mandem, ó nuvens, 90 gatos! Eu lhe ordeno, Líder dos Gatos, que ouças a minha ordem e os reúna, de onde quer que estejam, do outro lado da montanha, além da água, além do mar — que esses 90 gatos venham a você e, de você, devem ir direto ao coração do Rei Mátyás e também ao coração do Palatino! Da mesma forma, devem eles mastigar em pedaços o coração de Red Megyeri e o coração de Mózes Cziráky, para que assim Erzsébet Báthory não sofra qualquer dor. Santíssima Trindade, está feito!

Da mesma forma, também ouvi do relatório que nosso Mestre Provedor tem mais informações anotadas. Veja, Vossa Graça, como o diabo esconde sua presença, e como e o quê ele seduz. Antes que o mesmo escrivão viesse e relatasse as palavras mágicas (e ele recebeu ordens sob pena de morte para escrever fielmente tudo o que foi dito), ela já havia sido capturada e trazida para a torre de menagem. Outra mulher perversa, chamada Torkoss, que vive a quilômetros de distância de Sárvár, deu o seguinte conselho: "Pegue um gato preto e mate-o com um bastão branco. Guarde o sangue e esfregue-o nos seus inimigos. E se não diretamente no corpo deles, então pelo menos nas vestes — mas não em demasia, de modo que seu inimigo não possa usá-lo contra você".

Veja, nobre senhor, que esta heroína perversa é acusada de muitos crimes. No entanto, ela ainda está confiante em sua alegação e nomeou os padres como a causa de seu encarceramento, da mesma forma como quando os pagãos acusavam os mensageiros da fé de serem o motivo do mau tempo e da inquietação. Ontem, conversamos sobre muitos assuntos com ela na masmorra. Entre outras coisas, disse o venerável Sr. Zacharias: "A Senhora crê que Cristo nasceu por ti, morreu e ressuscitou para o perdão dos pecados?". Ela respondeu: "Eu também conheço Peter Faber". Imediatamente, o Rev. Zacharias entregou a ela a Bíblia Sagrada e lhe pediu que a lesse na prisão, ao que ela retrucou: "Não preciso disso". Então eu disse: "Queria saber o que tem feito Vossa Graça sentir tanto desprezo por mim ao declarar que sou eu a causa de seu cárcere". Ela respondeu: "Não lhe direi. Agora o Senhor me enfureceu e, não demorará muito, ambos terão me enfurecido!". Eu disse que não queria enfurecê-la, mas me livrar da acusação de ter sido o motivo de seu cárcere. Ela respondeu: "Venho sendo uma Senhora e mãe para os meus servos. Nunca fui bem tratada, seja por coisas pequenas, seja pelas importantes, por nenhum de vocês". Insisto para que ela pense bem de mim, porque roguei a Deus pelo perdão de seus pecados. Ela respondeu: "Rogar a Deus pela salvação de outrem, sobretudo em um caso especial, é um bom trabalho". Tais palavras foram trocadas, mas seria melhor falar em vez de escrevê-las.

Mas, chegando ao fim, escrevo que apenas aquelas três velhas, assim como o jovem Ficzkó, foram levados e completamente interrogados: eles confessaram que essa mulher desprezível sentia prazer em tais assassinatos e que haviam alimentado um monstro. Especificamente, ouvimos o testemunho das virgens ainda vivas, que foram forçadas a comer sua própria carne, assada no fogo. Outras meninas tinham carne de virgens colocada diante delas, servidas com cogumelos, cortadas em pedaços e cozidas. Sem saber disso, elas comeram. Oh, que banquete tiéstico!* Que crueldade ultrajante! Nenhum açougueiro sob o céu seria, na minha opinião, mais cruel. Aqui eu poderia continuar, exceto pela dor que causa aos meus sentidos. Em breve terei muitos inimigos, assim, recomendo sua venerável jurisdição a pedir imediatamente a Sua Alteza para vir a meu auxílio, indigno como sou, incluindo o Senhor Homonnay, bem como o poderoso filho ou filhas, e não recuse a proteção de seu poder. De preferência, a verdade é que, nos últimos dez anos ou mais, Erzsébet Báthory tem sido uma bruxa, ou pior, pois agiu como uma assassina. Mesmo

* Referência ao personagem mitológico grego Tiestes, um rei de Micenas que, sem saber, comeu a carne de seus próprios filhos, servida a ele por seu irmão Atreu, como vingança por seduzir a esposa deste e usurpar o trono. [Nota da Tradução]

meu predecessor em Cristo, Andreas Barosius, que tinha 90 anos de idade, estava na igreja à noite enterrando virgens secretamente, como nossos concidadãos provavelmente sabem. Além disso, o venerável Sr. István Magyari, um sacerdote em Cristo, cerca de oito anos após a morte do Senhor Ferenc Nádasdy, acusou Erzsébet Báthory frequentemente em público alegando a prática de pecados e assassinatos, todos testemunhados pelos empregados domésticos existentes.

A situação seguirá seu curso. Mas exalto meu Deus, porque o bem sempre vence. Saúdo ansiosamente o Sr. Samuel Hammelius e o Sr. Balthasar Grelnercius e o servo de Vossa Alteza Graciosa. Viva bem e feliz no Senhor. Csejthe, 1 de janeiro de 1611.

Sempre disposto a servir a venerável Vossa Alteza. János Ponikenusz, sacerdote da igreja de Csejthe e cidadão.

P.S.: O papel não pode capturar o que desejo comunicar verbalmente a Vossa Venerável Graça. Quer seja uma honra ou um fardo, acrescento esta nota confidencial: depois que saí do calabouço, no último dia de dezembro, e os dois irmãos, os pastores de Leszetice e Verbó, foram mandados para casa, formei minha opinião; em breve estarei banqueteando em outro fogo. Quando a família se preparou para orar, de lá retornei do meu estudo para orações acaloradas para o julgamento de Deus. Logo, minha esposa estava me seguindo e me contando sobre os sinais e maravilhas que aconteceram nesta situação. Ainda assim, não sei se os sinais da abóbada mais alta me guiarão. Talvez eu possa me expressar melhor sendo simples: sei que a voz da maldade não é natural. De tudo que vivi, nada se inventa: digo o que eu, junto à minha família, ouvi e escrevo:

(Itálico no original.) "Esta não era uma voz de gato comum." Vou procurar, mas não encontro nada. Chamo meu criado, que levei comigo, e lhe digo: "Jano, se você vir gatos correndo no quintal, dê uma surra neles! Não tema!". Mas não encontramos nada. Meu servo diz: "Meu Senhor, nesta câmara, muitos ratos estão assobiando". Eu corro, mas não encontro nada lá. Eu exclamo: "Não há nada aqui também!". E enquanto eu descia a escada da casa, a apenas dois passos de mim, de repente, seis gatos — juro pela minha honra — começaram a morder meu pé direito, e eu gritei então: "Vá para o inferno, seu diabo!". E bati neles com uma vara de madeira ao lado do meu pé. Enquanto todos eles forçavam avanço do nível mais baixo no pátio lotado, meu servo, que veio por trás, não conseguiu ver ou encontrar nada

Veja, Alteza, as obras de Satanás. Mas elas serão desfeitas.

Na véspera de Natal, a Senhora da Casa de Miava fez a condessa banhar-se em várias ervas, e então ela desejou, como eu ouvi, assar pão com aquela água do banho para que seus adversários e inimigos o comessem, mas nessa empreitada, ela foi traída. Então Satanás caiu em sua própria armadilha.

Acima de tudo, que Vossa Graça, junto a Deus e eu, acredite que vão querer nos prejudicar; ou, se quiserem se converter, oremos que se convertam. O Senhor esteja conosco, Amém.

Enquanto isso, a mencionada Senhora da Casa, como ouvi, já está completamente enrugada.

1611
Transcrição dos interrogatórios de testemunhas relativos às ações cruéis das quais Erzsébet Báthory, esposa do Conde Ferenc Nádasdy, é acusada

(Publicado em 1817. Originalmente escrito em húngaro e latim. Em alguns lugares, o contexto natural e a ordem lógica parecem ausentes, além de estarem escritos no estilo curial, abreviado, da época.)

Confissões dadas abaixo, em ordem, por pessoas específicas contra Erzsébet Báthory, nome de casada: Nádasdy.

No ano 1611, em 2 de janeiro, na cidade mercantil de Bytča, onde foi realizada uma assembleia.

Primeiro. János Ujváry, também chamado Ficzkó, foi entrevistado quanto aos seguintes pontos por sua própria admissão:

Primeira: Há quanto tempo ele está a serviço da Senhora e como chegou à corte dela?
Resposta: Dezesseis anos, se não mais, ele morou com a Senhora, tendo sido levado a Csejthe pela esposa do professor, Martin Deak, tendo sido levado à força para lá.

Segunda: Desde aquela época até agora, quantas meninas e mulheres ela matou?
Resposta: Ele não sabe de mulheres, mas meninas ele sabe de 37 enquanto estava com ela. Além disso, quando o Senhor Palatino viajou para Bratislava, eles enterraram cinco em um fosso, duas em um pequeno jardim, e uma outra sob os beirais. Uma menina a quem encontraram lá e ela colocou diante deles e duas outras foram levadas à noite para Leszetice, em uma igreja onde a enterraram; trouxeram a mesma do castelo, pois a Sra. Dorka (Dorottya Szentes) as matou.

Terceira: Quem eram as que eles mataram, e onde?
Resposta: Ele não sabe a quem as meninas pertenciam.

Quarta: De que formas essas mesmas mulheres e meninas foram atraídas e levadas para a corte?
Resposta: Por seis vezes o réu foi procurar meninas com a Sra. Dorkó; eles a atraíam com a promessa de que se casariam com um mercador ou que seriam levadas para algum lugar [para trabalhar] como camareiras. A menina, agora falecida, foi trazida de um vilarejo croata além de Rednek; a menina trabalhou para [a Senhora] por um mês, e depois, eles a mataram. Outros que procuraram meninas com a Sra. Dorkó foram: a Sra. (esposa de) János Bársony, que residia em Taplanfalva perto de Gyöngyös, exceto que uma vez, em Sárvár, eles encontraram uma croata morando com Mátyás Otvos, em frente a János Szalay. Também, a Sra. (esposa de) János Szabo trazia meninas e trouxe até mesmo a própria, que também foi assassinada, e embora ela certamente soubesse, ainda levou mais e as entregou. A esposa de György Szabo entregou [à Senhora] a própria filha em Csejthe, que também foi assassinada, mas não levou mais ninguém. A Sra. (esposa de) István Szabo, no entanto, levou muitas. A Sra. Ilona também levou o suficiente. A Sra. Katalin nunca levou nenhuma, apenas enterrava aquelas a quem Dorkó havia matado.

Quinta: Por qual tortura e de que modo eles mataram essas pobres (infelizes)?
Resposta: Foram torturadas do seguinte modo: os braços foram atados com cordão vienense (tecido de algodão?); quando morava em Sárvár, Anna Darvolya atava as mãos delas para trás. As mãos ficavam mortalmente pálidas, e elas eram chicoteadas até o corpo rebentar. Eram açoitadas nas palmas das mãos e nas solas dos pés, por até 500 golpes seguidos; aprenderam esse estilo de tortura primeiro de Darvolya, como espancar alguém até a morte. Dorkó cortava as mãos das meninas com tesouras, o que em Csejthe não era diferente.

Sexta: Quem foram os instrumentadores da tortura e dos assassinatos?
Resposta: Além dessas três mulheres, há uma em Csejthe, a Sra. Ilona, (a esposa) do chamado Cocheiro Careca, que também martirizava as meninas. Ela mesma as espetava com agulhas se não terminassem com a costura. Se não tirassem o véu do cabelo, se não acendessem o fogo, se não estivessem com o avental arrumado: eram levadas imediatamente para a câmara de tortura pela mulher mais velha e torturadas até a morte. A velha as queimava com os ferros de enrolar, e ela mesma [espetava alfinetes na] boca, nariz e queixo das meninas. Ela enfiava os dedos na boca das meninas e as rasgava.

Se a costura não estivesse pronta até as 22h, elas também eram levadas para a câmara de tortura. Eram levadas para serem torturadas até dez vezes por dia, como ovelhas. Por vezes, quatro ou cinco meninas ficavam nuas lá, e dessa forma elas tinham que costurar ou tricotar. A menina dos Sittkey foi morta por roubar uma pera; do mesmo modo, ela foi torturada e assassinada em Piešťany junto a uma velha encarquilhada e Ilona. A chapeleira Modli de Viena foi morta em Keresztúr.

Sétima: Onde os cadáveres eram enterrados ou para onde eram levados? Quem escondia os mesmos cadáveres e onde eles eram enterrados?
Resposta: Essas velhas escondiam e enterravam as meninas. Ele mesmo, o Confesso, ajudou a enterrar quatro ali e em Csejthe, duas em Leszetice, uma em Keresztúr, e uma em Sárvár; as outras foram enterradas com cantoria nos três últimos lugares. Quando as velhas matavam uma menina, recebiam presentes da Senhora. Ela mesma chegou a rasgar o rosto de uma menina e o arranhou por completo. Em seguida, a menina torturada foi obrigada a ficar de pé no gelo e as mulheres mais velhas a molharam; a própria Senhora também derramou água na menina até ela congelar e morrer. Quando ela estava aqui em Bytča, viu-se pronta para partir quando uma das meninas fugiu para Ilava, mas foi trazida de volta, e mergulhada até o pescoço na água; ela morreu depois em Csejthe.

Oitava: A Senhora também torturava e assassinava? E como ela torturava as coitadas e as matava?
Resposta: Quando ela mesma não as torturava, ela as transferia para as velhas que torturavam as meninas, a quem colocava no depósito de carvão por uma semana sem comida, e quem lhes desse de comer escondido era imediatamente punido.

Nona: Em que tipo de lugares em Csejthe, Sárvár, Keresztúr, Beckov e algum outro essas coitadas foram torturadas e assassinadas?
Resposta: Em Beckov, elas eram torturadas em uma câmara ao lado da área de serviço/cozinha; em Sárvár, no interior do castelo, onde nem todos podiam entrar; em Keresztúr, na latrina; e em Csejthe, na cozinha. Mesmo enquanto viajávamos, ela fazia as torturas na carruagem. Batia nelas e as espetava na boca com agulhas.

Décima: Quem, das pessoas importantes, sabia ou via os feitos da Senhora?
Resposta: O cortesão-mor Benedek Deseö sabia mais do assunto que os outros; todavia, ninguém jamais o ouviu dizer nada sobre a Senhora. Além do mais, os outros servos sabiam do que acontecia em geral, mesmo a ralé. Um certo "Obstinado István", agora além do Danúbio, que recentemente deixou

de servir a Senhora, sabe de tudo melhor até mesmo que a testemunha. Ele também falava com liberdade com a Senhora, e se livrou de vários cadáveres, mas onde? A testemunha não sabe.

Décima primeira: Há quanto tempo eles sabiam ou quando ficaram sabendo que a Senhora cometia esses atos cruéis?
Resposta: Ela havia torturado as meninas mesmo enquanto o falecido Senhor ainda vivia, mas não as matava com a mesma frequência de agora. O pobre Senhor falou disso com ela, mas não proibiu os atos. Mas quando Anna Darvolya começou a trabalhar para a Senhora, ela (Anna) matava as meninas, e a Senhora também ficou mais cruel. Algo parecido com um *pretzel* era mantido em uma caixa, com um espelho no meio, diante do qual ela orava por duas horas. Item: a senhora de Miava fazia uma espécie de água pela manhã e, por volta das quatro da tarde, a Senhora se banhava em uma travessa de pão; então ela jogava a água no riacho. Ela queria assar dois bolos na travessa, que desejava usar para envenenar o Rei, o Senhor Palatino e Imre Megyeri. Mas esses cavalheiros tomaram ciência do fato e superaram a Senhora com a força física; porque uma vez que tinham comido o primeiro item, todos tiveram dores no estômago, então ela não ousou permitir que um segundo fosse preparado.

Segunda: Ilona Jó, viúva de István Nagy, testemunhou sobre os pontos mencionados na ordem, como segue:

1. Ela viveu dez anos com a Senhora e foi babá de suas três meninas e também de Pál Nádasdy.

2. Ela não sabe o número de vítimas, mas matou o suficiente.

3. Não sabia de que famílias elas eram; mas conhece duas mulheres da família Sittkey; então a irmã de Gregor Jánosi; e também duas meninas nobres foram levadas a ela, vindas de Vécsei, e também duas de Cheglét: uma que ela matou, a outra continua viva. Também, a Senhora Szell levara uma menina, e outra foi trazida da Polônia. A (esposa de) János Bársony também levou uma menina alta e larga, a filha de um nobre, da cidade em que János Poliani vivia; ela também foi morta. Ao todo, ela sabia de cinquenta ou mais assassinadas.

4. A (esposa de) János Szalay, em seguida (levou) uma judia e uma eslovaca para morarem em Sárvár. A (esposa de) János Szalay também levou duas ou três meninas, mesmo sabendo que elas seriam assassinadas, mas a chamada Chiglei ainda está viva. Ela foi embora com János Bársony e ficou lá, mas a própria (esposa de) János Bársony trouxe uma menina nobre do Sul da Polônia. O estribeiro-mor, Dániel Vas, trouxe muitas; a Senhora Homonnay procurou meninas, mas não achou nenhuma, exceto uma pequena de Vécsey.

5. Ela também levou meninas quando a Senhora deu a ordem, mas Darvolya, em particular, as matava; deixava-as a noite toda na água, banhava-as e batia nelas. A Senhora em pessoa aqueceu uma chave e queimou a mão de uma menina. Ela fazia o mesmo com moedas, quando as servas não as entregavam à Senhora. Além disso, a própria Condessa assassinou a Senhora Zichi, junto a uma anciã, em Ecséd. Em Sárvár, matou a irmã do Senhor (erro de tradução: foi uma irmã de Ilona Jó) — o que ele viu com os próprios olhos — no verão, despida, coberta de mel, e a fez ficar de pé um dia e uma noite inteira sentindo dores terríveis até que ela se sentiu nauseada e tombou no chão. O Senhor a puniu, acendeu papéis banhados em óleo entre seus dedos dos pés, o que a faria se levantar, mesmo se estivesse meio-morta. István Szabo trouxe muitas meninas da região de Verpén em troca de presentes, o restante por pagamento. A uma foi dada uma anágua, à outra uma saia de inverno. Também, a (esposa de) Balthasar Horváth, que mora em um vilarejo perto do mosteiro, trouxe muitas meninas. Szilvásy, bem como o Cortesão-Mor, viram que a própria Senhora torturou as meninas, despiu-as e as colocou nuas diante deles. Dorkó cortou os corpos inchados das meninas com uma tesoura e, certa vez, quando a Senhora permitiu, os criados daqui deram às meninas grampos de boca. Ela jogou as meninas nuas no chão e as espancou com tanta violência que se podia colher o sangue da cama com as mãos, e as cinzas tiveram que ser espalhadas. No vilarejo perto de Varannó ela também matou uma delas, e deixou a Declarante para trás, para que a enterrasse. Ela mesma cravava uma faca nas meninas, as torturava e batia de muitas formas.

6. Depois que Darvolya ficou cega, as mulheres Dorkó e Kata surravam as meninas, assim como a Declarante, desde que ela estivesse saudável.

7. Ela não sabe onde os corpos estão enterrados, mas primeiro foram carregados para o silo de trigo. As mulheres Dorkó e Kata levaram cinco cadáveres para Sárvár durante o dia com cantoria e também as enterraram em Keresztúr acompanhadas por estudantes (do seminário).

8. Ela mesma, a Senhora, batia nas meninas e as torturava a ponto de ela ficar coberta de sangue, ao ponto de ter que trocar a roupa, e a parede sangrenta ter que ser lavada. Quando Dorkó batia nas meninas, a Senhora sempre estava por perto.

9. No geral, aonde quer que fosse, ela logo procurava um lugar em que pudesse torturar as meninas. Em Viena, os monges até jogaram penicos na janela quando ouviram os gritos aflitos. Em Bratislava, também, era a sra. Dorkó quem espancava as meninas.

10. Nomeadamente, Balthasar Poki (Poby), Stephan Vaghi, o cortesão-mor, e todos os oficiais e servos sabiam das atrocidades; Kozma também sabia.

11. Ela não sabe quando a Senhora começou a cometer as atrocidades, pois na época que a Declarante chegou, ela já havia começado; mas Darvolya a instruiu nas crueldades e era sua confidente. A Declarante sabia e via que ela queimava a genitália das meninas nuas com uma vela acesa.

A terceira, Dorottya Széntes, viúva de Benedikt Szócs, confessou em ordem as seguintes perguntas:

1. Faz cinco anos desde que ela estava à serviço da Senhora. A Sra. Ilona a atraiu para o castelo com belas palavras de que ela seria aceita pela Senhora Homonnay.

2. Sabia que cerca de 36 jovens e meninas costureiras foram mortas pela Senhora.

3. De quais famílias elas vinham e a quem pertenciam, ela não sabia, mas, em vez disso, declarou o mesmo que os outros, que elas vinham de muitos lugares.

4. A (esposa de) János Szalay, a (esposa de) János Bársony e a viúva Keöcsé que morava em Dömölk. A (esposa de) János Liptay trouxe algumas para Csejthe. Ela confessou o mesmo quanto a todos os assuntos conforme disseram os dois Declarantes anteriores.

5. De modo consistente, ela admite o que os dois Declarantes anteriores haviam confessado, com a adição de que a Senhora também torturava as meninas em Chian, e que se a Declarante não pudesse bater nelas, então (a Senhora) o faria ela mesma com um porrete, como a perna de uma cadeira. Ela prendia o lábio das meninas com agulhas e também as torturava dessa forma. Quando a Senhora estava doente e não podia bater em ninguém, ela mandava a Declarante ir até ela (isto é, a Declarante arrastava a vítima até a cama) e arrancava uma parte do rosto ou do ombro a mordidas. Ela espetava as meninas pelos dedos com alfinetes, e dizia: "se machuca a meretriz, então ela pode arrancar"; e se o fizesse, a Senhora voltaria a surrar a menina e cortaria o dedo desta fora.

6. Logo, todos estavam ajudando a Senhora com a tortura, primeiro uma, depois outra, junto à própria Declarante, porque ela os obrigava a fazer isso.

7. Dentro de uma semana e meia, cinco meninas foram mortas em Csejthe e empilhadas uma sobre a outra no depósito. Ela foi para Sárvár, e Kata a arrastou, passando pelos servos da casa, indo para o silo de trigo. Na época, a Confessa estava com a Senhora em Sárvár. Os cadáveres restantes, os quais não puderam esconder, foram enterrados publicamente pelo Clérigo. Os servos, com Kata, carregaram uma para Leszetice e a enterraram lá.

8. A própria Senhora batia nas meninas — em geral, a Confessa deu o mesmo testemunho que os dois anteriores.

9. Quanto aos locais de tortura, ela disse que a Senhora torturava onde quer que estivesse.

10. Ela declarou o mesmo que os outros.

11. Ela não sabe quando a Senhora começou com as crueldades, pois só estava a seu serviço há cinco anos.

A quarta: Katalin Beneczky, a viúva de János Boda, confessou sobre as perguntas anteriores conforme se segue:

1. Fazia dez anos que ela estava a serviço da Senhora; a (esposa de) Valentin Varga, mãe do atual pároco de Sárvár, a indicara para ser lavadeira do palácio.

2. Por ser lavadeira, não sabia quantas foram assassinadas; crê, no entanto, que durante o tempo que ficou a serviço da Senhora, pode ter sido cerca de cinquenta que a Senhora matou.

3. Ela não sabe de quais famílias ou de onde elas vieram, pois não trouxe nenhuma; conhecia apenas as mulheres dos Sittkey.

4. Em todos os assuntos, ela respondeu o mesmo que os outros. A (esposa de) János Liptay trouxe uma menina, e ela acrescenta: que a (esposa de) Miklós Kardos também trouxe duas, de modo que ela não ousou entrar no vilarejo; no entanto, a mulher, Dorkó, foi a que mais trouxe, e ela trouxe todas as que agora estão mortas.

5. Prossegue de modo idêntico aos supracitados, com o acréscimo: que depois que Darvolya ficou cega e que as duas Confessas anteriores aprenderam plenamente a torturar, elas forçaram esta Declarante a realizar espancamentos; na verdade, a mulher, Ilona, as fazia continuar até se cansarem. Também, as mulheres a forçaram a participar dos espancamentos, o tempo todo gritando e berrando para ela: "Bata nela! Bata nela! Com mais força!". A menina que foi agora encontrada morta foi espancada com tanta violência que quando ela já estava meio-morta, a Senhora Nádasdy entrou e também começou a bater nela, assim, por volta das onze da noite, ela dera o último suspiro.

6. A Sra. Ilona era a mais perversa em sua jactância; mesmo que não pudesse fazer nada com a própria mão, ela recebeu permissão da Senhora para controlar Sárvár. A Senhora Nádasdy até mesmo casou duas filhas daquela e lhes deu catorze belos vestidos. Ela era, acima de tudo, uma conselheira (para a Senhora). A Sra. Dorkó batia nas meninas e também a Declarante, quando era forçada a isso; ela mesma era espancada quando se recusava e, certa vez, passou o mês inteiro de cama por causa da surra que havia levado. Certa vez, quando a Senhora Zrínyi foi a Csejthe, ela enviou todas as meninas a seu serviço, junto de Dorkó, para o castelo, onde Dorkó manteve as meninas em cativeiro estrito como se fossem criminosas, lavando-as e as obrigando a se banharem com água fria, depois forçando-as a ficarem ao relento, nuas, por noites inteiras. "Que um raio", ela dizia, "atinja a qualquer um que dê a elas de comer!". Ela as vigiava de tal forma que nem o castelão nem ninguém poderia dar-lhes de comer. Mas quando a Senhora quis viajar para Piešťany, com a Sra. Zrínyi, ela mandou a Declarante até lá para ver se uma delas poderia ir junto; encontrou todas desmaiadas por falta de comida e, ao voltar, disse à Senhora: “Nenhuma está em condições de viajar com Vossa Graça”. A Senhora bateu palmas; ela estava muito brava com Dorkó e disse que isso não deveria ter acontecido. As meninas foram trazidas e morreram em um cômodo do castelo. Porque tanto a Senhora quanto Dorkó as espancaram, e então ficaram sem comida e tiveram que desistir da vida. Uma jovem de Dömölk, que estava com a Declarante na carruagem, morreu no caminho de Piešťany para Csejthe. A menina já havia desmaiado em Piešťany, mas foi novamente escorada e espancada pela Senhora.

7. Duas das meninas mortas foram enterradas em Leszetice. O restante foi conforme já relatado. Quanto às cinco meninas, das quais Dorkó sabe que estão mortas pois estava com elas, ela as empilhou sob a cama e jogou nelas *oakum* (um tipo de alcatrão). Não obstante, levavam comida todos os dias como se elas ainda estivessem vivas, por mais que fosse o contrário. Depois a Senhora foi para Sárvár e ordenou que a Declarante quebrasse o piso e as enterrasse lá; ela não o fez, todavia, pois estava fraca demais. Os pobres cadáveres assim ficaram até começarem a desprender a imundície, o que causou tal fedor na mansão que todos puderam sentir. A Declarante não soube o que fazer, então enterrou todos os corpos, por vontade de Deus, em um silo de trigo com a ajuda de Bulia, (e) das servas Barbara e Käte, que estavam com Dorkó todos os dias e quando elas morreram. Elas as enterraram à noite. A própria Dorkó enterrou até mesmo um cadáver sob o beiral, o qual os cães desenterraram, e que foi visto pelo criado do Senhor Zrínyi. Este foi enterrado no silo de trigo, que agora abrigava cinco corpos. Em Csejthe, lugar em que ficou pouco tempo, oito foram mortas.

8. Igual aos precedentes.

9. Igual, com o adendo de que ela havia torturado sua menina, Ilona Harczi, em Viena.

10. Igual aos precedentes.

11. Ela aprendeu tortura e outras crueldades com Darvolya.

Essas confissões voluntárias foram dadas diante de nós no dia e ano acima.

Magistrado Dániel Eördeögh, m.p.,
Caparus Echy, Castelão em Bytča, m.p.,
Kaspar Kardos, Elias Vaniay, clérigo juramentado, m.p.

O conteúdo do segundo texto é o seguinte:

Nós, Theodosius Szirmay de Szulio, Presidente Real; Kaspar Ordody de Trencsén e János David de St. Peter; Georgius Lehotzky, János Záturetzky, Nikolaus Hrábovszky, János Borsitzky, cátedra judicial; Gábor St. Mariai, também conhecido como Hlinitzky, presidente da corte de Trencsén; Michael Prusinszky, Raphael Kvasovszky, Benedikt Kozár, István Mársovszky, Georgius Záluszky, János e Michael Hlinitzky, Apollo Milicius, János Draskovszky, Nikolaus Mársovszky, István Akay e János Medveczky, decretamos por todos os presentes: que nós, no 7° dia deste mês no Ano do Senhor de 1611, a pedido de Sua Graça, o Senhor György Thurzó de Bethlenfalva, Palatino do Reino da Hungria, Juiz de Cumanos, Conde de Árva e Presidente eterno do comitê jurídico, conselheiro-sênior confidente de Sua Majestade Real e governador do Reino da Hungria, na distinta cidade mercantil chamada Bytča, para a investigação e julgamento de certos indivíduos ali reunidos, em nome e sob a autoridade de Sua Senhoria, o beneficente Georgius Závodszky, contra János Ficzkó e contra Ilona, Dorottya e Katalin, mulheres de Sárvár, expedimos o seguinte:

É evidente que o Deus supremo, através de Vossa Majestade Real, com desejos determinados e eleições determinadas dos ocupantes da nação e das propriedades de nossa pátria Hungria, Sua Graça, por meio da honra e dignidade do ofício de Palatino, convocou esta cúpula, para que, em auxílio dos requisitos de Seu ofício, independentemente da pessoa, protegesse os bons e inocentes, para punir os culpados: assim, nós, supracitados, que desejamos cumprir a Sua ordem, fizemos, entre outras coisas, um empreendimento salutar, e felizmente concluímos esta questão pública, tendo ouvido e interrogado sobre aquela que perpetrou atos ultrajantes, desumanos e de crueldade satânica, que jamais se soube terem sido feitos pelo sexo feminino contra o sangue cristão, alguém da alta nobreza, a Senhora Erzsébet Báthory, viúva do cavalheiro de nascimento nobre e magnânimo Senhor Ferenc Nádasdy, quem, para este reino e pátria, foi, senão, um homem de grande honra, os quais ela cometeu, por muitos anos, de modo nefasto e desumano contra suas criadas, outras mulheres e outras jovens almas inocentes, matando de maneira vil um número inacreditável de muitas delas. Dada tal atrocidade tão grande e indescritível, esta comissão de forma alguma queria, como se pode dizer, ver da outra ponta (isto é, tomar uma decisão precipitada). Fizeram uma investigação rigorosa, a partir da qual se pudesse provar que a Senhora Viúva Nádasdy havia realmente cometido os crimes dos quais foi acusada, de acordo com a confissão dos próprios criados. Depois de Vossa Graça tê-los ouvido, a comissão aplicou Sua diretiva de Bratislava aos autos legais, e os membros da alta nobreza e cavalheiros designados, Conde Miklós Zrínyi e György Drugeth de Homonnay, parentes da dita Senhora Viúva, e o Sr. Imre Magyeri, guardião do órfão Pál Nádasdy, e também um número não insignificante de tropas, acompanharam-no para tomar o Castelo de Csejthe. Logo na entrada da mansão estava a verdade do que as testemunhas haviam relatado. Lá, uma jovem foi encontrada, nome de solteira Doricza, morta por espancamentos e torturas, e duas outras, também torturadas até a morte de modos diferentes na dita mansão de Csejthe, pela supracitada Senhora Viúva Nádasdy. A raiva e ferocidade desumanas, mais digna de tigres, moveram Vossa Graça, com o educado conselho dos supracitados, a entregar a sanguinária e altamente nefasta viúva Nádasdy, pega no ato da atrocidade (isto é, em flagrante), e condenar a mulher a cumprir pena perpétua no Castelo de Csejthe. János Ficzkó, todavia, assim como Ilona, Dorottya e Katalin, cúmplices e assassinos de inocentes, estavam a par e tomaram parte em atos tão ímpios, asseclas, desta terrível execução e carnificina, são trazidos perante o Senhor Juiz e precisam receber punição justa por seus crimes horrendos e nefastos. Explicitamente, nós, a Comissão, tanto por ser o curso sagrado da justiça e retidão, como tal implica, assim como para enviar um aviso e dar exemplo àqueles que agiram, ou planejaram agir, de modo similar; para estes, no entanto, que cometeram atos tão monstruosos, eles receberão punição mais severa e vergonha eterna, com base no documento apresentado por nós, incluindo os escritos e cópias legais, ambos os quais foram reunidos contra a Viúva Nádasdy, bem como as confissões voluntárias dadas pelos réus. Depois de leitura pública, os réus, individualmente entrevistados sobre todos os pontos confessos e, por sua vez, ouvidos, estando todos de acordo e nada tendo omitido nem modificado, mas registrado tal como foi tomado, a respeito de tudo o que cometeram, e tudo o que perpetraram com violência e forçados sob ameaça por sua Senhora; tem a Comissão enfim determinado a partir dos testemunhos e confissões supracitados e também provado a partir das testemunhas que compareceram perante nós na seguinte ordem.

História.
Transcrição dos interrogatórios das testemunhas sobre os atos cruéis de que Erzsébet Báthory, esposa do Conde Ferenc Nádasdy, é acusada. 1611. (Decisão nº 31)

A primeira testemunha, o honrado György Kubanovich, residente de Csejthe, declarou sob juramento: estava presente no Castelo de Csejthe quando viu o corpo da última menina morta, cheio de vergões arroxeados e marcas de queimadura e estrangulada no estilo de execução, ser carregado em uma travessa, enquanto a Senhora Nádasdy estava sob custódia.

A segunda testemunha, János Valkó; a terceira, Martin Jankovich; a quarta, Martin Kresskó; a quinta, Andreas Ukrovich; todos residentes de Csejthe, prestaram juramento e testemunharam o mesmo que a primeira testemunha.

A sexta, Ladislas Centalovich, residente também de Csejthe, também jurou e prestou testemunho conforme os outros, e adicionou ter visto as meninas quando elas ainda estavam vivas, e também os vergões e queimaduras nos ombros delas.

A sétima, Tamás Zima, de Csejthe, testemunhou conforme os outros, e também declarou que duas criadas da senhora tinham sido enterradas no cemitério de Csejthe, ao passo que uma terceira havia sido enterrada em Leszetice, especialmente porque o clérigo de Csejthe contestou o assassinato.

A oitava, Johann Krappmann, servo da igreja de Csejthe, testemunhou conforme as outras testemunhas juradas, e adicionou que, quanto à execução da menina martirizada, ele havia falado com um dos assistentes enquanto ainda viva e recebeu esta resposta: a própria Senhora tinha perpetrado tal ato, com a ajuda de uma certa mulher trajando vestido verde que, no entanto, ela não identificou.

A nona, Andreas Butora, de Csejthe, no geral declarou o mesmo que as outras testemunhas.

A décima, Szuzanna, uma menina nova, prestou juramento e testemunhou que as execuções perpetuadas pela Viúva Nádasdy contra suas aias foram horríveis, e que seus executores eram: Ilona, Dorottya, Anna de sobrenome Darvolya e János Ficzkó, que também era enviado para roubar meninas e trazê-las para a Senhora. Kata era mais branda e gentil, mas em vida já havia espancado as meninas o suficiente, porém, era tão misericordiosa que trazia comida em segredo para as mortas martirizadas. Lembrou-se também de ter ouvido dizer que Jacob Szilvásy havia encontrado uma lista das meninas mortas em uma caixa da encarcerada Senhora, numerada em seiscentos e cinquenta, número que a Senhora Viúva Nádasdy registrou de próprio punho.

A décima primeira testemunha, Sara Baranyai, viúva de Peter Mártiny, testemunhou o mesmo que a menina anterior, Szuzanna, com o acréscimo: ela sabia com certeza que nos quatro anos anteriores (isto é, durante todo o seu tempo de serviço), enquanto estava com a Senhora Nádasdy, mais de oitenta meninas nos aposentos das mulheres foram mortas, o que é confirmado pelo depoimento de um certo Bicsérdy, Governador de Sárvár, que, aliás, concorda com o número, dizendo ser totalmente verdade, alegando conscienciosamente poder repetir várias vezes. Por fim, também fortalece as admissões dos réus.

A décima segunda, Ilona, a viúva Kotsis, disse sob juramento: ela podia comentar muitas coisas nos últimos três anos, em especial durante o seu tempo de serviço; mais de 30 meninas foram mortas em múltiplas execuções de tortura pela Senhora Nádasdy e seus assistentes. A Senhora Nádasdy era muito conhecedora da magia e da arte do envenenamento, havendo muitos exemplos disso, mas, em particular que, através da magia e do envenenamento, quis tirar a vida de Sua Majestade Real, do Senhor Palatino, e de Imre Megyeri e outros também, contra quem rezou uma certa fórmula/feitiço. Em todos os sentidos, ela confirmou as confissões dos réus.

A última testemunha, Anna, viúva de István Geonczy, relatou em geral como as testemunhas anteriores, sobre a carnificina perpetrada pela Senhora Nádasdy e suas ajudantes, e também confessa: entre o número de vítimas assassinadas, também estava sua filha de dez anos de idade, cruelmente torturada até a morte, a quem ela queria visitar, mas, para sua maior dor, não lhe foi permitida a entrada. O restante foi igual ao anterior.

Depois de tudo o que ouvimos e consideramos, apresentamos a seguinte recomendação.

A partir do depoimento dos réus, e também das fortes provas perante o presente Tribunal, assim como os repetidos testemunhos, sobretudo a confissão de Dorottya, como a mais culpada, por causa de sua Senhora, de tantas crueldades contra o sangue inocente do sexo feminino, e claramente perpetrando crimes dos quais ela e Ilona, assim como János Ficzkó, o ajudante secreto, não apenas eram conhecedores, mas de cujos atos cruéis também participavam e sobre os quais silenciavam; por causa de uma suspeita tão óbvia e dos próprios réus que fizeram declarações claras e aparentes sobre assuntos suspeitos, incluindo os atos secretos e cruéis em geral mostrados, primeiro e antes de todos os outros, a dita Dorottya, depois Ilona e, finalmente, János Ficzkó foram levados para interrogatório. Os interrogatórios aqui são diferentes de tudo o que está contido na acusação, e os próprios interrogados previamente reconhecidos, inclusive as referidas testemunhas que também alegaram e fortaleceram, abreviaram e retiraram as acusações, ainda mais tendo em vista os caminhos da muitas vezes chamada Viúva Nádasdy por meio da qual perpetraram terríveis atrocidades e maus-tratos; dessa forma, o seguinte julgamento é proferido aos réus, por nós, e pronunciado publicamente:

Após as confissões dos réus, que foram dadas voluntariamente ou após tortura, bem como as revelações dos interrogatórios das testemunhas sobre os crimes dos réus que, de fato, excedem todas as noções de desumanidade e crueldade, consistindo em assassinatos múltiplos, carnificina e tortura sofisticada no estilo de execução — tais atrocidades exigem penalidades horríveis: assim, primeiro, Ilona e Dorottya, como participantes primárias em tantos crimes e como ferramentas de atrocidades tão sérias e contínuas perpetradas contra o sangue Cristão, devem ter os dedos de ambas as mãos arrancados pelo carrasco, e então serão executadas e queimadas.

Quanto a János Ficzkó, sua idade e quantidade menor de crimes diminuem um pouco sua punição: ele será decapitado, o cadáver colocado na pira e queimado junto às outras duas criminosas. Relativamente à última, Katalin, serão escusados os depoimentos de ambos os réus, bem como de algumas testemunhas, e o depoimento de János Ficzkó por si só não pode condená-la: parece-nos que ela deve ser devolvida ao calabouço e permanecer lá por algum tempo até que, talvez, outra evidência mais clara seja apresentada contra ela. Este é o nosso veredicto sobre o acusado, pronunciado publicamente e, logo em seguida, devidamente concluído.

Proferido na mencionada cidade mercantil de Bytča
em 7 de janeiro do ano 1611 de nosso Senhor.
Theodosius Szirmay, Georgius Lehotzky, Kaspar Ordody,
János Záturetzky, Nikolaus Hrábovszky,
János Borsitzky, cátedra judicial; Gábor Hlinitzky, adjunto;
Michael Prusinszky, Stephan Mársovszky,
Benedikt Kozár, Nikolaus Mársovszky, Stephan Akay
e János Medveczky, János St. Mariay, István Akay,
János Draskovszky, Georgius Záluszky e
Michael St. Mariay, também conhecido como Hlinitzky.

14 DE JANEIRO DE 1611
Carta de Mátyás a Thurzó

Mátyás II, pela graça de Deus o Rei da Hungria, Dalmácia, Croácia, Eslavônia etc., designado Rei da Boêmia, Arquiduque da Áustria, Duque da Borgonha, Marquês da Morávia, Conde do Tirol.

Venerável e distinto, súdito leal sinceramente devotado a nós. O que o Senhor nos diz por escrito sobre a nobre e conhecida Viúva Nádasdy não ouvimos sem grave desprazer, medo paralisante e estremecimento interno; ou seja, que ela tenha deixado para trás qualquer reverência a Deus e à humanidade, impulsionada pela crueldade animal e influência diabólica, matando mais de trezentas virgens inocentes, tanto nobres quanto das classes mais baixas, que a serviram como aias, e não mereciam tal tratamento, sem qualquer envolvimento do judiciário, do modo mais monstruoso e cruel, o corpo delas foi mutilado, queimado com ferro quente, a carne foi arrancada, assada no fogo e servida em seguida. Decerto teríamos preferido que os mortais nunca tivessem ouvido falar de tamanha atrocidade, de tantas virgens infelizes que pereceram, cujo sangue inocente e miséria não poderiam ser contidos pela vastidão dos céus; mas depois que isso se tornou tão amplamente conhecido e, como resultado, o medo de que, se não os punirmos, a ira vingadora de Deus recaia sobre nós, estamos determinados a fazer justiça e, por meio deste exemplo, eliminar outros atos ultrajantes de sacrilégio, que a mulher conhecida como Senhora Erzsébet Báthory (depois de os outros já terem sido apanhados em flagrante, condenados e presos pelo Senhor), 15 dias a partir de quando esta cópia foi criada ou da data em que a sua decisão ao tribunal contra o notável Peter Zokoli cair, nos termos da lei e de acordo com os costumes do Reino e, por fim, não havendo fundamentos para adiar o veredicto por seus ultrajantes sacrilégios e atos, por meio de nosso homem leal, o excelente Meirinho Joannes Kythonich de Kostanicza, o Presidente da Câmara do Tribunal (*director causarum nostrarum regalium*) da Coroa do Sacro Reino da Hungria, sob nosso conhecimento, fará o seguinte: nós o instruímos com seriedade e lhe damos uma ordem de urgência para que, assim que receber essa carta, o Senhor convoque imediatamente essa mulher, Erzsébet Báthory, na referida data, ou através das datas das cartas ao seu fiador, por garantia da honrosa Sé da Igreja Metropolitana de Esztergom, a comparecer ao Castelo de Csejthe com permissão para descobrir e discutir seus feitos imensos e ultrajantes supracitados a fim de que o julgamento prossiga e seja realizado de acordo com a lei; se ela aparecer pessoalmente, ou por meio de algum enviado ou não, devendo ser advertido de antemão onde e quando o Senhor definir para que ela compareça pessoalmente ou via representante legal perante o Senhor. A forma como tratará a questão, todavia, dada a insistência das partes envolvidas, terá de ser de acordo com a lei. Qualquer outra coisa não deverá ter prosseguimento.

Proferido em nossa cidade de Viena, no dia 14 do mês de janeiro do ano 1611 de nosso Senhor.

P.S.: Também desejamos informá-lo de que instruímos benevolentemente os tabeliães de registro, Mózes Cziráky e András de Keresztúr, para permanecerem — coletar testemunhos de todos os locais de residência dos Nádasdy, em ambos os lados do Danúbio, o mais rápido possível, para que, no momento em que sua data de julgamento for marcada, nosso Presidente Legal do Tribunal tenha todas as informações necessárias à sua disposição. Também pedimos benevolentemente que, se souber algo adequado sobre o que as testemunhas foram questionadas e suas respostas, informe aos tabeliães o mais rápido possível por escrito. Os testemunhos anteriores não devem ser negligenciados, já designados pelos tabeliães ou recolhidos pela tortura das velhas, com uma designação suficiente dos nomes e circunstâncias da morte das virgens, nos quais esses crimes estão envolvidos, devendo-se enviar informações autenticadas ao referido Presidente Legal.

---

12 DE FEVEREIRO DE 1611
Carta de Zrínyi a Thurzó

Deus abençoe ao Senhor e a toda sua família junto de todos os seus bens! Recebi e compreendi sua carta franca junto da cópia da carta de Sua Majestade Real enviada ao Senhor e a cópia de sua resposta a ela. E, embora em meio à tristeza e ao sofrimento, eu tenha recebido as notícias da situação vergonhosa e miserável de minha sogra, a Sra. Nádasdy, em vista de seus atos descomunais e vergonhosos, devo confessar que, em relação à pena, o Senhor escolheu o menor dos males. O julgamento de Vossa Graça nos serviu bem, pois preservou a nossa honra e nos protegeu de uma vergonha imensa. Quando, em suas cartas, o Senhor nos informou do desejo de Sua Majestade Real, incluindo a punição pela horrenda tortura em interrogatório, nós, parentes dela, sentimos que todos devemos morrer de vergonha e desgraça. Mas, Vossa Graça, sendo nosso benevolente e amado primo e Senhor, evitou nossa vergonha, tendo imposto a melhor punição em *perpetuo carceri inclusa delineatur* e não a punição pública, que nos envergonharia a todos, incluindo seus filhos e a memória de seu pio, abençoado, gentil e nobre marido. Queremos agradecer a Vossa Graça pelo resto de nossas vidas e lhe retribuir com todas as nossas forças disponíveis; desejamos lhe oferecer um humilde símbolo de nossa existência mortal. Pedimos-lhe, assim, que implore a Sua Majestade que reconsidere sua decisão para que concorde com o veredicto já proferido pelo Senhor e que se contente com o seu julgamento e não litigue contra ela em público. Isso, como o Senhor pode imaginar, nos causaria vergonha e agravo. Em nome de Deus, colocamos nossas esperanças no Senhor, e que o Senhor e Sua Majestade decidam esse caso em nosso favor, como confiamos que ambos o farão. Para uma discussão mais detalhada quanto ao assunto, envio ao Senhor meu servo leal, o Sr. András Milley. Eu lhe peço, como meu benfeitor, Senhor e irmão amado, que acredite nessas palavras e permita que ele volte a mim com a resposta desejada. Eu lhe retribuirei ao longo de toda a vida. Que Deus conceda vida longa a Vossa Graça.

Csákvár, 12 de fevereiro de 1611
Illustrissimae Dominationis vestrae servitor addictissimus
Miklós de Zrínyi (m.p.)

---

23 DE FEVEREIRO DE 1611
Carta de Nádasdy a Thurzó

Desejo a Vossa Graça e à minha Senhora, bem como aos vossos amados filhos, as maiores felicidades de Deus, como vós desejais. Entendi de sua carta o que Sua Majestade lhe ordenou fazer com a minha miserável mãe. Tenho sua resposta para Sua Majestade, e notei a frequência com que o senhor se mostrou bem-disposto para comigo e para com minhas irmãs. Que Deus conceda que nós, eu e minhas irmãs e cunhados, possamos recompensar a sua bondade pela obediência de um coração puro durante toda a sua vida. É verdade, conforme o Senhor escreveu para Sua Majestade, que a *Citatio* (intimação judicial) deveria ter sido emitida mais cedo e que é, agora, inapropriada, pois Vossa Graça, como meirinho-mor do país, já exerceu suficiente *extentio*. Não é mais necessário prosseguir, pois o presente castigo de minha pobre mãe é pior que a morte, e não é necessário proceder conforme os ditames de Sua Majestade, já que o julgamento quanto à vida dela já foi feito. Voltando agora à questão da propriedade de minha mãe, não há razão para temer, pois antes de ser encarcerada, ela entregou tudo a nós três. Não obstante, nós, parentes e humildes súditos de Sua Majestade, desejamos pedir que seu uso de força legal contra nossa mãe não imponha a vergonha eterna à nossa família. No entanto, não queremos agir sem o conhecimento e aconselhamento de Vossa Graça; não seria adequado. Eu, por isso, imploro-lhe, por favor, que nos escreva relatando sua opinião sobre como eu e minhas irmãs deveremos proceder com nossa intercessão junto à Sua Majestade para não causarmos nenhuma aflição a Vossa Graça; como, deveras, soubemos por sua carta, a qual mantivemos em segredo. Espero uma resposta favorável do Senhor, como meu amado pai e Senhor. Que Deus abençoe seus muitos anos com boa saúde. Castelo de Keresztúr, 23 de fevereiro de 1611.

Conde Paulus de Nádasd manu propria.

---

26 DE FEVEREIRO DE 1611

Carta de Mátyás a Thurzó

Venerável e distinto, nosso súdito sinceramente devotado e leal. O que o Senhor compartilhou conosco por escrito sobre o caso da Sra. Nádasdy, ou seja, as razões e considerações urgentes pelas quais o Senhor não é responsável e aquelas que podem ser levadas ao tribunal, ouvimo-las de modo favorável. No entanto, não queremos que esconda sua lealdade — que nos é sabido que nada impede nem deve impedir que a referida mulher compareça ao tribunal, para que possamos nos certificar de que receba sua sentença devida. Com efeito, o esclarecimento sobre o assunto, incluindo a coleta de depoimentos para comprovar o ocorrido, permite demonstrar a idoneidade de julgá-la perante um tribunal reconhecidamente competente, o que permitiria, então, uma punição adequada imposta à luz de seus crimes. Pedimos com firmeza que o Senhor trate esta reclamação aos Nádasdy de maneira não diferente e que proceda de acordo com a lei, apesar de quaisquer preocupações supramencionadas ou outras razões importantes. O que é mais importante ter em mente e consideração é que, doravante, esperamos sua resposta leal e imediata. Não duvidamos de sua garantia de que o tempo adequado e o devido esforço não serão negligenciados e, em particular, que agirá no cumprimento das convenções e expectativas da lei. Permanecemos sob licença de nossa graça real e afeto benevolente. Proferida em nossa cidade de Viena, no dia 26 de fevereiro do ano 1611 de nosso Senhor.

18 DE MARÇO DE 1611
Carta de Mátyás a Thurzó

Respeitado e magnânimo, nosso fiel, sincero e valioso súdito. Relativamente às necessárias e óbvias razões de bom senso pelas quais é necessário reabrir o caso da nobre e digna Senhora Nádasdy, e por que desejamos e devemos levar este caso ao tribunal, fornecemos tais detalhes em nossa carta anterior, datada de 26 de fevereiro. Além disso, a observância da lei divina e seu cumprimento agora exigem que procedamos de acordo com as leis e costumes do Pai, avaliemos cuidadosamente, investiguemos e concluamos o assunto por meio de revisão judicial. Para que a reunião dos juízes tenha lugar com o senhor em Bratislava, na data e hora acordadas, instruímos com seriedade e vigor a nossa Câmara do Tribunal Húngaro, sob aplicação da autoridade legal real, a proceder imediatamente, neste caso, com os autos propostos e garantir seu cumprimento de acordo com as leis do Pai. Também não duvidamos de sua devoção, à qual com seriedade e zelo exortamos tudo isto, e para a qual o Senhor está convocado a executar no interesse das leis e estatutos do Reino, sendo estes necessários para cumprir seu dever e responsabilidade para conosco. Continuaremos a sopesar todos os outros respeitos a seu favor, com nossos afetos solidários ao Senhor. Proferido em nossa cidade de Jihlava (Iglau), no dia 18 de março do ano 1611 de nosso Senhor.

---

30 DE MARÇO DE 1611
Carta de Thurzó a Mátyás

Muitos fatores no caso da conhecida e nobre Senhora Nádasdy foram revistos em um período de tempo bastante limitado, e não foram resolvidos nem realizados por todas as várias razões do mundo, uma vez que os depoimentos das testemunhas também não puderam ser recolhidos em tempo hábil, nem foram disponibilizados durante a permanência dos prisioneiros na masmorra, quando foram sentenciados à morte. Além disso, recebi a ordem de Vossa Majestade apenas ontem à noite, depois que o tribunal já havia retomado o recesso devido à falha do juiz do reino em exercício. Mas Vossa Majestade pode ficar satisfeita, com base em considerações conhecidas, com a sentença de prisão perpétua, que Vossa Majestade graciosamente receba a decisão unânime do Conselho dos Senhores e juiz em exercício a partir de minha carta datada do dia 23 do mês corrente. Também não há risco de que reclamações sobre a inocência dela cheguem aos ouvidos da benevolente Sua Majestade, pois quando, neste assunto, se fez necessária a investigação judicial do Conselho dos Senhores e juiz em exercício por Vossa Majestade, em consequência do horror das atrocidades cometidas que exigiam punição divina, eu, como Meirinho-Mor de Vossa Majestade, providenciei a prisão dela depois de cuidadosa deliberação em comum acordo com seus parentes e genros. Hoje mesmo, o próprio Conselho dos Senhores e o juiz em exercício confirmaram para mim que eu havia tomado a atitude correta. A dificuldade nesse caso, no que pesa à justiça, é que é muito raro se passar algo com mulheres de altíssima estima da nossa época, como resultado da forma como elas vivem, estas encontram-se em uma situação tão alarmante a ponto de a pena de morte lhes ser imposta, enquanto, ao mesmo tempo, perguntamo-nos que benefício o governo (Tesouro) receberia no caso. Vossa Majestade receberá um relatório completo sobre tudo o que há nesta mensagem no que tange ao retorno dos nobres diretores sublimes e dignos (*Magnificus ac generosus*) e seu Conselho de Senhores associados da Câmara da Corte de Pressburg (Bratislava). No entanto, deixo tudo à graciosa decisão de Vossa Majestade; a decidir o que compete ao Tesouro de Vossa Majestade e ao director *causarum regalium* (administrador real dos bens); de acordo com a lei neste tema, agirei como juiz e magistrado e não me desviarei do meu dever.

Bratislava, 30 de março de 1611

Conde György Thurzó

---

31 DE MARÇO DE 1611
Carta da Câmara do Tribunal Húngaro a Mátyás

Sacra Majestade Real, nosso gracioso Senhor!

Como servos leais que humildemente recebem a graça de Vossa Majestade Real, nós, súditos, tomamos nota da benevolente ordem de nossa Sacra Majestade Real emitida no dia 19 do mês corrente, a respeito da acusada Senhora Nádasdy. Quanto a que causas e por que meios esta questão pode e deve prosseguir, e ser encorajada pelos funcionários reais de Vossa Majestade, ambos discutimos e ponderamos diligente, fiel e sensatamente o assunto em cuidadosas negociações com a Assembleia da Câmara de Vossa Majestade Real e, como antes, simultaneamente com o designado Conselho de Senhores de

Vossa Majestade, e também com os tabeliães-seniores. Porém, devido à ocorrência de muitas dificuldades envolvendo a jurisdição e as tradições jurídicas do Reino, notamos que este processo não foi tratado com cuidado adequado ou suficiente pelos referidos funcionários de Vossa Majestade, devido a uma série de razões, mas principalmente por causa do que segue: porque quando os tabeliães-seniores originais, comissionados, começaram a tomar depoimentos de testemunhas, o caso já era de conhecimento público; entretanto, ainda não haviam concluído a questão, o que tornou a ação estatal ineficaz. Na situação em que se cometeu homicídio, como no caso em que pessoas de nascimento inferior acusam um nobre de cometer um crime, o que ordinariamente resultaria na pena de morte no tribunal de Vossa Majestade, cabe às partes resolver entre si e não ao Estado, pois teme-se que os familiares do falecido não se sintam obrigados à decisão judicial; assim, é mais fácil para eles concordarem entre si do que seria possível com o Estado. E, embora, neste caso, o Estado pudesse impor a pena de morte contra ela, não se pode esperar grande vantagem, pois apenas a terça parte dos bens, segundo a estimativa usual, do condenado à morte, é revertida ao Reino, que, a rigor, só ocorre depois de deduzidas as respectivas parcelas dos restantes filhos e filhas, nos termos das leis do Reino, Parte 2, Título 60, das quais essas duas partes desta estimativa serão discutidas pelo ilustre Senhor Palatino, como juiz deste caso, de acordo com os antigos costumes do Reino e com a Parte 2, Título 57. Com efeito, parece que o Tesouro de Vossa Majestade nem receberá esse benefício, pois, alguns anos atrás, a mencionada Sra. Nádasdy transferiu todos os seus bens para seus filhos, incluindo seus direitos totais e completos sobre eles, de modo que a presa agora encarcerada não tem mais nenhuma propriedade em seu nome. Daí resulta que, mesmo condenada, nada poderia ser confiscado pelo Tesouro, nem o Tesouro poderia tomar posse de nada. Assim, qualquer problema e despesa que surgisse seria inteiramente em vão. Não obstante, porém, quanto ao assunto restante, seria o que Vossa Majestade graciosamente determinar sobre como proceder contra ela; se podemos sugerir, ela já é prisioneira dos que estão no poder após aprovação prévia, mas não confirmação, do primeiro conselho geral do Parlamento do Reino, e apresentada publicamente como, por assim dizer, pega em flagrante, de modo que o favor de uma sentença de culpada será considerado digno, com o consentimento do Parlamento, quer seja uma sentença leve ou a pena de morte, de acordo com as leis do Reino acima mencionadas, Parte 2, Título 75. Em última análise, no entanto, não temos nenhuma sugestão quanto a um método para levá-la à justiça, tanto por limitações de tempo, como também porque as entrevistas de testemunhas contra ela ainda não foram relatadas ou mesmo concluídas pelos tabeliães-seniores de registro. Todavia, como quase todos os juízes do Reino e Assessores da Corte Real estão assim propensos e, portanto, já que quase nada devemos fazer para assegurar uma decisão, recomendo um veredicto brando da parte de Vossa Majestade em consideração ao serviço gracioso, fiel e útil do falecido marido desta mulher e a seu filho mais novo e filhas, uma das quais casada com o ilustre e glorioso Senhor Conde Miklós de Zrínyi, e a outra com o Senhor György Homonnay, ambos nobres importantes e servos fiéis de Vossa Sacra Majestade e cidadãos bons e úteis do seu país, que são contra a punição extrema de sentenciar essa mulher à morte, mas, antes, imploram que o Senhor decida a punição dela, para que permaneça efetivamente em prisão perpétua, respectivamente.

Pressburg, 31 de março de 1611

Os fiéis e dedicados servidores, diretores e associados de Vossa Majestade Real do Conselho da Câmara Húngara,
Tomás Vizkelety
Franciscus Leranth

---

28 DE JULHO DE 1611
Relatório de András de Keresztúr a Mátyás II
(224 declarações de testemunhas)

Depois que esta mensagem foi emitida e entregue a ele, o referido tabelião passou a cumprir fielmente seu dever em nome de nossa Majestade Real, e em prol deste esforço fiel, no terceiro dia da semana após a *Sexagesima* Dominical (9 de fevereiro de 1611) e nos dias seguintes, inicialmente na cidade de Kosztolány, e então nas cidades de Csejthe e Beckov. O depoimento a seguir foi tomado sob a pesada penalidade de 16 marcos, conforme declarado em decreto geral, apenas depois que os seguintes foram chamados e reunidos em sua presença, a fim de descobrir, do clero, na pureza de sua consciência, enquanto o povo, em sua fé em Deus e consciente de sua lealdade a nossa Santa Majestade e à Coroa de nosso dito Reino da Hungria, sobre a magnânima e nobre Senhora Erzsébet Báthory, viúva do ilustre e famoso Ferenc Nádasdy, Mestre do Estábulo, que, desrespeitando a reverência a Deus e ao homem, com selvageria animal dirigida e conduzida por sentido diabólico, matou cruelmente numerosas virgens inocentes, nobres e donzelas de classe baixa, sem que elas tivessem menor culpa, seus corpos mutilados e queimados com ferro quente, pedaços de carne arrancados deles, assados no fogo e dados a elas para comer, a fim de descobrir a verdade, indagar, aprender e saber.

E a primeira testemunha foi o venerável Michael Fabri, pároco da cidade de Kosztolány; quando questionado sobre a pureza de sua consciência, disse ter ouvido livremente e, em geral, amplamente, sobre a alegada crueldade da referida Sra. Erzsébet Báthory; mas se tudo o que é dito a respeito da Senhora Erzsébet Báthory é verdade, certamente ele não sabe. Mas ele sabe bem que depois da celebração do casamento do ilustre György Homonnay, duas meninas mortas foram trazidas de Csejthe para Kosztolány e ali enterradas sem cerimônias fúnebres; ele também tinha ouvido de outros que, em anos anteriores, enquanto esta mulher Erzsébet Báthory estava em uma viagem de Csejthe a Kosztolány, uma virgem foi despida no inverno aqui, na cidade de Kosztolány, submersa no córrego congelado, que flui pela cidade, após o gelo ter sido removido e finalmente morta; eles também a enterraram aqui em Kosztolány.

A 2ª testemunha foi o honorável Tamás Jaworka, Juiz da Cidade de Kosztolány, de cerca de 40 anos, interrogado sob juramento; falou da crueldade da mulher Erzsébet Báthory da mesma forma que a testemunha anterior, o Pastor de Kosztolány; em relação às virgens, porém, no momento da celebração do casamento de György Homonnay, no inverno, no córrego onde elas foram submersas e morreram, ele acrescentou ao relato do pastor que, após a morte dessas duas meninas, as duas mulheres foram libertadas depois da prisão da mulher e entregues ao ilustre Palatino. O juiz de Kosztolány declarou, além disso, que ouvira de alguns jovens criados da referida senhora, Erzsébet Báthory, como esta mulher era extremamente cruel com suas criadas; ou seja, que ela queimava algumas delas no abdômen com um ferro em brasa; outras ela fazia sentar em um grande tanque de barro e derramava água fervente sobre elas e escaldava a pele, causando, assim, sofrimento; a mesma testemunha também vira com frequência as aparições das virgens do séquito da condessa desfiguradas e cobertas de manchas arroxeadas de numerosos golpes.

A 3ª testemunha foi o honorável Michael Kwryo, de cerca de 30 anos, interrogado sob juramento; ele disse, em relação às duas donzelas, que elas haviam morrido no momento da celebração do casamento de György Homonnay, o mesmo que a testemunha anterior, o juiz da cidade de Kosztolány; ele não sabia nada de queimaduras, mas apenas o que geralmente é relatado sobre o assunto.

A 4ª testemunha foi o honorável Michael Palenyk, 45 anos, interrogado sob juramento; disse não saber mais nada sobre as questões, exceto que, há 13 anos, quando a referida Sra. Erzsébet Báthory esteve na cidade de Kosztolány, uma menina entre suas criadas foi morta e enterrada ali, e ele mesmo viu que o corpo da menina morta estava coberto de hematomas e marcas pretas e arroxeadas.

A 5ª testemunha foi o honorável Stephenus Kressko, com cerca de 43 anos, interrogado sob juramento; ele contou — como a 3ª testemunha — que tinha ouvido falar muito sobre o corte, a fritura e o consumo de carne humana.

A 6ª testemunha foi o honorável János Mraz, de cerca de 50 anos, interrogado sob juramento; ele falou sobre todas as coisas da mesma forma que o juiz de Kosztolány.

A 7ª testemunha foi o honorável Georgius Markowych, de cerca de 50 anos, interrogado sob juramento; falou da crueldade da Senhora Viúva como o juiz de Kosztolány; era o que tinha ouvido falar menos sobre as virgens que morreram no momento da celebração do casamento de György Homonnay; no entanto, ele vira a menina obrigada a se banhar no inverno em um rio congelado, depois levada amarrada; no dia seguinte, ela estava morta.

A 8ª testemunha foi o honorável Paulus Jeczko, 33 anos, interrogado sob juramento; disse o mesmo que a primeira testemunha a respeito das duas donzelas sepultadas em Kosztolány.

A 9ª testemunha foi o honorável János Palenyk, 30 anos, interrogado sob juramento; relatou o mesmo que a 1ª testemunha e acrescentou que ele mesmo vira que os corpos das meninas que morreram no momento da celebração do casamento de György Homonnay estavam cobertos de feridas horríveis, seus rostos esmagados, queimados e cheios de manchas arroxeadas; e ele também ouvira de muitos que a Senhora Viúva infligia vários sofrimentos a suas criadas e arrancava partes de seus corpos com fórceps.

A 10ª testemunha foi o honorável Georgius Mladých, de cerca de 45 anos, interrogado sob juramento; disse o mesmo que a testemunha anterior sobre a crueldade, e também em todos os aspectos como a primeira testemunha; no momento, porém, em que as duas virgens já mencionadas morreram durante o casamento de György Homonnay, a testemunha foi o sacristão em Kosztolány, e ele mesmo havia cavado sepulturas para elas no meio da noite em Kosztolány; elas foram enterradas de madrugada, sem nenhuma cerimônia fúnebre. A própria testemunha tinha visto suas aparências desfiguradas, despedaçadas e cobertas de manchas.

A 11ª testemunha foi o honorável Martinus Vurzko, de cerca de 40 anos, interrogado sob juramento; falou que não sabia de nada, que não vivera muito tempo em Kosztolány.

A 12ª testemunha foi o nobre Michael Horwath, *Officialis* (oficial) em Kosztolány, 40 anos, interrogado sob juramento; ele disse o mesmo que o juiz da cidade de Kosztolány e acrescentou que ele mesmo ouvira dos mesmos jovens servos mencionados pelo juiz da cidade de Kosztolány, que a Senhora Viúva às vezes arrancava os membros das meninas com pinças incandescentes; complementou ainda que, no ano anterior, ao mesmo tempo em que o ilustre Palatino vinha para os oito dias de corte, duas meninas foram enterradas em Leszetice.

As 13ª, 14ª, 15ª, 16ª e 17ª testemunhas foram os honoráveis Nicolaus Syny, 35 anos, Stephanus Belwczky, 30 anos, Johannes Hronyak, 30 anos, Michael Dubrawczky, 30 anos, Nicolaus Kwochka, 40 anos, János Mychalowech, 20 anos, todos habitantes da referida cidade de Kosztolány, interrogados sob juramento; eles disseram unanimemente o mesmo que a primeira testemunha sobre a crueldade da Senhora Erzsébet Báthory.

A 18ª testemunha foi o nobre Michael Herwoyth (também Horwoytth), Provedor (administrador) do Castelo de Csejthe, 38 anos, interrogado sob juramento; contou que os rumores da crueldade da Senhora Viúva Nádasdy já circulavam por toda parte há vários anos; a mesma testemunha também sabia que sempre que a Senhora Viúva se hospedava em Csejthe, ouvia-se todos os dias os sons dos espancamentos que vinham do seu Gineceu, incluindo o choro e o lamento das meninas espancadas; o fato de serem cada vez mais espancadas e de poderem ser ouvidas chorando não mudava nada; a mesma testemunha também tinha visto que quase todos os dias a própria Senhora Viúva era brevemente amarrada com varas, que, depois seriam usadas para agredir as meninas; ele também tinha ouvido do nobre, Michael Horvath, morador do castelo da cidade de Csejthe, que, no ano anterior, quando a Senhora Esposa do ilustre e famoso Conde Zrínyi se hospedou com a Senhora Viúva em Csejthe, cinco virgens foram mortas e enterradas aqui em Csejthe em um celeiro de grãos; também neste ano, mais duas virgens foram cruelmente mortas e enterradas de forma semelhante em Leszetice; esta testemunha também acrescentou que tinha ouvido do mesmo nobre que uma menina morta havia sido enterrada no pequeno jardim atrás do pátio do castelo; no entanto, como não havia sido enterrada fundo o suficiente, os cães a desenterraram; esta testemunha também relatou que a Senhora Viúva Nádasdy entrou no calabouço, onde um casaco fora colocado sobre uma menina morta e, diante mesmo dos olhos desta Senhora Viúva, o corpo foi depositado em uma carruagem e, em seguida, a Senhora Viúva partiu; no entanto, após a partida da Senhora Viúva, a testemunha e muitos outros puderam ver esses cadáveres lá embaixo mais de perto, que em suas bochechas, entre as omoplatas e outras partes do corpo havia feridas cruéis causadas pela tortura; ele também vira outra menina cruelmente torturada, com duas feridas bastante grandes entre as omoplatas e também as mãos queimadas. Quando lhe perguntaram como esses ferimentos haviam acontecido, ele respondeu: com golpes cruéis; e então a Senhora Viúva, com ajuda de suas velhas, rasgou-lhe a carne com um alicate, o corpo já inchado e avermelhado de espancamentos.

A 19ª testemunha foi o honorável Emérito (aposentado do serviço) Ocskay de Ochko, encontrado na cidade de Kosztolány, com cerca de 32 anos, interrogado sob juramento; ele disse que, em relação aos itens incluídos para questionamento, não vira nada com seus próprios olhos; ele só ouvira falar de tudo pelos outros.

As 20ª, 21ª, 22ª, 23ª, 24ª, 25ª, 26ª, 27ª, 28ª, 29ª e 30ª testemunhas foram os ilustres Paulus Horvath, de cerca de 50 anos, Mattheus Morawczik, de cerca de 40 anos, Martinus Blanar, de cerca de 60 anos, Michael Janychowyk, de cerca de 50 anos, János Janychowyk, 33 anos, Gasparus Lyptaak, 36 anos, Martinus Sebanowyk, 40 anos, Mátyás Swecz, 30 anos, Adamus Kovach, de cerca de 80 anos, György Lehoczky, 33 anos, Martinus Koryttko, 30 anos, todos residentes na cidade de Kosztolány, interrogados sob juramento; o primeiro, Paulus Horvath, afirmou que, até onde sabia, não podia confirmar, mas que ouvira de outros que duas meninas mortas haviam sido enterradas na cidade de Kosztolány; mas pelo menos ele sabia que, no ano passado, uma moça de Schar, que era empregada da Senhora Viúva, foi enterrada em Leszetice, cujo caixão a própria testemunha havia preparado; sabia também que o rapaz chamado Ficzkó tinha entrado em Leszetice com a moça morta; Mattheus Morawczik disse o mesmo que a 9ª testemunha, János Palenyk; Martinus Blanar contou o mesmo que Paulus Horvath, a 20ª testemunha, sobre as duas virgens enterradas em Kosztolány, e nada mais; Michael Janychowyck disse o mesmo que a testemunha anterior; Gasparus Lyptaak falou o mesmo que a testemunha anterior; János Janychowyk disse o mesmo que a testemunha anterior; Martinus Sebanowyk declarou o mesmo que a testemunha anterior; Mátyás Swecz falou das duas virgens enterradas em Kosztolány no momento da celebração do casamento de György Homonnay, como Paulus Horvath, a 20ª Testemunha; Adamus Kovach disse o mesmo que a testemunha anterior; Georgius Lehoczky disse o mesmo que a testemunha anterior, acrescentando que ouviu da esposa de Stephenus Literatus, a Sra. Barbara, uma parente, que ela mesma tinha visto, na cidade de Trencsén, duas donzelas virgens da Senhora Viúva Nádasdy com as mãos perfuradas; Martinus Koryttko afirmou que não sabia nada além do fato de que, sempre que se ouvia da chegada da Senhora Viúva naquela área, algumas das criadas fugiam da propriedade com medo de sua vinda.

As 31ª, 32ª, 33ª, 34ª, 35ª, 36ª, 37ª, 38ª, 39ª e 40ª testemunhas foram Petrus Hrenkaar, de cerca de 70 anos, Nicolaus Podhoczky, 40 anos, Stephanus Gasparowych, 65 anos, János Seban, 30 anos, Georgius Peczyk, 80 anos, Georgius Porwbzky,

50 anos, Nicolaus Blaho, 28 anos, Martinus Knyebko, 40 anos, Petrus Lybay, 30 anos, Mattheus Janowych, 50 anos, todos moradores da cidade de Kosztolány, interrogados sob juramento; o primeiro, Petrus Hrenkaar, disse que nada sabia sobre as perguntas, exceto o que ouvira de outros; quanto ao conteúdo das perguntas, Nicolaus Podhoczky e Stephanus Gasparowych falaram o mesmo que a testemunha anterior; János Seban disse que sabia que, no momento da celebração do casamento, duas meninas foram enterradas em Kosztolány; ele também ouviu de outros que a Senhora Viúva Nádasdy rasgara o corpo de sua empregada com um alicate; Georgius Peczyk, Georgius Porwbzky, Nicolaus Blaho, Martinus Knyebko, Petrus Lybay, Mattheus Janowych declararam o mesmo que Petrus Hrenkaar, a 40ª testemunha; Nicolaus Blaho contou, além disso, ter ouvido que 300 donzelas foram mortas pela Senhora Viúva Nádasdy.

As 41ª, 42ª, 43ª, 44ª, 45ª, 46ª, 47ª, 48ª, 49ª e 50ª testemunhas foram o ilustre Georgius Pepliczky, 40 anos, Adamus Panychowek, 45 anos, Stephanus Dyenak, 40 anos, János Urbanowych, 28 anos, János Janychowek, 40 anos, Michael Pepliczky, 28 anos, Adamus Janychowych, 32 anos, János Potoczky, 25 anos, János Rekra, 30 anos, Martinus Zaryeczky, 20 anos, todos moradores da cidade de Kosztolány, interrogados sob juramento; eles falaram unanimemente que não podiam confirmar as perguntas a partir de seu próprio conhecimento, mas que tinham ouvido falar muito sobre a crueldade da Senhora Viúva; Michael Pepliczky também disse que, neste outono, depois de a Senhora Viúva chegar a Csejthe, ele viu duas senhoras de sua comitiva com hematomas e marcas arroxeadas, e seus rostos arranhados como se fosse por unhas.

As 51ª, 52ª, 53ª, 54ª, 55ª, 56ª, 57ª, 58ª, 59ª, 60ª, 61ª, 62ª, 63ª, 64ª, 65ª e 66ª testemunhas foram os ilustres János Kadlwecz, 40 anos, Martinus Gonda, 50 anos, János Petryk, 50 anos, János Gazda, 50 anos, Nicolaus Zmatana, 30 anos, Mattheus Stephanozowych, 30 anos, Martinus Polyak, de cerca de 40 anos, János Hawran, 40 anos, János Kubychokowych, 30 anos, János Morawchyk, 25 anos, Martinus Hornyak, 55 anos, Jonas Zlatynsky, 28 anos, Felix Kowach, 55 anos, János Sebanowych, 30 anos, Georgius Horenyczky, 60 anos, Georgius Habdak, 33 anos, todos moradores da cidade de Kosztolány, interrogados sob juramento. O primeiro, János Kadlwecz, disse que recentemente, e não há muito tempo, esteve na cidade de Bytča, vindo da cidade de Żołna; lá em Bytča, ele soube que o menino Ficzkó, criado da já mencionada Senhora Viúva Nádasdy, havia sido interrogado e confessou ter matado 130 virgens no Gineceu desta Senhora Viúva; no entanto, as velhas desta Senhora Viúva, que foram queimadas em Bytča, admitiram ter matado 50 e 70, respectivamente; também tinha ouvido dizer que a senhora de Miava, depois de a interrogarem sob tortura, confessara que mandava muitas garotas com queijo e laticínios da propriedade para Csejthe, todas as quais tinham vindo da corte da Senhora Viúva e foram mortas lá; Martinus Gonda contou que, depois que a Senhora Viúva chegou a Kosztolány, ele mesmo via muitas vezes virgens com rostos inchados e mãos cobertas de manchas arroxeadas; a respeito da menina que fora lançada no riacho no inverno, ele disse o mesmo que o juiz de Kosztolány; a segunda testemunha desse grupo, János Petryk disse não saber nada além do que tinha ouvido falar a respeito dela, que duas virgens mortas foram enterradas durante as festividades de casamento de György Homonnay em Kosztolány; János Gazda disse o mesmo que a testemunha anterior; Nicolaus Zmatana falou que, no geral, não sabia nada; Mattheus Stephanozowych disse o mesmo que János Petryk; Martinus Hornyak disse que sabia, por boatos, o mesmo que Martinus Gonda, a 52ª testemunha; Jonas Zlatynsky declarou o mesmo que János Petryk, a 53ª testemunha; Felix Kovach disse que não sabia de nada; János Seban disse o mesmo que János Pettryk; Georgius Horenyczky relatou o mesmo que a testemunha anterior; Georgius Habdak disse o mesmo que Georgius Markowych, a 7ª testemunha, sobre a menina que foi forçada a nadar no riacho no inverno, e acrescentou que vira meninas cruelmente despedaçadas e cobertas de feridas sangrentas; esta mesma testemunha também vira pessoalmente meninas que foram mantidas algemadas perto do riacho e perguntou por que isso estava acontecendo, e foi dito que sua senhora não podia comer nem beber se não tivesse visto anteriormente uma das virgens, dentre suas aias, sendo mortas de maneira sangrenta.

As 67ª, 68ª, 69ª, 70ª, 71ª e 72ª testemunhas foram o honorável Adamus Mojzes, 50 anos, proprietário de terras em Kosztolány, János Werwrowech, 52 anos, János Steffanczowech, 30 anos, János Stywgel, 40 anos, Martinus Kyswkha, 40 anos, János Nedoraz, 36 anos, todos moradores da cidade de Kosztolány, interrogados sob juramento; o primeiro, Adamus Mojzes, disse o mesmo que Michael Horvath, *Officialis*, a 12ª testemunha, sobre as donzelas enterradas aqui em Kosztolány; quanto ao resto, falou o mesmo que Michael Herwoyth, Provedor, 18ª testemunha; János Werwrowech (também Wendrowych) disse o mesmo que János Pettryk, a 53ª testemunha, sobre as duas moças mortas enterradas em Kosztolány; János Steffanczowech (também Stephanowych) declarou o mesmo que a testemunha anterior; János Stywgel disse que sabia que duas donzelas mortas foram enterradas em Kosztolány no momento da celebração do casamento de György Homonnay, pois ele próprio era um dos coveiros; Martinus Kyswkha falou que não sabia de nada; János Nedoraz disse ter ouvido que o menino Ficzkó confessara sob tortura que selava os lábios das meninas com pregos de cabeça grande para que não pudessem gritar; por fim, sua carne era cortada, após o que a Senhora Viúva Nádasdy a moía e dava aos servos para que a comessem.

A 73ª testemunha foi o nobre Balthasar Zelessy, residente na cidade de Verbó, com cerca de 50 anos, interrogado sob juramento; ele declarou, em relação às perguntas que lhe foram feitas, que não tinha visto nada com seus próprios olhos; em vez disso, apenas ouvira de outros.

A 74ª testemunha foi o nobre Chrisophorus Zelessy, 20 anos, interrogado sob juramento; disse o mesmo que a testemunha anterior.

A 75ª testemunha foi o nobre Georgius Rathkay, residente aqui na cidade de Verbó, 43 anos, interrogado sob juramento; contou ele, a respeito das meninas que eram obrigadas a se banhar no riacho durante o inverno, o mesmo que o pároco e o juiz da cidade de Kosztolány.

A 76ª testemunha foi o nobre Daniel Rathkay, residente aqui de Verbó, 28 anos, interrogado sob juramento; ele disse não saber de nada.

A 77ª testemunha foi a nobre Anna Welykey, ex-esposa de Nicolaus Kardos, e atual esposa de Georgius Hodossy, com cerca de 45 anos, interrogada sob juramento; ela declarou, em relação às perguntas feitas, não ter visto nada com seus próprios olhos, mas, quanto à Senhora Viúva Nádasdy, ela sabia o seguinte: quando perguntou à referida Senhora Viúva se poderia trazer suas filhas e deixá-las serem apresentadas, (a Senhora) disse: "Ah, como eu poderia confiar ou lhe apresentar meninas, depois de tantas coisas ruins e terríveis terem sido ditas por toda parte a seu respeito"; então (a Senhora) falou a essa testemunha: "Essas meretrizes mentem"; a testemunha acrescentou que ela mesma vira muitas vezes virgens torturadas com rostos inchados e arroxeados; nada mais.

A 78ª testemunha foi o nobre Mátyás Sakathyartho, funcionário da cidade de Verbó, 28 anos, interrogado sob juramento; ele disse não saber nada sobre as perguntas feitas, exceto enquanto, nos últimos 7 anos, serviu como almotacé--mor na corte em Csejthe, então, uma donzela chamada Senhora Sittkey morreu e foi trazida para a cidade de Csejthe e enterrada lá.

A 79ª testemunha foi o honorável Stephanus Puskas, residente na cidade de Verbó, com cerca de 45 anos, interrogado sob juramento; ele afirmou não saber nada sobre as questões colocadas.

A 80ª testemunha foi o honorável Mátyás Gabansky, residente na mesma Verbó, com cerca de 45 anos, interrogado sob juramento; ele indicou não saber de nada.

A 81ª testemunha foi o venerável Nicolaus Barosius, pároco da cidade de Verbó, jurado pela pureza de sua consciência; disse ter ouvido falar muito sobre a tremenda crueldade perpetrada pela referida Senhora Viúva Nádasdy; sobre as questões colocadas, ele não pode dizer mais nada, exceto que ele mesmo foi até a Senhora Viúva em sua corte em Csejthe, seis dias antes de ela ser colocada na prisão, juntamente com outros pastores, devido aos terríveis atos, que, como sabemos, foram cometidos por ela, e para exortá-la a rezar por sua salvação, e mais tarde, no momento do encarceramento dela, ele mesmo viu uma virgem, encontrada como morta, mas ainda viva, embora muito fraca e frágil; ele também viu outras virgens em condições semelhantes; ele, por sua vez, depois que essa Senhora Viúva foi trazida para a prisão (masmorra), eles a instaram a considerar quanto sofrimento realizara e que atos terríveis ela havia cometido, e enumeraram todos eles incluídos nos pontos em questão e o que ouviram das testemunhas. Em seguida, ela respondeu à testemunha e aos outros pastores presentes: "Vocês", ela disse, "vocês, sacerdotes nefastos e perversos, são a causa do meu cárcere, mas ainda não ouviram falar dos Hajduks no Tisza? Enviei a meu irmão, Gábor Báthory, uma mensagem, e em breve perceberão que vocês e sua prole se arrependerão do meu destino!". Um pouco mais tarde, porém, quando a testemunha e os outros presentes com ele exortaram a essa Senhora Viúva não se desesperar, mas, em vez disso, se arrepender e participar da Sagrada Comunhão, ela disse: "Como posso fazer isso sendo que todos vocês são meus inimigos?". Quando a testemunha lhe contou então quais ultrajes haviam sido descobertos, aqueles pelos quais ela já havia sido condenada, e quanta e quais terribilidades foram confessadas sob tortura por suas velhas e seu criado, Ficzkó, Erzsébet respondeu que não admitiria nada, fosse torturada pelo fogo ou de outra forma. A testemunha perguntou então se ela também havia considerado e sustentava sua declaração; ela respondeu que sustentaria firmemente e nada mais; a testemunha também disse que perguntou por que permitia que suas velhas fizessem tais coisas; ao que a condessa respondeu que as deixava agir assim pois até ela mesma tinha medo delas.

A 82ª testemunha foi o nobre János Zluha, residente na cidade de Verbó, 29 anos, interrogado sob juramento; ele disse o mesmo que a testemunha anterior e acrescentou que de Csejthe e do Oficial da cidade de Verbó, cartas seriam enviadas; após uma resposta, ele seria instruído a viajar para Tirnau até a farmácia da região para obter antimônio que seria selado para a viagem de volta; carta na mão, a testemunha dirigiu-se ao Doutor Martinus e mostrou--lhe o documento com as instruções para obter essa droga; depois de tê-la lido, o Doutor Martinus perguntou para que finalidade ele a desejava, ao que a testemunha respondeu que não sabia como deveria ser usada. Então, o Doutor Martinus disse à testemunha que, como muitas pessoas poderiam ser mortas com esta droga, ela seria entregue uma vez pela farmácia e, depois, ao administrador de Csejthe.

A 83ª testemunha foi o nobre János Felon, 52 anos, encontrado na cidade de Csejthe, interrogado sob juramento; ele falou que viu uma donzela cujas mãos haviam sido mutiladas, feridas e desmembradas por causa de espancamentos e tormentos excessivos, como que por cortes, tendo ficado inúteis. Ele também tinha visto três meninas mortas trazidas a Leszetice para serem enterradas lá; além disso, conhecia e tinha visto as duas virgens que morreram no momento da celebração do casamento de György Homonnay e depois foram levadas para Leszetice a fim de serem enterradas lá; a testemunha acrescentou que, há alguns anos, levara consigo uma virgem de Tirnau, que permaneceu com ele por alguns anos e era considerada uma bordadeira talentosa. Como a menina tinha doze anos, a Senhora Judith Pogan, esposa de John Lyptay, aliciou-a para ir até ela com lisonjas e depois a entregou à dita Senhora Viúva Nádasdy; ela foi então morta, ao conhecimento da testemunha, na corte da Senhora Viúva Nádasdy ou Gineceu. Ele também viu, e sabia que a Senhora Judith Pogan trouxe uma jovem burguesa das partes altas do país, que depois foi apresentada à Senhora Viúva Nádasdy por aquelas velhas prostitutas queimadas em Bytča; e a testemunha ouvira dizer que essa garota havia sido morta cerca de uma semana depois, em Varannó; essa testemunha informa ainda que, na altura em que estava, a serviço do falecido Ferenc Nádasdy, o filho do falecido János Trombitás, de nome Vitus, também era empregado de Ferenc Nádasdy, e ele tinha ouvido que a Senhora Viúva Nádasdy teve uma relação adúltera com este Vitus Trombitás, que mais tarde foi morto enquanto servia como soldado do referido Ferenc Nádasdy.

A 84ª testemunha foi o nobre Valentinus Jelon, encontrado aqui em Csejthe, com cerca de 90 anos, interrogado sob juramento; disse ele que não havia visto nada com os próprios olhos e, em relação às questões específicas, também não sabia nada, exceto o que ouvira de muitos outros.

A 85ª testemunha foi o nobre Johannes Bula, encontrado aqui em Csejthe, 35 anos, interrogado sob juramento; ele falou o mesmo que a testemunha anterior, Valentinus Jelon.

A 86ª testemunha foi o nobre Nicolaus Bula, 28 anos, encontrado aqui em Csejthe, interrogado sob juramento; ele disse não saber mais nada sobre as questões específicas, exceto que tinha visto uma donzela no médico, na cidade de Újhely, que dissera que a Senhora Viúva Nádasdy havia infligido tortura e tormento cruéis a ela.

A 87ª testemunha foi o nobre Martinus Waychko (Vychko), residente em Zolnafalva, de cerca de 50 anos, interrogado sob juramento; ele declarou que, quando a Senhora Viúva Nádasdy foi levada ao calabouço, ele próprio estava presente na corte de Csejthe e viu como, diante dos olhos da Senhora Viúva, uma menina que havia sido morta por golpes cruéis, foi deitada em uma caixa e colocada em uma carroça; ele também vira outra garota que havia sido atormentada por semelhante tortura cruel; a própria testemunha vira feridas entre os ombros onde a carne havia sido cortada, que as mãos estavam dilaceradas, especialmente a direita, e que a carne entre os dedos e também os músculos do braço e do antebraço, juntamente com os tendões, foram cortadas de tal forma que não parecia haver esperança de que a cura e a renovação do antigo poder dessa mão pudessem ser restauradas. Ele perguntou a essa garota quem havia cortado sua carne; ela respondeu que a mulher chamada Katarina a havia cortado com um alicate, arrancando as marcas de hematomas e a carne purulenta; no entanto, a Senhora Viúva Nádasdy havia batido nela e a espancado com a própria mão.

A 88ª testemunha foi o nobre Gasparus Ztubyczay, 20 anos, interrogado sob juramento na cidade de Csejthe; quanto às perguntas feitas, ele sabia apenas de boatos; sabia apenas que uma de suas irmãs, chamada Anna, fora morta na corte ou no Gineceu da referida Senhora Viúva Nádasdy.

A 89ª testemunha foi o nobre Martinus Lofaak, 30 anos, interrogado sob juramento; ele disse o mesmo que Valentinus Jelon, a 84ª testemunha.

A 90ª testemunha foi o nobre Andreas Pryderowyth, de cerca de 30 anos, interrogado sob juramento na cidade de Csejthe; ele declarou que ele próprio estava na corte de Csejthe quando a Senhora Viúva Nádasdy foi levada para a masmorra, e ele viu uma garota morta deitada em uma caixa que, diante dos olhos da Senhora Viúva Nádasdy, foi colocada em uma carroça; ele também tinha ouvido de quem estava perto que o corpo havia sido cortado várias vezes e que ferimentos semelhantes aos vestígios produzidos por grilhões podiam ser encontrados no pescoço, como confirmado pelo médico em relação às outras meninas sobreviventes, bem como por Martinus Vychko, a 87ª testemunha. Ele também tinha visto uma mulher que, quando foi libertada após ter seus pés atados, contou que tinha sido assim amarrada porque se recusara a entregar sua filha à Senhora Viúva Nádasdy; ele também tinha visto outra virgem em cujo corpo ele descobriu, depois de olhar mais de perto, ferimentos tão profundos, onde a carne havia sido cortada, que alguém poderia enfiar, com facilidade, um punho neles.

A 91ª testemunha foi o nobre Stephanus Pryderowyth, de cerca de 28 anos, interrogado sob juramento; disse não saber mais nada, exceto que tinha visto uma menina sendo tratada por um médico em Újhely, e disse o mesmo que Martinus Vychko, acrescentando que viu que sua mão direita estava coberta de cicatrizes.

A 92ª testemunha foi o nobre Gasparus Arokhathy, 32 anos, interrogado sob juramento na cidade de Csejthe; ele afirmou não saber mais nada, exceto que tinha visto uma garota no médico, em Újhely, que não conseguia mover a mão direita.

A 93ª testemunha foi o nobre János Andachy, Castelão do Castelo de Csejthe, de cerca de 50 anos, interrogado sob juramento; disse saber que duas meninas morreram no momento da celebração do casamento de György Homonnay e que foram trazidas para Újhely e enterradas lá, mas não sabia como elas morreram; ele também viu uma menina tratada pelo médico em Újhely, e contou o mesmo que Martinus Vychko, a 87ª testemunha, sobre a mutilação na mão.

A 94ª testemunha foi o nobre Michael Horvath, Castelão na corte de Csejthe, de cerca de 45 anos, interrogado sob juramento; ele relatou saber que sete meninas haviam morrido no Gineceu da Senhora Viúva, e que elas não foram enterradas suficientemente fundo no pequeno jardim, atrás do pátio em Csejthe, de modo que os cães desenterraram os corpos. Ele também tinha visto a garota ser retirada ao mesmo tempo em que a Senhora Viúva era trazida para o calabouço; seu rosto estava totalmente destruído, quase azulado; em relação à menina que foi tratada em Újhely, ele disse o mesmo que Andreas Prydewyth, a 90ª testemunha, acrescentando que a mão direita da vítima estava gravemente ferida e inutilizada.

A 95ª testemunha foi o nobre Stephanus Bobochay, de cerca de 40 anos, residente na cidade de Zolnafalva, interrogado sob juramento; contou que estivera presente na corte de Csejthe quando a Senhora Viúva Nádasdy foi conduzida à prisão, e viu uma menina morta colocada em uma caixa que, diante dos olhos da Senhora Viúva, foi levada em uma carroça; depois que a Senhora Viúva foi levada, a própria testemunha e outros presentes realizaram um exame detalhado e viram feridas e ferimentos de pancadas no rosto, coxas, nádegas e outras partes do corpo; as mãos também estavam quebradas, arroxeadas e inchadas; em relação à outra menina tratada em Újhely, a testemunha disse o mesmo que Martinus Vychko e acrescentou que sua mão havia sido destruída e inutilizada completamente.

A 96ª testemunha foi o nobre János Mlynar, residente na cidade de Csejthe, com cerca de 30 anos, interrogado sob juramento; ele afirmou o mesmo que a testemunha anterior, exceto que, em relação à menina tratada em Újhely, ele não a tinha visto.

A 97ª testemunha foi o venerável János Abrahamides Ponikenos (Ponikenusz), Pastor em Csejthe, com cerca de 38 anos, jurado pela pureza de sua consciência. Disse que estivera em Csejthe por oito anos e ouvira falar dos muitos vícios e terríveis feitos da Senhora Viúva Nádasdy. Seu antecessor lhe contara sobre essa mulher, que a Senhora Viúva enterrava meninas em seu Gineceu e, em segredo, até várias vezes no cemitério da igreja em Csejthe; depois que a testemunha assumira a paróquia aqui em Csejthe, ele havia proibido à Senhora Viúva esses enterros clandestinos, tanto em Csejthe como nas outras áreas de sua diocese paroquial; mas então ele soube que ela havia enterrado alguém em Leszetice, e ele, portanto, repreendeu o pároco de Leszetice, que então lhe enviou esta resposta, informando às velhas da Senhora Viúva que o funeral em Leszetice não poderia ser realizado, pois há um local de sepultamento em Csejthe; ao que elas responderam, o senhor deve permitir o enterro, tanto em Csejthe quanto em Leszetice, porque ambos os lugares estão em nossa posse. Sobre as virgens, particularmente as encontradas no Gineceu no momento em que a Senhora Viúva foi levada ao calabouço, a testemunha disse o mesmo que Martinus Vychko; sobre a ameaça dos Hajduks, o lembrete para exercer contenção, remorso e tomar a Sagrada Comunhão, ele disse o mesmo que o pastor de Verbó; ele também tinha ouvido de Martinus Gablyowych, outrora um servo da Senhora Viúva, como uma vez, em um dos edifícios do Castelo Csejthe, as velhas despiram algumas meninas e colocaram velas acesas ao redor delas. Como era possível observar através das frestas da porta — porque as persianas estavam fechadas —, ele viu que as velas acesas foram colocadas no abdômen das meninas e que algo acontecia, mas o que elas fizeram, ele não conseguiu entender exatamente.

A 98ª testemunha foi o nobre Martinus Chanady, residente na cidade de Beckov, 48 anos, interrogado sob juramento; disse ele que, junto a János Belanczky, havia visitado a já mencionada Senhora Viúva Nádasdy, lá na cidade de Beckov, para que János Belanczky pudesse recuperar sua irmã, mas que esta Senhora Viúva se recusou a devolvê-la; então János Belanczky exigiu que a Senhora Viúva ao menos lhe mostrasse sua irmã, coisa também quase impossível de conseguir; depois de esperarem quase uma hora, finalmente conseguiram vê-la; ela estava muito severamente debilitada por causa da grande dor da tortura e tormento, tanto que mal conseguia estender as mãos, choramingando amargamente e pranteando; e logo depois ela foi tão terrivelmente torturada que morreu e foi enterrada em Beckov. A mesma testemunha também sabia que uma filha do nobre Georgius Tukynzky havia sido morta pela crueldade da dita Senhora Viúva Nádasdy; sabia que esta Senhora Viúva matara também a filha de Benedictus Barbel, irmão de János Chapordi, outrora castelão do Castelo de Verbó, torturando-a com ferro em brasa no abdômen; a mesma testemunha também tinha ouvido que a Senhora Viúva Nádasdy havia rasgado a carne dos corpos das virgens, feito deles carne moída e permitido que fosse posta à mesa diante de seus servos.

A 99ª testemunha foi o nobre Nicolaus Mednyansky, tabelião do condado de Trencsén, interrogado sob juramento; ele não tinha conhecimento e não podia dizer nada sobre as perguntas feitas, mas ouvira de todos o que a dita Senhora Viúva fizera.

A 100ª testemunha foi o nobre János Kenesey, com cerca de 42 anos, interrogado sob juramento; quanto à irmã de János Belanczky, disse o mesmo que Martinus Chadanay; em relação às outras perguntas feitas, ele sabia apenas de boatos.

A 101ª testemunha foi o honorável Georgius Keery, residente na cidade de Beckov, com cerca de 63 anos, interrogado sob juramento; afirmou que não tinha visto nada citado nas perguntas, mas que ouvira dizer que a Senhora Viúva Nádasdy permitira o assassinato da filha de Georgius Tukynzky e da irmã de János Belanczky de maneira indescritivelmente cruel; ouvira dizer que seus pais e parentes frequentemente tentavam investigar suas mortes; mas, até onde a testemunha sabia, a Senhora Anna Welykey, ex-esposa de Nicolaus Kardos, havia confiado ambas as meninas, bem como a filha de Benedictus Barbel, ao Gineceu da Senhora Viúva Nádasdy, onde foram mortas.

A 102ª testemunha foi o nobre Georgius Zombach, oficial do honorável Dániel Pongrácz, de cerca de 35 anos, interrogado sob juramento na cidade de Beckov; disse que nada sabia, exceto o que ouvira do nobre Georgius Tukynzky, que a referida Senhora Viúva Nádasdy matara a filha dele por meio de várias torturas e tormentos cruéis e a enterrara em Beckov; em relação ao restante das perguntas feitas, ele sabia sobre elas, em geral, a partir de boatos.

A 103ª testemunha foi o nobre Franciscus Symanoffy, Castelão do Castelo de Beckov, com cerca de 35 anos, interrogado sob juramento; disse o mesmo que Nicolaus Mednyansky, a 99ª testemunha.

A 104ª testemunha foi a nobre Soffia Chehy, ex-esposa do nobre Franciscus Kardos, de cerca de 50 anos, interrogada sob juramento na cidade de Beckov; disse o mesmo que a testemunha anterior.

A 105ª testemunha foi a nobre Anna, esposa do nobre Stephanus Hydweghy, residente na cidade de Beckov, 33 anos, interrogada sob juramento; disse o mesmo que a testemunha anterior, e acrescentou que sabia de muitas virgens levadas para a Senhora Viúva Nádasdy, mas que nenhuma, no entanto, havia voltado de lá.

A 106ª testemunha foi a respeitável Senhora Dorottya, 18 anos, esposa de Georgius Ztankowsky, residente na cidade de Beckov, interrogada sob juramento; ela falou que sabia que a Senhora Anna Welykey levara a filha de Benedictus Barbel e irmã de János Zabo ou Chapordy para o Gineceu da Senhora Viúva Nádasdy e que foram mortas lá, mas de que maneira, no entanto, ela não sabe.

A 107ª testemunha foi a respeitável Senhora Dorottya, esposa de Georgius Phylippowych, 19 anos, residente na cidade mercantil de Beckov, interrogada sob juramento; disse o mesmo que Nicolaus Mednyansky, a 99ª testemunha.

A 108ª testemunha foi a respeitável Senhora Chrystina, viúva de Georgius Polyak, 28 anos, residente na cidade de Beckov, interrogada sob juramento; declarou o mesmo que a testemunha anterior.

A 109ª testemunha foi a respeitável Senhora Katalin, esposa de Blasius Kochys, de cerca de 42 anos, interrogada sob juramento; disse o mesmo que a testemunha anterior.

A 110ª testemunha foi o venerável Georgius Kromholcius, pastor da cidade de Beckov, 53 anos, jurado pela pureza de sua consciência; falou o mesmo que Nicolaus Mednyansky, a 99ª testemunha.

A 111ª testemunha foi o prudente Tamás Nyereghjárto, 35 anos, interrogado sob juramento na cidade de Beckov; ele disse que ouviu de muitos em geral sobre a Senhora Viúva Nádasdy; no entanto, não tinha mais nada a relatar de seu próprio conhecimento, exceto que a garota que viu foi tratada em Újhely porque a carne em sua mão direita, entre os dedos e o braço, fora arrancada e o tendão, destruído.

A 112ª testemunha foi o honorável János Zabo, morador da cidade de Beckov, interrogado sob juramento; disse o mesmo que Nicolaus Mednyansky.

A 113ª testemunha foi o honorável Georgius Tarnoczky, primeiro juiz na cidade de Beckov, 66 anos, interrogado sob juramento; declarou que já havia trabalhado como juiz para a Senhora Viúva Nádasdy e frequentemente parava na corte dessa mulher; quando estava em Csejthe ou Beckov, ouvia, constantemente, que a Senhora Viúva Nádasdy torturava e atormentava as virgens entre suas criadas de várias e horríveis maneiras, como amarrá-las nuas a uma escada e queimá-las com um ferro em brasa no abdômen, do tipo que costumava ser usado para passar os colarinhos das mulheres, torturando-as assim; sobre a filha de Benedictus Barbel, chamada Anna, disse o mesmo que Dorottya, esposa de Georgius Ztankowzky, a 106ª testemunha.

A 114ª testemunha foi o honorável Petrus Zabo, Senador (Conselheiro) da cidade de Beckov, de cerca de 55 anos, interrogado sob juramento; disse o mesmo que Nicolaus Mednyansky, a 99ª testemunha, e acrescentou que, quando a Senhora Viúva Nádasdy passou algum tempo em Beckov, ele viu várias virgens com rostos esmagados e cheios de hematomas; também tinha ouvido dizer que a esposa de Nicolaus Kardos enviara à Senhora Viúva Nádasdy duas meninas do outro lado das montanhas, vindas de outra parte do país, que morreram na corte ou no Gineceu desta Senhora Viúva.

A 115ª testemunha foi o nobre Valentinus Nevedy, 55 anos, interrogado sob juramento; falou o mesmo que Nicolaus Mednyansky.

A 116ª testemunha foi o nobre János Kun, 50 anos, Provedor do glorioso Franciscus Magochy em Beckov, interrogado sob juramento; disse o mesmo que a testemunha anterior; em relação à menina que foi tratada em Újhely, relatou o mesmo que Tamás Nyeregjártho, a 111ª testemunha; além disso, ele tinha ouvido do nobre Alexander Kun, ex-cortesão-mor da referida Senhora Viúva Nádasdy, que esta Senhora Viúva Nádasdy colocava algumas de suas aias virgens em recipientes esculpidos em pedra bruta, que eram preenchidos com água, e as fazia ficar ali, enquanto outras eram obrigadas a deitar-se nuas sobre carvões em brasa trazidos para dentro da casa, para que ela pudesse arrancar a carne da parte superior dos braços e axilas e entre os ombros de algumas delas, torturando-as cruelmente e atormentando-as.

A 117ª testemunha foi a nobre Katalin, esposa do referido János Kun, de cerca de 36 anos, interrogada sob juramento; declarou o mesmo que seu marido, János Kun; no entanto, em relação à menina que foi tratada em Újhely, ela disse ter visto a mão desta menina, e que a carne entre os dedos, bem como da parte superior dos braços e das axilas, juntamente com os tendões e também entre os ombros, fora picotada; dessa forma, a mão direita da menina havia sido completamente destruída.

A 118ª testemunha foi a nobre Anna, esposa de Georgius Posgy, com cerca de 40 anos, interrogada sob juramento; disse o mesmo que Nicolaus Mednyansky.

A 119ª testemunha foi a nobre Dorottya, viúva do nobre Ladislaus Zemenyei, de cerca de 56 anos, residente na cidade de Beckov, interrogada sob juramento; contou o mesmo que a 117ª testemunha e acrescentou que a menina tratada em Újhely lhe disse que fora cruelmente torturada não apenas com um ferro em brasa, mas também com velas acesas.

A 120ª testemunha foi a nobre Katalin, esposa do nobre Valentinus Newedy, interrogada sob juramento; disse o mesmo que Nicolaus Mednyansky.

A 121ª testemunha foi a nobre Erzsébet, esposa do nobre Nicolaus Vachay, 35 anos, interrogada sob juramento; declarou o mesmo que a testemunha anterior.

A 122ª testemunha foi a nobre Soffia, esposa do nobre Georgius Kopach, 24 anos, interrogada sob juramento; sobre as questões colocadas, respondeu o mesmo que Nicolaus Mednyansky e acrescentou que sabia que a nobre menina, Susanna, filha de Georgius Tukynzky, fora morta no Gineceu da Senhora Viúva Nádasdy.

A 123ª testemunha foi a nobre Soffia Rakolubzky, esposa do nobre Franciscus Symonffy, 26 anos, interrogada sob juramento; disse que sabia que a filha de Benedictus Barbel fora morta no Gineceu da Senhora Viúva Nádasdy; em relação às outras perguntas, ela apenas ouvira boatos.

A 124ª testemunha foi a nobre Anna, esposa do nobre Martinus Köszeghy, 32 anos, interrogada sob juramento; sobre a menina tratada pelo médico em Újhely, afirmou o mesmo que a Senhora Katalin, esposa de János Kun, a 117ª testemunha; acrescentou que ela mesma, muitas vezes, parava na corte e no Gineceu da Senhora Viúva Nádasdy e via que as meninas eram cruelmente torturadas e atormentadas, que todas as suas mãos e dedos eram quebrados e queimados de tal forma que não podiam mais ser usados, e que elas lhe contaram que a Senhora Viúva Nádasdy havia permitido que fossem queimadas com um ferro em brasa.

A 125ª testemunha foi a nobre Dorottya Jezernyczky, esposa do nobre Franciscus Bardy, 45 anos, interrogada sob juramento; ela disse que havia entregado sua própria filha, chamada Erzsébet, ao Gineceu da referida Senhora Viúva Nádasdy, no ano de 1590 (1610?), onde foi morta; de que maneira morreu, ela não sabe; em relação às outras questões colocadas, ela sabe apenas o que ouviu de boatos.

A 126ª testemunha foi a nobre Eufrosine Lattkoczy, esposa do nobre Georgius Bereczk, 45 anos, interrogada sob juramento; ela contou que muitas vezes parava no Gineceu da Senhora Viúva Nádasdy e sempre via que as jovens que moravam lá tinham os rostos machucados e cheios de hematomas; ela também sabia que a irmã de János Belanczky e a filha de Georgius Tukynzky haviam sido mortas no Gineceu da Senhora Viúva Nádasdy.

A 127ª testemunha foi o respeitável Georgius Zayecz, de cerca de 40 anos, interrogado sob juramento; disse o mesmo que Nicolaus Mednyansky.

A 128ª testemunha foi o honorável Adamus Zoblahowzky, 50 anos, interrogado sob juramento; falou o mesmo que a testemunha anterior e acrescentou que, há três anos, a Senhora Viúva Nádasdy residiu aqui em Beckov ao retornar das partes altas do país; depois de sua partida, ele viu uma menina que havia sido deixada para trás, na casa de Nicolaus Chaktornyory, cujo corpo inteiro estava roxo de espancamentos.

A 129ª testemunha foi o honorável Paulus Lyzkowzky, 60 anos, interrogado sob juramento; sobre a menina que foi tratada em Újhely, respondeu o mesmo que a Senhora Katalin, esposa de János Kun; em relação às outras questões colocadas, ele relatou o que ouvira de boatos.

A 130ª testemunha foi o honorável János Ztolar, 40 anos, interrogado sob juramento; disse o mesmo que a testemunha anterior.

A 131ª testemunha foi o honorável Martinus Zamechnyk, 50 anos, interrogado sob juramento; afirmou que ele mesmo tinha visto a menina ser tratada em Újhely e sabia que sua mão direita estava completamente mutilada; quando a testemunha perguntou quem fizera isso com a mão dela, a menina respondeu que tinha sido a Senhora Viúva Nádasdy.

A 132ª testemunha foi o honorável Georgius Gero, 40 anos, residente na cidade de Beckov, interrogado sob juramento; disse o mesmo que Nicolaus Mednyansky.

A 133ª testemunha foi o honorável Osvaldus Matthwsowych, residente na cidade de Beckov, 60 anos, interrogado sob juramento; falou o mesmo que a testemunha anterior.

A 134ª testemunha foi o honorável András Golyas, 32 anos, residente aqui na cidade de Beckov, interrogado sob juramento; disse o mesmo que a testemunha anterior.

A 135ª testemunha foi o honorável Georgius Chada, residente aqui na cidade de Beckov, 40 anos, interrogado sob juramento; falou o mesmo que a testemunha anterior.

A 136ª testemunha foi o honorável János Plank, residente na cidade de Beckov, 40 anos, interrogado sob juramento; em relação à menina tratada em Újhely, disse o mesmo que János Kun, a 117ª testemunha; em relação às outras questões colocadas, ele relatou o que ouvira de boatos.

A 137ª testemunha foi o honorável Michael Galyk, 32 anos, residente na cidade de Beckov, interrogado sob juramento; contou o mesmo que Nicolaus Mednyansky.

A 138ª testemunha foi o honorável Blasius Chyzmazia, Capitão da cidade de Beckov, 33 anos, interrogado sob juramento; disse o mesmo que Nicolaus Mednyansky.

A 139ª testemunha foi o nobre János Baranyai, 40 anos, interrogado sob juramento; em relação às filhas de Benedictus Barbel e Georgius Tukynzky, bem como à irmã de János Belanczky, disse o mesmo que Martinus Chanady; sobre as perguntas feitas, ele só sabia um pouco do que ouvira de boatos.

A 140ª testemunha foi o nobre Franciscus Bardy, 34 anos, residente na cidade de Beckov, interrogado sob juramento; falou o mesmo que a esposa, a Senhora Dorottya Jezernyczky.

A 141ª testemunha foi o nobre Georgius Kopaach, 29 anos, residente na cidade de Beckov, interrogado sob juramento; disse o mesmo que seu [Senhor/suserano] János Baranyai.

A 142ª testemunha foi o nobre Georgius Bereczk, 30 anos, residente na cidade de Beckov, interrogado sob juramento; falou o mesmo que seu [Senhor/suserano] Nicolaus Mednyansky.

A 143ª testemunha foi o nobre Michael Horwath, 50 anos, residente na cidade de Beckov, interrogado sob juramento; disse o mesmo que a testemunha anterior.

As 144ª, 145ª, 146ª, 147ª, 148ª, 149ª, 150ª, 151ª, 152ª e 153ª testemunhas foram os ilustres Blasius Kochys, 45 anos, Nicolaus Zamochnyk, 40 anos, János Sargawych, de cerca de 90 anos, Martinus Tekol, 40 anos, Jacobus Buol, 40 anos, János Syska, 40 anos, Martinus Walach, 23 anos, János Andrassowych, 23 anos, Adamus Vadomzky, 40 anos, todos residentes na cidade de Beckov, interrogados sob juramento; eles afirmaram o mesmo que Nicolaus Mednyansky.

As 154ª, 155ª, 156ª, 157ª, 158ª, 159ª, 160ª, 161ª, 162ª e 163ª testemunhas foram os ilustres Zacharias Halgaff, 50 anos, Martinus Zwolyenzky, 30 anos, Andreas Hojan, 24 anos, Martinus Pusztaczky, 20 anos, Felix Sedyk, 50 anos, Michael Sodykowych, 35 anos, Martinus Walagowych, 65 anos, Nicolaus Buyak, 34 anos, Martinus Megarowych, 24 anos, Michael Warga, 34 anos, todos residentes na cidade de Beckov, interrogados sob juramento; eles disseram o mesmo que as testemunhas anteriores e, em particular, como Nicolaus Mednyansky.

As 164ª, 165ª, 166ª, 167ª, 168ª, 169ª, 170ª, 171ª, 172ª e 173ª testemunhas foram os ilustres Nicolaus Motychka, 24 anos, Andreas Sedykowych, 23 anos, Andreas Hlawathy, 26 anos, Daniel Jakwbykh, 40 anos, János Zamechnyk, 28 anos, János Blawar, 20 anos, Nicolaus Petruskowych, 26 anos, Martinus Sedykowych, 26 anos, János Ztankowych, 35 anos, János Ztankowych, 23 anos, interrogados sob juramento; eles relataram o mesmo que a testemunha anterior e, em particular, como Nicolaus Mednyansky.

As 174ª, 175ª, 176ª, 177ª, 178ª, 179ª, 180ª, 181ª, 182ª e 183ª testemunhas foram os notáveis Jacobus Voyko, 35 anos, Adamus Boffaczky, 20 anos, Martinus Kral, 26 anos, Ladislaus Morawchyk, 30 anos, Stephanus Kehalyowych, 28 anos, Paulus Kukharowych, 35 anos, Nicolaus Hlawathy, 65 anos, Mattheus Haycheck, 30 anos, Georgius Kawalecz, 32 anos, Jacobus Golyas, 40 anos, todos residentes na cidade de Beckov; disseram o mesmo que as testemunhas anteriores e, em particular, como Nicolaus Mednyansky.

As 184ª, 185ª, 186ª, 187ª, 188ª, 189ª, 190ª, 191ª, 192ª e 193ª testemunhas foram os notáveis Martinus Vesowych, 30 anos, János Ptaczek, 25 anos, Nicolaus Troyan, 60 anos, Adamus Malyk, 50 anos, Michael Malyk, 28 anos, Nicolaus Thykhy, 28 anos, János Balasykowych, 35 anos, Georgius Sedyk, 35 anos, János Frastaczky, 23 anos, János Hrodko, 35 anos, todos moradores da cidade de Beckov, interrogados sob juramento; eles declararam que sabiam sobre o conteúdo das perguntas feitas apenas por meio de boatos.

As 194ª, 195ª, 196ª, 197ª, 198ª, 199ª, 200ª, 201ª, 202ª e 203ª testemunhas, o notável Martinus Mlynar, 28 anos, Nicolaus Sedyk, 40 anos, Tamás Györkeos, 31 anos, Michael Twrkowych, 23 anos, János Wawrowych, 25 anos, János Hornyachek, 40 anos, János Myhalyowych, 32 anos, Martinus Swanczar, 35 anos, Vosommanus Mayer, 40 anos, Martinus Gonyo, 35 anos, todos residentes na cidade de Beckov, interrogados sob juramento; todos eles disseram o mesmo que a testemunha imediatamente anterior.

As 204ª, 205ª, 206ª, 207ª, 208ª, 209ª, 210ª, 211ª, 212ª e 213ª testemunhas foram as honestas mulheres Dorottya Hornyakowych, 30 anos, esposa de Nicolaus Vybarowych; Katalin Hornyakowych, 60 anos, viúva de János Horniak; Katalin, 33 anos, viúva de János Zechaar; Katalin, 20 anos, esposa de Martinus Cherny; Anna, 62 anos, esposa de János Frastaczky; Dorottya Semkowa, 70 anos, esposa de Martinus Sanko; Susanna, 32 anos, esposa de Martinus Zwolyenzky; Katalin Korchochka, 40 anos, viúva de Georgius Korchok; Orsolya, 44 anos, esposa de Adam Nowottnyk; Susanna Krannarowych, 40 anos, esposa de János Sankowych; todas residentes na cidade de Beckov, interrogadas sob juramento; todas elas disseram o mesmo que Katalin Hornyakowych, bem como a testemunha imediatamente anterior; Katalin Hornyakowych, no entanto, declarou o mesmo que a Senhora Katalin, esposa de János Kun, a 117ª testemunha, em relação à menina que foi tratada em Újhely.

As 214ª, 215ª, 216ª, 217ª, 218ª, 219ª, 220ª, 221ª, 222ª e 223ª testemunhas foram as honestas mulheres Soffia Hlawatha, 42 anos, esposa de Nicolaus Hlawatha; Anna Klwkowa, 45 anos, viúva de János Klwka; Margareta, 40 anos, esposa de Martinus Barbel; Margareta Gonyowych, de cerca de 50 anos, esposa de Martinus Gonyowych; Marta, 38 anos, esposa de Felix Sedyk; Katalin, 40 anos, esposa de János Wokhath; Dorottya, 50 anos, esposa de Adamus Voykowych; Anna Hlawatha, 40 anos, esposa de Andreas Hlawatha; Katalin, 28 anos, esposa de Georgius Horywasakowych; Anna, 40 anos, esposa de Adamus Korbel; todas morando na cidade de Beckov, interrogadas sob juramento; quanto ao conteúdo das questões formuladas, elas responderam que só sabiam o que tinham ouvido por meio de boatos.

A 224ª testemunha foi o honorável Paulus Sankowych, residente na cidade de Beckov, interrogado sob juramento; informou que sabia muito bem que a filha de Benedictus Barbel fora morta pela Senhora Viúva Nádasdy no seu Gineceu; em relação às outras perguntas feitas, ele sabia apenas o que ouvira de boatos.

Esses interrogatórios e demonstrações de testemunhas atestam a verdade, e declaramos que cumprimos fielmente nosso dever de Tabelião de Registros com essas cartas, sob nosso selo judicial, a serviço da justiça geral.

Proferido em Bratislava, no 3º dia útil após a
festa do Santo Apóstolo Jacó, no ano 1611 (28 de julho de 1611).

Revisado e completamente corrigido por mim,
Mestre András de Keresztúr
Tabelião Real de Registro, por Meu Próprio Punho

14 DE DEZEMBRO DE 1611
Relatório de Mózes Cziráky (12 testemunhas)

Recebido este despacho, o tabelião-sênior de registros comunicou, no fiel e adequado cumprimento da sua obrigação, conforme se depreende do depoimento abaixo, em conformidade com a Real Majestade e o Sacro Reino, tendo cuidadosamente feito com que, neste caso, as referidas testemunhas falassem a nossa Majestade do que viveram, ouviram e possivelmente sabem a respeito dos culpados, para que todos possam reconhecer como tudo foi executado, de modo que a verdade e a certeza em todos os sentidos sejam plenamente satisfeitas.

A primeira testemunha, a ilustre Sra. Erzsébet Reta, de cerca de 36 anos, viúva de János Siido, residente em Sárvár, fora do castelo, foi interrogada sob juramento e disse que nada sabia, exceto que a própria Sra. Erzsébet Báthory havia espancado uma garota chamada Kata Berényi, uma outra chamada Szabattkay, e a filha da Sra. Draskóczy, da qual ela (a testemunha) sabe com certeza que seus narizes, lábios e dedos foram perfurados com agulhas, e ela (a Senhora) as espancou e chicoteou por tanto tempo que elas partiram deste mundo. Ela aqueceu o alicate e o ferro até ficarem incandescentes, e queimou-as na barriga. Quanto ao que os outros viram, ela (a testemunha) não sabe nada sobre isso, exceto que da corte da Senhora, vieram diversas notícias terríveis sobre suas tantas atrocidades.

A segunda testemunha, a respeitável sra. Susanne, com cerca de 25 anos, esposa de János Eötvös de Csejthe, residente na cidade de Sárvár acima mencionada, foi interrogada sob juramento. Ela afirmou saber muito bem que a filha mais nova de Gábor Sittkey morreu por causa dos muitos espancamentos infligidos pela Senhora Erzsébet Báthory, mas que não se lembra do primeiro nome da menina porque, na corte, ela sempre era chamada de Senhora Sittkey.

A terceira testemunha, a nobre Helena, com cerca de 45 anos, casada primeiro com János Zalay, e depois com o nobre Paul Gerczej, residente na referida localidade de Sárvár, prestou juramento e foi interrogada, dizendo saber que Kata Fekete morreu acorrentada em Keresztúr; ela também viu Erzsébet Báthory torturar e espancar as meninas, e queimar-lhe as mãos com um ferro em brasa quando os babados não foram bem-feitos. Ela viu (a Senhora) lavar as meninas com urtigas, e também a viu enfiar alfinetes em seus ombros e açoitá-las nos seios; em relação à jovem de Bratislava chamada Modl, ela sabe que a Sra. Báthory a açoitou e a prendeu em correntes.

A quarta testemunha, Ambrosius Borbély, residente na referida cidade de Sárvár, com cerca de 35 anos, foi interrogado sob juramento e falou que E.

Báthory frequentemente o chamava à corte com pedidos de pavimentação/reboco com gesso, embora ele não soubesse para quê. Sobre o restante, não sabe de nada exatamente, pois nunca entrou na casa dela.

A quinta testemunha, a magnânima Senhora Anna Zelesthey, com cerca de 54 anos, viúva do honorável János Zelesthey de Mihalifalva, residente na área da referida cidade mercantil, prestou juramento e foi interrogada; então, disse que sua própria filha, Zsuzska, foi entregue à corte da Sra. E. Báthory, do qual ela pode dizer com certeza e também o que lhe foi dito por certas pessoas que, a saber, E. Báthory espancou, torturou e atormentou Zsuzska com golpes, por tanto tempo, que sua carne caiu dos ossos, razão pela qual ela veio a morrer. Ela também ouviu de muitos que, desde o início, E. Báthory matou várias centenas de meninas com o mesmo tipo de crueldade; ela, no entanto, não viu nada pessoalmente, porque nunca foi à corte, mas só ouviu de outras pessoas.

A sexta testemunha, o honorável Benedikt Deseö, residente fora do Castelo de Keresztúr, 50 anos, foi interrogado sob juramento e declarou que embora tivesse trabalhado como cortesão-mor de E. Bathory no passado, quando entrou em sua casa, realmente viu alguns feitos monstruosos com seus próprios olhos; de alguns, ele só tinha ouvido falar por meio de outras pessoas, e seria uma coisa impossível enumerar cada um dos atos malignos na lista vergonhosa da Senhora, porque havia o suficiente para encher um oceano. Entre outras coisas, os seguintes atos vergonhosos foram claramente vistos por ele com seus próprios olhos: que a Senhora pegou a filha de um sapateiro chamada Ilonka, despiu-a e, logo, atormentou-a cruelmente, pegando uma faca e, começando pelos dedos, enfiou a faca nos seus dois braços; depois disso, ela açoitou a menina, e então segurou uma vela acesa contra suas mãos até que fossem queimadas e chamuscadas, torturando-a até pôr fim à sua vida. Ele também viu com seus próprios olhos que uma garota, cujo nome não é mais conhecido por ele, teve os lábios perfurados em dois lados com agulhas, de modo a fechá-los; quando ela moveu a língua entre os lábios para estendê-la, a língua também foi perfurada com uma agulha. Assim, a pobre menina muito sofreu. A testemunha viu inúmeros casos em que as meninas foram obrigadas a ficar nuas diante da Senhora Báthory enquanto esta as espancava, muitas vezes batendo nas mãos e unhas por tanto tempo que estas ficavam inchadas e infeccionadas, e então ela as obrigava a costurar, ordenando-lhes: "Costure, sua meretriz!". E se a pobre menina com a mão quebrada não conseguisse costurar porque estava em uma condição tão lamentável, a Senhora E. Báthory reclamava na frente de suas aias: "Que meretriz inútil e mimada, ela é. Não serve nem para costurar!". E então ela começava a espetar a menina com a agulha, do braço até o ombro, depois a chicoteava, açoitava e atormentava. Ela privava muitas delas de água até que ficavam com muita sede. Quando ela então e, finalmente (por minha honra!), trazia água para elas, todas nuas e de pé diante dela, melhor seria que estivessem com as mãos estendidas e bebessem diretamente delas. A testemunha também ouviu de outras pessoas que um grande ferro era aquecido e os dois braços das meninas eram queimados até virarem fumaça e cinzas. Sim, também nos dizem que o atiçador de fogo redondo menor também era aquecido até ficar muito quente e (por minha honra!) enfiado em suas vaginas. Quanto ao seguinte, ele também sabe disso com certeza: a nobre dama trouxe duas moças de Regede. Certa vez, enquanto viajava na direção de Bratislava, Ferenc Zemptey deu à Senhora E. Báthory duas *pogácsa* de batata (*Pogatsche* em alemão; um tipo de aperitivo doce). A Senhora deu o lanche para uma garota germânica segurar. A menina comeu um e, portanto, não pôde mais apresentá-lo. Como resultado, a Senhora aqueceu o outro até ficar muito quente e, em seguida, enfiou-o, quase em chamas, na boca da garota. Ela submeteu essas duas garotas a todos os tipos de tormentos diferentes até que estas, por fim, deram seu último suspiro. Em relação a uma jovem chamada Modl, a própria Senhora usou uma faca para cortar-lhe um pedaço gigante de carne do traseiro e forçou a pobre mulher a comer. Depois de muito sofrimento, ela finalmente morreu em Sárvár. Quando a reunião do Parlamento foi realizada em Bratislava, ela atormentou uma garota por tanto tempo que esta finalmente morreu em Cseplez. No ano passado, no Dia de São Lucas, em Csejthe, uma lavadeira chamada Ilona enterrou o cadáver de uma menina ao lado da latrina; depois, os cães a desenterraram, como muitos viram com os próprios olhos, arrastando partes dela. Essas mulheres sabiam dos muitos crimes hediondos, como a lavadeira e as outras que ela conhecia e poderiam ser muito precisas se quisessem dizer a verdade. Também, particularmente, sobre as jovens torturadas e executadas em Bytča, essas foram capazes de relatar muitas atrocidades. Jakob Zylvasy, Mátyás Nagy e Gergely Páztory também sabem algo a esse respeito. Só o Senhor Deus poderia enumerar de quantas mortes de pessoas inocentes ela era culpada. "Nós, os serviçais", disse essa testemunha, "avisamos e pedimos a ela, pela vontade de Deus, que não cometesse tamanhas atrocidades e parasse, pois decerto seria presa. Ela respondeu que não tinha medo porque tinha dois bons conselheiros na Transdanúbia, assim como deste lado do Danúbio. E também, segundo ela, um nobre não podia ser preso sem uma intimação judicial. Por fim, quisemos deixar o serviço dela, mas o Senhor Megyeri nos pediu para não sairmos até que a senhora fosse para Csejthe. Assim que fôssemos a Csejthe, ela seria presa".

A sétima testemunha, o honorável Gergely Páztory, 40 anos, residente em Bathyfalva, foi interrogado sob juramento, e falou que, na época, ele era o juiz do tribunal de Sárvár para E. Báthory; como tinha que cuidar de assuntos externos, ele só muito raramente entrava na casa da senhora e, quando entrava, nunca via crueldade exercida diante dele; as meninas só levavam tapas da senhora quando algo não era feito de acordo com seu humor. Ele ouviu de outros, no entanto, que as meninas eram terrivelmente espancadas, e também que uma fileira inteira delas havia sido enterrada. Contudo, mais tarde, quando já não era o juiz do tribunal, na visita da senhora a Füzér, ela também o levou consigo, e enquanto esperava pelo Sr. Homonnay em Füzér, uma jovem de Bratislava chamada Modl, uma governanta curvilínea (robusta), permaneceu com ela. A Senhora Báthory a obrigou a agir como uma menina e a se vestir como uma criança. Modl disse, implorando perdão, que não podia mais fingir ser uma menina, que já tinha marido e também um filho. Em sua raiva, a Senhora a repreendeu muito e até a chamou de prostituta, e quando então retornou a Csejthe, ela amarrou um pote em volta do pescoço da mulher e enfiou um pedaço de madeira contra seu ventre; exigiu que ela levasse o pedaço de madeira para Csejthe e o segurasse como se fosse uma criança, e ali, onde pernoitaram, mandou que a mulher expusesse o seio e colocasse sobre ele o pedaço de madeira como se fosse uma criança sendo amamentada. Finalmente, ele ouviu de outros que essa jovem chamada Modl teve o seio cortado por ela, mas o depoente em pessoa não tinha visto isso. Certa vez, na hora da última reunião do Parlamento, enquanto viajavam a Csejthe, como a testemunha sabe, uma menina morreu na viagem, mas ele não vira essa morte. Enquanto estavam na mesma viagem, um criado da Senhora chamado János Ficzkó espancou um criado da testemunha em Csejthe, pois aquele deixara Ficzkó muito zangado. E como ele (a testemunha) ficou irritado também, e queria espancá-lo por isso, Ficzkó correu para a Senhora lá dentro a fim de reclamar, e a Senhora chamou por ele (a testemunha) e disse: "Por que você aborreceu Ficzkó?", ao que então ele respondeu: "Porque ele é uma pessoa má que bateu no meu criado; se meu criado fizer algo de errado, posso puni-lo por isso. Estou bastante surpreso que Vossa Graça mantenha um homem tão mau em sua corte. Vossa Graça deveria conversar com ele sobre as coisas que ele vê e ouve por aqui. Agora mesmo, ele falou coisas que, se Vossa Graça soubesse, certamente não gostaria que viessem a público". Ele nos disse que cinco meninas mortas estariam escondidas sob o cânhamo. A Senhora respondeu: "Amanhã vou perguntar-lhe o que ele disse". No dia seguinte, a Senhora o chamou, mas não disse uma única palavra e não lhe perguntou nada, em vez disso, falou sobre outras coisas.

Da mesma forma, durante a guerra, quando fugimos para Sárvár, vi na casa da Senhora um caixote não lacrado, e dizia-se que era ali que as meninas mortas seriam encerradas. E, uma vez, a Senhora Ilona, que havia sido queimada, estava de fato tirando a caixa do castelo, quando um nobre de Zopor chamado Sebestyén Orbán lhe questionou: "O que há de fato na caixa, sra. Ilona?". Então ela disse: "Não pergunte, por minha alma, Vossa Excelência!". A testemunha ouviu que, mesmo assim, uma garota morta estava sendo retirada na caixa. Quando eles viajavam e pernoitavam, uma vez, ele viu que uma bolsa estava cheia de pequenas correntes e cadeados, e quando a bolsa pesada foi retirada da carruagem e trazida para dentro de casa, tudo ficou em silêncio, e ele perguntou à Sra. Ilona: "Para que precisamos dessas correntes e cadeados?". Ela respondeu que à noite, todas as meninas eram acorrentadas. A testemunha não sabe de nada mais.

A oitava testemunha, o ilustre Jakob Zylvasy, administrador dos castelos de Levka e Keresztúr, 37 anos, foi interrogado sob juramento e disse que, em relação às atrocidades que viu ou ouviu de outros, não se lembra de todas, e pode precisar de muito tempo para pensar e recordar todos os feitos ultrajantes de Erzsébet Báthory, porque eram inúmeros, como areia no mar. No entanto, ele falaria do que lhe vinha à mente e decerto sabia o que se segue: em 1606, quando estava com Erzsébet Báthory em Ecséd, havia um velho soldado, acompanhado por uma inocente menina de treze anos. Ele não sabe nem o nome do velho soldado, nem da garota. A moça estava sob custódia do velho soldado, pois ele próprio também era parente da jovem. Essa menina estava sendo trazida para ser entregue à senhora que, logo depois vimos, estava sendo muito carinhosa e muito amiga dela, e contou mesmo entre nós que certamente essa menininha poderia muito bem ganhar os favores e trabalhar muito bem com ela. Depois de alguns dias, no entanto, notamos que a menina estava sempre fraca e esgotada. O velho soldado e seus parentes imploraram pela vontade de Deus que permitisse à menina ser dispensada da corte, porque estava muito fraca, e mesmo que Sua Graça soubesse do pedido e do prazer de servir, ela se recusou a libertar a menina. Assim, o velho soldado disse que gostaria de vê-la e perguntou em qual portão ela seria trazida. Quando partiram de Ecséd, ela trouxe a garota para a carruagem da testemunha, e a menina sentou-se aos pés dele. A testemunha viu as queimaduras e as marcas de ferro quente na menina e perguntou por que ela estava tão desanimada e o que eram as marcas em suas mãos. A menina disse que haviam colocado papéis entre todos os seus dedos, e que tinham sido queimados como tal. Ao começarem a andar pela rua, disse a moça: "Meu caro senhor, pela vontade de Deus, pare a carruagem e me dê de beber, porque já é o quinto dia que ninguém me deu nada de beber". Enquanto isso, cerejas foram colhidas, e ele falou à garota: "Vou buscar cerejas, se for comê-las". E a menina respondeu: "Vou comê-las, caro senhor". Durante a viagem, ele veio com a menina até determinado ponto, mas antes de Eperjes, em uma aldeia em Szerderke, ela morreu. Também, a testemunha ouviu de outros, mas não viu por si mesmo que, na hora de sua morte, quando a pobre menina deu o último suspiro, Erzsébet Báthory havia pisado em sua garganta, matando-a, e que ela foi enterrada. Durante a mesma viagem, no caminho, morreram outras duas meninas, cujos corpos foram levados a bordo por um longo caminho, passando por Branyica, até que, enfim, foram enterradas em Sirok. Ele também viu como ela (a Senhora), quando viajava com muito frio, fazia as meninas limparem o seu nariz que escorria com as mãos nuas, atormentando-as com o frio. Uma das meninas assim atormentada foi encontrada morta em Csejthe, quando foi presa. Ele viu vestígios de espancamentos entre as moças, mas como não servia dentro da casa, e nenhum criado tinha acesso liberado aos aposentos internos, ele nunca havia entrado ali, só quando era chamado. A filha do sapateiro morreu em Füzér, na última vez que lá estiveram. Ele ouviu de outros que essa garota, em vida, dissera bem na cara da Senhora: "Sua besta, sua notória meretriz, Erzsébet Báthory, você vai para o inferno, mas eu sei para onde vou, porque eu entrarei no reino dos céus". A Senhora indagou: "Por que me chama de meretriz?". "Isso", explicou a menina, "é pelas vezes em que esteve me maltratando e me torturando." Sobre a jovem chamada Modl, diz a testemunha que: como esta não queria ser como uma menina, a Senhora a fez carregar um graveto como uma criancinha, de Füzér a Csejthe, e depois amamentá-lo; de outra, ele também soube que ela havia cortado sua carne com uma faca e depois assado. Ele ouviu dizer que duas garotas germânicas que não sabe identificar, de Regede, morreram pela mão dela, mas onde e como morreram, ele não sabe. Em Csicsva, os corpos foram amassados com um grande pino de ferro. Outra coisa vista pela testemunha, em Keresztúr, foi um cadáver na porta, secretamente envolto em um tapete de junco, no alvorecer da madrugada. De seus colegas de serviço na casa, ele soube que, no ano anterior, os corpos de cinco meninas foram jogados em um silo de grãos em Csejthe; na verdade, até um desamparado contou como os cadáveres haviam sido guardados por duas semanas e já estavam tão podres que, quando foram atirados na cova, estavam se desfazendo. Ele também ouviu, mas não viu pessoalmente, que enquanto estava com a Senhora no balneário de Pöstyén (Piešťany), entretanto, em Csejthe, o cadáver de uma menina foi enterrado secretamente no jardim de flores, mas por não ter sido enterrado em profundidade suficiente, os cães vieram e desenterraram a cabeça e as mãos diante dos olhos de muitos, carregando-os de um lado para o outro. Ele também viu, quando às vezes entrava na casa da Senhora, que todas as meninas ficavam nuas na frente dela, cobertas de feridas. Quanto às duas moças germânicas, ele sabe que morreram em Csejthe; e já estavam mortas durante a cerimônia da Senhora Homonnay, no momento do casamento. Eles celebraram o casamento e também realizaram a festa, e então as meninas foram enterradas em Kosztolány. Quando a Senhora viajou para Csejthe, para o casamento dos Homonnay, ele viu com seus próprios olhos que a Senhora, hospedada em Bratislava, enfiou uma faca no corpo de uma das garotas germânicas, que ainda estava viva àquela altura. Todos os seus atos e delitos foram informados tão logo aconteceram, e elas foram queimadas em Bytča porque estavam na casa dia e noite.

A nona testemunha, o honorável Stephanus Martonfalvy, 35 anos, Governador (castelão) do Castelo de Levka, foi interrogado sob juramento, e disse que não tinha visto nada, exceto que a condessa esbofeteava as meninas a torto e a direito; depois disso, ele está ciente das muitas atrocidades contadas a respeito dela, tendo causado o sofrimento de muitas meninas que morreram, de modo que não quis mais serví-la e assim a deixou.

A décima testemunha, o nobre János Deseö, Guardião (castelão) do Castelo de Keresztúr, 47 anos, foi interrogado sob juramento, e relatou que tinha uma sobrinha chamada Kata Berényi, filha de Mihály Berényi, dentro da corte de Erzsébet Báthory. “Eu soube”, disse ele, “que a Senhora espancou severamente minha pobre sobrinha e fui até a velha para pedir que me deixassem vê-la, porque eu tinha ouvido dizer que minha Senhora ia viajar para Csejthe; então, possivelmente, eles me deixariam falar com ela e me permitiriam lhe dar um pouco de dinheiro. A velha falou que, se eu valorizasse minha cabeça, não ousaria tentar isso sem o conhecimento de Sua Graça, minha Senhora. Depois que a Senhora voltou a Keresztúr, implorei a Sua Graça que me deixasse encontrar minha sobrinha, porque Sua Graça ia levá-la para Csejthe e ninguém sabia quando eu poderia vê-la novamente. Também queria dar a ela uma certa quantia em dinheiro”. A Senhora disse: “O senhor definitivamente não pode falar com ela agora. Mas se quiser vê-la, poderá quando ela subir na carruagem”. Entrementes, ela se foi, como se estivesse prestes a explodir. Havia apenas dois cavalos arrumados na carruagem, e a Senhora embarcou, pois acreditava que as parelhas já estavam prontas, enquanto lá estava minha pobre sobrinha, abatida, passando frio e em lágrimas, e eu também não pude suportar sem chorar, então eu pedi: “Misericordiosa Senhora, por favor, não leve minha sobrinha! Eu lhe imploro, em Nome de Deus — não só por mim, mas em nome de todos os meus parentes. Na verdade, vemos que ela não sabe como servir às vontades de Vossa Graça". Ela disse: "Certamente não vou devolvê-la, porque ela já me escapou três vezes. Se escapar mais uma, vou matá-la!". E ela gritou para o cocheiro se apressar, enquanto eu lhe implorava, chorando e suplicando. Ela realmente a levou e nunca a trouxe de volta, batendo e espancando tanto que ela morreu. Ele também soube que a condessa atormentou uma e enfiou a faca na outra, e que as criadas foram severamente atormentadas, mas ele mesmo não viu, porque fazia parte dos serviçais do Senhor e não entrava na casa da Senhora.

A décima primeira testemunha, o fidalgo János Zamabory, residente no referido Castelo de Keresztúr, 40 anos, foi interrogado sob juramento, e disse que, em Keresztúr, trabalhava meio período como tesoureiro e meio período como prepósito. Ele sabe que tiveram de enterrar duas meninas e também que, às vezes, elas eram enroladas em esteiras e retiradas secretamente durante a noite. Ele só ouviu da Senhora, Erzsébet Báthory, que deveria fazer um caixão e enterrá-las. E, segundo a sua memória, enterrou pelo menos doze delas, se não mais; no entanto, como morreram ele não sabe, porque no momento em que a Senhora as atormentava, não lhe era permitido entrar na casa.

A décima segunda testemunha, a honorável Senhora Barbara, 25 anos, esposa do ilustre H. Bixi, residente no Castelo de Keresztúr, foi interrogada sob juramento, e disse que era a aia da Senhora e que tinha viajado com ela nos últimos quatro meses. Ela vira aquelas pobres meninas banidas para Bytča que, a pedido de Erzsébet Báthory, haviam sido espancadas e destruídas, que havia mandado cortar seus corpos, espetar as infelizes com agulhas, colocar urtigas nas feridas das meninas ou cobri-las inteiras com urtigas para atormentá-las. Ela não sabia seus nomes porque, em geral, as meninas eram pegas de qualquer lugar e levadas para lá. A testemunha ainda ouviu que ela as queimava com um ferro quente e via feridas de queimadura nelas. János Ficzkó disse que, normalmente, as jovens eram pegas de todos os lugares e levadas para lá, e elas nem sabem de onde tinham vindo, porque tinham aliciadores dedicados. A menina, encontrada em Csejthe durante a prisão da Senhora, também era de Zala, mas de onde veio e o que testemunhou, a testemunha não sabe. Ela ouviu que, de todas as meninas mortas, cinco foram jogadas em um silo de grãos.

Relativamente a estas confissões e declarações das referidas testemunhas, feitas fielmente e de acordo com a verdade, certificamos, para nossa Majestade Real, o relatório do nosso Tabelião, Meirinho Mózes Cziráky, e que a nossa confirmação está dada e é completa.

Proferido sob a jurisdição de Pinnie (Hungria),
no sábado, após a festa da Bem-Aventurada,
Virgem e Mártir Luzia (14 de dezembro),
no ano 1611 de nosso Senhor.

Lavrado por mim, Meirinho Mózes Cziráky, Tabelião do
Excelentíssimo Senhor Palatino do Reino da Hungria.
Manu propria (de próprio punho).

---

9 DE JANEIRO DE 1612
Relatório do Tribunal de Újhegy (1 testemunho)

Nós, Juiz e Júri da Cidade de Újhely na Beira do Rio, enviamos nossas saudações, dando a conhecer o que ocorreu atualmente na reunião de nosso Conselho Consultivo integral. Em relação às perguntas feitas pelo ilustre sr. Nicolaus Bornemissza, *Tricesimator*, e András Somogyi, escriba, ao nosso barbeiro (cirurgião) Thomas, que atendeu nosso chamado, falando, em nossa presença e sob juramento, a respeito da menina ferida pela Viúva Nádasdy, nós aqui apresentamos este em boa-fé, bem como de forma confiável e não a contragosto, tudo o que foi registrado em nossa presença, sob o selo menor de nossa cidade.

Nosso já citado cirurgião, Thomas, disse o que se segue: em relação aos pontos individuais levantados nas cartas que nos foram enviadas, que a ele, por sua vez, perguntaram quem era a menina, ao que ele respondeu vir da aldeia de Dubmicza, nas proximidades de Trencsén. Quando perguntaram de quem era filha, ele disse que era filha de uma certa Barbara, viúva de Dubmicza; sobre o nome da menina, ele disse que se chamava Anna. Sobre sua posição social e origem, ele disse que ela não era nobre, mas da classe baixa, ou seja, uma camponesa. Quando lhe perguntaram sobre a idade, ele respondeu que havia chegado aos 18 anos. No entanto, se ela já estava curada, ele respondeu: "Uma de suas mãos parece estar cortada em pedaços", o que também foi confirmado pela própria menina. Nas costas, pedaços foram cortados em ambos os lados de seus ombros. Nas nádegas, parecia também que a carne havia sido cortada em ambos os lados, de tal forma que, nos últimos dois meses, ela estava muito mal em casa, tão doente que não conseguia sair da cama nem uma vez sequer. Devido à forma como foi tratada, ela recebeu 56 florins e 15 libras de trigo, garantidos por medida de Újhely, providenciados pelo administrador de Csejthe sob ordens do ilustre Senhor Palatino. Após sua recuperação, ela e a mãe receberam uma pequena fazenda em Csejthe como propriedade plena. Nada mais.

Proferido em Újhely, na Beira do Rio,
no dia 9 de janeiro de 1612.

---

5 DE FEVEREIRO DE 1613
Certificação de Thurzó a Documentos Judiciais: O Caso Báthory

Sob a intenção da graciosa ordem e vontade da referida Sacra Majestade, imperial e real, nosso nobre Senhor, tendo desempenhado submissa e suficientemente, fornece todas as entrevistas acima, interrogatórios de testemunhas e confissões das pessoas supramencionadas, depois de terem prestado juramento fiel a nós, relatado, registrado e coletado em forma de livreto e escrito autenticamente, sob nosso selo Palatinal e assinatura manuscrita, protegendo assim todos os envolvidos. Proferido em nosso Castelo de Bytča, no dia 5 do mês de fevereiro, ano 1613 de nosso Senhor, Conde György Thurzó.

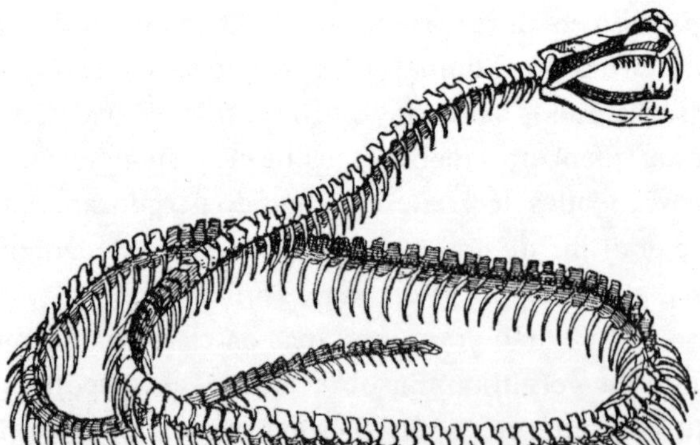

31 DE JULHO DE 1614
Adendo ao Testamento de Báthory

Parte superior do formulário

Nós, a Catedral Capital (Sé) de Esztergom, comemoramos o seguinte: que nós, a pedido amável da nobre dama, Condessa Erzsébet Báthory, viúva do antigo ilustre e nobre cavalheiro, Conde Nádasdy, que, devido a seu cativeiro não pôde vir pessoalmente até nós, enviamos dois de nossos Veneráveis, a saber, os srs. Andreas Kerpelich e Emericus Agiens, nossos irmãos e companheiros clérigos, que tomaram a seguinte confissão nos dada pela senhora; fato que, por sua vez, tornou apropriado que servissem como testemunhas de seu final relato, depois que nos foram devolvidos, sob juramento, conforme estabelecido em um decreto geral:

Que, no corrente ano de nosso Senhor, 1614, no dia 31 de julho, no castelo chamado Csejthe, tendo sido construído no Condado de Nitra, onde a referida Senhora Condessa Erzsébet Báthory, na presença pessoal dos nossos irmãos, voluntariamente, e por sua própria iniciativa, declarou o seguinte e assim o expressou: que legava a Cidade de Keresztúr, no condado de Abauj, à sua filha Katalin Nádasdy, esposa do ilustre e venerável György Drugeth de Homonnay; e que esse legado já havia sido transferido e cedido durante seu cativeiro, mas de tal forma que, até então, apenas o liberava e que ainda não estavam na posse plena e permanente de sua filha e genro. Além disso, ela não deixou mais nada para o Senhor György Homonnay; em contrário, depois que a colocaram na prisão, ela fez suas atribuições apenas para seus herdeiros e não transmitiu nada mais.

Portanto, se ela desejasse, e mesmo que ainda quisesse excluir alguém de sua propriedade, nem poderia ter desejado isso; sua intenção, portanto, continua sendo que toda a propriedade seja dividida entre eles (seus herdeiros). Por fim, se fez estabelecido em documentos do mencionado Senhor György Homonnay, no diário de 1610, que propriedade havia cedido, razão pela qual guardamos para nós mesmos esses escritos sobre tais disposições mencionadas pela Senhora Erzsébet Báthory ao conhecimento de nossos irmãos de confiança, referido, por escrito, sob o selo de nossa Sé e a eles confiado.

Proferido no domingo após a festa de São Pedro
Acorrentado (in vinculi), em 1614.

25 DE AGOSTO DE 1614
Carta de Stanislas Thurzó a György Thurzó

Servitiorum meorum paratissimam commendationem. Deus dê a Sua Graça, sua esposa e seus amados filhos, boa saúde e uma vida longa e feliz. Recebi melões da minha horta em Sempte e, com esta carruagem, envio-vos alguns. Eu imploro, aceite-os com o meu grande prazer. Com a bênção de Deus, Vossa Graça, sua esposa e seus filhos devem comer com boa saúde. Se Vossa Graça souber de alguma notícia, peço, como meu Senhor e benevolente patrono, que a compartilhe comigo também. Conosco, não há nenhuma notícia que eu deva notificar. A morte da Sra. Nádasdy talvez já seja de seu conhecimento e a forma como ela renunciou inesperadamente a esta vida. À noite, disse ela ao guarda: “Olha como estão frias as minhas mãos!”. O guarda respondeu: “Não é nada, Senhora. Basta ir e se deitar”. Ela, então, foi dormir. Pegou o travesseiro que estava sob a cabeça e o colocou debaixo dos pés. Como tal, deitou-se e, na mesma noite, morreu. Ela foi encontrada morta de manhã. Dizem, no entanto, que ela orou implorando e rogando a Deus com um belo canto. Quanto ao funeral, ainda não temos informações.

Apresento a mim mesmo e a meus serviços, juntamente à minha esposa, a Vossa Graça, sua esposa e seus amados filhos. Que Deus conceda a Vossa Graça vida longa e saudável.

Pöstyén (Piešťany), 25 de agosto, Anno Domini, 1614.
Illustrissime Domi(natio)nis vestre servitor et Frater addictissimus
Conde Stanislas Thurzó, manu própria

TIMELINE EM CSJETHE

Listo abaixo alguns eventos memoráveis ocorridos no século XVII no domínio de Csejthe, conforme narrados em Chronicle of Castle Csejthe *(escrito pelo criado de Pál Nádasdy).*

1603

25 de abril: Ferenc Nádasdy I assume a posse de Csejthe

1604

4 de janeiro: Ferenc Nádasdy I morre, aos 48 anos.

1606

29 de julho: A inundação do riacho em Csejthe destrói pontes, casas e espantalhos no campo.

1608

17 de abril: Os húngaros foram a Praga para chegar à Coroa.

27 de junho: O imperador dá a Coroa à Hungria.

10 de julho: Os húngaros retornam de Praga.

1610

6 de janeiro: O sr. György Homonnay casa-se: toma Kata Nádasdy como sua esposa.

29 de dezembro: A sra. Erzsébet Báthory é capturada durante o jantar e, no dia seguinte, levada ao castelo.

1611

7 de janeiro: Duas mulheres e Ficzkó vão à fogueira por serem cúmplices da sra. Báthory na tortura de meninas. Mais tarde naquele mês, em 24 de janeiro, a senhora de Miava teve o mesmo destino.

8 de outubro: O Dominium de Csejthe é dividido ao meio entre Pál Nádasdy e o sr. Zrínyi. Mátyás Töttösi era administrador/gerente da propriedade do sr. Zrínyi.

1613

18 de outubro: Gábor Báthory, príncipe da Transilvânia, é assassinado.

1614

18 de agosto: O Sr. Nádasdy dá ao Sr. Homonnay um terço do domínio de Csejthe e Beckov.

21 de agosto: Erzsébet Báthory morre no Castelo de Csejthe, duas horas depois da meia-noite, aos 54 anos.

25 de novembro: Erzsébet é enterrada na igreja de Csejthe.

1615

29 de janeiro: Pál Nádasdy libera Brezova para Mihály Nagy.

13 de agosto: A Sra. Zrínyi falece.

24 de dezembro: O palatino Thurzó morre aos 49 anos. Ele é enterrado quase dois meses depois, em 19 de fevereiro.

1616

9 de março: Os bens de Csejthe e Beckov são divididos entre Homonnay e Pál Nádasdy.

1620

3 de agosto: Sua Graça Pál Nádasdy é prometido à sua esposa, Judith Revay.

1621

15 de dezembro: Minha Senhora, a Sra. Pál Nádasdy, dá à luz um filho, György Nádasdy.

1623

14 de janeiro: Ela tem um segundo filho, Ferenc.

CRIADOS E ASSOCIADOS DA CONDESSA BÁTHORY

Benedek Deseö	*Cortesão-mor*
Gergely Páztorny	*Juiz de Sárvár*
János Ficzkó	*Criado pessoal, Csejthe*
Ilona Jó Nagy	*Ama de leite, Sárvár; criada pessoal, Csejthe*
Dorottya Szentes	*Criada pessoal, Csejthe*
Katalin Beneczky	*Criada pessoal, Csejthe*
Anna Darvolya	*Criada pessoal, Sárvár/Csejthe*
Ilona Zalay	*Dama de companhia*
Jakob Szilvassy	*Administrador, Levka e Keresztúr*
István Martonfalvy	*Castelão, Levka*
János Deseö	*Castelão, Keresztúr*
János Zamabory	*Prepósito e tesoureiro, Keresztúr*
Senhora Barbara Bixi	*Aia da senhora*
Ferenc Symanoffy	*Castelão, Beckov*
Michael Herwoyth	*Fornecedor, Csejthe*
Mátyás Sakathyartho	*Almotacé-mor, Csejthe*
Michael Horvath	*Castelão, Csejthe*
János Andachy	*Castelão, Csejthe*
Martinus Gablyowych	*Criado doméstico*
Dániel Vas	*Estribeiro-mor, Csejthe*
Benedict Bicsérdy	*Castelão, Sárvár*
Imre Megyeri	*Tutor e guardião, Sárvár*
Gregor Paisjártó	*Vice-castelão, Sárvár*
Benedikt Zalay	*Tesoureiro, Sárvár*
Ferenc Török	*Escudeiro, Sárvár*
Baltasar Poby	*Castelão, Sárvár*
György Tarnoczky	*Juiz em Beckov*
István Vagy	*Administrador, Csejthe*

Pál Beöd	*Vice-castelão, Sárvár*
Bulia, Barbera, Käte	*Criadas, Csejthe*
Susanna	*Criada, Sárvár e Csejthe*
Sara Baranyai	*Criada doméstica*
Helena Kotsis	*Criada doméstica*
Anna Geonczy	*Criada doméstica*
(István?) Kozma	*Criado doméstico*
Dr. Martinus	*Farmacêutico*
Nicolaus Krestyan	*Carpinteiro*
Adam Pollio	*Artesão*
Ambrosius Borbély	*Gesso/pavimentação*
Erzsébet Miava (Majorova)	*Ocultista*
Rev. Michael Fabri	*Pastor, Kosztolány*
Rev. Nicolaus Barosius	*Pastor, Verbó*
Rev. János Ponikenusz	*Pastor, Csejthe*
Rev. Mihály Zvonaric	*Pastor, Sárvár*
Rev. István Magyari	*Pastor, Sárvár*
Rev.mo Élias Lányi	*Superintendente*
Rev. Phythiaräus	*Pastor, Keresztúr*
Rev. Andreas Barosius	*Pastor, Csejthe*
Rev. Zacharias	*Pastor, Leszetice*

Vítimas conhecidas: Kata Berényi; Kata Fekete; senhora Zsuzska Zelesthey; senhora Anna Ztubyczay; Susanna Tukynzky; Anna Barbel; Elizabeth Jezernyczky; senhora Zichy; garota da família Szabattkay; garota da família Draskóczy; senhora Sittkey; srta. Modl; senhora Nagyvathy; senhora Belanczky; garota da família Jánosi; garota da família Szabo; garota da família Szoltay.

Alguns dos presentes na noite da prisão: Juntamente com Thurzó, Megyeri, Zrínyi e Drugeth de Homonnay estavam o reverendo Nicolaus Barosius; Martinus Waychko; reverendo János Ponikenusz; reverendo Zacharias; János Krappmann (criado da igreja); Andreas Butora; Andreas Pryderowyth; Stephanus Bobochay; Michael Horvath (castelão de Csejthe); György Kubanovich; Martin Jankovich; Martin Kresskó; János Valkó, Andreas Ukrovich; Ladislas Centalovich; Tamás Zima.

GUIA DE PRONÚNCIA DE NOMES HÚNGAROS

Erzsébet é a grafia húngara moderna do nome Elisabete; no entanto, o húngaro médio, a língua que a condessa Báthory e seus contemporâneos escreviam e falavam, era fortemente influenciada pelo alemão e, na época, o nome às vezes era escrito Eörsebeth. Quando ela assinava o nome na forma húngara, era sempre "Batthory Eörsebeth" (ocasionalmente, ela grafava o sobrenome apenas com a única letra "t", como se vê na grafia comum de Báthory). Optei, portanto, me referir a ela como Erzsébet Báthory ao longo do livro.

Observe que, em húngaro, a ênfase é sempre colocada na primeira parte de um nome ou palavra, com exceção de certos casos em que há acento.

Note também que, quando uma palavra ou nome termina na letra "y", a pronúncia é silenciosa: assim, Báthory deve ser pronunciado, BÁ-tor.

Ágota */á.go.ta/* Ágata
András */an-DRA-sh/* André
Angyalka */AN-diél-cá/* Angélica
Batthyany */BÁ-tian/* sobrenome
Bicsérdy */BÍ-tcherd/* sobrenome
Boldizsár */BOL-di-JAR/* Baltazar
Csejthe */TCHIÉ-tce/* nome húngaro para o vilarejo e o castelo de Čacthice, localizados na atual Eslováquia
Csicsva */TCHITCH-va/* um castelo
Cziraky */TZI-rak/* sobrenome
Deseö */DECH-ê/* sobrenome
Ecséd */ETCH-ed/* propriedade da família Báthory
Eörsebeth/Erzsébet */ER-gi-bet/* Elisabete
Erzsí */ER-GI/* apelido ou variante de Erzsébet
Ferenc */FÉ-rents/* Francisco
Ficzkó */FITS-cô/* apelido
Györ */DIOR/* condado na Hungria
György */DIOR-d/* Jorge
István */ICHT-van/* Estevão
János */IÁ-NUCH/* João
Kanizsai */CÁ-ni-ja-í/* sobrenome
Kristóf */CRICH-tôf/* Cristóvão
László */LAS-LÔ/* Ladislau
Magyari */MÁ-dia-ri/* sobrenome
Mátyás */MÁ-TIACH/* Mateus
Megyeri */MÉ-die-ri/* sobrenome
Mihály */mi-RRAIL/* Miguel; também sobrenome
Miklós */MIK-LÔ-ch/* Nicolau
Nádasdy */NÁ-dach-d/* sobrenome
Nyírbátor */NIR-BÁ-tor/* sobrenome
Orsolya */ÔR-chiol-ia/* Úrsula
Pál */PAAL/* Paulo
Pöstyén */PÔCH-tien/* nome húngaro para a cidade de Piešťany, atualmente localizada na Eslováquia
Pozsony */PO-JON/* cidade moderna de Bratislava, na Eslováquia, anteriormente a capital da Hungria
Sárvár */CHAR-VAR/* propriedade da família Nádasdy
Sopron */CHÔ-pron/* condado na Hungria
Szalay */SÁ-la-í/* sobrenome
Szentes/Széntes */SEN-tech/* sobrenome
Szilvásy/Szilvassy */SIL-va-ch/* sobrenome
Tamás */to-MÁ-ch/* Tomás
Thurzó */tur-ZÔ/* sobrenome
Turóczi */tu-RÔT-zi/* sobrenome
Újhely */UI-É-le/* cidade
Vagy */VÁ-die/* sobrenome
Vás */VÁ-CH/* sede da família Nádasdy, um condado na Hungria; além disso, sobrenome
Veszprém */ves-PREM/* condado na Hungria
Zrínyi */ZRI-nie/* sobrenome
Zsófia */JO-fia/* Sofia
Zsuzsanna */JU-Ja-na/* Susana

CONDESSA POP

A figura da condessa Báthory, envolta em mistério e lendas sombrias, deixou uma marca indelével na cultura popular ao longo dos anos. Este compêndio apresenta uma lista abrangente de documentários, filmes e séries bastante inteligentes que exploram a fascinante e enigmática história da condessa Báthory. Ao mergulhar nesses diferentes meios de expressão, os espectadores têm a oportunidade de aprofundar seu conhecimento sobre uma das figuras mais intrigantes da história, cujo legado continua a exercer um fascínio duradouro.

FILMES & DOCUMENTÁRIOS

The Real Countess Dracula (2002), documentário de Nick Murph

Eterno (2004), filme de Wilhelm Liebenberg, Federico Sanchez

Stay Alive: Jogo Mortal (2006), filme de William Brent Bell

A Condessa (2009), filme de Julie Delpy

A Doce Sede de Sangue (2014), filme de Spike Lee

Killer Legends (2014), documentário de Joshua Zeman

Infamous Murders: Blood Countess (2015), documentário de Daniel Oron

The Blood Countess (2018), documentário de Theodor Munteanu

SÉRIES

Supernatural, "Time is on My Side" (T3, E15, 2008)

Masters of Horror, "The Damned Thing" (T2, E10, 2007)

The World of Lore, "Elizabeth Bathory: Mirror, Mirror" (T2, E2, 2018)

LIVROS E HQS

Lady Killers: Assassinas em Série, de Tori Telfer (DarkSide Books, 2019)

Rastro de Sangue: Príncipe Drácula, de Kerri Maniscalco (DarkSide Books, 2020)

Damas Mortais, de Jennifer Wright (DarkSide Books, 2023)

A Condessa Sangrenta, de Alejandra Pizarnik e Santiago Caruso (Tordesilhas, 2011)

Erzsébet, de Nunsky (Zarabatana, 2016)

OBRAS LITERÁRIAS

1729 • Lászlo Turóczi escreve *Ungaria Suis Cum Regibus Com Pendia Data.*

1744 • Lászlo Turóczi escreve *Báthory Erzsébet.*

1796 • Michael Wegener (também conhecido como Wagner) escreve *Beiträge zur Philosophischen Anthropologie.*

1839 • John Paget publica um relato de suas viagens pela Europa, no qual dedica um capítulo à história da condessa Báthory.

1894 • Ferdinand von Strobl Ravelsberg, sob o pseudônimo de R.A. von Elsberg, escreve o ensaio *Die Blutgräfin (Erzsébet Báthory): Ein Sitten und Charakterbild.*

1932 • O escritor eslovaco Jožo Nižňanský publica *Čachtická Paní* [Senhora de Csejthe], um romance gótico escrito em uma série de episódios.

1962 • Valentine Penrose publica *La Comtesse Sanglante*, um romance histórico que celebra as façanhas da condessa.

1975 • O escritor francês Maurice Périsset publica *Comtesse De Sang.*

1983 • Raymond T. McNally escreve *Dracula Was a Woman: In Search of the Blood Countess of Transylvania.*

1996 • Andrei Codrescu escreve *Contesa Sângeroasă.*

MATERIAIS CONSULTADOS

Para manter-me fiel à história da condessa consultei preciosos registros e fontes de documentos originais, abrangendo desde bibliografias cronológicas até compilações gerais. A riqueza destes materiais se estende ao longo do tempo, proporcionando uma visão abrangente e detalhada de diferentes períodos e temas. Esses arquivos oferecem um mergulho profundo na história, permitindo uma compreensão mais completa e precisa dos eventos que moldaram a vida de Erzsébet.

Arquivos e fontes de documentos originais

ANDRÉ, Christian Carl (Org.). "Transcrições do julgamento de 2 e 7 de janeiro de 1611". In: ______. *Hesperus*: encyclopädische Zeitschrift für gebildete Leser, Praga, v. 1/2, n. 31/34, pp. 241-8/270-3, 1817.

ARQUIVO NACIONAL DA ESLOVÁQUIA. *AIL 3°*, fasc. VII, ff. 13-14, Bratislava, Pálffy.

ARQUIVO NACIONAL DA HUNGRIA. *E 185*, Arquivos dos Nádasdy, Budapeste.

* Inclui cartas escritas por Erzsébet Báthory endereçadas a: György Bánffy, Benedek Deseö, Egervary Potencia, András Hájas, Ferenc Nádasdy, Pál Nyáry, István Szuhay, György Thurzó e András Thar. Destas, 23 cartas são endereçadas a Imre Vasváry.

______. *Testamento de Erzsébet Báthory*, fasc. E 142, *Acta Publica* fasc. 44, n. 25, Budapeste, 3 de setembro de 1610.

______. *P 1314*, Correspondência dos Batthyány/Cartas de Erzsébet Báthory, Budapeste.

* As cartas P 1314, numeradas 02236-02252 e 02256, são endereçadas a Ferenc Batthyány (17 no total); os números 02253-02255 e 02257 são endereçados a Blazius Kisfaludi (4 no total).

______. *Pacote E 142, Acta Publica* fasc. 28. n. 18, Budapeste.

* Carta de Mátyás II a Thurzó, 24 de janeiro de 1613, e resposta de Thurzó em 5 de fevereiro de 1613.

* Carta de Thurzó a András de Keresztúr, 5 de março de 1610.

* Relatório de András de Keresztúr, 19 de setembro de 1610.

* Carta de Thurzó a Mózes Cziráky, 5 de março de 1610.

* Relatório de Mózes Cziráky, 27 de outubro de 1610.

* Carta de Mátyás II a András de Keresztúr, 14 de janeiro de 1611.

* Relatório de András de Keresztúr a Mátyás II, 28 de julho de 1611.

* Relatório de Mózes Cziráky, 14 de dezembro de 1611.

* Relatório do Tribunal em Újhely, 9 de janeiro de 1612.

* Último Desejo e Testamento de Erzsébet Báthory, 3 de setembro de 1610, Id., *Acta Publica* fasc. 44, n. 25.

* Carta de Ponikenusz a Lányi, 1° de janeiro de 1611, Id., Pacote E 196, Rksz. 3, fasc. 7, n. 69.

* Carta de Mátyás a Thurzó, 14 de janeiro de 1611, Id., Pacote E 196. *Acta Publica* fasc. 8, n.7.

* Carta de Mátyás II a Thurzó, 26 de fevereiro de 1611, Id., public. fasc. 8, n. 40.

* Carta de Mátyás II a Thurzó, 18 de março de 1611, Id., public. fasc. 18, n. 9.

* Carta de Mátyás II a Thurzó, 17 de abril de 1611, Id., public. fasc. 23, n. 22.

ARQUIVO REGIONAL ESTADUAL DE BYTČA. *Correspondência de Thurzó*, fascículo OK, notação II, Bytča.

______. *Faszikel OK-Thurzovska korespondenicia*, notação II-Z/24.

* Carta de Zrínyi a Thurzó, 12 de dezembro de 1610.

* Carta de Thurzó para a esposa, 30 de dezembro de 1610, Id., notação III-T/12.

* Carta de Zrínyi a Thurzó, 12 de fevereiro de 1611, Id., notação II-Z/24.

* Carta de Nádasdy a Thurzó, 23 de fevereiro de 1611, Id., notação II-N/2.

* Carta de Stanislas Thurzó a György Thurzó, 25 de agosto de 1614, Id., notação II-T/22.

ARQUIVO REGIONAL ESTADUAL DE PREŠOV. *Pacote Drugeth Humenné*, invt. c. 718.

* *Chronicle of Castle Csejthe.*

ELSBERG, R.A. v. *Erzsébet Báthory*, Breslau, 1904, pp. 262-69.

* Carta de Thurzó a Mátyás II, 30 de março de 1611.

* Carta da Alta Câmara Húngara a Mátyás II, 31 de março de 1611.

* Carta de Mátyás II a Thurzó, 17 de abril de 1611.

* Segundo Testamento de Erzsébet Báthory, 3 de agosto de 1614.

KÁROLYI, Ádám; SZALAY, József. *Nádasdy Tamás Nádor Családi Levelezése*, Budapeste, 1882, pp. 242-45.

* Duas cartas de Erzsébet Báthory a Ferenc Nádasdy, 1596.

* Carta de Orsolya Nádasdy a E. Báthory, 1604.

REVICZKY, Bertalan v. *Elisabeth Báthory*, Piešťany, 1903, pp. 18-19.

* Carta de Thurzó para a esposa, 30 de dezembro de 1610.

TÓTH, István György. *Literacy And Written Culture In Early Modern Central Europe*. Budapeste: Central European University Press, 2001.

* Cartas de Tamás e Orsolya Nádasdy.

WERBÖCZY, István. *Opus Triparttum Juris Consuetudinarii Hungariae*, 1514.

Bibliografia

BÁLINT, Ila. *A Thurzó-Család Levéltára*. Budapeste: Királyi Magyar Egyetemi Nyomda, 1932.

BRANECKY, Jozef. *Trencin, Trnava Historicke Povesti a Clanky*. Trnava: Spolok sv. Vojtecha, 1939.

BURKE, Peter (Org.). *Economy and Society in Early Modern Europe*: Essays from Annales. Londres: Routledge, 1972.

CACHTICE 1248-1998: Multimediálne CD o obci Cachtice. Nové Město: Visgra s.r.o., 1998.

CRAFT, Kimberly L. *Infamous Lady:* The True Story of Countess Erzsébet Báthory. [S.l.]: CreateSpace, 2009.

CRAFT, Kimberly L. *The Private Letters of Countess Erzsébet Báthory*. [S.l.]: CreateSpace, 2011.

DÁVID, Géza. *Ransom Slavery Along the Ottoman Borders:* Early Fifteenth — Early Eighteenth Century. Org. de Pál Fodor. Leiden: Brill, 2007. (The Ottoman Empire and its Heritage, 37).

DEZSŐ, Rexa. *Báthory Erzsébet Nádasy Ferencné*. Budapeste: Benkő, 1908.

ELSBERG, R. A. von. *Elisabeth Bathory (Die Blutgräfin)*: Ein Sitten- und Charakterbild. Breslau: S. Schottlaender, 1894-1904.

FARIN, Michael (Org.). *Heroine des Grauens*: Wirken und Leben der Elizabeth Báthory. Munique: P. Kirchheim, 1989.

FARKAS, István. *Cséthevár véres asszonya*: Báthory Erzsébet története. Budapeste: Mai Nap, 1936.

KOČIŠ, Jozef. *Alžbeta Báthoryová a Palatín Thurzo:* pravda o čachtickej panej. Žilina: Blaha, 1996.

MCNALLY, Raymond T. *Dracula Was a Woman*: In Search of the Blood Countess of Transylvania. Nova York: McGraw-Hill, 1983.

NIŽNÁNSKY, Jožo. *Čachtická Pani*. Praga-Bratislava: L. Mazáč, 1932.

PENROSE, Valentine. *Erzsébet Báthory:* La Comtesse Sanglante. Paris: Mercure de France, 1962. [Ed. ing.: *The Bloody Countess*. Londres: Creation Books, 2000.]

PÉRISSET, Maurice. *La Comtesse de Sang: Erzébeth Bathory*. Paris: Pygmalion, 1975.

PRESBURG und seine Umgebung. Bratislava: C.F. Wigand, 1865.

RADVÁNSZKY BÁRÓ, Béla. *Magyar Családélet és Háztartás a XVI. és XVII. Században*. Budapeste: Magyar Tudományos Akadémia, 1879. v. 3.

SZÁBO, Attila T. et al (Org.). *Erdélyi Magyar Szótörténti Tár I-VII*. Bucareste-Budapeste: Kriterion, 1975-1995.

SZÁBO, Attila T. (Org.). *Erdély Múzeum-Egyesület*. Cluj-Napoca; Budapeste: Akadémiai Kiadó, 1997.

SZÁDECZKY-KARDOSS, Irma. *Báthory Erzsébet igazsága:* a koncepció jelei Báthory Erzsébet ügyében. Budapeste: Nesztor, 1983.

THORNE, Tony. *Countess Dracula:* The life and Times of the Blood Countess, Elisabeth Bathory. Londres: Bloomsbury, 1998.

TURÓCZI, László. *Báthory Erzsébet*. Budapeste, 1744.

TURÓCZI, László. *Ungaria suis cum regibus compendia data*. Trnava: Typ. Acad., 1729.

VÁRKONYI, Gábor. "New Resources on the Life of Erzsébet Báthory". *Journal of Literature Communications*, Budapeste, v. 1-2, n. 103, pp. 181-204, 1999.

WEGENER, Michael. "Beiträge zur Philosophischen Anthropologie". *Allgemeine Literatur-Zeitung*, Viena, v. 1-2, n. 239, pp. 289-294, 1796.

Referências eletrônicas

"[Slovakia] Hrady, zámky, a kostoly: Castles, Châteaux, Manor Houses and Churches". Disponível em: <http://www.skyscrapercity.com/showthread.php?t=458193>.

"A Báthoryak sárkányos címere". Disponível em: <https://web.archive.org/web/20190401064344/http://www.nyirbator.hu:80/a_bathoryak_sarkanyos_cimere>.

"Az Arisztokrácia Építkezései A Nyugat-Felvidéken (1541-1630)". Disponível em: < https://mmi.elte.hu/szabadbolcseszet/mmi.elte.hu/szabadbolcseszet/indexadfb.html?option=com_tanelem&id_tanelem=611&tip=0>.

"Vasvármegye Története". Disponível em: <http://mek.oszk.hu/09500/09536/html/0025/10.html> (História do Condado de Vasvári, por Gyula Balogh Jr).

"Batthyány-Strattmann". Disponível em: < https://web.archive.org/web/20071110031025/http://www.batthyany.at/17_jahrhundert.0.html?&L=1&L=1> (História da Família Batthyány).

"The Homeland Reclaimed, Part Two: Hungria Under Foreign Occupation". Disponível em: <http://www.magtudin.org/Homeland%20-%20Part%202.htm>.

"Építészet a három részre szakadt Magyarországon". Disponível em: <https://mmi.elte.hu/szabadbolcseszet/mmi.elte.hu/szabadbolcseszet/index8ec3.html?option=com_tanelem&id_tanelem=604&tip=0>.

"A Három Országrész Társadalma". Disponível em: <http://mek.oszk.hu/09100/09175/html/39.html>.

"Bedegi Nyáry Krisztina: 1604-1641". Disponível em: <http://mek.oszk.hu/05600/05698/html/>.

"Nádasdy Pál". Disponível em: <https://nadasdymuzeum.hu/tartalom.php?tart=430>.

"National and historical symbols of Hungary: Körmend". Disponível em: <https://web.archive.org/web/20160421142758/http://www.nemzetijelkepek.hu:80/>.

"Money and Exchange Rates in 1632". Inclui um banco de dados sobre dinheiro antigo, incluindo conversão de moeda, medida e peso. Disponível em: <https://projects.exeter.ac.uk/RDavies/arian/current/howmuch.html>.

"The Castle of Deutschkreutz: A short historical summary". Disponível em: <https://web.archive.org/web/20050511012021/http://www.hs-deutschkreutz.at:80/lehmden/lehmden_schloss_e.html>.

"The history of the Oesterreichische Nationalbank". Disponível em: <https://www.oenb.at/en/About-Us/History/1816-1818.html>.

"Történelem: Pálffy Miklós a győri hősnek életrajza és korához". Disponível em: <https://tataipatara.hu/tortenelem/#>.

Arquivos

Országos Széchényi Könyvtár, Budapeste

Magyar Orsazágos Levéltár, Budapeste

Magyar Nemzeti Múzeum, Budapeste

Státni Knihovna Česke Socialisticke Republiky, Praga

Státní Oblastní Archiv, Bytča

Štátny Oblastný Archív, Prešov

Österreichischen Nationalbibliothek, Viena

Österreichisches Staatsarchiv, Viena

Mais recursos significativos

1575 • Franciscus Hipolytus Hildensheim, *Euchai gamikai Apollinis et Musarum. Ad spectabilem et magnificum dominum, D. Franciscum de Nádasd, sponsum: Et generosam ac magnificam virgiem Elisabetham de Báthor, sponsam*. Viennae Austriae ex officina Stephani Creuzeri, Anno MDLXXV.

1609 • *Protestaria Elisabetha Bathory*, f. 210 L. II, Arquivos da Catedral de Graner, 1609.

Civitate libera regia Tyrnavense feria II, proxima ante festum S. Martini episcope et confessoris 1609. Arquivos da Catedral de Graner, 1609.

1729 • László Turóczi: *Ungaria suis cum Regibus compendio data*, Dum Illustrissimus, Rev. ac Doctissimus Comes Franciscus Barkoczi De Szala, Tyrnaviae, Typis Academicis Soc. Jesu per Fridericum Gall. Anno MDCCXXIX. Mense Septembri, 8., 245, pp. 188-193.

1735 • Mátyás Bel, *Apparatus ad Historiam Hungariae*, sive collectio miscella, Monumentorum ineditorum partim; partim editorum, sed fugientium, Posonii, Typis Joannis Paulli Royer, A. MDCCXXXV, pp. 353-80, pp. 366-67, e p. 370.

1817 • *Abschrift des Zeugen-Verhörs in Betreff der grausamen That, welcher Elisabeth v. Báthory, Gemahlinn des Grafen Franz Nádasdy beschuldiget wird. 1611. Hesperus*, Praga, v. 1, n. 31, pp. 241-48 e jul. 1817, v. 2, n. 34, pp. 270-73.

1865 • Baring-Gould, Sabine. *The Book of Werewolves*. Orig. Londres: Smith Elder, 1865. reimp. Nova York: Causeway Books, 1973.

1876 • Zichy, Edmund. *Bethlenfalvi gróf Thurzó György Levelei*. Budapeste, 1876.

1894 • Ferdinand Strobl von Ravelsberg (R.A. v. Elsberg). *Die Blutgräfin. (Elisabeth Báthory) Ein Sitten und Characterbild. Mit Illustrationen*. Breslau: Schlesische Buchdruckerei, Kunst und Verlags-Anstalt v. S. Schottlaender, 1894 (ed. rev. 1904).

1899 • *Chronik der Burg Csejte. Történelmi tár* (1899), p. 722f.

1908 • Dezsö, Rexa. *Báthory Erzsébet Nádasdy Ferencné (1560-1614)*. Benkö Gyula Udvari Könyvkereskedése. Budapeste, 1908.

1912 • Sándor, Payr. *Magyari István és Báthory Erzsébet*. Protestáns Szemle. Budapeste, 1912, pp. 185-203.

1924 • *History of the Transdanubian Evangelical Church*, v. 1, Székely & Társa Könyvnyomdájában. Sopron, 1924.

1932 • Níznánszy, Jozó, *Cachtická Pani*. Praga, 1932. Quatro partes.

1965 • Penrose, Valaentine, *Die Blutige Gräfin. Erzsébet Báthory*. Bonn: Verlag der Europäischen Bücherei H.M. Hieronimi, 1965 (Versão em inglês, 1969).

1975 • Périsset, Maurice. *La Comtesse de Sang. Erzsébet Báthory*. Paris: Editions Pygmalion, 1975.

1976 • Keller, Paul Anton. *Burg Lockenhaus: Landschaft und Geschichte*. Lockenhaus im Burgenland, 1976.

1984 • McNally, Raymond T. *Dracula was a Woman: In Search of the Blood Countess of Transylvania*. Londres: Robert Hale, 1984.

1985 • Katalin, Péter, *A Csejtei Várúrnö: Báthory Erzsébet*, Helikon Kiadó, Budapeste, 1985.

1989 • Farin, Michael. *Heroine des Grauens: Elisabeth Báthory*. Munique: P. Kirchheim Verlag, 1989.

1997 • Ammer, Vladímir. Cachtice. Bratislava: Alfa-Press, 1997.

2001 • Katalin, Péter. *Beloved Children: History of Aristocratic Child-hood in Hungary in the Early Modern Age*. Central European University Press, 2001. • Tóth, István György. *Literacy and Written Culture in Early Modern Central Europe*. Central European University Press, 2001.

LK

KILLERÍNDICE

A

B

C

D

E

F

G

H

I

J

K

L

M

N

V

W

Z

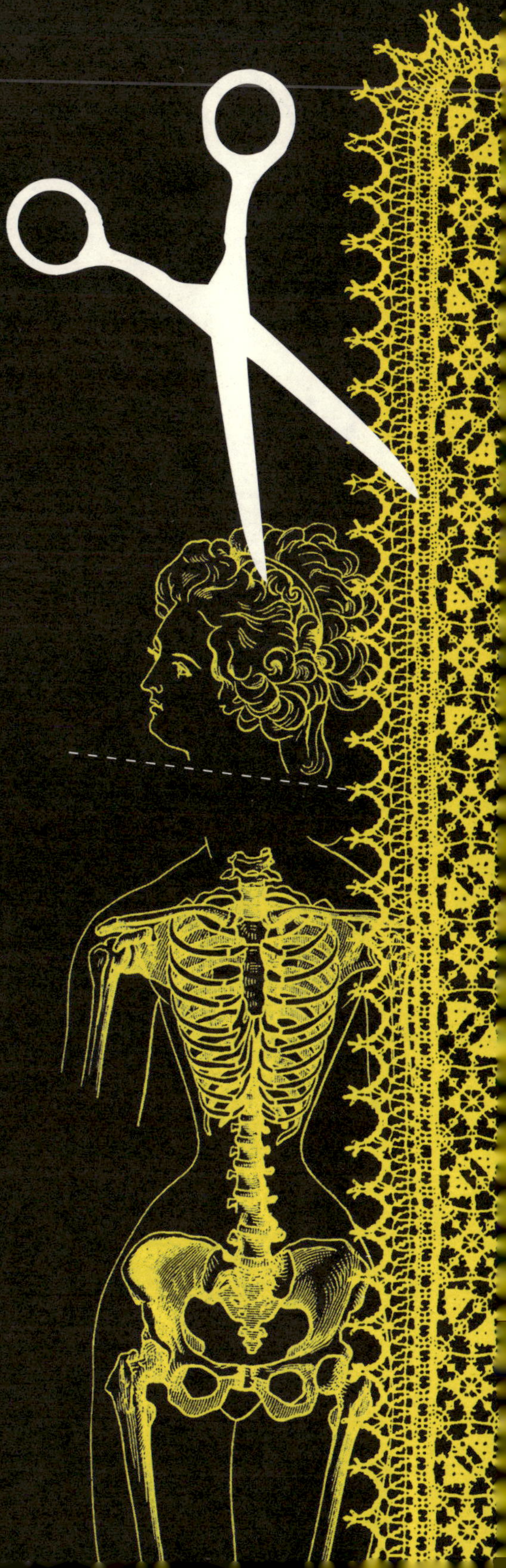

Lady KILLERS
Bathory
No. 365.
CRIME SCENE
DARKSIDE
FOR HEALTH, COMFORT, WEAR AND FINISH
MADE OF BEST MATERIAL THROUGHOUT.
PERFECT IN FIT
"GOOD SENSE."
KILLERS PROFILE
LKP

DEDICATÓRIA

Para as meninas...

KIMBERLY L. CRAFT é advogada e historiadora jurídica. Ela passou anos pesquisando a história da condessa Erzsébet Báthory, dedicando mais de um ano à tradução do material original que serviu de base para seu livro. Segundo ela, esta foi uma das poucas vezes em que seu amor pela lei, história, línguas europeias e uma boa história de terror puderam ser reunidos em um só lugar.

Castelos desabam, mas os fantasmas
permanecem. Lendas se erguem
e sobrevivem ao tempo.

— ANDAMOS PELAS RUÍNAS DE CSEJTHE
NO INVERNO DE 2025 —

CRIME SCENE
DARKSIDE

DARKSIDEBOOKS.COM